23.11.99

D1917167

DON BOSCO
VERLAG

Ehrenfried Schulz zum 60. Geburtstag

Thomas Luksch · Hermann Würdinger (Hrsg.)

Zuerst der Mensch

Erkundungen und Perspektiven für eine zeitgemäße Glaubensvermittlung

Don Bosco

Die Deutsche Bibliothek – CIP-Einheitsaufnahme

Ein Titeldatensatz für diese Publikation
ist bei Der Deutschen Bibliothek erhältlich.

verlags
gruppe
engagement

1. Auflage 1999 / ISBN 3-7698-1191-7
© 1999 Don Bosco Verlag, München
Umschlag: Michael Brandel
Umschlagmotiv: Cäsar W. Radetzky, München: Kreuzwegstation IV – »Simon von Zyrene«, aus dem Kreuzwegzykus »Die blaue Krone« 1999.
Foto Seite 256: © Porträt-Studio Meinen, München
Gesamtherstellung: Don Bosco Grafischer Betrieb, Ensdorf

Gedruckt auf umweltfreundlichem Papier.

Inhalt

2. Ein Leben lang
Biographische Aspekte des Glaubens

3. Worte und Bilder, die leben lassen
Verkündigung in der Mediengesellschaft

Vorwort

Erkundungen und Perspektiven für die Glaubensweitergabe im beginnenden 21. Jahrhundert sind hier zusammengetragen, Weg-Weisungen für die religionspädagogische und pastorale Praxis. Sie folgen einer großen Perspektive, die lautet: »Zuerst der Mensch«. Dem widerspricht nicht, daß es den Jüngern Jesu – wie es in der Bergpredigt heißt – zuerst um Gottes Reich gehen soll, auf daß ihnen alles andere dazugegeben werde (vgl. Mt 6,33). Denn bevor dieses (ein Leben nach den Regeln des Reiches Gottes) ergriffen wird, wird jenes geschehen sein: Menschen haben Weggefährten erlebt, denen es nicht um den eigenen Vorteil ging, sondern zuerst um den anderen Menschen, darum, daß es ihm/ihr gut geht und zwar im weiten Sinne des Schalom. Außerhalb der Lebenszusammenhänge der Menschen gibt es kein Heil.

Der Buchtitel setzt eine Priorität. Dies zu tun ist wichtig in einer Zeit, in der die Ratlosigkeit größer ist als die Sicherheit bezüglich der Leitlinien des pastoralen und religionspädagogischen Handelns. Angesichts der für unsere Welt hinlänglich diagnostizierten Unübersichtlichkeiten ist die Versuchung groß, sich auszuklinken aus den mühseligen »Ankoppelungsversuchen« der Pastoral an die pluriformen Lebenswelten der Menschen. Die mancherorts notwendig erscheinende Besinnung auf Kernaussagen und auf die zentrale Symbolik unseres Glaubens darf hierzu jedoch gerade nicht führen. Zuerst kommt der Mensch. Die Wahrnehmung, mit wem ich es zu tun habe, wem ich etwas sagen will, mit wem ich das Geheimnis des Glaubens entdecke und es feiere, kommt vor der Entscheidung, was und wie ich vermittle. »Der Dativ kommt vor dem Akkusativ«, so lautet diesbezüglich einer der Merksätze, die *Professor Dr. Ehrenfried Schulz* seinen Schülerinnen und Schülern auf ihren theologischen und seelsorgerlichen Weg mitgibt.

Ihm, unserem Lehrer, ist dieser Band zum sechzigsten Geburtstag gewidmet. Die oberste Zielvorgabe der Würzburger Synode für das katechetische Wirken, »dem Menschen zu helfen, daß sein Leben gelingt, indem er auf den Zuspruch und Anspruch Gottes eingeht«, kennzeichnet auch die theologische Leitlinie von Ehrenfried Schulz, die ihm aus der kirchlichen Erneuerungsbewegung des Konzils und der Nachfolgezeit erwachsen ist. Sie ist sein Kompaß für Seelsorge und Lehre. In der Hinwendung zum Menschen und zur Welt eine Brücke zu schlagen zum Evangelium und zur Kirche, indem die Heilsbotschaft als Lebenschance des Menschen verkündet, in der Liturgie gefeiert und in der Diakonie als ein Handeln aus dem Glauben gelebt wird, wurde ihm Aufgabe und Ziel. »Zuerst der Mensch« ist sein spannendes und verheißungsvolles Programm auf der Suche nach einer zeitgemäßen Glaubensvermittlung.

Aber nicht nur zur praktisch-theologischen Grundposition von Professor Schulz paßt das für diese Festschrift gewählte Thema. Es ist auch eine Aussage über den Jubilar selber. Wer mit ihm zu tun hat, begegnet zuerst dem Menschen und dem Seelsorger, dann dem Professor Ehrenfried Schulz. Was er lehrt und wie er lebt, das gehört und geht zusammen. Darin liegt wohl einer der Hauptgründe, warum ihn so viele Menschen hoch schätzen und mit ihm verbunden sind, weit über die fachliche, die diözesane und die kirchliche Grenze hinaus. Für diese Festschrift brachte das die Notwendigkeit mit sich, den Autorenkreis eng zu begrenzen. Mitgewirkt haben die Promovenden und die engsten Kollegen und Mitarbeiter der Münchener Professorenzeit des Jubilars. Die Drucklegung dieses Buches war aber nur möglich mit der dankenswerten Unterstützung durch das Erzbischöfliche Ordinariat München, die Bischöflichen Ordinariate Hildesheim und Passau, sowie den Abt und den Konvent des Klosters Andechs.

Den in vier Kapitel gegliederten Aufsätzen können folgende Thesen, die ihrerseits als Ausdifferenzierung des Buchtitels gelten, vorangestellt werden:

1. Die Sorge um das Heil von Menschen verlangt den Blick für den ganzen Menschen.
2. Der Glaube wächst und bewährt sich in autobiographischen Zusammenhängen.
3. Die Kommunikation des Glaubens wird maßgeblich vom mediengesellschaftlichen Kontext beeinflußt.
4. Die erfahrungsnahe Weitergabe des Glaubens findet im schulischen Religionsunterricht eine entscheidende Herausforderung.

Exemplarisch versuchen die Autorinnen und Autoren die Wirklichkeit der Menschen in unserem Kulturkreis wahr- und ernst zu nehmen und in heute zentralen Feldern der Religionspädagogik und Pastoral Perspektiven und Wegweisungen zu geben. Ein persönlich gehaltenes Nachwort rundet diese Festschrift ab.[1]

München, im Juli 1999 *Thomas Luksch, Hermann Würdinger*

---

[1] Eine Broschüre mit einer ausführlichen Laudatio von Prof. Dr. Erich Feifel, der Bibliographie von Prof. Dr. Ehrenfried Schulz und Anmerkungen zur Entstehungsgeschichte des Instituts ist zu beziehen im Institut für Praktische Theologie der LMU München, Lehrstuhl für Religionspädagogik und Kerygmatik, Geschwister-Scholl-Platz 1, 80539 München; Tel. 0 89/21 80-24 63; Fax 0 89/21 80-50 49.

1. Mit Leib und Seele

Die Sorge um den ganzen Menschen
im kirchlichen Handeln

Seelsorge als heilendes Handeln am ganzen Menschen?

Chancen und Grenzen der »neuen Ganzheitlichkeit« für die Pastoral

HERIBERT WAHL

1. DIAGNOSTISCHE ERWÄGUNGEN ZUR SITUATION

»Das ganzheitliche Denken nimmt auch in der Seelsorge zu«: Unter diesem Motto stand 1991 ein Interview der Herder Korrespondenz mit *Hermann Stenger*, einem der Altmeister der Pastoralpsychologie.[1] Im originalen Vorspann wurde gefragt: »Ist das Bemühen um eine *ganzheitlichere* [Komparativ!] Seelsorge Ausdruck der Verlegenheit angesichts der profanen Therapieangebote, oder weist es auf Schwachstellen bzw. neue Chancen des kirchlichen Umgangs mit den Menschen hin?« Die Konkurrenz der Psychotherapie, auch der alternativen Medizin, zwänge also die Seelsorge, ihre Einseitigkeit aufzugeben, zu klären, was sie unter »Seel«-Sorge heute verstehen will, und zu realisieren, wie wenig die Einengung auf ein rein spirituell-innerlich oder jenseitig verstandenes Seelenheil den biblischen und geschichtlichen Ursprüngen gerecht wird. Hier liegt ein berechtigtes Anliegen und auch eine Chance, wenn Seelsorge wieder »ganzheitlicher« denkt und auch demgemäß handelt.

Der Ausdruck »*therapeutisch*«, der aus der kirchlich-pastoralen Sprache in die medizinische und psychologische Heilkunde ausgewandert war, weitet sich heute wieder aus und kehrt dorthin zurück, wo er der Sache und dem Begriff nach beheimatet war: in die christlich-kirchliche Heilssorge. Stenger weist darauf hin: Noch bevor das Wort »therapeia« von der antiken Medizin reklamiert wurde, bezeichnete es den Dienst des Tierpflegers und Hirten, der seinen Tieren nahe ist, sie begleitet und umsorgt. Alles, was der »gute Hirte« tut, ist »*therapeuein*«. Von daher ist »therapeutisch« nicht nur das professionelle Handeln in Psychotherapie und Medizin, sondern auch das gesamte pastorale Handeln, sofern es den Menschen auf dem Weg ihrer Identitätsfindung und Selbstwerdung voranhilft.

Tritt aber die Seelsorge damit nicht genau in die erwähnte Konkurrenz zu profanen Therapierichtungen und macht Anstalten, die mittlerweile eingetretene Differenzierung in den Heilberufen zurückdrehen zu wollen? Statt sich durch professionelles Rivalisieren hoffnungslos zu übernehmen, ist es für die Pastoral sinnvoller, Defizite im eigenen Bereich wahrzunehmen, ohne Angst über den eigenen Zaun zu blicken und von Lösungsversuchen der anderen Disziplinen zu lernen; dann werden Grenzen durchlässiger, und unheilvolle Trennungen, die den Menschen nicht bekommen, können beseitigt werden, ohne sinnvolle Differenzierungen und Arbeitsteilung wieder aufzugeben.

Die pastorale Praxis kann nur gewinnen, wenn sie – dem Impuls des letzten Konzils folgend – psychologische Erkenntnisse und seriöse Methoden aufnimmt und in ihr Repertoire integriert, um Leben und Glauben zu fördern. So ist nicht zu übersehen, daß ein Ganzheits-Denken nicht nur in Medizin (Psychosomatik) und Psychologie, sondern auch in der Seelsorge zunimmt. Freilich darf man auch nicht verkennen, daß sich seit geraumer Zeit der Wind wieder zu drehen beginnt. Der Übernahme humanwissenschaftlicher Erkenntnisse in Theologie und Seelsorge schlägt, nicht nur in fundamentalistischen oder evangelikalen Kreisen, Skepsis und Ernüchterung entgegen. Die ursprüngliche Euphorie der Seelsorgebewegung, die – aus den USA stammend – nachkonziliar auch im katholischen Raum Fuß faßte, ist am Verblassen und weicht warnenden Stimmen, die mehr inhaltlich-theologische Begründung fordern. Vielleicht hinken wir in Europa auch da wieder einer Entwicklung nach; jedoch hat mittlerweile bei uns so viel solide theologische Diskussion und Klärung stattgefunden, daß wir uns vom Vorwurf einer theologisch unbedarften Rezeption von Psychologie und Psychotherapie nicht mehr ins Bockshorn jagen lassen und im Zeichen einer restaurativ-neoreligiösen Wende das Kind nicht mit dem Bad ausschütten sollten.

Auf die Bedenken muß freilich dann eingegangen werden, wenn sie sich genau am Anspruch auf »Ganzheitlichkeit« und »Heilung« als Integration der zerrissenen Lebenskräfte festmachen – einem Anspruch, wie er dem Geist des »New Age« gemäß auch von der sogenannten Transpersonalen Psychologie erhoben wird: Als »heil« und gesund gilt danach der Mensch, der ganzheitlich lebt, d.h. mit der kosmischen Ganzheit des Seins in Harmonie verbunden ist und alle Spaltungen in sich und außerhalb seiner selbst überwindet, so daß Heilung und Heil zutiefst (wieder) identisch wären. Wenn nun auch kirchliche Pastoral den Anspruch erhebt, als »heilende Seelsorge« und Diakonie den Menschen zu ganzheitlichem Existieren zu verhelfen, ist dann – so fragt *Ulrich Eibach*[2] – ein solcher Anspruch, der sich auf das heilende Handeln Jesu, des »wahren Psychotherapeuten« und Psychosomatikers, beruft, in der realen Seelsorgepraxis überhaupt einholbar? Oder schafft solche Forderung mehr neue Probleme, als sie sie löst? Ist nicht die Kluft zwischen dieser Idee von menschlicher Ganzheit und dem Reich Gottes so gewaltig, daß uns Christen eher Bescheidung und Reserve anstünde? Wir brauchen deshalb durchaus nicht darauf zu verzichten, die berechtigten Impulse ganzheitlichen Denkens für die pastorale Praxis aufzunehmen.

»Daß der Glaube heilt, war eine Grunderfahrung der Menschen, die mit Jesus zusammenkamen«, heißt es im Klappentext eines Buches, das sich mit der »therapeutischen Dimension des christlichen Glaubens« befaßt.[3] Ist das eine Grunderfahrung auch von Menschen, die heute der Kirche und ihrer Seelsorge begegnen - egal, wo sie auf dem Weg ihres Glaubens (oder Nichtglaubens) stehen? Oder wird, wie kritisch angemerkt wird, der Glaube heute immer mehr nur noch verwaltet? Trifft zu, daß er zwar gepredigt, unterrichtet und wissenschaftlich reflektiert *wird* (Passiv), aber kaum Chancen erhält, *aktiv* seine Heilkraft zu entfalten und erfahren zu lassen? Das scheint v.a. auf die herkömmliche Pfarrseelsorge in ihren volkskirchlichen Resten gemünzt und - auf weite Strecken - auch zutreffend zu sein. An den Rändern dagegen, erst recht außerhalb, bietet sich ein ganz anderes, äußerst buntes, exotisches Bild. Unverkennbar gibt es weltweit eine Sehnsucht nach Heilung und nach Heilern - eine Sehnsucht, die kulturgeschichtlich in Wellenbewegungen immer wieder aufbricht. Vielerorts, in und außerhalb des verfaßten Christentums, verbindet sich diese Sehnsucht mit dem breiten Strom neoreligiöser Bewegungen und mit Ausformungen des »Neuen Denken« in der »New Age«-Wendezeit.

Aus dem in der westlichen Welt verbreiteten Unbehagen an Gestalt und Auswirkungen der technologischen Vernunft und Wissenschaft erwächst - nicht zuletzt in der Medizin - ein sich anders begründendes Verständnis von Heil-Kunst und Heil-Praxis. Unter Stichworten wie »Ganzheitlichkeit«, »Natürlichkeit«, »Vernetzung« usw. werden verschüttete traditionelle Heilverfahren wiederentdeckt (z.B. schamanistische Praktiken, »Geistheilungen«), durchaus nicht nur in der »Dritten Welt« und ihren Erfahrungen mit importierter westlich-wissenschaftlicher Medizin und Theologie. Auch (und oft noch mehr) in der »Ersten Welt« greift man bevorzugt auf »ganzheitlich-integrative« Therapieformen zurück, angereichert mit Ingredienzien aus fernöstlicher Religiosität.

Auch wenn der christliche Glaube diesem Zug ins Esoterische, oft Pseudo-Mystische skeptisch begegnen muß; auch wenn dieses Programm zur Überwindung und Versöhnung aller Gegensätze im kosmischen Verschmelzen von Ich und Göttlichem, die Einladung zur »Reise nach innen« via Meditation, Bewußtseinserweiterung und Körpersensibilisierung eher auf individuelle »Harmonie« zielt als auf die Lösung globaler Konflikte (Gerechtigkeit, Frieden, Umwelt) wie auch psychosozialer Leiden und Krankheiten: Der Glaube darf sich dennoch nicht um die Wahrnehmung drücken, daß in all dem, im Blick auf das Heilsein und Heilwerden der Menschen, ihm selbst und seiner gängigen pastoralen Praxis auch ein Spiegel vorgehalten, ja eine Rechnung aufgemacht wird, die er nicht einfach wegstecken darf, um die eigene Zahlungsunfähigkeit zu vertuschen.

2. NEUANSÄTZE IM CHRISTLICHEN RAUM

Die Anfragen haben ihre Wirkung nicht verfehlt und zu selbstkritischer Rückbesinnung geführt. So macht sich ein systematischer Theologe und Religionsphilosoph wie *Eugen Biser* seit Jahren »Gedanken zur Wiedergewinnung einer verlorenen Dimension«, indem er die Geschichte dieses Verlustes nachzeichnet und »Theologie als Therapie« (1985) neu aufbauen will: Das »therapeutische Interesse«, ihr fundamental eingestiftet, darf nicht in die Soteriologie abgeschoben und dort isoliert werden. Schon früh habe sich die Kirche »unter dem Einfluß eines dualistischen Spiritualismus mehr und mehr auf die Sorge um das ›Seelenheil‹ zurückgezogen und so der Abspaltung einer von ihr emanzipierten Medizin Vorschub geleistet. Doch Umkehr tut nicht nur und allein der theologischen Wissenschaft not, sondern vorrangig der Gestalt und Praxis des Glaubens, die heilend wirken soll. Zugespitzt kann Biser formulieren: »Denn wenn sich mit dem christlichen Glauben nicht mehr das Vertrauen auf seine Heilkraft *in gesundheitlichen Nöten* verbindet, wird er auf die Dauer auch nicht mehr als die gottgeschenkte Therapie der existentiellen Heillosigkeit gelten können.«[4]

Praktisch-theologisch zeichnen sich verschiedene Tendenzen und Wege ab:

1) Kirchliche Seelsorge kann den fatalen Versuch starten, auf den fahrenden Zug aufzuspringen: In einer als zeitgemäß, gar als »kairologisch« mißverstandenen, modischen Anpassung griffe sie umlaufende, esoterisch-neureligiöse Heils- und Heilungsangebote auf, um sie christlich zu »taufen« bzw. »integrieren« zu wollen, wie man heute gern und meist unreflektiert sagt.

Damit ist kein negatives Urteil gefällt über verantwortete Versuche, im Dialog mit anderen Religionen und Weltsichten Elemente aus deren Überlieferung und Praxis zu erproben, die theologisch reflektiert sind, in den Leiden und Problemen heutiger Menschen hilfreich sein können und überdies oft genug eigene verschüttete Traditionen wieder freilegen, wie etwa im Fall der Mystik, der Meditation. Die Gefahr liegt darin, daß aus der Angst heraus, den Anschluß zu verpassen, wahl- und kritiklos – ohne »Unterscheidung des Christlichen« (Guardini) – aufs Modisch-Gängige gesetzt und so der Charakter und Anspruch der eigenen Überlieferung preisgegeben wird. Im Resultat, so ist zu fürchten, erschöpft sich eine Seelsorge dieser Art in einer aktivistischen Angebots-Nachfrage-Mentalität. Diese stützt dann nicht bloß den vorhandenen religiösen Konsumismus; sie konzentriert sich auch »therapeutisch« entweder ganz aufs Individuum und sein Innenleben (so wie früher auf sein Seelenheil) oder aber auf elitäre Kleingruppen-Zirkel. Wird im einen Fall die echte Mystik mißverstanden, so im andern die Gemeindlichkeit – beides im Widerspruch zur personal-sozialen Sicht des Glaubens auf das Heil- und Ganzsein-Wollen des Menschen in der Gemeinschaft der Mitglaubenden. Nicht zufällig spielen in den neuen, religiös-synkretistischen Heil- und Heilungsprogrammen alte mythische, besonders gnostische Vorstellungen wieder eine bedeutsame Rolle. Nietzsches »Zarathustra« hatte zwar mit der »Großen Gesundheit« des Leibes gegen den spiritualistischen Moralismus des Christentums seiner Zeit protestiert. Aber verfahren denn die postmodernen Strömungen nicht genauso wie der antike Mythos, dem Nietzsche vorwarf, »mit seinen glänzenden Traumgeburten« über die Schrecknisse des Daseins nur hinweggetäuscht, anstatt sie bewältigt zu haben?[5]

2) Christliche Seelsorge kann auch den entgegengesetzten Weg einschlagen: Sie kann sich entschieden absetzen von jedem Kontakt mit moderner Wissenschaft, gegenwärtigem Lebensgefühl und kulturellen Strömungen. Dies scheint profiliert der Fall zu sein in jenen evangelikal-fundamentalistischen bzw. integralistischen Richtungen, die sich – nicht nur in den USA! – gegen den therapeutischen Ansatz in Seelsorgebewegung, Pastoral Counseling, Klinischer Seelsorgeausbildung und Pastoralpsychologie stellen – und damit gegen die Kooperation mit Tiefenpsychologie und Psychotherapie überhaupt.

Um nur *ein* abschreckendes Beispiel zu nennen: In der »biblisch-nuthetischen«, also zurechtweisenden Seelsorge nach *Jay E. Adams*[6] besteht die Therapie einzig darin, »das Über-Ich des Ratsuchenden religiös zu *verstärken*«. Im schärfsten Gegensatz zur gottlosen Psychoanalyse wie zur Humanistischen Psychologie eines *Carl Rogers* u.a. hat hier der Seelsorger die Gewissensinstanz einzig im Sinne des Über-Ich zu vertreten, d.h. er gibt autoritativ »Weisung von außen« in Form von »Vorschrift, Gebot, Unterweisung, Tadel, Züchtigung und Korrektur« usw.[7] Da Probleme, Konflikte und seelisches Leiden nicht als psychosoziale Erkrankungen gesehen, sondern unmittelbar als Ausfluß der Sünde, des Ungehorsams gegenüber den biblischen Geboten verurteilt werden, geht es auch bei ihrer Heilung niemals um ein Verstehen der Gründe und Ursachen für die Probleme und Störungen betroffener Menschen; vielmehr muß das Unkraut mit der Wurzel ausgerissen werden: »Seelsorge, die Erlösung verkündigt, ist radikale Chirurgie«, die allein in die Gestalt des Christus verwandelt. Verhaltensänderung im Sinne der biblischen Lösung erfolgt durch Zurechtweisung, nie über Einsicht, sondern nur durch Zwang und Strafandrohung mit dem Ziel der Anpassung an die biblischen Normen (z.B. das Buch der Sprüche) und erweist sich darin als »Werk des Heiligen Geistes«.

Gewiß, es gibt weniger abstoßende Beispiele, durch das Wort der Schrift oder durch Gebet beschädigtes Leben zu heilen.[8] Gemeinsam ist ihnen allen jedoch, daß sie jedes psychologische Wissen ablehnen und allein auf die Kraft religiöser »Methoden« setzen, die sich freilich noch einmal sehr unterscheiden. Beide gegensätzlichen Wege – der esoterisch-neureligiöse wie der biblizistisch-fundamentalistische – reklamieren jedoch die wahre »Ganzheitlichkeit« für sich. Das gibt zu denken und warnt davor, einem gewaltigen Etikettenschwindel aufzusitzen.

3) Will Seelsorge den Fallstricken dieser beiden Extreme entgehen, die weder theologisch noch pastoralpsychologisch eine tragfähige Alternative darstellen, so muß sie den schwierigen dritten Weg beschreiten und (mit Biser, Fürst u.v.a.) hinter die Vorherrschaft des Lehrhaft-Systematischen und seine Abspaltung von der pastoral-spirituellen Praxis zurückgehen, um den Verlust an Erfahrung und heilender Kraft des Glaubens wettzumachen. Konkret: Seelsorge (und ihre Theorie) hat im Umgang mit Leidenden und Kranken aller Art zunächst auf den befreiend-heilenden »Pastoral-Stil« Jesu zu blicken, der auch in den ersten Gemeinden wirksam war. Diese Forderung klingt einfacher, als sie einzulösen ist; hier wäre von einer historisch-kritisch wie pastoral-praktisch ausgerichteten Exegese viel zu lernen aus den über Jesus überlieferten Heilungsgeschichten, die erst später zu apologetischen Wunderberichten umgestaltet wurden.[9]

3. BIBLISCHE SPUREN

Anders als in der antiken Umwelt geht es bei Jesu verblüffend einfachen Heilungen immer »nur« um die *Begegnung* mit ihm; im Gespräch, durch eine Berührung. Sein Tun gehört untrennbar mit seiner heilsamen Botschaft zusammen. Soweit Krankheit nicht direkt auf Gottes Wirken zurückgeführt wurde, bot sich damals entlastend die *dämonische* Erklärung an: Der Kranke ist vom unreinen Geist besessen. Jesu »Dämonenaustreibungen«, literarisch zum Teil als Exorzismen gestaltet, fordern seinen ganzen Einsatz. Sie zeigen nach *Peter Trummer,* wie stark menschliche Entfremdung, Selbstschädigung und Widerstand der ersehnten Heilung entgegenwirken können. Ähnliches gilt für den Aussatz, der als schwere Sündenstrafe in die soziale Isolation führte. Jesus dagegen überwindet die verbreiteten Berührungsängste seiner Zeit, auch was die Frauenheilungen betrifft (vgl. Mk 5,25–34; Kap. III bei Trummer).

Auch die frühe Kirche rechnet selbstverständlich mit Heilungen als Charismen, erzählt sie aber nie als eigene Fähigkeit und Leistung, sondern grundsätzlich als Taten Jesu, ermöglicht durch seine Person und Botschaft. Der formelle Arzttitel für Jesus taucht erst bei *Ignatius von Antiochien* auf, doch schon Mk 2,17 parr vergleicht sein Wirken mit dem des Arztes, weil seine Sendung als »Retter« denen gilt, die es »schlecht haben«: die arm dran sind, d.h. als »Sünder« gelten und sich selbst so sehen. Auf sie läßt sich Jesus ein – nicht als souveräner Deus ex machina, der seine übernatürlichen Kräfte als Messias demonstriert, sondern als der geschwisterlich mitleidende Mit-Mensch, als der »verwundete Arzt«, der als leidender Gottesknecht unsere Schwächen und Krankheiten auf sich genommen und getragen hat.

»Therapeuein«, das bevorzugte Wort der Heilungsberichte, ursprünglich (s.o.) *»nahe sein«*, bedeutet *»dienen«* wie *»helfen«*. Es steht also dem nahe, was sonst im Neuen Testament »Diakonie« heißt. Indem Jesus nicht richtet und verurteilt, sondern Vergebung zuspricht – in den Augen seiner Kontrahenten reinste Blasphemie! –, hebt er die unbarmherzige[10] menschliche Logik von Schuld und Beschuldigung auf, *richtet* er die Menschen *auf*: Damit sind aber nach Trummer auch ihre Ängste und Phantasien über Krankheit als wohlverdiente und unabänderliche Sündenfolge hinfällig. Jesu heilendes Wirken ermöglicht dem von den anderen Abgewerteten, Ausgegrenzten und von Selbstvorwürfen Niedergedrückten ein Loslassen seiner Lasten, schenkt ein neues Selbstgefühl, auch in bezug auf Gesund- oder Kranksein. In der Begegnung mit dem heilenden Jesus lernen Menschen (übrigens auch »Heiden«!) grundlegend Neues über sich selbst und über Gott und gelangen so zu einem veränderten Denken und Leben (»metanoia«).

Verkündigung und Heilung nennt das Neue Testament in einem Atemzug: »Zieht hin, *kündet* und sagt: Genaht ist das Reich Gottes. *Macht Kranke heil*, weckt Tote auf, reinigt Aussätzige, treibt Dämonen aus« (Mt 10,7f.) bzw.: »*Macht* die Kranken *heil* und *sagt* ihnen: das Reich Gottes ist nahe« (Lk 10,9). Es ist also immer *ein* Auftrag, der sich in *zwei* Handlungen entfaltet: im Wort der Verkündigung und in Taten der Heilung, Befreiung, Auferweckung![11] Kann, muß man dann nicht sagen: Wo nicht – wenigstens in irgendeiner Form – solche Heilung und Befreiung geschieht, dort ist das Evangelium noch nicht richtig zur Sprache gekommen, nicht voll und wirklich verstanden worden? »Heilen« also als Nagelprobe des rechten Glaubens, als Kriterium theologischer Wahrheitsfindung und christlicher Seelsorge! »Die Häretiker können nicht heilen; wahre Jünger heilen«, meinte schon *Irenäus von Lyon* (adv.haer II 31;32).

Hier liegt freilich eine doppelte Gefahr: einmal, Heilungen apologetisch zu verzwecken zu Demonstrationen des »wahren« Glaubens; zum andern ein verzweifelter Heil-Zwang, ein »furor sanandi«, vor dem nicht nur Ärzte und Psychotherapeuten, sondern auch Glaubende und Seelsorger/-innen gewarnt werden müssen, wollen sie sich nicht rettungslos überfordern, im Fall der Glaubensheilung nicht zuletzt dadurch, daß ganz ungeschichtlich gedacht und die damalige kulturelle Situation unreflektiert in unsere Zeit übertragen wird.[12]

Die Frage lautet vom Neuen Testament her: Wie können wir Jesu – in diesem Sinn »ganzheitlichen« – Einsatz für das Reich Gottes in Wort und Tat *analog* heute verstehen? Zielt dieser kämpferische Einsatz doch auf die Überwindung des Bösen, d.h. jener das Leben hindernden und zerstörenden Mächte, wie sie sich in den Krankheiten und Besessenheiten damals manifestierten. Heute kann *Heilen im Namen Jesu* in der vorbehaltlosen Eingliederung der Ausgesonderten bestehen – zuerst und gerade im Raum der Kirche; andernfalls hängt alles Reden von »communio« und »koinonia« in der Luft. Denn Jesu Heilungstaten sind nicht bloß zusätzliche Illustration seiner Botschaft; sie verleihen ihr vielmehr erst Eindeutigkeit, beglaubigen sein Wort und machen es verbindlich: Es sind Zeichen, die nicht bloß auf etwas hinweisen; als wirksame *symbolische Handlungen* nehmen sie sinnlich Erfahrenes auf und wandeln es um in Erfahrungen des Glaubens an diesen Jesus, in dessen Zeichen-Handeln der Anbruch der Gottesherrschaft bereits erfahrbar wird: in dem, was man sehen und hören kann, wie die Johannes-Jünger belehrt werden: Mt 11,2ff; vgl. Joh 10,37f; 15,22–24.

4. PASTORALPSYCHOLOGISCHE ÜBERLEGUNGEN: PLÄDOYER FÜR EINE REALISTISCHE »SOTERIOPRAXIS«

Das Beschwören einer »ganzheitlichen« Pastoral allein führt solange nicht weiter, als unklar ist, in welchem Sinn die reklamierte Ganzheitlichkeit des Menschen gemeint ist: *anthropologisch* (und biblisch) als Leib-Seele-Einheit, *psychosomatisch* als leibseelisches Simultangeschehen oder *esoterisch-spiritualistisch* als kosmische Erleuchtung auf dem Rückweg des Geistwesens zur All-Seele. Was wird aus dem biblisch eindeutigen *Heilungs*-Auftrag, wenn man nicht anachronistisch auf Formen des antik-mittelalterlichen Exorzismus oder esoterischer Geistheilung setzt und ihn auch nicht in einen rein religiösen *Heils*-Auftrag ummünzt? Um das biblische Modell heilenden Umgangs kreativ ins Heute zu übersetzen, darf es nicht ungeschichtlich »angewandt« oder gar moralisierend übergestülpt werden; weder sollten Seelsorger als Exorzisten im mythisch-relgiösen Gewand böse Geister austreiben bzw. als religiöse Moralisten »heilspädagogisch« das Über-Ich der Menschen verstärken, noch sollte man Jesus zum wahren Psychoanalytiker oder Logotherapeuten umfrisieren. Beides wird dem einen Doppelauftrag von Verkündigen und Heilen nicht gerecht, unter dem Jesu Jünger stehen und von dem die Kirche nie dispensiert worden ist.

Im Unterschied zur biblizistisch-antipsychologischen Einstellung – wie am Beispiel eines *Jay Adams* gezeigt – sind es gerade Einsichten der Humanwissenschaften, welche die exegetischen Befunde pastoraltheologisch mit gegenwärtigen Problemen und Leiden von Menschen und deren Lösungs- und Bewältigungsmöglichkeiten zu verbinden erlauben. Dabei gilt auch: Vieles von dem, was die pastoralpsychologische Erkenntnisarbeit an verstehender und lösend-heilender Beziehungs- und Gesprächskultur durch Sozial- und Tiefenpsychologie mühsam wiederentdeckt und freigelegt hat, erweist sich im Licht theologisch-biblischer Reflexion als Grundstoff christlichen Handelns im Geist Jesu, als Elemente, die im Lauf der Geschichte ausgewandert oder verlorengegangen sind, ausgelagert oder vertrieben wurden.

Interessanterweise wandelt sich in dieser Perspektive dann auch das Paradigma, der Modellfall für das heilende Handeln in der Pastoral, in charakteristischer Weise: Exemplarisches Muster sind nicht einfach nur Jesu Heilungswunder, sondern eher sein Gleichnis vom barmherzigen Samariter.[13] Daß es dabei um den ganzen Menschen in seiner Leiblichkeit geht, liegt auf der Hand. Der schillernde Begriff des »Heilens« weist hier eindeutig in die *diakonische* Richtung, ohne daß der »wunderbare«, gar nicht selbstverständliche Charakter dieser konkreten, leiblich-seelisch-sozialen Hilfe und ihres persönlichen Einsatzes im mindesten eingeschränkt würde.

Nur auf diesem Weg – in der Praktischen Theologie als »Rückkehr der Kirche in die Diakonie« Jesu (*A. Delp*) wieder neu angemahnt – kann die eingetretene Spaltung der Pastoral wieder »geheilt« werden. Sie ist nicht einfach bloß »halbiert« in Verkündigung des Heils und sakramentale Heiligung auf der einen Seite und den verratenen Auftrag, die Kranken zu heilen, auf der anderen Seite, so daß man beide Hälften nur wieder zusammenzufügen bräuchte. Der Spalt reicht tiefer: Er trennt den sakramentalen Dienst der Priester, aber auch der Katechet/-innen und spirituellen Begleiter/-innen ab vom diakonalen Dienst in Beratung, Pflege, Therapie und Heilung. Beide Bereiche stehen nicht, als differenzierte Ausformungen des einen Grunddienstes der Kirche, im Austausch, sondern haben sich voneinander gelöst. Man darf bezweifeln, ob der Ausdruck »heilende Seelsorge am ganzen Menschen« – trotz seiner guten Absichten – geeignet ist, diese Klammer herzustellen, d.h. aus dem unverbundenen Nebeneinander ein wirkliches, den Menschen erfahrbares Miteinander werden zu lassen. Eher kommt – so ist zu befürchten – ein Gefühl der Überforderung auf, zumal wenn diese ganzheitlich heilende Pastoral der herkömmlichen *Gemeinde* aufgebürdet wird und sie als »Haus der Gnade« versteht, »wo Menschen heilend einander begegnen«. Solche idealistisch steilen Formulierungen sind von der Alltagsrealität nicht gedeckt und wirken daher eher demotivierend, wenn sie nicht als hohle Phrasen abgetan werden.

»*Heilende Gemeinde*« – dahinter hat *Ulrich Bach*, aus der Sicht der Behinderten, der Ungeheilten und unheilbar Kranken, ein überdeutliches Fragezeichen gesetzt.[14] Auch wenn man nicht allen Thesen und Folgerungen zustimmt, sollte man das Grundanliegen seines »Versuchs, einen Trend zu korrigieren« (Untertitel) ernst nehmen: nicht dem unbiblischen Gesundheitswahn der Gegenwart zu verfallen, wonach nur gesunde, kräftige, heile Menschen zählen – auch im Raum der Kirche oder gar vor Gott. Nichts würde den Heilungsgeschichten Jesu krasser widersprechen, der als Vorzeichen des nahen Gottesreiches viele, aber keineswegs alle Kranken oder Behinderten heilte, aber alle in dieses kommende Reich einlud. Deshalb ist es auch problematisch, nach dem biblischen Wortlaut einfach die Krankenheilung als »Grundfunktion« der Kirche neben Verkündigung, sakramentale Feier und Diakonie zu setzen. Meistens rückt sie dabei in den *liturgischen* Bereich ein, und man gewinnt den Eindruck, daß – v.a. in charismatischen Kreisen – Heilung eigentlich (und nur) in gottesdienstlicher Weise stattfindet, ob nun im »Gebet um Heilung der Lebensgeschichte« im Rahmen von Glaubensseminaren[15] oder in eigenen *Heilungs-Gottesdiensten*[16], die sich im christlichen Raum ausbreiten.

Nichts gegen eigene Gottesdienste mit Kranken; nichts gegen eine sinnvoll erneuerte Praxis der Krankensalbung.[17] Gegenüber vielen charismatischen Initiativen, die zu Recht an den biblischen Heilungsauftrag erinnern, muß jedoch auffallen, daß die von Jesus berichteten Heilungen nicht in einem gottesdienstlichen Rahmen stattfanden; auch von Gebeten ist nichts zu hören. Wohl aber von sehr intensiven persönlichen Begegnungen, körperlichen Gesten, wirkmächtigen Worten und direkter Kommunikation; vom Eingehen auf Situationen und vom Sich-Einlassen auf Personen – in durchaus riskanter, auch anstößiger Weise, um noch einmal an die blutende Frau zu erinnern: *Peter Trummer* zeigt, wie wenig wir heute davon noch spüren und erfassen, was Jesus für die Heilung dieser Frau emotional, religiös und politisch wagte.

Neben dieser *liturgischen* Engführung des christlichen Heilungsauftrags dürfen wir freilich auf der anderen Seite nicht die *ethisierende* Auslegung übersehen: Nach ihr konkretisiert sich die Glaubensbotschaft allein im rechten individuellen und politischen Tun. Wo demgegenüber Glaube, Anbetung und Heilung wieder neu zusammengesehen werden, dort entdeckt man – übrigens auch für den evangelischen Gottesdienst (*Thilo, Scharfenberg, Stollberg*) – die alte Chance wieder, *ganzheitlich*, d.h. leiblich-sozial, politisch und mystisch-spirituell »so zu leben, daß die ›Nemesis der Medizin‹ (*Illich*) Heil und Heilung nicht länger auseinanderzureißen vermag ... Ein Beispiel dafür, wie sich Glaube anders als ethisch realisiert, ist die Tatsache, daß er heilt.«[18]

Über Begriffe zu streiten, führt oft nicht weiter. Sie transportieren jedoch Programme, signalisieren tragende Einstellungen, die schiefe Erwartungen wekken und Fremd- und Selbsttäuschungen hervorrufen. Daher melde ich, aus den genannten Gründen, Vorbehalte an gegenüber Formeln wie »heilende Pastoral für den ganzen Menschen« usw. Wenn schon begrifflich-programmatisch geredet werden soll, dann bieten sich für den internen theologischen Gebrauch eher Ausdrücke an wie *»empathisch-redemptives Handeln«* im Geist Jesu (*Stenger*) oder *»Soteriopraxis«*: Was wir in der Soteriologie reflektieren, muß in unserer Lebenswelt und Geschichte weitergehen und praktisch werden; im biblischen Wort »soteria« ist Heil und Heilung zusammengedacht, nicht auseinandergerissen. Ich selbst spreche vorzugsweise von der *»therapeutischen Dimension des Glaubens und der christlichen Seelsorge«*, weil 1) das

»therapeuein« mit seiner Bedeutung von helfen, dienen und nahesein an die Liebe, die christliche *Diakonie* erinnert und weil 2) deutlich wird, daß wir es mit einer *Dimension* christlich-pastoralen Handelns zu tun haben: So unverzichtbar sie ist, so wenig darf sie zum Ganzen, zum Ein-und-Alles stilisiert werden. Das scheint mir eine realistische Perspektive zu bieten, die weder zur Überforderung noch in Resignation oder Flucht führt, sondern Aus- und Standhalten ermöglicht – im Fragmentarischen, das auch diese Dimension unseres Handelns aus dem Glauben auszeichnet.

Wenn in der modernen Psychotherapie, wo sie ehrlich und realistisch bleibt, Gesundheit und Heilung als utopische Größen angesehen werden, so kennt der Glaube dafür den eschatologischen Vorbehalt. Unter ihm steht auch alle »heilende«, therapeutisch hilfreiche Seelsorge und ihr Mühen um Identitätsfindung und Selbstwerdung; als »Alltags-Seelsorge« (*H. Luther*) darf sie aber nie vergessen, daß sie Stückwerk, Fragment bleibt und das Ganze, die Ganzheitlichkeit des Menschen weder schaffen kann noch muß. Im eingangs erwähnten Interview drückte *Hermann Stenger*[19] es so aus:

»Als Zielvorstellung ist es gut, den Menschen in seiner Ganzheit zu sehen – mit allem, was er in sich trägt. Aber erreichbar ist solche Ganzheitlichkeit in diesem Äon nie. Die Dialektik von Trost und Trostlosigkeit, von Sinn und Sinnlosigkeit wird bleiben, bis Gott alle Tränen abwischen wird. Eine derartige Einstellung verleitet nicht zu Resignation, sondern ermutigt zu einem pastoralen Handeln, das das erlösende Handeln Gottes an uns widerzuspiegeln versucht.«

Anmerkungen

1 Herder Korrespondenz 45 (1991) 264–268, abgedruckt in: H.M. Stenger: Für eine Kirche, die sich sehen lassen kann, Innsbruck-Wien 1995, 78–91.

2 U. Eibach: Heilung für den ganzen Menschen? Ganzheitliches Denken als Herausforderung von Theologie und Kirche, Neukirchen-Vluyn 1991.

3 F. Arnold: Der Glaube, der dich heilt. Zur therapeutischen Dimension des christlichen Glaubens, Regensburg 1983.

4 Vgl. E. Biser: Theologie als Therapie, Heidelberg 1985, 13.

5 Vgl. hierzu insgesamt Biser (1985) 59f.

6 J.E. Adams (1970): Befreiende Seelsorge. Theorie und Praxis einer biblischen Lebensberatung, Gießen [4]1977.

7 J.E. Adams, zit. n. H.-J. Hutter: Religiöse Symbolik und Seelsorge, Frankfurt-Bern-New York 1985, 141f.

8 Vgl. etwa M., D.& S. Linn: Glaube, der heilt, Graz 1991; W. Margies: Heilung durch sein Wort. Bd 2: Die geistige Behandlung seelischer und körperlicher Krankheiten, Urbach [4]1983; F. McNutt: Die Kraft zu heilen, Köln 1976.

9 E. Drewermann hat einen Vorstoß gemacht, der aber in seiner einseitig gnostisierenden Anbindung an C.G. Jungs Psycho-Theologie methodisch wie inhaltlich m.E. nicht überzeugt. Weiter führt das wohltuend nüchterne, zugleich sehr persönliche Buch »Die blutende Frau. Wunderheilung im Neuen Testament« des Grazer Neutestamentlers P. Trummer (Freiburg 1991). Darauf stützen sich, ohne Einzelnachweise, die folgenden Einzelbeobachtungen in Punkt 3.

10 Vgl. dazu K. Bopp: Barmherzigkeit im pastoralen Handeln der Kirche, München 1998.

11 Vgl. W.J. Bittner: Heilung – Zeichen der Herrschaft Gottes, Neukirchen-Vluyn 1984.

12 Die Nennung von »Dämonenaustreibungen« neben und zusammen mit Krankenheilungen sollte hellhörig machen. S. Freud hat 1923 an einer sog. »Teufelsneurose im 17. Jahrhundert« (Fischer Studienausgabe Bd. VII) gezeigt, daß im Gewand der alten Dämonologie viel Wahrheit steckt, die wir freilich nicht mehr wörtlich, sondern metaphorisch als Ausdruck psychischer Vorgänge verstehen und psychoanalytisch nachvollziehen können. Heute stehen andere Vorstellungen, Denkhorizonte und damit auch Wahrnehmungen im Zentrum; der scheinbar eindeutige Begriff »Heilen« verdeckt das leicht.

13 An ihm führt z.B. I. Baumgartner (Heilende Seelsorge in Lebenskrisen, Düsseldorf 1992) überzeugend vor, wie pastorales Handeln als Mitwirken an Gottes Heilungshandeln im Geist Jesu konkret aussieht.

14 U. Bach: Heilende Gemeinde? Versuch, einen Trend zu korrigieren, Neukirchen-Vluyn 1988.

15 W. Schäffer: Meinen Glauben erneuern. Ein Kurs für Einzelne und Gruppen, Würzburg 1988.

16 W. Hollenweger: Nicht Privatsache, sondern Sache der Liturgie, in: Wege zum Menschen 41 (1989) 408–419.

17 Vgl. L. Mödl: Sackgassen im Leben – Auswege in Hoffnung. Pastoraltheologische Überlegungen zu Buße und Krankensalbung, in: M. Weitlauff/P. Neuner (Hrsg.): Für euch Bischof – mit euch Christ (FS Kardinal Wetter), St. Ottilien 1998, 879–897.

18 D. Stollberg: Der Glaube, der uns heilt, oder: Von der Fähigkeit zu trauern (Lit.bericht), in: Pastoraltheologie 75 (1986) 135–148, hier: 148.

19 H.M. Stenger: Für eine Kirche, die sich sehen lassen kann, Innsbruck-Wien 1995, 91f.

Leibhaftige Religiosität

Überlegungen zur anthropologischen Perspektive der Religionspädagogik

DEGENHARD OFFERGELD

1. CHRISTLICHER GLAUBE UND RELIGIOSITÄT – UNTERSCHIEDLICHE ERFAHRUNGSWELTEN

»Nirgends fühlte ich mich bisher in meinem Leben weiter entfernt von echter Religion als im kirchlichen Unterricht und bei meinen Studien christlicher Theologie. Ich glaube, ein im umgangssprachlichen Sinne nichtreligiöses Leben blockiert echte oder spirituelle Erfahrung weit weniger als die Beschäftigung mit Glaubenslehren.«[1]

Die in diesem Zitat geäußerte Polarität bzw. Unvereinbarkeit von kirchlich orientiertem Glauben einerseits und der Suche nach echter Religion und Spiritualität andererseits kann ohne weiteren Nachweis als ein Charakteristikum der gegenwärtigen kirchlichen und religiösen Situation genommen werden.

Christlicher Glaube und Religiosität werden in der Wahrnehmung vieler Menschen nicht mehr als identische Vorgänge existentieller menschlicher Lebensvollzüge angesehen. Die Selbstverständlichkeit, Religiosität als eine spirituelle Lebenseinstellung ohne konfessionelle Ausrichtung zu betrachten, nimmt zu. Die Kirchen können nicht mehr einen privilegierten Raum für Religiosität und religiöse Erfahrungen beanspruchen.

Die Marginalisierung von Kirche und christlichem Glauben, der Verlust der normativen Funktion von christlichen, ethischen Wertvorstellungen, sowie die Pluralisierung und Privatisierung von religiösen Einstellungen und Überzeugungen ist, jenseits jedes wissenschaftlichen Befundes, eine sich im Alltag bestätigende Erfahrung.[2]

Darüber hinaus wird die Eigenständigkeit und Eigenwertigkeit des Religiösen bzw. der religiös-spirituellen Haltungen als eine elementar-anthropologische Kategorie auch humanwissenschaftlich verstärkt reflektiert.[3]

Häufig beginne ich didaktische Übungen zum Thema: Ziele und Inhalte des Religionsunterrichts damit, den Teilnehmern Bilder aus der Serie »Photos symboliques«[4] vorzulegen mit dem Arbeitsauftrag, sich jeweils ein Bild für »christlicher Glaube« und für »Religiosität« auszusuchen. Hierbei bestätigt sich, daß auch für Theologiestudent/-innen diese beiden Begriffe nicht identisch sind. Wie die Auswahl der Bilder deutlich macht, werden jeweils unterschiedliche Erfahrungsfelder oder – besser gesagt – Erfahrungswelten wach gerufen. Die Symbolbilder für »christlicher Glaube« lassen in ihrer bildlichen Darstellung zumeist Situationen von Unsicherheit, Konflikthaftigkeit und Auseinandersetzung erkennen und führen im gemeinsamen Gespräch häufig zu Pro- und Contradiskussionen oder bekenntnishaften Aussagen. Als Symbolbilder für »Religiosität« dagegen werden häufig Darstellungen aus der Natur, Bilder mit großer Dichte zum Beziehungsgeschehen oder Bilder mit meditativem Charakter gewählt. Im Gesprächsaustausch über diese gewählten Bilder verändert sich auch deutlich spürbar die Sprache und die Atmosphäre in der Gruppe. Das Gespräch wird persönlicher und stärker von innerem Ernst getragen. Das einfache, kommentarlose Zuhören nimmt zu. Bisweilen entsteht der Eindruck, daß ein geschützter Raum von gesammelter Aufmerksamkeit entsteht, in dem sich etwas begrifflich nicht ganz Faßbares ereignet.

In diesem Vorgang deutet sich schon an, was später noch weiter zu entfalten und zu erläutern ist, nämlich, daß Religiosität und religiöse Erfahrung mit leiblich-körperlichen Vorgängen wie »Berührt- und Innewerden«, »still sein – zur Ruhe kommen«, »ganz bei sich selber sein« in Verbindung stehen. Leiblich wahrnehmbare und beschreibbare Vorgänge, die von sich aus zu einer Haltung des »Staunenkönnens« und »Ehrfurcht haben« führen. Damit ist schon schlaglichtartig das beleuchtet, was wissenschaftlich der religiöse Paradigmenwechsel genannt wird.[5]

Wurde bisher Glaube und Religiosität ausschließlich über die Zugehörigkeit zu einer religiösen Gemeinschaft auf der Grundlage einer personal dialogischen Gott-Mensch-Beziehung beschrieben und definiert, so wächst gegenwärtig das Bewußtsein für Religiosität als einer emotional-kognitiven, ganzheitlichen Dimension, die den Menschen unabhängig von konfessionellen Zugehörigkeiten gleichermaßen ergreifen und verändern kann. Die Entfremdung vieler Menschen von Kirche und Glaube hat sicherlich in diesem, von Kirche und Theologie bisher zu wenig wahr- und ernstgenommenen, religiösen Bewußtseinswandel ihre tiefere anthropologisch-religiöse Ursache.[6]

Doch zurück zu den Erfahrungen aus den eben angesprochenen didaktischen Übungen. Eine zweite Beobachtung erscheint mir hier erwähnenswert. Sobald der Seminarleiter die Idee und die These einbringt, der Religionsunterricht strebe aufgrund seiner anthropologisch-pädagogischen Legitimation und Begründung über die Schulung der Körperwahrnehmung und meditativen Aufmerksamkeit eine Sensibilisierung der im Menschen grundgelegten religiösen Erfahrungsfähigkeit an, macht sich ein kognitiv-rationaler Widerstand der Studenten/-innen bemerkbar. Der Gedanke, daß sich in der leiblichen Wahrnehmung Religiosität ereigne, konkretisiere und zu einer religiösen Haltung führen kann, wirkt befremdlich. Leiborientierten, ganzheitlichen Unterrichtsmethoden werden zwar Dienst- und Hilfsfunktionen für das Erlernen von christlichen Glaubensaussagen zuerkannt, doch daß im konkreten Tun selbst schon religiöse Erfahrung grundgelegt wird, kann nur zögerlich nachvollzogen werden.

Hier spiegeln Theologie-Studierende die Aus- und Nachwirkungen eines christlich geprägten Umfeldes. Das Wahrnehmen und Erspüren, die Frage »Wie fühlt sich das an?« wird von der Theologie und den Theologen oft mit dem wertenden Verdikt der Unwissenschaftlichkeit belegt. Man befürchtet, so wird in Gesprächen deutlich, eine Einengung des Menschen auf das Materiell-Körperliche, dies führe zu einer Entwertung des Geistigen und letztlich zur Leugnung der immateriellen Seele. Körperlich orientierte Lernmethoden seien zwar interessant und abwechslungsreich und könnten die Aufmerksamkeit der Schüler/-innen fördern, doch sei damit noch kein Raum für die Transzendenzerfahrungen geöffnet. In solchen und ähnlichen Äußerungen wirkt, zumindestens unterschwellig, noch immer der alte Leib-Seele-Dualismus nach. Im weiteren Verlauf meiner Ausführungen möchte ich die Bedeutung der Leiblichkeit für die Identitäts- und Sinnfindung des Menschen herausstellen und dabei die ganzheitliche leibhaftige Dimension religiöser Spiritualität deutlich machen.

2. LEIBLICHKEIT ALS SYMBOL DES MENSCHSEINS

2.1 Der phänomenologische Blickwinkel

»Habe ich meinen Körper verloren, so habe ich mich selbst verloren. Finde ich meinen Körper, so finde ich mich selbst. Bewege ich mich, so lebe ich und bewege die Welt. Ohne diesen Leib bin ich nicht, und als mein Leib bin ich. Nur in der Bewegung aber erfahre ich mich als Leib. Erfährt sich mein Leib, erfahre ich mich. Mein Leib ist die Koinzidenz von Sein und Erkenntnis, von Subjekt und Objekt.«[7]

In diesem Zitat von *Vladimir Iljene* wird der phänomenologische Ansatz philosophischer Wahrnehmungs- und Leibtheorien deutlich. Bei der phänomenologischen Betrachtungsweise der Wirklichkeit läßt man sich von dem, worauf man schaut, also das, was Gegenstand der Erforschung und Erkundung sein soll, ohne vorgefaßte Theorie und Wertung ergreifen und führen, um durch das Phänomen selbst zum dahinterliegenden Sinn und damit zur Erkenntnis zu kommen. Das Kriterium für die Stimmigkeit des phänomenologischen Vorgehens ist die nicht mehr weiter hinterfragbare Authentizität der Erfahrung.

Der phänomenologische Ansatz macht Ernst mit der Tatsache, daß die Welt und die Dinge vor aller Reflexion in unveräußerlicher Gegenwart schon da sind. Phänomenologisches Vorgehen überwindet die Einseitigkeit des analytisch, rational kritischen Kausalitätsdenken und bezieht sich auf das Beschreiben und Reflektieren der Wahrnehmung selber und der wahrgenommenen Dinge. In diesem beschreibenden Wahrnehmungsvorgang offenbart sich dem wahrnehmenden Subjekt die aller Erkenntnis vorausliegende Welt. Und zwar so, daß in der Wahrnehmung die Intentionalität der Dinge und des Seins erkannt wird, ohne daß sie voll in den Besitz des Wahrnehmenden gelangen. *M. Merleau-Ponty* schreibt dazu: »Die Welt ist nicht, was ich denke, sondern das, was ich lebe. Ich bin offen zur Welt, unzweifelhaft kommuniziere ich mit ihr, doch sie ist nicht mein Besitz, sie ist unausschöpfbar.«[8]

2.2 Der Leib als Ort des Selbst-Welt-Vollzugs

»Ohne den Menschen wäre das Sein stumm; es wäre da, aber es wäre nicht das Wahre« *(A. Kojève)*.[9]

Sowohl nach *M. Merleau-Ponty* als auch nach *G. Marcel* ist die unmittelbare menschliche Erfahrung des leiblichen Daseins in der Welt die Erfahrung, in dieser Welt in mitmenschlichen Beziehungen inkarniert zu sein, Voraussetzung für die Ermöglichung des Denkens, Begreifens und Verstehens.[10] Im Leibsein erfährt der Mensch seine spezifische ihm eigene Daseinsweise. Dabei meint das Leibsein mehr als einen Körper haben. Der Körper, das körperlich Materielle ist die Konkretisierung und Objektivierung der Erfahrung, leiblich in der Welt zu sein. In Abgrenzung zum Körper, der Objekt meiner Wahrnehmung ist, ist der Leib die Voraussetzung, der Vollzugsort meiner Wahrnehmung. In diesem Gewahrwerden des leiblichen Daseins vollzieht sich die Erkenntnis der menschlichen Existenz. Die Grundstruktur menschlicher Existenzerfahrung drückt G. Marcel mit dem Satz aus: »Ich bin mein Leib und ich habe einen Körper.«[11]

Im Leibsein erfährt der Mensch die innere Einheit seines Wesens. Der Leib wird zum Wahrnehmungs- und Kommunikationsort des Seienden. Nach G. Marcel ist der Leib auch der zentrale Ort, an dem und in dem die metaphysische Wirklichkeit wahrgenommen und erkannt wird, ohne jedoch analytisch letztgültig bestimmt werden zu können. So haftet dem leiblichen Daseinsvollzug auch immer schon der Aspekt des Geheimnisvollen, das nicht voll ausschöpfbar ist, an. Von daher entzieht sich nach G. Marcel der Leib auch der absoluten Verfügbarkeit durch den Menschen.

Ähnlich betrachtet auch M. Merleau-Ponty den Leib als den Ort, mit und an dem der Mensch sowohl mit seinem je individuellen Dasein als auch mit dem gesamten Dasein der Welt verbunden ist. Die Besonderheit dieses leiblichen In-der-Welt-Seins besteht darin, daß es weder mechanische Körperlichkeit noch abstrakte Geistigkeit ist. Da der Leib nach M. Merleau-Ponty der Ort des gelebten Selbst-Welt-Vollzugs des Menschen ist, wird in der Leiblichkeit, im konkreten Lebensvollzug, der Leib-Seele-Dualismus aufgehoben.

In diesem konkreten, leiblichen Lebensvollzug greifen zwei Bewegungen ineinander: Die zentripedale Bewegungsdynamik, die die menschliche Wahrnehmung auf sich selber, seine Körperlichkeit bezieht, und die zentrifugale Bewegungsdynamik, die die menschliche Wahrnehmung auf den freien, nicht materiellen Raum richtet und dabei eine Kraft entwickelt, das, was im natürlichen objektivierbaren Sinne nicht existiert, zur Sprache zu bringen. Entsprechend diesem ganzheitlichen, integralen Leibverständnis begreift M. Merleau-Ponty das Verhältnis von Leib und Seele »als Verbindung zwischen dem Konvexen und dem Konkaven, zwischen der festen Wölbung und der Höhlung, die sie schafft ... die Seele ist die Höhle des Leibes, der Leib ist das Anschwellen der Seele«[12].

Aufgrund dieser Leib-Seele-Einheit vollzieht sich im Leib die Vermittlung zwischen Realität und Bedeutung. Der Leib ist somit auch der existentielle Ort, von dem aus alles seinen Sinn bekommt. Sinnerfahrungen bedürfen nach M. Merleau-Ponty als ihre Voraussetzung und Ermöglichung keines transmundalen Subjektes, sondern werden getätigt im leiblichen Vollzug des Daseins selbst.[13] Sinnerfahrungen des Menschen sind an seine leibliche Wahrnehmung gebunden. Sinnaussagen, die gelöst werden von der sinnlich-leiblichen Wahrnehmung werden sinnlos, zu leeren oder apodiktischen Worthülsen.

Die Leiblichkeit des Menschen wird damit zum Grundsymbol für das sinnvolle In-der-Welt-Sein des Menschen. Symbol deshalb, weil sich im Erleben des Leibseins biologisch-zelluläre, senso-motorische, affektiv-emotionale, sprachlich-kognitive und deutend-wertende Vorgänge zu einem authentischen Daseinsvollzug verdichten. Dieser Vorgang läßt sich sprachlich, und auch deshalb ist hier das Wort Symbol angezeigt, letztlich nicht voll einholen. Bei der Beschreibung der Leibwahrnehmung bleibt bei allem sprachlichen Bemühen ein Erlebnis- und Erfahrungsüberschuß erhalten; diese Erfahrung ist im letzten »unsagbar«. Die Wahrnehmung von Sein und Sinn, von sinnmachender Identität ist eingebettet in den jeweils konkreten Bewegungsvollzug des sich im Leib erfahrenden Menschen. In körperlichen Vorgängen und Reaktionen findet dieses innere Sein seinen äußerlichen, begreifbaren und nachvollziehbaren Ausdruck.

3. LEIBLICHKEIT UND IDENTITÄT

Das phänomenologisch begründete Menschen- und Weltbild erfährt eine Ergänzung und Konkretisierung durch entwicklungspsychologische Aussagen zum Prozeß der individuellen Identitätsfindung des Menschen. Obwohl von der Tiefenpsychologie und der Psychoanalyse zunächst nicht weiter verfolgt, eröffnete *S. Freud* mit der Aussage, das erste Ich sei ein körperliches[14], den Weg zu einer leib-orientierten Identitätsfindung. Wie Säuglingsforschung und Entwicklungspsychologie aufzeigen, entsteht das erste, noch rudimentäre Bewußtsein des Kindes von sich selbst über die Wahrnehmung seiner Leiblichkeit. Diese äußert sich in der Wahrnehmung von Wärme und Kälte, von Gestilltsein und Ungestilltsein, von Trocken- und Naßsein, von Berührtwerden und Alleinsein, Bewegungsspannung und Bewegungsentspannung. Für das Kind handelt es sich hierbei um ganzheitliche Wahrnehmungen, sie können nicht differenziert werden in körperliche, geistige und seelische Erfahrungen. Das Ich ist da und es ist so, wie es sich ganzheitlich leiblich anfühlt. Diese ganzheitlichen Erfahrungen prägen sich dem Leib als das Leibgedächtnis ein und konstituieren die gesamte psychosomatische Entwicklung dieses Individuums. Die später einsetzende Bewußtseinsentwicklung, das reflektorische Selbstbewußtsein, die Entwicklung von Charakterstrukturen und Werthaltungen erfolgen im ständigen Dialog mit diesem von Anfang an vorhandenen Leibgedächtnis. Im Leib, im Leibbewußtsein des Menschen konkretisiert sich das Ineinandergreifen von Körper, Geist und Seele. Durch das Leibbewußtsein wird verhindert, daß diese – aus Kommunikationsgründen – rational notwendige Differenzierung zu einer Spaltung im Identitätsbewußtsein führt.

Deshalb gehört auch die Arbeit am Körperbild, d.h. am subjektiven Empfinden, an Bildern und Vorstellungen eines Menschen über seinen Körper, die nicht identisch sind und sein müssen mit dem objektiven physiologischen Körperschema, zu einem wesentlichen Bestandteil in allen leiborientierten Psychotherapieverfahren, um die Voraussetzungen für die Gesundung eines psychisch erkrankten Ichs zu schaffen und die Reifung der Identität zu ermöglichen.[15]

Da aber die Identitätsentwicklung auch im »normal« verlaufenden Entwicklungsprozeß nie vollständig abgeschlossen ist, sondern ein Leben lang dauert, hilft auch das bewußte Wahrnehmen der inneren und äußeren leiblichen Bewegungen und ein Leben aus diesem ganzheitlichen Bewußtsein heraus jedem Menschen, seiner eigenen Identität immer näher zu kommen.

4. DIE RELIGIÖS-SPIRITUELLE DIMENSION DER LEIBLICHKEIT

Die Zunahme psychosomatischer Erkrankungen in unserer Zeit macht aufmerksam auf die grundsätzliche Gefahr der drohenden Fragmentierung des menschlichen Selbstwertgefühls. Individuelle und gesellschaftliche Sinnkrisen überfordern häufig den einzelnen und können zum Verlust der eigenständigen Orientierung führen.

In den psychotherapeutischen Praxen stellt man gegenwärtig einen Strukturwandel in den Krankheitsbildern fest. Klassische Neurosen werden seltener, dafür nehmen die sogenannten frühen Störungen mit diffuser Symptomatik, mangelndem Selbstwertgefühl und Problemen im zwischenmenschlichen Beziehungsbereich zu. Gleichzeitig fällt auf, daß Menschen mit Sinnkrisen eher den Weg zum Psychotherapeuten denn zum Seelsorger finden.[16]

Nun wird aus der Darlegung und Reflexion der Leibphänomenologie deutlich, daß Sinnantworten und transzendente Erfahrungen, die zu einer gelingenden Selbstannahme des Menschen und zu einem mitmenschlichen und tranzendenten Beziehungserleben führen, nicht durch apodiktische Sätze, normative Vorgaben und Tradierung von überkommenen Werten gefunden werden, sondern daß sie unmittelbar an die leiblich-sinnlichen Wahrnehmungen gebunden sind. So offenbart sich das Göttliche, Numinose auch nicht als ein Zusätzliches oder Andersartiges in unsere menschliche, weltliche Wirklichkeit hinein. Vielmehr wird es in der Bewegungsdynamik des leiblichen Daseinsvollzuges als ein inneres Geschehen, ein mich selbst unmittelbar berührendes Ereignis, erfahren. Die verpflichtende und mich verändernde Wahrheit der Offenbarung der religiös-numinosen Wirklichkeit besteht in der Authentizität dieser leiblichen Erfahrung: Über die Annahme der eigenen Leiblichkeit entdeckt der Mensch die göttliche, numinos-transzendente Struktur und Dimension des eigenen individuellen und des mitmenschlichen Lebens.

Der Weg zum sinnmachenden und heilenden Gott, zum Göttlichen oder Absoluten oder wie immer die Begriffe und die Bezeichnungen für diese Wirklichkeit sein mögen, führt über die Leiblichkeit des Menschen. Symbolisch faßbar ist die transzendent-religiöse Dimension dieser Leiberfahrung z.B. in der christlich religiösen Aussage der Inkarnation und im leibhaftigen sakramentalen Vollzug des »Das ist mein Leib«.[17]

5. LEIBHAFTIGE RELIGIOSITÄT ALS BEZUGSPUNKT DER RELIGIONSPÄDAGOGIK

Eine Religionspädagogik, der es zu allererst und zutiefst um den Menschen geht, um das Heilwerden und Ganzsein des Menschen, kann nun durch und in der Hinwendung zur Leiblichkeit des Menschen wieder eine Möglichkeit entdecken, die religiöse Spiritualität als eine ganzheitliche Dimension menschlichen Daseins dem erfahrungsbezogenen Verstehen zugänglich zu machen.

Das erfordert aber eine Erweiterung des religionspädagogischen Blickwinkels. Das kirchlich orientierte, katechetische Interesse an Glaubensverkündigung und Glaubensweitergabe wird nicht unbedingt und immer dem gesamten Spektrum menschlicher Religiosität gerecht. Die Religionspädagogik muß deshalb den kirchlich-konfessionellen Rahmen übersteigen und auf der Grundlage eines interreligiösen-wissenschaftlichen Ansatzes die Religion hinter den Religionen suchen und erforschen. Im Interesse der identitätsstiftenden, religiösen Suche der Menschen muß die Religionspädagogik von einem überkonfessionellen, anthropologischen Religionsbegriff ausgehen und Möglichkeiten und Wege der Integrierung von spiritueller Religiosität in die leiblichen Wahrnehmungs- und Bewegungsvollzüge des Menschen erforschen und reflektieren.

Die eigene christliche Tradition muß von der Religionspädagogik weiterhin auf die religiösen Bilder, Metaphern, Allegorien und Symbole hin erforscht werden. Diese ganzen Symbolbilder gilt es, über die christlich-inhaltliche Interpretation und Deutung hinaus, in ihrer ganzheitlichen, anthropologischen Religiosität transparent und begreifbar zu machen, um der in der Leiblichkeit des Menschen angelegten Bewegungsdynamik auf das Göttliche und damit auch auf sich selbst hin neue Wege zu ermöglichen. Denn im Leib selbst schon transzendiert der Mensch seine kreatürliche, körperliche Begrenztheit und greift voraus auf eine Wirklichkeit, die als Möglichkeit erahnt, aber noch nicht vollzogen werden kann. Diese schon im Bewußtsein des Menschen angelegte Erfahrung wird in der christlichen Tradition im Symbol der Auferstehung antizipatorisch begriffen.

Im fachdidaktischen und methodischen Bereich der Religionspädagogik wächst die breite Palette von wahrnehmungs- und körperorientierten Lern- und Unterrichtsmethoden. Der Tanz, das Spiel, meditative Körpererfahrung, kreative Formen des Gestaltens, auf Selbst- und Fremdwahrnehmung bezogene Kommunikations- und Unterrichtsmethoden werden immer mehr in Methodenbüchern dargestellt. Diese gilt es aufzugreifen, um fachdidaktisch die Struktur des leiborientierten Lernens und Begreifens zu erforschen und zu reflektieren.

Dabei kommt dem Vorgang des Symbolisierens eine besondere Bedeutung zu. Denn ohne die Fähigkeit und Möglichkeit des Symbolisierens ist es dem Menschen nicht möglich, einen Orientierungs- und Strukturrahmen für die konkrete, reale Wirklichkeit und einen Bezugs- und Erfahrungsraum für die transzendente Wirklichkeit herzustellen. Wichtig ist dabei zu wissen, daß im

Symbolisierungsprozeß vor allem auch die Leib- und Bewegungswahrnehmungen aus der – tiefenpsychologisch und entwicklungspsychologisch gesprochenen – vorsprachlichen Entwicklungszeit mitwirken. In dieser präverbalen Entwicklungszeit wird auch die Grundlage gelegt für das Bewußtsein, daß den Gegenständen über ihre materielle Beschaffenheit hinaus schon eine symbolische Bedeutung innewohnt. Aus entwicklungspsychologischer Sicht haben Gegenstände für das Kind die Funktion, sich mit seiner Umwelt auseinanderzusetzen. Durch Sehen, Hören, Tasten, Riechen und Schmecken erkundet das Kind seine unmittelbare Umgebung. Dabei helfen ihm die Gegenstände, sich im Raum zu orientieren und seine eigene Aktivität an ihnen zu erproben. Über Gegenstände als »Übergangsobjekte« löst das Kind sich allmählich aus der engen Bindung an die Mutter (bzw. die Beziehungsperson) und gewinnt über die körperorientierten Erfahrungen mit den Gegenständen Realitätsbezug, Eigenständigkeit und Selbstvertrauen in seinem Tun.

Im Hinblick auf die leibliche Struktur der religiösen Erfahrung wird im Umgang mit Übergangsobjekten eine weitere, für den Vorgang des Symbolisierens grundlegende Fähigkeit geweckt und verinnerlicht. Mit Hilfe der Übergangsobjekte macht das Kind die Erfahrung, daß es sich die »abwesende Mutter« vergegenwärtigen kann. So kann das Übergangsobjekt sowohl zum Symbol für Wärme, Schutz und Trost, als auch zum Symbol für Enttäuschung, Frustration und Wut werden. Des weiteren erfährt das Kind, daß es von einer objektiv anderen Wirklichkeit, hier die Mutter, getrennt ist, aber es sich dennoch mit Hilfe des symbolischen Gegenstandes mit dieser Wirklichkeit verbinden kann. Damit wird schon in dieser frühen Entwicklungsphase die Grundlage für die Möglichkeit gelegt, im Symbol den Zugang zum transzendenten Gehalt einer Wirklichkeit zu finden, die objektiv nicht greifbar ist, aber dennoch im leiblichen Vollzug verstanden und begriffen werden kann.

Das Symbolisieren ist dabei niemals ein rein kognitiver Akt, vielmehr werden beim Symbolisierungsvorgang nach dem Modell des Gestaltkreises von *Viktor v. Weizsäcker* der Regelkreis des Bewegens und Wahrnehmens mit dem Regelkreis des Denkens und Sprechens durch den Regelkreis des Ich konstituierenden Begreifens verbunden. Diese drei Regelkreise bilden zusammen eine Gestalt. Erst in der engen Verkoppelung dieser drei Regelkreise ist ein »Begreifen« im wahrsten Sinne des Wortes möglich.[18]

Symbolisches Lernen und Begreifen vollzieht sich aber nicht nur im Umgang mit den Gegenständen, sondern auch im Erleben des zwischenmenschlichen Beziehungsgeschehens. In der Wahrnehmung eines anderen Menschen nehme ich nicht nur seine äußere Gestalt zur Kenntnis, sondern auch ein Stück seiner ureigenen Lebenswirklichkeit, meine und seine Lebenswirklichkeit begegnen sich in der leiblichen Wahrnehmung. M. Merleau-Ponty spricht in seiner Leibphänomenologie von der Zwischenleiblichkeit[19], die sowohl die

Grundlage für die soziale Identität des Menschen als auch für sein Vermögen ist, mit der inkarnierten, absoluten Wirklichkeit in Beziehung zu treten.

Diesen Gedanken möchte ich an einem Beispiel aus den Erfahrungen mit Studentinnen und Studenten aus den von mir durchgeführten Selbsterfahrungsseminaren in Konzentrativer Bewegungstherapie (KBT) konkretisieren.[20]

Eine Studentin berichtet über ihre Erlebnisse, Erfahrungen und ihre innere Bewegtheit nach einer leiborientierten Partnerarbeit, bei der es um die nonverbale Wahrnehmung von Berührung ging, in einem abschließenden Seminarbericht wie folgt: »Bei meiner Partnerin und mir entwickelte sich diese Übung zu einer so harmonischen Begegnung, daß wir uns am Ende der Übung schwertaten, uns voneinander wieder zu lösen. Wie wir im anschließenden Gespräch feststellten, konnten wir uns kaum erinnern, je angenehmer berührt worden zu sein ... Jegliche ›Zaghaftigkeit‹ war aus meiner Berührung verschwunden. Ich hatte keine Angst etwas zu tun, was für mein Gegenüber unangenehm sein könnte. Die Frage, ob es wohl so richtig ist, ob es ihr gut tut, war in mir verstummt. Ich wußte, was die richtige Berührungsweise war. Es war fast so, als sei der Körper meiner Partnerin mein eigener und in diesem Bewußtsein, führte ich meine Berührungen durch.«

Anders als in der symbiotischen Verschmelzungserfahrung von Säugling und Mutter, in der die Eigenständigkeit zwei voneinander getrennter Individuen aufgehoben ist, vollzieht sich in dem hier geschilderten Vorgang eine nicht minder intensive Begegnung und Vereinigung zweier Individuen, in der beide Wahrnehmungs- und Erfahrungskomponenten des Getrennt-Seins und doch Vereint-Seins gleichzeitig enthalten sind. Dies ist das leibliche Fundament der spirituell-religiösen Erfahrung der Vereinigung – der communio – mit Gott.

Auf diesem Hintergrund möchte ich auch die Aussage des Apostels Paulus in 1 Kor 6,19–20 vom Leib als dem Tempel des Hl. Geistes verstehen. Allerdings nicht in der von Paulus beabsichtigten sexualmoralischen Engführung des Verbotes der Unzucht, sondern in seiner elementaren, theologisch-anthropologischen Weite und Bedeutung. Auf der Grundlage der alttestamentlichen Gottebenbildlichkeit des Menschen erhält hier der Leib eine universelle, unaufhebbare geheiligte Bedeutung. Der Leib als präsentatives Symbol der Gottesbegegnung wird damit zu einem Ort, an dem sich die Vereinigung der Gegensätze von Erkennendem und Erkanntem, von Zeitlichem und Zeitlosem, von Profanem und Sakralem und letztlich von Mensch und Gott vollzieht. So kann auch *Meister Eckhart* sagen: »Das Auge, mit dem Gott mich sieht, ist das Auge, mit dem ich ihn sehe, mein Auge und sein Auge ist eins.«[21]

Eine an der Leibphänomenologie orientierte Religionspädagogik geht davon aus, daß beide Entwicklungsprozesse, die leiborientierte Identitätsbildung und die Entwicklung und Reifung der Religiosität ineinandergreifen. Leiborientierte Identitätsfindung führt als psychisch-personales Geschehen in den religiös-spirituellen Bereich, die Wahrnehmung und das Bewußtwerden der religiösen Dimension der Wirklichkeit führt zur befreienden Identitätsfindung des Menschen.

So vermag die leibhaftige Religiosität in zweifacher Hinsicht zum Ausgangspunkt für religionspädagogisches Handeln werden. Im grundsätzlichen Sinne führt die Orientierung an der Leiblichkeit zu der Erkenntnis, daß die Religiosität des Menschen unabdingbar an die biographisch bedingten, leiblichen Erfahrungen gekoppelt ist. Dies ist der primäre Ausgangspunkt einer anthropologischen Religionspädagogik.

Im fachdidaktisch-methodischen Sinne führt die Orientierung an der Leiblichkeit dazu, die spirituelle, religiöse Reifung des Menschen über den Weg der körperorientierten Wahrnehmung zu fördern, um über diesen Weg eine ganzheitliche Sensibilisierung des Menschen für die religiös-transzendente Dimension der Wirklichkeit zu erreichen.

An einem weiteren Beispiel aus den Erlebnissen in einem Selbsterfahrungsseminar mit Methoden der Konzentrativen Bewegungstherapie (KBT) kann dieser Gedanke nochmals verdeutlicht werden.

In einem Angebot zum Thema »Begleiten und sich begleiten lassen« gingen die Teilnehmer paarweise durch den Raum, wobei Partner A sich auf seinem Weg von Partner B durch Handauflegung an der Schulter begleiten ließ. Im anschließenden Erfahrungsaustausch berichtete ein Student davon, daß ihm in diesem konkreten Vollzug plötzlich aufgegangen sei: So ist es, sich von Gott durch das Leben begleiten zu lassen. Er geht immer mit, ganz gleich, wie oder wohin ich gehe. Hier wird wieder die Verknüpfung von leiblichen Erfahrungen und Spiritualität deutlich. Dieser Student war ganz beglückt von dieser Erfahrung, da sie ihn frei machte von der Vorstellung, die Begleitung, das Mitgehen Gottes sei gebunden an Vorgaben und Auflagen seitens Gottes oder der Menschen.

Natürlich sind Selbsterfahrungsgruppen besonders geeignete Orte, leiborientierte Wahrnehmung mit der religiös-spirituellen Dimension zu verbinden. Dies kann sicherlich auch als Anregung genommen werden, leiborientierte Selbstwahrnehmungsarbeit in die Gemeindepastoral und im Religionsunterricht verstärkt zu übernehmen. Die Voraussetzung dabei ist aber, daß die Ausbildung von angehenden Theologen und Religionspädagogen sich nicht nur an der kognitiven, wissenschaftlichen Vermittlung theologischer Inhalte orientiert, vielmehr muß auch der Umgang mit der eigenen Leiblichkeit als ein zu erlangendes Kompetenzprofil von Theologen und Religionslehrern im Studium und in der Ausbildung stärker verankert werden.

Anmerkungen

1 Zitiert nach: H. Mynarek, Religiös ohne Gott? Aufbruch zu einer neuen Religiosität in Selbstzeugnissen, Erfahrungsberichten, Kommentaren und Deutungen, München 1989, 142.

2 Zum religionssoziologischen Aspekt vgl. exemplarisch: Th. Luckmann, Die unsichtbare Religion, (stw 947), Frankfurt/Main 1991.

3 Dieser Vorgang wird v.a. in der therapeutischen Rezeption der Analytischen Psychologie C.G. Jungs deutlich. Vgl. Psychotherapie und religiöse Erfahrung. Konzepte und Methoden transpersonaler Psychotherapie, hrsg. von E. Zundel und P. Loomans, Freiburg 1994. W. Obrist, Neues Bewußtsein und Religiosität. Evolution zum ganzheitlichen Menschen, Olten 1988. Zum religionswissenschaftlichen Ansatz vgl.: W. James, Die Vielfalt religiöser Erfahrung, Olten 1979.

4 Photos symboliques, Editions du Chalet, Paris.

5 Zum Begriff vgl. T.S. Kuhn, Die Struktur wissenschaftlicher Revolution, Frankfurt 1979. Demnach wird unter Paradigma der metatheoretische Bezugsrahmen wissenschaftlichen Denkens verstanden. Paradigmenwechsel werden im Laufe der menschlichen Bewußtseinsgeschichte immer wieder notwendig, um Erklärungskrisen aufgrund »überholter« Weltsichten und Weltanschauungen zu überwinden.

6 Zur Struktur des Bewußtseinswandels vgl. J. Gebser, Ursprung und Gegenwart, 3 Bde. München 1992; H.M. Enomiya-Lasalle, Wohin geht der Mensch?, Freiburg ²1988.

7 V. Iljene ztiert nach: H. Petzold (Hrsg.), Leiblichkeit. Philosophische, gesellschaftliche und therapeutische Perspektiven, Paderborn 1986, 5.

8 M. Merleau-Ponty, Phänomenologie der Wahrnehmung, Berlin 1966, 14, dazu 3–18. Merleau-Ponty bezieht sich in seiner Phänomenologie der Wahrnehmung auf Husserl und Heidegger.

9 Zitiert nach R. Safranski, Ein Meister aus Deutschland. Heidegger und seine Zeit, München-Wien 1994, S. 11.

10 Grundlegende Literatur: M. Merleau-Ponty, Phänomenologie der Wahrnehmnung, Berlin 1966; G. Marcel, Leibliche Begegnung. Notizen aus einem gemeinsamen Gedankengang, bearbeitet von Hans A. Fischer-Banicol, in: H. Petzold (Hrsg.), a.a.O., S. 15–46; H. Schmitz, Leib und Gefühl. Materialien zu einer philosophischen Therapeutik. Hrsg. von H. Gausebeck und G. Rich, Paderborn 1989.

11 Vgl. G. Marcel, a.a.O., 15.

12 M. Merleau-Ponty, Das Sichtbare und das Unsichtbare, München ¹1994, 295.

13 Vgl. J. Seewald, Leib und Symbol. Ein sinnverstehender Zugang zur kindlichen Entwicklung, München 1992, 34.

14 S. Freud, Das Ich und das Es (1923), G.W. XIII.

15 Vgl. A. Budjuhn, Die psychosomatischen Verfahren. Konzentrative Bewegungstherapie in Theorie und Praxis, Dortmund ²1997, S. 81–99.

16 Psychotherapie und religiöse Erfahrung, hrsg. von E. Zundel und P. Loomans, a.a.O.

17 Vgl. K. Rahner/A. Görres, Der Leib und das Heil, Mainz 1967.

18 V. v. Weizsäcker, Der Gestaltkreis. Theorie und Einheit von Wahrnehmen und Bewegen, Stuttgart 1950.

19 »Mein Leib ist es, der den Leib des Anderen wahrnimmt, und er findet in ihm so etwas wie eine wundersame Fortsetzung seiner eigenen Intentionen, eine vertraute Weise des Umgangs mit der Welt; und wie die Teile meines Leibes ein zusammenhängendes System bilden, bilden somit auch der fremde Leib und der meinige ein einziges Ganzes, zwei Seiten eines einzigen Phänomens...« (M. Merleau-Ponty, Phänomenologie der Wahrnehmung, a.a.O., 404).

20 Vgl. D. Offergeld, Identität und Spiritualität – leibhaftig erfahren. Konzentrative Bewegungungstherapie in der Ausbildung von Theologiestudierenden, in: KatBl 122 (1997), 339–346.

21 Zitiert nach: R.J. Siebert, Kommunikatives Handeln und Transzendenz, in: E. Ahrens (Hrsg.), Habermas und die Theologie, Düsseldorf 1981, 71.

»Die Bibel ist wie ein Kräutlein ...«

Kreative Bibelarbeit mit Erwachsenen

MARTINA ESCHENWECK

»Die Bibel ist wie ein Kräutlein – je stärker man daran reibt, desto mehr duftet es. « Diese Aussage, die Martin Luther zugeschrieben wird, lädt geradezu ein, sich den Duft dieses Kräutleins in die Nase steigen zu lassen und ihn zu schmecken. Doch gilt es zuvor, die Scheu davor zu überwinden, das Kraut überhaupt zu berühren, daran »zu reiben«, nicht nur vorsichtig daran zu schnuppern und schließlich doch den Gärtner zu fragen, wie man sich den Duft dieses Kräutleins vorzustellen habe.

1. BIBELARBEIT PRAKTISCH: ZWEI SCHLAGLICHTER

Ein Saal in einem Bildungshaus. Im Kreis sitzt eine Gruppe von 35 Personen, die sich zum jährlichen »Ökumenischen Bibelwochenende« zweier Münchener Pfarreien eingefunden haben. Das Thema soll dieses Mal »Abraham« sein. Weil die Gruppe der Referentin fremd ist, bittet sie um eine Vorstellungsrunde, in der jeder der Teilnehmer etwas von seinen Erwartungen und Wünschen an dieses Wochenende erzählt. Der Tenor dieser Runde: Das Interesse am Alten Testament und an der Gestalt des Abraham ist groß, aber es gibt auch Berührungsängste: Der »Hintergrund«, das »Fachwissen« fehle, im meist bereits lange zurückliegenden Religionsunterricht seien biblische Fragen nur selten behandelt worden. Nun wird von der Referentin, der »Fachtheologin«, erwartet, daß sie den »Laien«, also den »Nichtwissenden« erklärt, wie sie die Texte der Abrahamsgeschichten zu verstehen hätten. Ihre Einladung an die Teilnehmer, sich selbst den Texten zu nähern, sie in kleinen Gruppen zu lesen und zu besprechen, ausgestattet mit der entsprechenden Anleitung, wo und wie anzusetzen sei, wird zunächst skeptisch auf-, letztlich aber doch angenommen. Die Reflexionsrunde am Ende des Wochenendes faßt dann konzentriert zusammen, was einzelne Teilnehmer schon vorher signalisiert hatten: »Es ist vielleicht mühsamer, sich den Zugang zur Gestalt des Abraham gemeinsam zu erarbeiten, aber auch sehr wertvoll.« Das bestätigen überraschende Einblicke in die Dynamik biblischer Texte ebenso wie Entdeckungen, daß heutige Lebenserfahrungen sich bereits in den Texten der Bibel widerspiegeln. Und ein für die ökumenische Nachbarschaft wichtiges Element: es entsteht ein Gefühl der Zusammengehörigkeit zwischen den einander oft fremden Menschen, die sich untereinander ausgetauscht haben. »›Nur‹ Referate hätten das nicht gebracht«, lautet das Fazit.

Szenenwechsel. Eine Gruppe von Diakonen und Pastoralassistent/-innen hat im Rahmen einer Fortbildung im Rahmen der Berufseinführung das Thema »Methoden der Bibelarbeit« gewählt. Gemeinsam überlegen sie, welche Hindernisse den Menschen heute den Zugang zur Bibel verstellen. Sie benennen neben dem Fehlen von exegetischem Grundwissen, der historischen Ferne, der Fremdheit der Bilder- und Symbolsprache auch die »Angst vor dem, was die Bibel sagen könnte«, die Angst, sie nicht zu verstehen oder falsch auszulegen. Wie können diese Barrieren abgebaut werden? Die Vermittlung von Hintergrundwissen wird dazu beitragen, das Verständnis von Bibeltexten zu fördern. Das größte Gewicht aber messen die jungen Seelsorger und Seelsorgerinnen dem Bemühen bei, den Lebensbezug der Bibeltexte aufzuzeigen, im Gespräch gemeinsam den Aussagen der Bibel auf die Spur zu kommen, damit »persönliche Betroffenheit« entstehen kann. Jemand formuliert: »Den ›Sitz im Leben‹ der Bibel entdecken: die Inhalte ins ›Heute‹ übersetzen und dann zur Bibel zurückführen« – eine Aussage, die fast schon als »Definition« des Begriffs »Bibelarbeit« gelten kann.

2. KORRELATIVE BIBELARBEIT – EIN DEFINITIONSVERSUCH

Bibelarbeit ist ein sehr schillernder Begriff, für den es im Grund keine eindeutige, allgemein anerkannte und in irgendeiner Weise verbindliche Bestimmung gibt. Andererseits kann man Bibelarbeit durchaus sehr einfach definieren: Der biblische Text und eine Gruppe, die sich zu seiner Lektüre zusammengefunden hat, treten miteinander in Beziehung. Es kommt zu einem echten Zusammenspiel, zu einem lebendigen Hin und Her zwischen dem Text und seinen Lesern. Der biblische Text und der einzelne Leser bzw. eine Gruppe von Lesern bilden dabei sozusagen die Brennpunkte einer Ellipse, zwischen denen der Spannungsbogen des biblischen Verstehens stattfindet.[1] Bibelarbeit, so die These, sei zu konzipieren als »Korrelation«, als gegenseitige Beziehung zwischen der biblischen Überlieferung und der heutigen Erfahrung ihrer Leser und Hörer.

Der Leser als Kind seiner Zeit ist gebunden an sein gesellschaftliches, kulturelles, sprachliches, soziales und biographisches Umfeld. Deshalb geht er immer schon unter bestimmten, wenn auch nicht bewußt reflektierten Voraussetzungen an die Lektüre der Bibel heran. Die Bibel wiederum ist kein »vom Himmel gefallenes Buch«, sondern bewahrt Glaubens- und Lebenserfahrungen von Menschen der alt- und neutestamentlichen Gemeinden, die sie wiederum ebenfalls in konkreten geschichtlichen Zusammenhängen gemacht haben.

Die gegenwärtige Situation des Lebens und Glaubens gibt den Kontext ab für den biblischen Text. Umgekehrt bildet der biblische Stoff den Kontext, in dem die als »Text« zu lesenden konkreten Erfahrungen der Menschen gedeutet werden. Eine solche Konzeption von Bibelarbeit als Korrelation verlangt von den Teilnehmern Offenheit: gedanklich, menschlich und kommunikativ. Der Umgang mit biblischen Texten konfrontiert heutige Leser oft mit meist nicht geläufigen Weltbildern, mythologischen Verbindungen und Symbolen und fordert dazu heraus, sich in eine fremde Denkweise einzufinden. Bibelarbeit lebt ebenso davon, daß die Teilnehmer kommunikative Offenheit mitbringen, daß sie bereit sind, sich zu äußern, aufeinander zu hören und sich auszutauschen. Dabei tauchen je unterschiedliche Erfahrungen auf, bisweilen fremde, manchmal ähnliche, die jeweils als ein Wert an sich akzeptiert, ernst genommen und respektiert werden wollen.

Bibelarbeit lädt so dazu ein, die eigene Identität ins Gespräch zu bringen und zusammen mit anderen – auch Andersdenkenden – daran zu arbeiten. Im Spiegel des biblischen Wortes können dabei Schichten des eigenen Menschseins auftauchen, die sonst verborgen sind und mit denen man nun zurechkommen muß, ohne diese zu verdrängen. Das ist mehr als ein intellektueller Vorgang, denn hier werden auch emotionale Schichten einbezogen. In der eigenen Tiefe wird der Mensch mit den Widersprüchen seines Lebens konfrontiert.

Der Dialog beschränkt sich aber nicht auf die Teilnehmergruppe, sondern bezieht die Bibel mit ein: Die Beschäftigung mit Texten der Tradition bleibt nicht in reiner Sachlichkeit stecken. Die Leser als lebende Personen begegnen den erzählten Personen. Das schließt alle Möglichkeiten von Begegnung ein, von der emotionalen Identifikation bis hin zur affektiven Gegnerschaft. Es ist eines der Ziele von Bibelarbeit, dazu zu helfen, daß eigene Erfahrungen im Erfahrungs- und Lebensbereich biblischer Menschen identifiziert, d.h. wiederentdeckt werden können, und auf diese Weise dazu beizutragen, sich der eigenen Identität zu vergewissern.

In der Bibel ergeht Gottes Wort an die Menschen, in ihr ereignet sich Offenbarung. Ihre Texte drängen dazu, zur Sprache gebracht zu werden. Sie wollen und sollen nicht Buchstabe bleiben, sondern ihre Dynamik als je konkrete Rede von Gott und Anrede an die Menschen entfalten. Deshalb sind die Vorgänge und Prozesse, die das »dürre Wort Bibelarbeit« [2] anspricht, so nötig und unentbehrlich.

3. BIBLISCHE ERZÄHLFIGUREN – EINE METHODE DER BIBELARBEIT

Auch für die Bibelarbeit gilt, daß Methoden allein noch keine Wundermittel des Verstehens sind. Ein wesentliche Voraussetzung für das Gelingen von Bibelarbeit ist aber, daß der Prozeß, die Begegnung des Lesers mit dem Text, nach einem durchdachten Plan abläuft. Methoden helfen, die verschiedenen Erfahrungen aufzuschließen, diejenigen, die im Bibeltext eingeschlossen sind ebenso wie diejenigen, die der Teilnehmer in die Gruppe mit einbringt.

Ein noch relativ neues und ungewöhnliches methodisches Instrumentarium der Bibelarbeit stellen die sogenannten »Biblischen Erzählfiguren«[3] dar. Sie haben ihren Ursprung in der Tradition, das Weihnachtsgeschehen in Krippen figürlich darzustellen. Aber auch andere biblische Erzählungen können »Gestalt« im Sinn des Wortes annehmen, wenn sie mit Hilfe von »Biblischen Erzählfiguren« erarbeitet werden.

Diese Figuren sind so hergestellt, daß sie in Proportionen und Beweglichkeit den Ausdruck des menschlichen Körpers nachahmen können. Sie bestehen aus einem Sisal-Draht-Gestell und Bleifüßen, was ihre Beweglichkeit und ihre Standfestigkeit sichert. Der mit Stoff bezogene, ca. 30 cm hohe Korpus wird mit Gewändern aus Naturstoffen bekleidet. Die Köpfe haben keine Gesichter im eigentlichen Sinn mit Augen, Nase und Mund, werden aber so modelliert, daß ein Profil sichtbar wird, das die Figur als alten oder jungen Mann, alte oder junge Frau ausweist, unterstrichen durch die Haartracht. Die Figuren sind nicht käuflich zu erwerben, sondern werden in Kursen unter fachkundiger Anleitung angefertigt.

Die Frauen (und einige Männer), die mit diesen Figuren arbeiten, setzen sie in ihren jeweiligen Aufgabenfeldern ein: In Kindergärten oder in Kindergottesdiensten, im Religionsunterricht, in der religiösen Bildungsarbeit. Oft erleben sie dabei, daß es gelingt, biblische Themen und Geschichten eindrucksvoll darzustellen und intensiv zu vermitteln. Sie begegnen aber auch Vorurteilen und Ablehnung: Das sei doch nur »Puppenspiel«[4]. Die Figuren lenkten vom »Eigentlichen« ab und würden dazu verführen, den Ernst der biblischen Texte zu verharmlosen. Sicher ist diese Gefahr nicht von der Hand zu weisen, sie wird aber durch ein redliches Bemühen, die grundsätzlichen Chancen dieses erfahrungsbezogenen Zugangs zur Bibel zu nutzen, gebannt werden können.

Die Biblischen Erzählfiguren sind ein anschauliches Medium: Die Figur wirkt über ihre Körpersprache, sie ist ihre einzige und zugleich wirkungsvollste Aussagemöglichkeit. Gesten wirken oft stärker als Worte: Was im Inneren vorgeht, wird über die Haltung des Körpers nach außen für andere sichtbar gemacht, so daß es sie betreffen kann. Die Sprache des Körpers wird ja ganzheitlich wahrgenommen, nicht nur mit dem Kopf, sondern auch mit dem Gefühl und den Sinnen. Gerade weil die Figuren über keine Mimik verfügen, ist es wichtig, sie mit wenigen, aber aussagekräftigen Gesten und Haltungen zu gestalten.[5] Die ganze Bandbreite der Gestaltungsmöglichkeiten, die die Biblischen Erzählfiguren bieten, entfaltet sich in der sogenannten »Inszenierung«, bei der ein biblischer Text in verschiedenen Szenen gestaltet wird.

4. EINE INSZENIERUNG DES BUCHES »JONA« MIT BIBLISCHEN ERZÄHLFIGUREN

Für ein Wochenende, das unter dem Motto »Kreative Arbeit mit Biblischen Erzählfiguren« steht, wird das Buch Jona als Textgrundlage ausgewählt.

Obwohl unter die Prophetenbücher eingereiht, weist das Buch keines der Charakteristika eines prophetischen Buches auf, es ist vielmehr eine kunstvolle Novelle.[6] Jona widersetzt sich konsequent Jahwe und seinem Auftrag und folgt diesem letztlich doch. In Ninive predigt er denkbar kurz vom nahen Untergang, doch der Erfolg seiner Verkündigung, nämlich die Umkehr der Bewohner der Stadt, löst in ihm nicht Freude und Dankbarkeit aus, sondern Zorn. Historische Unstimmigkeiten (die Beschreibung der Stadt Ninive) und die märchenhaften Züge (die von Jahwe aufgebotenen Naturerscheinungen und Tiere) deuten zusätzlich darauf hin, daß es dem Autor darum geht, eine Geschichte zu erzählen, eine Botschaft zu vermitteln, keine Biographie eines Propheten. Seine Intention ist es, die Aufmerksamkeit und die Anteilnahme des Lesers zu erreichen. Die Erzählung endet mit einer Frage, auf die der Leser selbst eine Antwort zu geben hat. So wird ihm ein Spiegel vor Augen gehalten: Bist du selbst Jona?

Für die Konzeption des Wochenendes war neben der Arbeit mit den Biblischen Erzählfiguren vorgegeben, grundsätzlich in Methoden der Bibelarbeit einzuführen. Dabei wurde auf das vom Schweizerischen »Ökumenischen Arbeitskreis für Bibelarbeit« entwickelte »Drei-Phasen-Modell« zurückgegriffen.[7] Diese Grundform von Bibelarbeit läßt sich mit einem Weg vergleichen, auf dem in deutlich zu erkennenden Etappen drei Schritte zurückgelegt werden: 1. Auf den Bibeltext zugehen, 2. Auf den Bibeltext hören, 3. Mit dem Bibeltext weitergehen. Im Folgenden wird neben der theoretischen Fundierung dieser Schritte die praktische Umsetzung am Beispiel der Jonageschichte beschrieben.

4.1 »Jona sass im Wal«

Der Prozeß der Bibelarbeit setzt beim Leser an: Er sieht »dem Partner Bibel« entgegen, geht auf den Text zu, indem er ihn als ganzen oder einzelne seiner Motive auf sich wirken läßt. Er nimmt wahr, was ihn spontan anspricht, betrifft oder hindert, sich auf den Text einzulassen. Der Bekanntheitsgrad der Jonageschichte fordert geradezu dazu auf, an den Beginn der Arbeit die Frage zu stellen »Was fällt Ihnen zu ›Jona‹ ein?« Die verschiedenen Gedanken werden von den Teilnehmern notiert, vorgestellt und bis zur Überprüfung bei der Abschlußrunde aufbewahrt. Dabei sind die Gefühle und Projektionen des Lesers gefragt, die je konkrete, gelebte Wirklichkeit, die der Text wachruft, Erinnerungen an frühere Begegnungen mit dem Text. Es soll sichtbar werden, wo sich der Leser in Distanz zum Text befindet, ebenso, wo er mit eigenen Erfahrungen Anknüpfungspunkte einbringt.

Der Text seinerseits ist immer in irgendeiner Weise in diesen Entdeckungen präsent. Doch der große Entdecker ist dabei der Laie; der Theologe als Leiter der Bibelarbeit agiert hier eher zurückhaltend in der Rolle eines Begleiters auf dieser Entdeckungsfahrt. Er hat die Verantwortung dafür, daß der Text ins Spiel kommt; er schlägt die Art und Weise der Begegnung mit dem Text vor.

Hier ist es eine szenische Lesung des Textes. Verschiedene Rollen des Textes werden von einzelnen Teilnehmern übernommen: Erzähler, Jahwe, der Mannschaftskapitän, die Seeleute, Jona, die Ausrufer in Ninive. Im Arbeitsraum markieren Zettel auf dem Fußboden die Orte, an denen der Text spielt: Jafo, Ninive, Tarschisch, das Schiff auf dem Meer, der unterste Raum des Frachters, das Innere des Fisches, Ninive, im Osten der Stadt. Die Lesenden werden gebeten, sich an den jeweils dem Text entsprechenden Ort zu stellen.

Anschließend sammeln Kleingruppen ihre Beobachtungen zu den einzelnen Figuren bzw. Figurengruppen des Textes. Unter der Fragestellung »Was erfahre ich über ... Jona / Jahwe / die Seeleute / die Leute aus Ninive?« notieren sie die Beobachtungen aus dem Text und legen sie zu den Markierungen der Orte.

So zeigen sich zum Beispiel bei den *Seeleuten* und ihrem Kapitän zunächst Furcht und Angst, die sich noch steigern, dann aber (Ehr-)Furcht vor Jahwe, dessen Größe sie erkennen und vor dem sie Gelübde machen. Die *Leute von Ninive* werden mit den Stichwörtern »Streit« und »Bosheit« charakterisiert, sie hören auf Jona und seine Botschaft, der König legt sein Prachtgewand ab, sie kehren um und versöhnen sich. *Jona*, der Sohn des Amittai, ein gottesfürchtiger Hebräer, flieht vor Gott und verkriecht sich. Er ist ehrlich, bekennt seine Schuld und läßt sich ins Meer werfen; er betet und dankt für seine Rettung, er verkündet in Ninive und ist zornig ...

Jahwe beruft unvermittelt Menschen, reagiert mit Naturgewalten auf die Flucht des Jona, läßt Jona Freiraum zum Nachdenken, rettet Jona (Fisch), rettet ihn (Land). Gott hält an seinem Willen fest, ist unnachgiebig gegenüber Jona. Es reut Gott, er sieht das Bemühen der Menschen, er ist mildtätig. Gott handelt wie mit menschlichen Eigenschaften (hat Böses vor – bereut es); er erteilt dem Jona eine bildliche, greifbare Lehre und ist Anwalt der Menschen und der Tiere in Ninive.

In dieser ersten Begegnung mit dem Text konstituiert sich die Gruppe, die sich zur Arbeit mit der Bibel zusammenfindet: In ihr entsteht ein Geflecht von Beziehungen, von durchaus unterschiedlichen Erfahrungen. Es legt sich das Wortspiel nahe, vom »Text« als »Textil« zu reden und den Text als Gewebe zu begreifen, in dem verschiedene Fäden und Muster zusammenlaufen. Indem die Gruppe diese entdeckt und aufnimmt, webt sie ihr eigenes Beziehungsgeflecht.

Dieser ersten Phase kommt nicht mehr und nicht weniger Gewicht zu als den beiden anderen. Vor allem ist es wichtig, sie nicht – im Vergleich mit der folgenden Phase der analytischen Texterarbeitung – als Vorgeplänkel abzutun, sondern ihr genügend Zeit und Raum zu geben, damit Erfahrungen frei zur Sprache kommen können und das Gespräch mit dem Text selbst vorbereitet wird.

4.2 »Jona machte sich auf den Weg ...« (Jona 1,3)

In einer zweiten Phase verlagert sich der Schwerpunkt der Bibelarbeit auf den Text. Seine objektiven Strukturen, sein Aufbau, seine Zusammenhänge rücken in den Mittelpunkt des Interesses. Die Teilnehmer der Bibelarbeit sollen nicht in den Grenzen der eigenen Erfahrung stecken bleiben, sondern sich zu neuen Entdeckungen herausfordern lassen. Hier wird ein gewisses Maß an Objektivität verlangt, an genauem Hören auf den Text, auch auf jene Teile, die subjektiv als fremd, als ärgerlich oder unverständlich erscheinen. Darin zeigen sich die Distanz, die Fremdheit und Widerständigkeit des Textes, der sich nicht einfachhin von den Lesern vereinnahmen läßt. Er wird zum Gegenstand der Befragung. So verschieden die Wege sein können, um den Text zu erschließen, gemeinsam ist ihnen, daß sie den Text in seiner Fremdheit schützen und verhindern, daß der Ausleger dem Text beliebig eigene Gedanken unterstellt. Der Text bleibt stets eine eigenständige Größe.

Die Fragen an den Text haben aber nicht nur die Funktion, ihn auf Distanz zu belassen bzw. an seinen ursprünglichen historischen Ort zurückzuschieben. Sie verfolgen ebenso das Ziel, den Erfahrungen auf die Spur zu kommen, die in ihn hineinverdichtet sind. Sie wollen jenes Glaubensgespräch wieder hörbar machen, dem der Text seine Entstehung verdankt. Denn ihrer fundamentalen Struktur nach sind biblische Texte Dialoge zwischen Gott und Mensch.

Der Leser wird zum Beteiligten an diesem Gespräch. Über die wahrgenommene Distanz zwischen dem Leser und der Ursprungssituation des Textes hinweg bietet der Text Begegnung an, lädt zu einer Identifikation ein, die sich zugleich jener Distanz bewußt bleibt: Der Text spricht nicht nur »damals«, sondern auch »heute« und nimmt den Leser in seine Bewegung mit hinein.

Hier kommen die Biblischen Erzählfiguren »ins Spiel«, mit deren Hilfe die Jonageschichte nun »inszeniert« wird. Es finden sich kleine Gruppen, die jeweils eine Szene erarbeiten: Auftrag und Flucht des Jona; Jona und die Seeleute im Sturm; Jona im Fisch; Jona auf dem Weg nach Ninive; Jona in Ninive und die Reaktion der Niniviten; der Zorn Jonas und das Gespräch mit dem Herrn. Die Aufgabenstellung lautet für alle Gruppen, zunächst auf die Aussagen des Textes zu achten. Dabei wird auch auf die vorher gemachten und notierten Beobachtungen zurückgegriffen. In einem zweiten Schritt wird der Ausdruck der jeweiligen Figur erarbeitet: Jona, die Seeleute, die Leute von Ninive ... Der »Raum«, der Platz für die Szene wird bestimmt und mit Hilfe von farbigen Tüchern gestaltet. Das Hauptaugenmerk gilt den Beziehungen zwischen den Figuren: Wer ist die Hauptfigur, wie werden die Nebenfiguren in Beziehung zu ihr angeordnet? Ist die Gliederung des Raums durch die Verteilung der Figuren stimmig? Wird das Thema der Szene sichtbar? Was muß jeweils an der Gestaltung der Figuren und ihrer Stellung in der Szene verändert werden, um die Bewegungen des Textes wiederzugeben?

Nach und nach wird der »Weg des Jona« mit seinen verschiedenen Stationen sichtbar und überschaubar, das erzählte Nacheinander von Raum und Zeit zu einem gleichzeitigen Nebeneinander. Die stärkste Dynamik entwickelt die Szene auf dem Schiff, die die Angst und Furcht der *Seeleute*, ihre verzweifelten Rettungsversuche, ihr Beten, ihre Konfrontation mit Jona, ihr wiederholtes Rufen, zuerst zu verschiedenen Göttern, dann zu Jahwe, in wechselnde Ausdrucksformen bringt. Hier werden die Figuren ständig bewegt, in ihrer Gestik und in ihrem Ausdruck verändert. Die erzählten Orte, das »Schiff« und das »Meer«, fordern dazu heraus, auch die »topographischen« Gegebenheiten, oben und unten (den »untersten Raum«, in dem anfangs Jona schläft), außen und innen (Schiff und Meer), zu gestalten.

Die *Leute von Ninive*, die als »böse« beschrieben werden, werden auf dem Hintergrund schwarzer Tücher vorgestellt. Sie fügen einander Gewalt zu, die Figuren schlagen sich; es werden heftige Dispute ebenso markiert wie Diebstahl. Zugleich hören einige bereits auf Jona, der hier ganz am Rand von Ninive mit der Geste eines Redners erhöht steht. Sie zeigen Erstaunen, wenden sich ganz buchstäblich ab von denen, die hinter ihnen noch Schlechtes tun. »Der König legt sein Prachtgewand ab« – das wird durch einen Wechsel des Zubehörs sichtbar gemacht: der ihn auszeichnende Schmuck und ein wertvolles Tuch werden durch ein Stück »Sackleinen« ersetzt. Zugleich symbolisiert eine ganz in sich gekehrte Figur, auf einem violetten Tuch, die Umkehr der Bewohner der Stadt. Sie wird in einer Kontrastszene dargestellt: Die Leute umarmen sich jetzt, stehen im Gespräch, arbeiten gemeinsam.

Der Figur des *Jona* nimmt sich eine Gruppe besonders an und stellt sie auf den verschiedenen Stationen seines Weges dar: abwehrend, mit großem Schritt auf der Flucht, zusammengekauert im untersten Raum des Schiffes, aufrecht stehend inmitten der Seeleute seine Schuld bekennend, dann passiv, in der Haltung eines Embryos im Fischbauch, auf Knien für seine Rettung dankend, als Prediger in Ninive, resigniert unter dem Rizinus. Jahwe, so die Entscheidung der Gruppe, wird nur ganz zu Beginn des Weges mit Hilfe einer kleinen Schriftrolle dargestellt, die das Wort, das an Jona ergeht, symbolisiert. Seine Aktivitäten sind ansonsten aus den Reaktionen der Betroffenen abzulesen.

So entsteht ein Gesamtbild der Jona-Erzählung, das wechselt zwischen aktiven, fast unüberschaubaren Szenen mit vielen Beteiligten und eindeutigen, ruhigen Szenen, in denen es um die Beziehung Jonas zu seinem Gott geht. Der Weg Jonas wird sichtbar als ein Weg der »Umkehr«, als eine »Spirale«, die immer wieder zur Begegnung mit dem Wort Gottes führt.

Diese Inszenierung der Jonageschichte ist die Interpretation der konkreten Gruppe. Die verschiedenen individuellen Zugänge und Verstehensweisen der Erzählung fließen darin ein; die unterschiedlichen Lebenssituationen der Teilnehmer beeinflussen die Wahrnehmung wie die Darstellung des Textes. Die Botschaft eines Textes entfaltet sich eben nie vollständig und erschöpfend, sondern in immer wieder anderen Facetten und gerade darin seine innere Vielfalt bewahrend und erweisend.

Besonderes Gewicht gewinnt die Gruppe, die sich dem Text nähert und ihn aufzuschließen versucht. Gerade das »Selbertun«, das der Umgang mit den Figuren verlangt, bezieht jedes Mitglied der Gruppe in die gemeinsame Arbeit mit ein und überträgt ihm verstärkt Mitverantwortung für das Ergebnis. Die Gruppe kooperiert und kommuniziert, sie korrigiert und ergänzt sich auf den verschiedenen Ebenen des Dialogs eines jeden einzelnen mit dem Text und der einzelnen untereinander.

Dazu tritt die Herausforderung, die erkannte und besprochene Botschaft in die Gestik und die Dramatik der Biblischen Erzählfiguren umzusetzen, sie so präzis und so tief wie möglich sichtbar werden zu lassen. Sicher zeigen sich hier auch die Grenzen der Figuren, nicht alles ist eindeutig darstellbar. Die Haltung einer Figur löst bei verschiedenen Betrachtern ganz verschiedene Assoziationen aus, und nicht immer entdecken andere Beobachter in der gestellten Szene das, was damit zu zeigen beabsichtigt war. Dann gilt es, sich in andere Perspektiven hineinzuversetzen und Alternativen und Veränderungen zuzulassen.

4.3 »Ninive ist überall ...«

Der dritte Abschnitt des Weges mit einem biblischen Text will die Erfahrungen, die in den Text hineingeronnen sind, in neue, gegenwärtige Erfahrungen einmünden lassen. Bisher lauteten die Fragen: »Wie verstehe ich den Text? Was fange ich mit dem Text an?« Diese Fragerichtung wird nun umgekehrt: »Wie versteht der Text mich? Was fängt der Text mit mir an?« Der Begriff der »Aneignung«, der für die Bezeichnung dieser Phase gewählt wurde, ist nicht punktuell zu verstehen, sondern im Sinne eines Prozesses, durch den die biblischen Anstöße im Leben Wurzeln schlagen können.

Der Teilnehmer steigt selbst in die Welt des Textes ein, die in der analytischen Phase erschlossen wurde, und läßt sich von dessen Impulsen ergreifen. Die Inszenierung des Textes mit den Biblischen Erzählfiguren hat die Interpretation des Textes durchaus noch nicht zu einem Ende gebracht und dessen Sinn fixiert. Sie hat vielmehr Möglichkeiten eröffnet, in dieser schöpferischen und experimentellen Phase differenziert danach zu fragen, wie die Botschaft des Textes den Teilnehmer in seinen Alltag hinein begleiten und ihn verändern kann.

In der Fährte der biblischen Aussagen wird danach gefragt, wie die biblischen Erfahrungen auch im heutigen Leben zu erkennen und aufzudecken sind, wie sie erlebnis- und handlungsrelevant werden können. Es geht darum, aus dem »Kapital« der biblischen Botschaft den »Gewinn« für heute zu ziehen. Die Teilnehmer sind eingeladen, auf ihre je eigene Weise den Text in ihre Lebenswirklichkeit zu übertragen. Die Lebens- und Heilserfahrungen, die sie im biblischen Text entdeckt haben, kommen in Verbindung mit ihren ganz persönlichen, aber auch mit jenen gesellschaftlichen und politischen Handlungsfeldern, die auf Heilung, Vergebung oder Veränderung warten.

Für diese kreative Aufarbeitung der Erfahrungen und Erlebnisse mit der Inszenierung der Jonageschichte werden verschiedene Angebote gemacht. Ein Vorschlag lautet, dem »Jona in mir« auf die Spur zu kommen, sich mit Jona so zu identifizieren, daß man ihn als einen Aspekt des eigenen Selbst versteht, mit ihm ein Gespräch führt. Eine andere Gruppe erarbeitet eine »Sprechmotette«. Sie verständigen sich auf Worte des Textes, die die Hauptaussagen tragen und montieren sie zu einer Art Sprechgesang mit verschiedenen Rhythmen und Lautstärken. Wiederum andere nehmen den Erzählfaden der Jonageschichte auf und fragen, wie es mit Jona weitergegangen sein könnte, erfinden eine mögliche Fortsetzung über den offenen Schluß hinaus.

Die Schlußrunde des Wochenendes fragt, was die Teilnehmer dieses Wochenendes über Jona erfahren haben, was sie anders sehen und was sie mitnehmen. Dabei ist von neuen Akzenten im Verständnis der Jona-Erzählung die Rede, nicht mehr das Motiv des großen Fisches stehe im Mittelpunkt, sondern die Auseinandersetzungen mit Gott, die sowohl Jona als auch die Seefahrer und die Leute von Ninive beschäftigen und die ihr Echo in heutigen Glaubensgeschichten finden.

Wieder hat die alte Erzählung Menschen den Spiegel vorgehalten, mit der Frage: Bist du selber Jona?

»Darauf sagte der Herr: Dir ist es leid um den Rizinusstrauch, für den du nicht gearbeitet und den du nicht großgezogen hast. Über Nacht war er da, über Nacht ist er eingegangen. Mir aber sollte es nicht leid sein um Ninive, die große Stadt, in der mehr als hundertzwanzigtausend Menschen leben, die nicht einmal rechts und links unterscheiden können – und außerdem so viel Vieh?« (Jona 4,10.11)

Anmerkungen

1 Vgl. T. Vogt, Bibelarbeit. Grundlegung und Praxismodelle einer biblisch orientierten Erwachsenenbildung, Stuttgart/Köln/Berlin/Mainz 1985. (Praktische Wissenschaft: Kirchengemeinde), 25.

2 Vgl. Vogt, Bibelarbeit, 18.

3 Informationen zu den »Biblischen Erzählfiguren« gibt die »Arbeitsgemeinschaft Biblische Figuren e.V.«; Geschäftsstelle: Lindenstraße 5, 72793 Pfullingen.

4 Um solchen Vorbehalten entgegenzutreten, werden die Biblischen Erzählfiguren nie als »Puppen« bezeichnet, mit denen »gespielt« wird, sondern (kurz) als »Figuren«, mit denen »gearbeitet« wird.

5 Zu den Methoden der Arbeit mit den Figuren vgl. A. Hecht, Kreatives Arbeiten mit Biblischen Figuren. Methoden, Übungen und Bibelarbeiten, Stuttgart 1998.

6 Zum Buch Jona vgl. (u.a.) U. Simon, Jona. Ein jüdischer Kommentar, Stuttgart 1994 (Stuttgarter Bibelstudien 157); U. Struppe, Die Bücher Obadja, Jona, Stuttgart 1996 (Neuer Stuttgarter Kommentar: Altes Testament 24,1).

7 Vgl. Vogt, Bibelarbeit, 92–116.

Kunst der Gegenwart im Blickfeld der Pastoral

LUDWIG MÖDL

Die Reform der Kirche nach dem Zweiten Vatikanischen Konzil (1962–1965) stand unter dem Zeichen des »Dialogs«.[1] Auch die zeitgenössische Kunst sollte eingebunden sein – so fordert es das Dekret über die Liturgie –, versieht dies allerdings mit absichernden Hinweisen[2], die tatsächlich hinderlich werden können. Der zwischenzeitlich begonnene Dialog zwischen Kunst und Kirche erweist sich als schwierig, wofür es verschiedene Gründe gibt, die im folgenden ersten Abschnitt problematisiert werden sollen. Der zweite Abschnitt will am Beispiel der Verfremdung zeitgenössischer Kunst zeigen, daß durchaus Ansatzpunkte für einen Dialog vorhanden sind, die freilich konkrete Formen brauchen, wovon im dritten Abschnitt kurz die Rede sein wird.

1. EIN ZERSCHNITTENES BAND NEU KNÜPFEN[3]

Geistige Wirklichkeiten sind uns Menschen nur über die Sinne vermittelbar. Vermittlung ist ein kreativer und dynamischer Prozeß, der den Menschen als gestaltendes Wesen herausfordert. »Es gibt kein Menschsein ohne Gestaltung.«[4] Das bedeutet: Die sehbaren, hörbaren, riechbaren oder faßbaren Dinge bezeichnen dort, wo sie zu Vehikeln geistiger Aussagen werden, in ihrer begrifflichen Fassung mehr als nur die sie umschreibenden Inhalte. Sie weisen über sich hinaus und werden als Bilder, Metaphern oder Begriffe zu Trägern nichtsinnenhafter Wirklichkeiten. Auch für die religiösen Wahrheiten trifft dies zu. Ästhetik als die Ausdrucksform von Wirklichkeit schlechthin gehört wesentlich zur Kultur und damit auch zur Religion.[5] Religion braucht Sprache (gesprochen und geschrieben), Musik, Architektur und bildende Kunst, um sich vermitteln zu können. Sie braucht die Ausdrucksformen der je gegenwärtigen Zeit, um Transzendentes zu vermitteln. Dies gilt auch für heute. *Günter Rombold* formuliert: »Transzendenz in der modernen Kunst? ... Versteht man ... darunter, daß Kunst transzendiert, daß sie hinweist auf das Unbedingte, das unsere bedingte Existenz trägt, daß sie nach diesem letzten Geheimnis fragt, es auch in Frage stellt, daß sie in immer neuen Anläufen das Ganze der Welt deutet, je stets neu und anders entwirft, dann ist Transzendenz ein Focus auch moderner Kunst.«[6] Die sich wandelnden Formen dieser Kunst- und Darstellungsgattungen hängen damit zusammen, daß je andere Erfahrungswelten des Menschen andere Ausdrucksformen hervorbringen, um die erahnte Geistigkeit hinter den Dingen neu vermitteln zu können. Auch altbekannte Wahrheiten brauchen neue Aussageformen, sollen sie in ihrem Wahrheitsgehalt verstehbar bleiben, da sich die Erfahrungsräume der Menschen verändern. Neue Formen künden andererseits vom allzeit wirkenden Geist. Sie geben andere Anteile der Geisteswelt und der unfaßbaren »Überwelt« kund. Eine lebendige Religion braucht deshalb neben den Traditionsformen, die in langen Generationsketten Bewährtes aufbewahren, innovative Elemente sinnenhaft erfaßbarer Räume, Bilder, Klangfolgen, Worte und Begriffe. Nur so kann die geistiggeistliche Wirklichkeit in den dauernd sich ändernden Situationen des Menschenlebens spürbar und darstellbar bleiben.

Unsere Kirche glaubte im 19. Jahrhundert sich auf angeblich bewährte Formen stützen zu müssen und entfernte sich gerade dadurch weit von der Kunstavantgarde, die ständig neue Ausdrucksformen sucht. Schon die Versuche der Frühromantiker, in Naturformen transzendente Elemente darzustellen, wurden nicht verstanden. Die Kunst der Nazarener und Präraffaeliten, die bewußt religiöse Themen aufgriffen und gegen die allgemeine Säkularisierungstendenz in der Kunst angehen wollten, war zwar noch verhaftet im allgemeinen Kunstgeschehen, zeigte sich aber zu rückwärtsgewandt, als daß sie langfristig hätte innovativ wirken können. Eine immer monistischere Welterklärung auch und gerade im Bereich der Theologie[7] ließ die Versuche der dem Ideal der Autonomie zustrebenden Künstler kirchlicherseits inadäquat erscheinen. Diese paßten nicht in das Kunst- und Weltverständnis der führenden kirchlichen Kreise. Aus dem Kontext französischer Katholiken kam sogar der Begriff der »degeneré art«[8] ins Gespräch, den später die deutschen Nationalsozialisten freilich in nochmals anderem Sinn anwandten.[9] Diese Abwendung katholischer Kreise vom innovativen Kunstschaffen entsprang zum einen dem Unverständnis gegenüber der Kunstauffassung, die sich von jedweder Beeinflussung und jedem Gesellschaftsanspruch emanzipiert hatte, zum anderen dem Gefühl der Unsicherheit gegenüber den neuzeitlichen Geistesströmungen überhaupt, die dem »kirchlichen Geist« und der kirchlichen Botschaft fundamental zu widersprechen schienen. So wurde die Abschottung gegenüber allem Neuen und die Verdächtigung aller abweichenden Denkfiguren zum Grundmuster kirchlich führender Kreise.[10] Diese Geisteshaltung, die man »Burgenmentalität« nennen könnte, verhinderte den offenen Blick für die Entwicklung in der Kunstszene und für die dort sich zeigenden »Geisteingebungen«. Nur angeblich bewährte Formen künstlerischen Ausdruckes wurden in kirchlichen Räumen zugelassen und so der Kontakt zur Kunstszene abgebrochen.[11] Eigene Versuche von Künstlern, die der Kirche nahestanden, innovativ künstlerisch zu wirken, bekamen keine Außenstrahlung und blieben deshalb Episoden.[12] Der Kontakt zu jenen, die jeweils neue Sprachformen, neue Raumgebilde, neue Klangmuster und neue Bildausdrücke suchten, um die Wirklichkeit des Geistig-Geistlichen ins Erfahrbare zu heben und durch die je neue Form für heute sagbar zu machen, ist dadurch weithin abgebrochen. Diese Abstinenz hat die kirchlichen Sprachformen und Ausdrucksweisen verkümmern lassen. Ritualisierungen und theologische Formalisierungen sowie ästhetische Historisierungen waren die Folge. Die Festlegung einer Formsprache sowie die Festfügung einer Begrifflichkeit, die im Abstrakten bleiben mußte, engten das theologische Denken, die theologische Praxis und vor allem die theologischen Darstellungsweisen ein. Eine »Philosophia perennis«[13] sollte eine »Theologia perennis« ermöglichen, und diese wiederum sollte alle Entwicklungen so deuten und einzwingen, daß sie eine stetige Bestätigung der in der Kirche erkannten Wahrheit darstellt, wie sie in den bekannten Formen zugänglich zu sein schien. Kunst als bildende Kunst, als Architektur, als Musik, als Theater und als Literatur mußte sich messen lassen an den immer schon gekannten Ausdrucksformen. Der Kontakt zu einer Kunst, die den Anspruch erhob, autonom die Wirklichkeit zu betrachten und neue Wirklichkeitsräume zu entdecken oder zu gestalten bzw. zu schaffen, ist damit abgebrochen – wenn auch nicht vollständig. Kunst im Raum der Kirche verstand sich als »christliche Kunst«[14] oder gar als »kirchliche Kunst«. Sie wurde mehr oder weniger zu einer Gebrauchskunst, die sich begnügte, nachgestaltend oder illustrierend zu wirken oder mit Variationen im formalen Bereich althergebrachte Bildmuster zu verformen bzw. zu »designen«. Zwischenzeitliche Neuansätze für eine am allgemeinen Kunstniveau orientierte Kunst für die Kirche finden wir nach dem ersten und auch nach dem zweiten Weltkrieg ansatzhaft.[15] Ein breiteres Bewußtsein aber wünschte sich erst das Zweite Vatikanum, das eine Basis für den Dialog ermöglichen wollte.[16] Hinter der früheren Distanz zu den zeitgenössischen Künsten stand, wie eben angedeutet, nicht nur ein Mißverständnis gegenüber dem Autonomieanspruch der Kunst in der Neuzeit, sondern auch eine eingeengte Sicht von Ästhetik schlechthin als »bloße Form«, die – wie eine neuscholastische Position meint – wohl vom Inhalt bestimmt sein müsse, die aber einen gefaßten Inhalt ein für allemal verstehbar mache und adäquat erfasse. Diese Sicht aber entspricht einer Vorentscheidung, welche davon ausgeht, daß alle anthropologischen Daten mehr oder weniger konstant seien. Eine solche Anthropologie aber nimmt die Geschichtlichkeit des Menschen und seine Verhältnisse nur begrenzt wahr. Die Erkenntnisse der verschiedenen Schulen der Psychologie, der Soziologie und anderer Humanwissenschaften sowie der Philosophie müssen uns von diesen Ansichten endgültig Abschied nehmen lassen.[17]

Deswegen ist es für eine heutige Pastoral und Theologie nötig, die Frage der Ästhetik als eine inhaltliche Frage der Theologie ernst zu nehmen.[18] Daraus ergibt sich die Notwendigkeit, mit jedweder Kunstgattung in ein Gespräch einzutreten. Der Dialog mit Künstlern, Architekten, Musikern, Theaterwissenschaftlern und Literaten ist eine pastoraltheologische Notwendigkeit.

Im Folgenden möchte ich den Fragenkomplex eingrenzen und – mit Blick auf die bildende Kunst – fragen: Wie kann ein Theologe Zugang finden zu transzendierenden Elementen moderner Kunstwerke? Es gibt ja durchaus Ansatzpunkte in Werken moderner Künstler, die – bei aller Autonomie und gerade durch sie erneut – uns bekannte ikonographische Themen benutzen und durch deren Verfremdung neue Weisen des Transzendierens (oder auch des Säkularisierens) finden und darstellen. Dazu muß ein Theologe freilich zunächst jene Kunstwerke zu lesen verstehen, die im kirchlichen Kontext vorhanden sind. Eine Schule des Sehens für alle Theologen ist hier wohl unabdingbar, damit sie diese Kunstwerke sehen und zu deuten verstehen. Dann können sie erst ein verfremdetes Element sehen oder den Transzendierungsversuch eines Künstlers wahrnehmen, der an bekannten alten »Sprachformen« anknüpft. Die Verfremdung von ikonographischen Mustern bzw. die thematische Umstellung läßt zumindest assoziativ das alte Thema des Kunstwerkes anklingen, von dem sich das neue provokativ, konträr oder affirmativ absetzt. Im Folgenden seien einige Beispiele skizziert, welche bekannte religiöse Bildformen andeuten und verfremden. Für Theologen mag hier ein erster Zugang zu modernen Kunstwerken und ihren ins Transzendieren neigenden Aussagen eröffnet sein.

2. TRANSZENDIERENDE MOMENTE DURCH VERFREMDUNG

Wir leben in einer Zeit der Bilderflut. Täglich werden wir von Tausenden von Bildern überschüttet: gedruckte Bilder, stehende Bilder, laufende Bilder. Die Abbildungen beeinflussen den Menschen meist indirekt, d.h. nicht durch bewußtes Wahrnehmen, sondern dadurch, daß sie in sein Unbewußtes eindringen, wie vornehmlich die Werbepsychologie weiß.[19] Deshalb gestalten Künstler ihre Werke nicht in der Art der vielen Bilder, welche die Menschen täglich sehen und doch nicht sehen, wahrnehmen und doch übersehen, sondern sie schaffen andere Bilder oder geben diesen ungewohnte Formen. Aus den vielfachen Weisen des Gestaltens sei kurz jene der Verfremdung angesprochen, da in ihr überdeutlich sichtbar wird, daß Bildwerke, die ehedem für Menschen Hinweise zum Transzendenten sein wollten und die zwischenzeitlich ihre Kraft verloren haben, in ganz neuer Weise zu religiösen Bedeutungsträgern werden.

Verfremdung bekannter Motive als Methode des Transzendierens

Eine erste Methode der Verfremdung ist die *Übermalung* bekannter Bilder. Einer der berühmtesten »Übermal-Künstler« ist *Arnulf Rainer*. Er gibt einem Bild eine »Überform«, indem er z. B. ein bekanntes Christusportrait mit dicken schwarzen Linien neu konturiert, Teile überkritzelt, andere betont, wieder andere ganz unter dem Schwarz verschwinden läßt. Im Hintergrund erkennt der Beschauer noch das alte Bild. Die darüberliegende Formgebung hebt Bildaussagen hervor oder verdeckt sie. In jedem Fall ist der Beschauer gezwungen, das Neue vor dem Hintergrund des Alten zu sehen und dies auf sich wirken zu lassen.

Dieser Weise der Verfremdung ist eine zweite verwandt, die des *Weglassens*. Ein bekanntes Bild wird einfach ausgeschnitten oder verändert. *Ben Willekens* hat beispielsweise den perspektivischen Raum und die Einrichtung des Abendmahls von Leonardo da Vinci dargestellt, aber die Plätze leer gelassen.[20] Oder *Werner Tribl* hat die gleiche Szene gemalt; aber statt des Ausblicks in die ferne Landschaft verhängt eine schwarze Leinwand das Fenster, vor dem Christus sitzt. Sein Gesicht ist nur eine goldene Fläche ohne Konturen, die Plätze der Apostel sind leer.[21]

Eine weitere Form der Verfremdung ist die *Collagierung*. Ein Bild wird zerschnipselt, es werden ihm fremde Elemente eingesetzt[22] oder ein Teil des Bildes wird dupliziert. So verdoppelt *Lutschesar Bojadiew* das Christus-Kind auf dem Arm einer berühmten Ikonenmadonna und betitelt das Bild: Festigung des Glaubens.[23] Dadurch wird ein Thema verändert oder ein Element so massiv hervorgehoben, daß sich eine ganz andere Aussage ergibt, die sogar das ursprüngliche Thema ins Gegenteil verkehren kann.

Auch eine *Materialverfremdung* ist als Methode der Veränderung anzusehen. So greift ein Künstler eine bekannte Form der Ikonographie auf, nimmt dazu Materialien aus ganz entfernten Bereichen und installiert sie. Die Assoziation kommt dem Beschauer sofort, das verfremdende Element liegt darin, daß unwillkürlich bisoziiert wird mit dem Bereich, aus welchem das Material stammt. So hat *Walter Zacharias* ein Holzstück mit Eisenteilen in einer Weise kombiniert, daß unwillkürlich der Kopf einer Christusikone assoziiert werden muß. Er betitelt das Werk dann auch mit »Christuskopf«.[24]

Hiermit ist eine ikonographische Andeutung intendiert; Material und Titel geben aber die Richtung der künstlerischen Aussage souverän kund. Der fremde Titel kann die erinnernde Darstellung mit ganz fremden Wirklichkeiten zusammenbringen und gerade durch diese Kombinationen neue Gefühlszusammenhänge produzieren oder Gedankengänge anregen.

Damit ist die Bedeutung der *Titulierung* in der modernen Kunst angesprochen, welche in diesem Fall auch zu einer Verfremdungsmethode geworden ist. Ein Künstler setzt ins Bild zeitgenössische Personen oder Vorgänge ein und versieht sie mit einem Titel, der sofort bekannte Szenen aus der Geschichte oder der Kunst einfallen läßt. Damit will er wiederum eine neue wirklichkeitsprägende Aussage machen.

Noch andere Formen der Verfremdung werden angewandt, so vor allem in der Kunstaktion, der Objektkunst, dem Environment, den Performances, dem Einsatz neuer Medien. Der Künstler Vielfalt ist unbegrenzt – dafür sind sie Künstler. Ihre Themenwahl und Formgebung ist souverän, keinem Kodex und keiner Norm verpflichtet – außer dem eigenen Anspruch nach Innovation und Qualität. Neues müssen sie schaffen, und diesem Neuen muß eine Kraft innewohnen, die geistige Wirklichkeiten in die Seelen der Menschen »einbrennt«. Dem Theologen sind sie wichtige Gesprächspartner bzw. der Theologe muß ihre Werke beachten, weil sie ihm Wirklichkeitsanteile vermitteln, die in den Bereich des Nichtgreifbaren weisen.

In der kichlichen Szene haben wir in den vergangenen Jahrzehnten im Rahmen der Gebrauchskunst vielfache Versuche erlebt, in denen Künstler sich durchaus an bekannten Szenen und Titeln orientierten, diese aber nicht inhaltlich umformten, sondern die altbekannten Themen nur durch neue Formen zu verfremden versuchten. Dabei waren die Themen meist biblisch, die Darstellungen illustrierend, aber durchaus deutend und damit auch mit künstlichem Anspruch versehen. Dennoch ist diese Weise der Verfremdung äußerlich geblieben, weil sie keine neue Aussage versucht, sondern der alten Aussage in ihrer vollen Umfänglichkeit nur einen neuen Mantel gibt. Hier liegt die Gefahr nahe, daß durch ein solches Bild oder eine solche Figur keine wirklich neue Aussage gemacht wird. Da hängt ein Christus – er mag einen größeren Kopf haben oder größere Hände; das Ganze mag expressiv irgendeinen Gedanken betonen, aber dieser neue Gedanke bewegt nichts Neues, entspricht keiner Christologie oder Anthropologie, die den Menschen geistlich anstößt oder voranbringt oder in der er sich selbst wiederfindet. Diese Art von Kunst, die man »christliche Gebrauchs-Kunst« nennen mag, müssen wir skeptisch nach ihrer Qualität befragen: Das Kriterium für ihre »Kirchenwürdigkeit« muß ihre Qualität sein, d.h. wie sie die betrachtenden Menschen berühren, welche innovative Kraft sie haben, wie sie menschliche Werte transportieren, wie sie Befreiendes andeuten oder wie ihre Botschaft als wahrhaftig wahrgenommen werden kann – um einige Qualitätskriterien anzudeuten.[25]

Diese Kunstwerke werden heute – auch wenn sie sehr verfremdet sind – von den Gemeinden oft schnell angenommen, da zwischenzeitlich viele dieser Formen allgemeine Akzeptanz erhalten haben. Noch vor einigen Jahrzehnten war dies anders, wie der Fall Oberwil bei Zug (Schweiz) beweist. Dort waren viele Jahre lang die bemalten Wände mit Tüchern verhängt, bis sich die Leute mit den Bildern, die sie schon vorher gesehen hatten und die sie nun hinter den Tüchern wußten, ausgesöhnt hatten. Eine innovative und zugleich ausdrucksstarke Form wird sich, wenn ein Mensch sie gesehen hat, langfristig auch dann in seinem Inneren festsetzen, wenn er sie zunächst ablehnen mag. In Oberwil haben wir ein Beispiel dafür: Die Ausmalung der neuen Kirche durch *Ferdinand Gehr* ist zunächst auf heftige Ablehnung der Gemeindemitglieder gestoßen. Die Verantwortlichen kamen auf die glückliche Idee, die Bilder zu verhängen. Die Gemeindemitglieder aber wußten, wenn sie die Vorhänge sahen, daß dahinter die Bilder hingen, die sie schon gesehen haben. Nach einigen Jahren fanden nun die meisten der betroffenen Gemeindemitglieder, daß die Bilder ihnen etwas sagen. Ja die Bilder sind ihnen zwischenzeitlich besonders wichtig geworden. Die verhängten Bilder, die aber im Inneren der Menschen sich schon festgesetzt hatten, haben dort etwas verändert. Damit ist schon angesprochen, welche Funktion Kunst in der Kirche haben könnte.

3. NEUE KUNST IM RAUM DER KIRCHE

Kunst in der Kirche soll bewegen. Das wird sie nur erreichen, wenn sie durch ihre Form und ihre Vielsprachigkeit immer wieder Überraschendes im Rezipienten erzeugt. Ob es ein provokantes Bild ist, eine abstrakte Plastik oder ein auf die Grundformen reduziertes Formgebilde – es soll die Beschauer befähigen, das im Raum Geschehende tiefer zu erfassen und sich auch vom Gesamten des Raumes ergreifen zu lassen.

Bildende Kunst als eigene Mitteilungsform

Ein Künstler wird angeregt durch einen Gedanken. Dies geschieht jedoch nur, wenn der Gedanke ihn selbst erfaßt und gleichsam mit ihm »durchgeht«. Ein Gedanke wird dabei zu einem Träger von Wirklichkeit, welche zur inneren Wirklichkeit der Botschaft des Künstlers wird. Und aus dieser heraus spricht sich dann in ganz anderer Sprachweise etwas aus, das durch Form und Titel eine Wirklichkeit auszeichnet, die ein Stück Welt neu konzipieren. Die Sprache der bildenden Künstler ist nicht die Sprache der Literaten, sie ist schon gar nicht die Sprache der Theologen. Aber sie ist insofern mit jener des Theologen verwandt, als sie auch Tieferes ausdrücken will und den Dingen einen »Mehrwert« zu geben versucht. Wenige Hinweise wie ein Titel oder ein verstecktes Zitat geben Verstehenshilfen bzw. regen die Empfindungen der Beschauer an, um in ihnen etwas anzustoßen, das Wirklichkeit neu sehen läßt bzw. neue Wirklichkeiten schafft. Bildsprache ist also nicht Wortsprache. Bildhafte Kunst ist eine Sprachform, die nicht sprechen will. Ein Künstler, der seine Bilder erklärt, steht im Verdacht, nicht ursprünglich gearbeitet zu haben. Einmal sagte mir ein

Maler, den ich gefragt hatte, was er mit einem Objekt mitteilen möchte bzw. was die einzelnen Teile bedeuten: »Wenn ich es sagen könnte, dann hätte ich es nicht zeichnen müssen.« Das heißt nicht, daß ein Künstler nicht Ideen hätte, die auch aussprechbar sind. Aber was aus der Idee im Bild geworden ist, das muß – wenn es ein gutes Bild sein soll – gegenüber solchen Anstoßgedanken einen »Mehrwert« in sich tragen. Die Anstoßgedanken der Künstler erscheinen nicht selten alltäglich banal, oftmals bestehen sie aus kaum wahrnehmbaren Kleingkeiten, hie und da kommen sie sogar als skurrile oder verquere Spiele daher. Aber das Nichtsagbare, das sich dann als Formung von »Wirklichkeit mit Mehrwert« zeigt, kommt in der anderen Form des Bildes in die Erfahrungswelt der Rezipienten. Es geht immer um diesen »Mehrwert«, der nicht anders beschreibbar ist, als daß er sich sinnenhaft in einer neuen Form präsentiert.

Bilder entstehen im Beschauer

Moderne Kunstwerke wollen im Beschauer etwas bewegen. Deshalb sprechen sie ihn direkt an. Das Signal kann vom Betrachter in unterschiedlicher Weise aufgenommen, rezipiert und innerlich verarbeitet werden. Ein Bild kann affizieren. Der Mensch weiß zunächst nicht, was es ist, das ihn anzieht. Eine spezielle Eingangsweise kann sich sogar durch erstmalige Ablehnung anbahnen. Das klingt paradox. Aber wer ein Bild ablehnt, tut dies meist deshalb, weil das Thema in ihm schon besetzt ist und ihn eine neue Form verunsichert. So herrscht bei ihm das Vorurteil, welches durch das Bild zunächst bestärkt, langfristig aber möglicherweise zersetzt wird. Dieses ist zunächst nicht leicht aufzubrechen; denn er empfindet die neue Form als Provokation, und diese erzeugt zunächst meist einen Kontrasteffekt, so daß ein Mensch sich sperrt. Aber bei einem guten Kunstwerk ist es so, daß es sich, wenn es nur kurz durch einen Spalt in die Seele eingestrahlt ist, dort einen Prozeß auslöst, der im Laufe der Zeit Erlebnisse, Ängste oder Hoffnungen mit dieser Form in Zusammenhang bringt. Das Kunstwerk wird vertraut – nicht im Sinne von Gewöhnung, sondern in gegenteiligen Sinn: Es wird zum Anschauungspunkt für sich ordnende Seelenkräfte. Ja es kann den Charakter eines »Symbols« erhalten im Sinne eines »externalisierten Selbstobjektes«[26]. Kunstwerke sind offen, um in jedem Beschauer das ihm Zuträgliche anzustoßen und zu bewirken.[27]

Kunstwerke im Sakralraum

So wollen auch Kunstwerke in Sakralräumen wirken. Der Raum darf selbst als eine Raumplastik verstanden werden. In ihn kommen andere Plastiken oder

Bilder hinein. Diese prägen die Gesamtatmosphäre mit und verstärken oder minimieren die Botschaft des Raumes. Dabei ist die Funktion des Raumes zunächst jene der Ordnung. Architektur ist Ordnung! Diese Ordnung darf nicht einlinig verstanden werden. Auch das Chaos hat in sich eine Ordnung. Nur ist diese für unser Erfassen zu komplex. Neben der Funktion der Ordnung, welche die Architektur leistet, muß die Funktion einer intuitiven Vermittlung einer Hauptbotschaft treten, welche die Erbauer einem Raum zumessen. Diese wird durch die Gesamtatmosphäre zu vermitteln gesucht. Ein Bild in einem Sakralraum soll mit seinem »Mehrwert« eine transzendente Wirklichkeit andeuten, welche in diesem Raum generell angestrebt ist. Dies kann durch Kunstwerke unterschiedlicher Bearbeitung, Stilrichtung oder Formgebung geschehen. Wichtig ist, daß das Kunstwerk nicht von vorneherein instrumentalisiert wird. Es muß seine Eigenaussage behalten dürfen. Meist läßt sich diese nicht ohne Verlust verbal deuten. Ein Kunstwerk spricht von selbst, sein Titel und auch sein Aufstellungsort geben nur Verstehenshilfen. In jedem Fall aber muß ein Kunstwerk im Kirchenraum jenes Element dieses Raumes stärken, das wir das Sakrale nennen. Damit ist gemeint: In diesem Raum sollen die Menschen – durch irgendwelche sinnenhaften Gegebenheiten angestoßen – die Ahnung von einer jenseitigen Wirklichkeit erspüren. Zugleich soll ihnen dieses Gefühl des »Mehrwertes«, das sich in allem und jedem präsentieren kann, den Lebensmut stärken und sie nach oben und zur Seite hin öffnen. Die oben genannten Kriterien für Qualität, die oftmals freilich allzu subjektiv ausgelegt werden mögen, geben einem Kunstwerk die Kraft, daß Menschen beim Betrachten eines sinnlichen Objektes Übersinnliches erahnen.

Anmerkungen

1 Vgl. GS 2; »Dialog« wurde zu einem Schlüsselbegriff und Paradigma der nachkonziliaren Reform.

2 So heißt es in SC 123: »Auch die Kunst unserer Zeit und aller Völker und Länder soll in der Kirche Freiheit der Ausübung haben,...« In SC 125 aber wird von den Bischöfen verlangt, »daß von den Gotteshäusern und anderen heiligen Orten streng solche Werke von Künstlern ferngehalten werden, die dem Glauben, den Sitten und der christlichen Frömmigkeit widersprechen und die das echte religiöse Empfinden verletzen, sei es, weil die Formen verunstaltet sind oder weil die Werke künstlerisch ungenügend, allzu mittelmäßig oder kitschig sind.«

3 Vgl. zum ganzen Abschnitt: R. Günter, Art. »Kunst und Kirche«, in: LThK 6 ^{3}1997, 533–535.

4 R. Günter, Kunst: Protest und Verheißung. Eine Anthropologie der Kunst, Linz 1976.

5 Ästhetik ist hier nicht verstanden als »Theorie des Schönen«, sondern im ursprünglichen Sinn, abgeleitet vom griechischen Aisthesis = mit den Sinnen wahrnehmbar.

6 R. Günter, Der Streit um das Bild. Zum Verhältnis von moderner Kunst und Religion, Stuttgart 1988, 268.

7 Vgl. den Versuch, die Theologie auf die Neuscholastik festzulegen.
8 Auskunft J. Lenssen, Würzburg.
9 Vgl. S. Barron, »Entartete Kunst«. Das Schicksal der Avantgarde im Nazi-Deutschland, München 1992.
10 Am deutlichsten dokumentiert sich diese Haltung im Syllabus von 1864, im Verhalten während des Kulturkampfes und im Antimodernistenstreit.
11 Vgl. die Vorschriften zur Bildausstattung CIC (1917) 1279 §2. Der Bischof darf nur Bilder gestatten, die dem »Herkommen« entsprechen (»Ordinarius autem sacras imagines publice ad fidelium venerationem exponendas ne approbat, quae cum probato Ecclesiae usu non congruant«).
12 Vgl. die Aufbruchsversuche von Beuron, Maria Laach und »Hochland«. Sie blieben bescheiden, denn sie suchten im letzten einen »katholischen Stil«.
13 Die beiden Werke von J. Kleutgen »Die Theologie der Vorzeit verteidigt«, 4 Bd., Münster 1853–1870, und »Die Philosophie der Vorzeit verteidigt«, 2 Bd., Münster 1860–1863, haben bahnbrechend gewirkt.
14 Vgl. L. Koch, Art. »Christliche Kunst«, in: LThK 2, Freiburg ^{3}1994, Sp. 1142–1146.
15 Ebd. Sp. 1145; Pionierarbeit haben vornehmlich die Österreicher Otto Mauer, Karl Strobl und Ferdinand Klostermann geleistet, sowie die Zeitschrift »Christliche Kunstblätter«, welche unter Günter Rombold mit der evangelischen Zeitschrift »Kunst und Kirche« fusionierte und seither unter dem letztgenannten Titel das führende Organ des Dialogs von Kunst und Kirche geworden ist.
16 Vgl. SC 123.
17 Vgl. zum Ganzen des bisher Gesagten: G. Larcher, Glaubensüberlieferung im Kontext von Kunst. Spannungsmomente ästhetischer Inkulturation zwischen Spätantike und Gegenwart, in: Bulletin ET 9 (1998) 1, 47–62.
18 Vgl. A. Grözinger, Praktische Theologie und Ästhetik. Ein Beitrag zur Grundlegung der Praktischen Theologie, München 1987; H. Timm, Das Ästhetische Jahrzehnt. Zur Postmodernisierung der Religion, Gütersloh 1990.
19 Vgl. H. Mayer, Werbepsychologie, Stuttgart 1992.
20 Ben Willikens, Abendmahl (1976–1979), Abbildung in: W. Schmied (Hrsg.): Gegenwart Ewigkeit. Spuren des Transzendenten in der Kunst unserer Zeit, Stuttgart 1990, 310f.
21 Werner Tribl, Abendmahl (1991), im Besitz des Diözesanmuseums Würzburg.
22 Zum Beispiel Hermann Oberhofer, »Alma Redemptoris Mater«. Die Fläche ist in sechs Felder eingeteilt, jedes der Felder ist umrahmt, Zeitungs- und Notenblätter bilden den Untergrund, darüber ist gemalt und in schwarz oder weiß geschrieben, je ein oder zwei Bilder sind aus Drukken ausgerissen oder ausgeschnitten und in die Felder geklebt. Die Bilder stellen bekannte Madonnen und Fotos von Mädchen oder Frauen verschiedener Herkunft dar. In: J. Lenssen (Hrsg.), Mensch Maria – Ausstellung der Diözese Würzburg (Katalogreihe: Marmelsteiner Kabinett, Nr. 8), Würzburg 1992, 65.
23 Lutschesar Bojadiew, Festigung des Glaubens (1991).
24 Walter Zacharias, Christuskopf (1984).
25 Vgl. zu Qualitätskriterien: L. Mödl (Hrsg.), Der Funke im Stein. Ein Gespräch zu »Kunst und Kirche«, München 1999, 47–50.
26 Vgl. zum Begriff: H. Wahl, Glaube und symbolische Erfahrung. Eine praktisch-theologische Symboltheorie, Freiburg 1994, 74.
27 Vgl. U. Eco, Das offene Kunstwerk, Frankfurt a.M. 1977. Er entwirft eine Rezeptionsästhetik für die literarische Verarbeitung. Diese trifft aber auch, wie mir scheint, voll auf die Beschauer von Bildern zu.

Von der Entfremdung der Arbeit zur Solidarität der Arbeit

Anregungen aus der Katholischen Soziallehre für die Pastoral

GERHARD L. ENDRES

1. ENTFREMDUNGSPHÄNOMENE IN »LABOREM EXERCENS«

Der Begriff Entfremdung gilt als zentraler Topos der marxistischen Philosophie. Vor *Karl Marx* verwendeten u.a. die Philosophen *Schelling, Fichte* und *Hegel* den Begriff Entfremdung bzw. Entäußerung. Für den deutschen Soziologen *Gehlen* ist der Entfremdungsbegriff »...eine echte Kategorie, die für die Beschreibung der gesellschaftlichen Wirklichkeit und also auch der gegenwärtigen Verhältnisse unentbehrlich ist«[1]. *Dawydow*[2] und *Israel*[3] bestreiten die Brauchbarkeit des Begriffs Entfremdung als analytische Kategorie. Mit Gehlen wird jedoch die Selbstentäußerung des Menschen als notwendig für seine Menschfindung vorausgesetzt.[4] Auch *Karol Woityla* – der spätere Papst Johannes Paul II – widmet dem Begriff Entfremdung eine längere Passage in einer Veröffentlichung.[5]

1.1 Der Mensch in Laborem Exercens

In der Enzyklika »Redemptor Hominis« formuliert *Papst Johannes Paul II.*, daß »der Mensch der erste und grundlegende Weg der Kirche ist«[6]. Die Enzyklika »Laborem Exercens« widmet der Papst dann »der menschlichen Arbeit ..., ja eigentlich dem Menschen im weitgespannten Rahmen jener Wirklichkeit, die die Welt der Arbeit darstellt«[7]. Die Welt der Arbeit und die Arbeit selbst werden unter dem Blickwinkel des Menschen als Subjekt gesehen: Der Mensch als Subjekt betrachtet die Arbeit. Karol Woityla stellt den Menschen als Person in den Mittelpunkt seines Denkens: »Der Mensch ist eine Person, weil er durch eine Tat über sich selbst entscheidet. So ist das ›Ich‹ nicht nur ein Selbstbewußtsein, sondern auch zugleich ein Selbstbesitz (Alleinbesitz) und eine Selbstherrschaft (Alleinherrschaft), die sich vor allem durch die Tat offenbaren.«[8] Der Mensch als Person beinhaltet Selbst-Beherrschung und Selbst-Zugehörigkeit.[9] Die Person bestimmt über den Willen, der »ein Vermögen der Freiheit der Person ist«[10]. Der Mensch als Person ist auch ein gesellschaftliches Wesen. Woityla verwendet zur näheren Erläuterung den Begriff »Nächster«; damit beschreibt er die Gemeinschaftsdimension. Person ist Voraussetzung für die Teilnahme eines Menschen an der Gemeinschaft. Wird dieses Prinzip von Beziehung nicht gelebt, fehlt dem Menschen als Person die Teilhabe, was zur Vernichtung der Person führt. Die Folgen der Verletzung, Unterdrückung oder Zerstörung wirken auf die ganze Gemeinschaft.

1.2 Stellenwert der Arbeit für den Menschen

Nur der Mensch kann arbeiten. Die Arbeit unterscheidet den Menschen von anderen Lebewesen. Der Mensch ist von Anfang an »zur Arbeit berufen«[11]. Durch Arbeit zeigt sich auch das Wesen und die Person Mensch. Die Arbeit hat einen Zweck; dieser liegt nicht immer auf der gleichen Linie des Ziels des Menschen. Maßstab allen Arbeitszwecks ist der Mensch: »Zweck der Arbeit ... bleibt letztlich immer der Mensch.«[12] Der Lohn für die Arbeit ist die Grundlage für das Auskommen einer Familie: »Die Arbeit ist in gewisser Hinsicht Vorbedingung für die Gründung einer Familie«.[13] Die Arbeit schafft die Voraussetzungen für die Entwicklung von Familie. Gleichzeitig sind Person und Arbeit untrennbar miteinander verbunden. Das Wesen der Arbeit bestimmt sich aus dem Menschen als Person, der mit anderen Menschen gemeinschaftlich lebt.[14]

1.3 Der Entfremdungsprozess in der Wirtschaft

In der Enzyklika »Laborem Exercens« wird die Trennung der Arbeit vom Kapital beschrieben, so daß »die Arbeit vom Kapital getrennt und beide in einem Gegensatz zueinander gestellt wurden, als ob es sich um zwei anonyme Kräfte handle, um zwei Produktionsfaktoren«[15]. Die Trennung der Arbeit vom Kapital ist keine grundsätzliche, absolute Entgegensetzung, sondern eine zeitlich begrenzte. Die Arbeitsteilung in der Wirtschaft führt zu einer beschleunigten Aufspaltung der Arbeit in immer kürzere und kleinere Arbeitsabläufe, bei denen der Mensch keinen Bezug zu seinem ganzen Arbeitsprodukt hat. In »Redemptor hominis« wendet sich *Papst Johannes Paul II* gegen die Beherrschung des Menschen »durch das Produktionssystem«[16]. Der Mensch »darf nicht Sklave der Dinge, Sklave der Wirtschaftssysteme, Sklave der Produktion, Sklave der eigenen Produkte werden«. Die Bedrohung des Menschen durch Produktionssysteme und durch den Wirtschaftsprozeß wird hier deutlich benannt. Die Ursache für die mögliche Beherrschung des Menschen durch diese Produktion liegt in der materialistischen Zivilisation: »Eine Zivilisation von rein materialistischem Charakter verurteilt den Menschen zu solcher Sklaverei.« Der Anstoß dazu kommt für den Papst aus dem »beschleunigten Entwicklungsprozeß einer einseitig materialistischen Zivilisation, in der man in erster Linie der objektiven Dimension der Arbeit Bedeutung beimißt«[17].

1.4 Das Eigentum zwischen Verantwortung und Entfremdung

Arbeit schafft Eigentum. Der Papst betont, man erwirbt »Eigentum vor allem durch Arbeit und damit es der Arbeit diene. Das gilt besonders für das Eigentum an Produktionsmitteln.«[18] Mit dem Eigentum an Produktionsmitteln verbinde sich eine Verpflichtung und Verantwortung. Daher rechtfertigt nur der Beweggrund, »der Arbeit zu dienen«, den Besitz. Die Eigentumsordnung hat als erstes Prinzip »die Bestimmung der Güter für alle und das gemeinsame Recht auf ihren Gebrauch«. Das Recht auf Eigentum verlangt die Beachtung der Gesamtverantwortung im Sinne der Bestimmung der Güter für alle Menschen. Mit der Größe von Unternehmen wächst auch deren Verantwortung. Eigentum ist daher nie Selbstzweck bzw. sollte es nie sein. Der Papst fordert daher Unternehmen, die »ihre Mitglieder als Personen betrachten und behandeln und zu aktiver Teilnahme an ihrem Leben anregen«. Die Arbeit sollte mit dem Eigentum am Kapital verbunden werden. Der Papst setzt offensichtlich auf »eine Vielfalt mittlerer Körperschaften mit wirtschaftlicher, sozialer oder kultureller Zielsetzung«.

1.5 Folgen von Arbeitslosigkeit

Für den Papst ist Arbeitslosigkeit ein ethisches und geistiges Problem: »Es wäre trügerisch und täuschend, würde man dieses beängstigende Phänomen in der Welt schon endemisch als Produkt vorübergehender Umstände oder als ein ausschließlich ökonomisches oder soziopolitisches Problem betrachten. In Wirklichkeit ist es ein ethisches und geistiges Problem, denn es ist ein Symptom dafür, daß in der Gesellschaft eine moralische Unordnung existiert, wenn gegen die Hierarchie der Werte verstoßen wird.«[19] Arbeitslosigkeit kann so den Menschen von den geistigen und moralischen Werten der Gesellschaft entfernen.

1.6 Entfremdung von der Arbeit

Der Mensch hat Angst vor seinen eigenen Werten, die er produziert hat, doch die ihn nicht nur von sich entfremden, sondern ihm sogar zerstören können. »Der Mensch lebt darum immer mehr in Angst. Er befürchtet, daß seine Produkte – natürlich nicht alle und auch nicht die Mehrzahl, aber doch einige und gerade jene, die ein beträchtliches Maß Genialität und schöpferischer Kraft enthalten – sich in radikaler Weise gegen ihn selbst kehren könnten; er fürchtet, sie könnten Mittel und Instrumente einer furchtbaren Selbstzerstörung werden, vor der alle Katastrophen der Geschichte, die wir kennen, zu verblassen scheinen.«[20] Der Papst kritisiert die Konsumgesellschaft und die konsumistische Verhaltensweise. Diese Erscheinung schlägt sich auch in den Strukturen nieder: »Der Umfang des Problems führt uns zur Prüfung der Strukturen und Mechanismen im Bereich der Finanzen und des Geldwertes, der Produktion und des Handels, die mit Hilfe von verschiedenen politischen Druckmitteln die Weltökonomie beherrschen.« Der Ökonomismus wird als Irrtum bezeichnet, »wenn er die menschliche Arbeit ausschließlich aus ihrer wirtschaftlichen Zielsetzung betrachtet«[21]. Der Mensch und seine moralischen Werte werden direkt oder indirekt der materiellen Wirklichkeit untergeordnet. Ökonomismus kann auch in einer freien Wirtschaft und Gesellschaft herrschen. *Johannes Schasching* konnte einen Entwurf der Enzyklika »Laborem Exercens« gegenlesen. Er erläutert daher kompetent, was auch der Papst unter Ökonomismus versteht: »Nämlich überall dort, wo das höchste Maß an Güterproduktion, das höchste Maß an persönlichem Gewinn und das höchste Maß am Güterkonsum so im Mittelpunkt des gesellschaftlichen und persönlichen Interesses steht, daß die übrigen menschlichen Werte und Ziele zweitrangig werden.«[22]

2. Solidarität der Arbeit in »Laborem Exercens«

Die Arbeit darf nicht vom Sinn des Lebens getrennt werden, jede Solidarität der Arbeit muß sich auf ihren Lebenssinn befragen lassen, darf nicht nur weltimmanent sein. Arbeit, auch die Solidarität der Arbeit kann nicht um ihrer selbst willen geschehen: »Die menschliche Person ist das erste und letzte Kriterium für die Beschäftigungsplanung; die Solidarität mit der Arbeit ist der höchste Beweggrund bei allen Lösungsversuchen und öffnet dem Einfallsreichtum und der Hochherzigkeit des Menschen ein neues Feld.«[23] Die Option des Papstes gilt einer positiven Solidarität. Diese Solidaritität der Arbeit der Christen ist auch ein Dienst an der Versöhnung des Menschen mit der Natur und mit Gott: »Angesichts der ökonomischen, kulturellen und politischen Probleme früher unbekannten Ausmaßes hängt die Zukunft aller, ja sogar das

Überleben heute von einer allgemeinen Einigung ab.«[24] Hierbei kann die konkrete Solidarität der Arbeit nicht losgelöst von der Erlösung des Menschen gesehen werden. Daher beginnt auch eine Veränderung der Arbeitswelt mit einer Umkehr und Buße des Menschen und der Umkehr des Menschen, »durch die jeder für seinen Teil einen Anfang zur Versöhnung in der Gemeinschaft macht«. Die Solidarität der Arbeit zielt auf das Heil des Menschen, auf seine Versöhnung mit Gott. Die Versöhnung des Menschen mit Gott wirkt sich dann auch auf die ganze Gesellschaft aus, daher ist das Ziel der Solidarität der Arbeit die Versöhnung der Menschheit mit Gott. »Versöhnt wird nicht nur der einzelne Mensch, sondern auch die menschliche Gemeinschaft.«[25]

3. SOLIDARITÄT IN »FÜR EINE ZUKUNFT IN SOLIDARITÄT UND GERECHTIGKEIT«

Im gemeinsamen Wort des Rates der Evangelischen Kirche in Deutschland und der Deutschen Bischofskonferenz zur wirtschaftlichen und sozialen Lage in Deutschland wird die Bundesrepublik als eine Gesellschaft im Umbruch beschrieben. Die Massenarbeitslosigkeit und die damit entstandenen Probleme des Sozialstaats »gefährden den solidarischen Zusammenhalt und bedrohen den sozialen Frieden«[26]. Vor diesem Hintergrund entwickeln die Kirchen ihre Theorie für die Zukunft der Gesellschaft.

3.1 Grundkonsens einer zukunftsfähigen Gesellschaft

Die Kirchen vertreten mit der Perspektive einer zukunftsfähigen Gesellschaft eine langfristig orientierte Vorstellung. Gleichzeitig treten sie für eine menschenwürdige, freie, gerechte und solidarische Gesellschaft ein.[27] Sie ist Ausdruck eines ethischen Grundkonsenses, auf den »Politik, Wirtschaft und Gesellschaft angewiesen sind«. Die Kirchen befürchten derzeit den Verlust des Grundkonsenses in der Gesellschaft. Er dient aber zur Verständigung unter den Menschen und »eröffnet Wege zur Bewältigung der bedrängenden wirtschaftlichen und sozialen Probleme«. Grundkonsens bedeutet nicht Harmonie, sondern »ein ausreichendes Maß an Übereinstimmung trotz verbleibender Gegensätze«.

3.2 Solidarität in der Gesellschaft stärken

Die Familie ist »wegen der Bedeutung für die Gesellschaft besonders schutzbedürftig«[28]. Das Bundesverfassungsgericht hat die Politik mehrmals aufgefordert, die sozialstaatliche Aufgabe für einen gerechten Ausgleich »der Belastungen und wirtschaftlichen Nachteile« der Familien zu erfüllen. Ein Zusammenwirken aller gesellschaftlichen Kräfte, der Politik, der Arbeitgeber und Arbeitnehmer, der Verbände der Kirchen, der Medien und der Familien selbst ist notwendig, um die Lage der Familien zu verbessern. Familien nehmen Nachteile bei der Erziehung der Kinder in Kauf. Auch Personen, die außerhalb der Ehe Leistungen erbringen, die denen für eine Familie ähnlich sind, haben für die Kirchen Anspruch auf vergleichbare Leistungen wie die Familien. Zu diesen Gruppen gehören u.a. Alleinerziehende.[29] Derzeit werden die Familien einseitig gezwungen, sich einseitig an die Erfordernisse der Erwerbsarbeit anzupassen. Die Kirchen fordern, daß sich die Arbeitswelt und die Betriebe stärker auf die Bedürfnisse der Familien einstellen. Auch bei Arbeitslosigkeit darf Familie kein Randthema sein. Im Sozialwort wird z.B. vorgeschlagen, mehr qualifizierte Teilzeitarbeitsplätze einzurichten, »die für Männer und Frauen gleichermaßen zugänglich sind und nicht nur Anreize für weniger Qualifizierte bieten«. Die Eltern könnten durch eine größere Zeitsouveränität ihre Arbeitszeit familienfreundlicher gestalten: »Wird die Wahlfreiheit von Familienarbeit und Erwerbsarbeit ernst genommen, sind Kindertageseinrichtungen notwendigerweise fester Bestandteil eines Konzepts«. In Zukunft muß daher die Bedeutung von Erwerbsarbeit und Familienarbeit in der Gesellschaft als gleichrangig angesehen werden und der Zwang reduziert werden, aus wirtschaftlichen Gründen die Familienarbeit zu vernachlässigen. Ausreichender und finanzierbarer Wohnraum für Familien ist daher notwendig. Die Unterstützung der Familien ist daher eine gesamtgesellschaftliche Aufgabe.[30]

3.3 Solidarität als Option für die Jugend, die Arbeitnehmer und die Armen

Christliche Nächstenliebe wendet sich traditionell den Armen, Kranken, Schwachen und Benachteiligten zu.[31] »So wird die Option für die Armen zum verpflichtenden Kriterium des Handelns.«[32] Erinnert wird im Sozialwort an die Erfahrung der Befreiung aus der Knechtschaft. Gott bezeugt so seine »vorrangige Option für sein armes, geknechtetes Volk«. Die Erinnerung an die Knechtschaft des Volkes Israel in Ägypten begründet das Recht der Armen. Die Treue zum Bund Gottes drückt sich in einem lebensförderlichen »Umgang mit den Armen, die Verwirklichung von Recht und Gerechtigkeit« aus. Jesus Christus macht »die Entscheidung über die endgültige Gottesgemeinschaft der Menschen abhängig von der gelebten Solidarität mit den Geringsten«. Die vorrangige Option für die Armen ist Leitmotiv für die Einheit von Gottes- und Nächstenliebe. Strukturelle Ungerechtigkeiten sollen angesehen und benannt werden, die Wohlhabenden werden zum Teilen mit den Armen verpflichtet. Aus den Texten der Katholischen Soziallehre, des Sozialwortes und der lateinamerikanischen Bischofskonferenzen von Puebla, Medellin und Santo Domingo ergeben sich klare Aufträge für Christen. Die Option für die Armen ist hinlänglich dokumentiert. Die Option für die Arbeitnehmer ergibt sich aus der Lage vieler Arbeitnehmer und ihrer Familien.[33] Die Gemeinsame Synode der Bistümer in der Bundesrepublik Deutschland äußerte im November 1975 Verständnis für die Lage der Arbeiterschaft: »So sind die Lebensbedingungen besonders der an- und ungelernten Arbeiter immer noch bestimmt von Daseinsunsicherheit und Existenzenge. Sie leben mit der Erfahrung, als Arbeitskräfte leicht ersetzbar und austauschbar zu sein.«[34] Die Option für die Jugendlichen, von denen viele Zukunftsängste haben, ist die Konsequenz aus der Option für die Armen. Viele Jugendliche suchen einen Ausbildungsplatz, viele Jugendliche müssen Warteschleifen in Vorbereitungslehrgängen drehen, bevor sie einen Ausbildungsplatz finden. Angesichts einer älter werdenden Gesellschaft drohen die Jugendlichen aus dem Blick der Erwachsenen zu geraten. Die Arbeitnehmer und die Jugend sollten daher der Schwerpunkt einer an der Soziallehre orientierten Seelsorge sein. Das muß sich vielfältig dokumentieren.

4. KONSEQUENZEN DER SOLIDARITÄT FÜR DIE PASTORAL, BESONDERS IM HINBLICK AUF ARBEITNEHMER UND JUGENDLICHE

Für viele eher randständige Katholiken liegt die Hemmschwelle relativ hoch, eine Veranstaltung im Pfarrheim zu besuchen. Für Nichtchristen, von denen so mancher in den Führungsbereichen der Gewerkschaften tätig ist, ist die Distanz oft noch größer. Die Option für die Armen zu leben ist nur möglich, wenn Katholiken mit den Arbeitnehmern und ihren Gewerkschaften in Kontakt kommen. Die Katholiken müssen daher aus den Pfarreien herauskommen und zu den Orten gehen, wo die Arbeitnehmer zu finden sind. Das sind normalerweise die Betriebe und die gewählten Vertreter der Arbeitnehmer, die Betriebs- und Personalräte. Hier kann man auch die Jugendvertreter, die gewählten Vertreter der Auszubildenden antreffen. In den Berufsschulen können die Katholiken mit den Schülervertretern sprechen und gemeinsame Aktionen planen. Auch engagierte Berufsschullehrer und Religionslehrer sind hier zu finden.

In jeder Sitzung des *Pfarrgemeinderats* kann ein kurzer Bericht über die Lage der Arbeitnehmer in der Pfarrei gegeben werden. Themen können sein: Arbeitsplatzentwicklung, Lage der Betriebe, Bericht über Gespräche mit Betriebsräten und Jugendvertretern, Entwicklung der Zahl von Ausbildungsplätzen. Gemeinsame Veranstaltungen über die Zukunft der Arbeit vor Ort unter dem Blickwinkel der Katholischen Soziallehre können hier geplant werden. Es schadet sicher nicht, wenn zumindest ein gewerkschaftlich organisierter Betriebsrat im Pfarrgemeinderat vertreten ist. Wenn er nicht gewählt wurde, kann er ja berufen werden. In jeder Pfarrei sollte ein Sachausschuß Kirche und Arbeitswelt gebildet werden. Klar ist, daß hier auch Betriebsräte, Jugendvertreter und Berufsschullehrer vertreten sein sollen. Auch die Zusammenarbeit mit der Katholischen Arbeitnehmerbewegung (KAB) und Christlichen Arbeiterjugend (CAJ) sollte selbstverständlich sein. Diese Arbeit ist nicht gerade einfach und wird in so mancher Pfarrei durchaus zu Spannungen führen können. Die Sprache mancher Arbeitnehmer ist direkter und klarer als die normale Mittelschichtsprache in einer katholischen Pfarrei.

In jeder *Berufsschule* sollte neben dem Religionsunterricht ein von der Kirche finanzierter Schulseelsorger arbeiten. Direkt vor Ort böte so die Kirche ein personales Angebot an die Schüler und Lehrer. Beratung in persönlichen Angelegenheiten, aber auch bei Problemen mit Eltern, Ausbildern oder Lehrern können neue Zugänge zu ansonsten der Kirche fernstehenden Jugendlichen schaffen. Fahrten am Wochenende oder in den Ferien sind bei Jugendlichen oft sehr begehrt. Schulseelsorge braucht dazu eigene Räume entweder in der Schule oder in der Nähe. Allerdings wird bis jetzt erst selten Schulseelsorge angeboten. Gut ausgebildete Theologen könnten so das Angebot der Schulsozialarbeit oder der Schulpsychologen ergänzen. Jugendliche brauchen erwachsene Gesprächspartner und Lebensbegleiter. Dies wäre für die Kirche eine Investition in die Zukunft, ein ›Vorposten‹ im Bereich der Arbeitswelt. Diese Arbeit müßte mit der Betriebsseelsorge vernetzt werden, um auch so mit den späteren Arbeitnehmern im Kontakt bleiben zu können. Zusätzlich könnten auch Bildungsangebote oder Diskussionen organisiert werden. Hier wäre eine Zusammenarbeit mit den Katholischen Bildungswerken möglich. Auch Beratungsangebote der Caritas, des Sozialdienstes Katholischer Frauen (SKF) und anderer kirchlicher Beratungsstellen könnten so bekannt gemacht werden. Berufsschule wäre so fast eine eigene Gemeinde.

Die *Religionslehrer* an der Berufsschule bräuchten eine Entlastung von Unterrichtsstunden, um so Zeit für Gespräche mit den anderen Lehrern und den Schülern zu haben. Eine Möglichkeit wäre, daß ein Teil der Religionslehrer bei reduzierter Stundenzahl noch Schulseelsorge anbietet. Die Schulseelsorger müßten von der Kirche bezahlt werden. Die Religionslehrer hätten so mehr Zeit, jugendpastorale Angebote für die Berufsschüler zu entwickeln. Schulseelsorge in der Berufsschule müßte dabei gleichzeitig mit den übrigen pastoralen Angeboten für Arbeitnehmer verknüpft werden. Betriebsseelsorge, KAB und CAJ sollten eng zusammenarbeiten.

Die *Berufsschüler* hätten bei einer Schulseelsorge ein direktes kirchliches Angebot in der Schule vor Ort. Sie könnten so Kirche hautnah erleben. Religionsunterricht ist bei aller diakonischen Ausrichtung Unterricht. Schulseelsorge wäre auch für Berufsschüler ein Angebot, die in den Ethikunterricht gehen, aber trotzdem Fragen nach Leben und Tod, den Papst oder Gott haben. Die Fragen nach dem Sinn des Lebens, Gott, Tod und Hölle treiben viele Jugendliche um, spätestens wenn ein guter Freund stirbt. Jugendliche brauchen in diesen Wendezeiten des Lebens eine gute spirituelle Begleitung. Gleichzeitig ist es eine Chance, den Kern des christlichen Glaubens persönlich vorzuleben.

Die *Katholischen Verbände*[35] haben sich bisher im wesentlichen auf die eigene Pfarrei konzentriert. Erst langsam wird ihnen klar, daß sie so nur einen kleinen Teil von Katholiken im Bereich der Arbeitswelt erreichen. Die Zusammenarbeit mit Berufsschullehrern, Religionslehrern in der Berufsschule oder gar einer Schulseelsorge muß den gleichen Stellenwert erhalten wie die Arbeit in der Pfarrei. Schnelle Erfolge wird es nicht geben. Geduldige, langfristig angelegte Zusammenarbeit kann so neue Zielgruppen erreichen.

5. SPIRITUALITÄT DER SOLIDARITÄT

Die Arbeitswelt und ihre Tätigkeiten verändern sich schnell, nicht wenige Menschen sind dadurch verunsichert. Diskussionen über die Zukunft der Arbeit füllen die Seiten der Zeitungen.[36] Für *Dorothee Sölle* zeigt sich die Verunsicherung des heutigen Menschen in »A-pathie«[37]. Für sie ist »Apathie ... wörtlich das Nicht-Leiden, die Leidenslosigkeit, die Unfähigkeit eines Wesens zu leiden«. Mit der Distanz zum eigenen und fremden Leiden werden Beziehungen und Berührungen vermieden. Folglich »schwinden auch das Pathos des Lebens und die Stärke und die Intensität seiner Freuden«. Das eigene Leben wird gleichförmig ohne große Tiefen und Höhepunkte erlebt. Leid und Freude sind Zustände geworden. Das Wagnis des eigenen Lebens wird möglichst klein gehalten. Doch bleibt dabei nicht die eigene Freiheit zur Veränderung, zur Umkehr auf der Strecke? Für *Jörg Splett* »ist Freiheit immer ein Wagnis, das Angst macht. Ich weiß nicht, was ich aus mir machen werde; ich weiß erst recht nicht, was die anderen aus mir machen werden«[38]. Das Gespräch setzt die Freiheit des anderen Menschen voraus, denn »Freiheit besagt, Möglichkeit und Wirklichkeit von Selbstbestimmung zu haben. Selbstbestimmung gibt es nur als Selbstbewußtsein«. Der Mensch wird sich seiner selbst und seiner Mitmenschen bewußt; ist doch das Leben jedes Menschen von dem Leben seiner Mitmenschen abhängig. Zum Leben gehört das eigene und das fremde Leid, die eigene und die fremde Freude. Kann eine Arbeit von Christen in der Arbeitswelt mit Erwachsenen und Jugendlichen ohne Annehmen des eigenen Leidens und der eigenen Schwächen und dem folgenden Durchstehen mit Hilfe Gottes überhaupt den unterschiedlichen Menschen gerecht werden? Erfordert die Spiritualität des Christen gerade in der Arbeitswelt die Sensibilisierung für das eigene und fremde, das oft versteckte Leid? Öffnet nicht das Sehen der eigenen Schwächen und des eigenen Leids die Augen für sich und die Menschen, mit denen und für die eine Arbeit mit dem Ziel der Verbesserung der Arbeits- und Lebensbedingungen betrieben wird? Können Christen sich in die Arbeitswelt »einmischen«, ohne daß Christen ihre existentiellen Fragen gemeinsam angesprochen und vor Gott getragen haben? Sind Christen bereit, ein existentielles Wagnis einzugehen? Ein Besinnen der Christen auf den Menschen in seinen existentiellen Seinsbezügen eröffnet vielleicht neue Wege zu den Arbeitnehmern und den Jugendlichen in der Arbeitswelt. Angesichts vieler anstehender individueller menschlicher Probleme verlangt das Engagement in der Arbeitswelt vom Christen, sich selbst und seinen Mitmenschen zu stellen. Die Identität des Christen ist täglich in der konkreten Lage der Menschen einer Herausforderung unterworfen: Die Balance des Christen mit Gott muß jeden Tag neu gefunden, erbetet werden. Die eigene Veränderung ist Ausgangspunkt jeder gesellschaftlichen Veränderung und Solidarität. Veränderung fängt mit dem Bekenntnis des eigenen Fehlens und der eigenen Schuld an. Christen in der Arbeitswelt haben Andersdenkenden ihre eigenen Fehler mitzuteilen und sie um Vergebung zu bitten, auch wenn sie nicht an Gott glauben. Christen haben sich bis jetzt zu wenig den Arbeitnehmern geöffnet. So wartet auf die Christen in der Arbeitswelt noch viel Arbeit. Zum Menschen gehört auch die Freude. Sie reißt den Blick zur Hoffnung auf, sie richtet sich auf den Menschen in und mit Liebe. Freude befreit, schenkt Hoffnung, regt den Mut an: »Lateinamerikanische Befreiungstheologen haben die Erfahrung gemacht, daß Freude subversiv ist in einer Welt der Unterdrückung und daß der Unterdrücker sich darum Sorgen macht. Diese Freude prangert auch die Angst der Wankelmütigen an und offenbart die Liebe zum Gott der Hoffnung.«[39] Der Christ in der Arbeitswelt ist oft der einzige aus der Kirche, der mit den Arbeitnehmern in Kontakt ist. Er ist das Vorbild des glaubenden Christen, der Hauch von der Ahnung von Jesus Christus. Der Glaube an den Menschen sollte verbindendes Element jeder Solidarität sein. *Fredo Krumnow*, ein verstorbener französischer katholischer sozialistischer Arbeiterführer, weist auf die Geduld für Veränderungen hin: »Man muß jahrelang darauf warten, bis man dies feststellen kann. Die Verzweiflung am Menschen kommt meistens von einer zu engen und zu kurzen Blickweite, und weil man selbst nicht an der wunderbaren Wandlung, die durch Tat und Kampf bewirkt werden, mitgearbeitet hat.«[40] Eine Spiritualität der Solidarität braucht vor allem einen langen Atem, viel Geduld und viel Liebe für den Menschen. Die Option für die Arbeitnehmer und die Jugend wird ohne eine unsagbare Liebe und die Fähigkeit, Leid zu sehen und gemeinsam zu bewältigen, nicht glaubwürdig. Liebe kann auch die Enttäuschungen auffangen, damit sie nicht in Verhärtungen und Resignation umschlagen. Die Option für die Arbeitnehmer und die Jugend wird daher ohne Mitarbeit in Verbänden nur schwer gelingen, da dort gemeinsam Schwierigkeiten und Erfolge, Enttäuschungen und Freude erlebt und getragen werden können.

Anmerkungen

1 A. Gehlen, Über die Geburt der Freiheit aus Entfremdung, in: L. Wenger/W. Sauer u.a. (Hrsg.), Archiv für Rechts- und Sozialphilosophie, 40. Jg., Berlin 1952/53, 338.

2 Vgl. J.N. Dawydow, Freiheit und Entfremdung, Berlin 1964, 49.

3 Vgl. I. Israel, Der Begriff Entfremdung. Makrosoziologische Untersuchungen von Marx bis zur Soziologie der Gegenwart, Reinbek 1972, 32–325.

4 Vgl. Gehlen, Über die Geburt der Freiheit aus Entfremdung, 351.

5 Vgl. K. Woityla/A. Szostek u.a., Der Streit um den Menschen. Personaler Anspruch des Sittlichen, Kevelaer 1979, 56–62.

6 Sekretariat der Deutschen Bischofskonferenz (Hrsg.), Enzyklika REDEMPTOR HOMINIS von Papst Johannes Paul II. (Verlautbarungen des Apostolischen Stuhls 6), Bonn 1979 (=RH), 14.

7 Sekretariat der Deutschen Bischofskonferenz (Hrsg.), Enzyklika LABOREM EXERCENS von Papst Johannes Paul II. über die menschliche Arbeit zum neunzigsten Jahrestag der Enzyklika »RERUM NOVARUM« (Verlautbarungen als des Apostolischen Stuhls 32), Bonn 1981 (= LE), 1.

8 H. Jaworski, Die Konzeption der Anthropologie und das Menschenbild bei Karol Woityla. In: K. Krenn/W. Keilbach (Hrsg.), Archiv für Religionspsychologie, Bd. 14, Göttingen 1980, 287.

9 Vgl. K. Woityla, Person und Tat, Freiburg 1981, 134.

10 Ebd., 139.

11 LE: Anrede.

12 LE 6.

13 LE 10.

14 Vgl. LE 24.

15 LE 13.

16 RH 16. Die folgenden Zitate ebd.

17 LE 7.

18 LE 14. Die folgenden Zitate ebd.

19 Sekretariat der Deutschen Bischofskonferenz (Hrsg.), Predigten und Ansprachen von Papst Johannes Paul II bei seiner apostolischen Reise nach Spanien (Verlautbarungen des Apostolischen Stuhls 41), Bonn 1982, 132.

20 RH 15. Das folgende Zitat ebd.

21 LE 13.
22 J. Schasching, Für den Vorrang der Arbeit, in: Landeskomitee der Katholiken in Bayern (Hrsg.), Lebendige Zelle. Zeitschrift für Katholikenräte und Apostolat 26 (1983) 123.
23 Sekretariat der Deutschen Bischofskonferenz (Hrsg.), Ansprachen und Predigt von Papst Johannes Paul II. aus Anlaß seines Besuches bei internationalen Organisationen in Genf (Verlautbarungen des Apostolischen Stuhls 40), Bonn 1982, 17.
24 Sekretariat der Deutschen Bischofskonferenz (Hrsg.), INSTRUMENTUM LABORIS (Verlautbarungen des Apostolischen Stuhls 47), Bonn 1983, 44.
25 Instrumentum Laboris 21.
26 Kirchenamt der Evangelischen Kirche in Deutschland und Sekretariat der Deutschen Bischofskonferenz (Hrsg.), Für eine Zukunft in Solidarität und Gerechtigkeit, 25.
27 Vgl. ebd., 51. Die folgenden Zitate ebd.
28 Ebd., 78. Die folgenden Zitate ebd.
29 Vgl. hierzu und zum Folgenden ebd., 79; die folgenden Zitate ebd.
30 Vgl. ebd., 81.
31 Vgl. D. Döring/W. Hanesch/E.-U. Huster (Hrsg.), Armut im Wohlstand, Frankfurt 1990; E.-U. Huster (Hrsg.), Neuer Reichtum und alte Armut, Düsseldorf 1993; W. Adamy/J. Steffen, Abseits des Wohlstands. Arbeitslosigkeit und neue Armut, Darmstadt 1998; K.G. Zinn, Wie Reichtum Armut schafft. Verschwendung, Arbeitslosigkeit und Mangel, Köln 1998; F. Hengsbach/M. Möhring-Hesse, Aus der Schieflage heraus. Demokratische Verteilung von Reichtum und Arbeit, Bonn 1999.
32 Für eine Zukunft in Solidarität und Gerechtigkeit, 44. Die folgenden Zitate ebd.
33 Vgl. Urteil des Bundesverfassungsgerichts, Pressemitteilung Nr. 5/99 vom 19. Januar 1999.
34 Deutsche Bischofskonferenz (Hrsg.), Kirche und Arbeiterschaft, Ein Beschluß der Gemeinsamen Synode der Bistümer in der Bundesrepublik Deutschland, 1975, 29.
35 Vgl. J. Homeyer, Katholische Verbände – eine Lebensäußerung der Kirche, in: Sekretariat der Deutschen Bischofskonferenz (Hrsg.), Katholische Verbände. Studientag der Deutschen Bischofskonferenz, Bonn1988 (Arbeitshilfen 61).
36 Vgl. J. Strasser, Wenn der Arbeitsgesellschaft die Arbeit ausgeht, München/Zürich 1999.
37 D. Sölle, Leiden, Stuttgart ^{3}1976, 50. Die folgenden Zitate ebd.
38 J. Splett, Lernziel Menschlichkeit, Abendveranstaltung für Philologen, am 22.2.1980 in München, Manuskript, 3. Das folgende Zitat ebd.
39 E. Schillebeeckx, Zukunft der Gemeinde, unveröffentlichtes Manuskript (1979), 6.
40 F. Krumnow, Der Glaube oder das Feuer des Lebens, Kaiserslautern 1978, 960.

2. Ein Leben lang

Biographische Aspekte des Glaubens

Leben im Maß der Zeit

Praktisch-theologische Überlegungen zu einer »zukunftsfähigen« Biographiegestaltung

KARL BOPP

Wer heute pastorales Handeln ganz allgemein und zeitgemäße Glaubensvermittlung im besonderen unter das Motto stellt »Zuerst der Mensch«, der huldigt keineswegs einem modischen Anthropozentrismus, sondern der steht durchwegs auf biblischem Boden. Dies bestätigt nicht zuletzt das kirchliche Lehramt selber; *Papst Johannes Paul II.* schrieb in seiner Antrittsenzyklika »Redemptor hominis«: »Der Mensch in der vollen Wahrheit seiner Existenz, seines persönlichen und zugleich gemeinschaftsbezogenen sozialen Seins ... dieser Mensch ist der erste Weg, den die Kirche bei der Erfüllung ihres Auftrags beschreiten muß: er ist der erste und grundlegende Weg der Kirche, ein Weg, der von Christus selbst vorgezeichnet ist und unabänderlich durch das Geheimnis der Menschwerdung und der Erlösung führt.«[1]

Daraus folgt aber, daß die kirchliche Pastoral nicht einen idealistisch gedachten, sondern eben den je konkreten Menschen in seinem »persönlichen und zugleich gemeinschaftsbezogenen sozialen Sein« in den Mittelpunkt ihres Tuns stellen muß. Und diesem geschichtlich-konkreten Menschen begegnet die Kirche immer in ganz individuellen Biographien, in vielfältigen Lebensschicksalen und auch in unterschiedlichen kulturellen, sozialen und politischen Kontexten.

1. »FRÄULEIN SMILLAS GESPÜR FÜR SCHNEE« – ODER DAS VERGESSENE GESPÜR FÜR DIE NATÜRLICHE UMWELT UND ZEIT

Gerade im Kontext der (post-)modernen Gesellschaften der westlichen Welthemisphäre ist nun aber die menschliche Biographie – hier verstanden als zwar gesellschaftlich mitbedingter, aber doch wesentlich vom einzelnen Individuum selbst zu gestaltender Lebenslauf[2] – einerseits in noch nie dagewesener Weise reich an Entfaltungs-, Erlebnis- und Konsummöglichkeiten, so daß man zurecht von einer Konsum- und »Erlebnisgesellschaft«[3] sprechen kann. Andererseits ist aber die Biographie heute auch in vielfältiger Hinsicht durch neue ökologische und wirtschaftlich-soziale Risiken gefährdet und bedroht, so daß man mit dem gleichen Recht auch von einer »Risikogesellschaft«[4] sprechen kann. Besonders infolge der gesellschaftlichen Individualisierungsprozesse verwandelt sich die »Normalbiographie« immer häufiger in eine riskante »Wahlbiographie«[5], die vielfach vom Scheitern bedroht ist.

Normalerweise werden nun die Ursachen für diese modernen biographischen Gefährdungslagen fast ausschließlich entweder in individuellen moralischen Defiziten und Fehlentscheidungen des einzelnen oder in mehr oder weniger unvermeidlichen sozialen und wirtschaftlichen Strukturentwicklungen der Gesellschaft festgemacht. Aber einer der grundlegenden Systemfehler der modernen Kultur wird meist übersehen, nämlich die *wachsende Überforderung der unterschiedlichen Lebenssysteme infolge der rasanten Beschleunigung der wirtschaftlich-sozialen Veränderungsprozesse.*[6]

Was damit gemeint ist, beschreibt der dänische Schriftsteller *Peter Høeg* in seinem Roman »Fräulein Smillas Gespür für Schnee« folgendermaßen: »Als ich Kind in Qaanaaq war, in den späten fünfziger und frühen sechziger Jahren, war selbst die europäische Uhrzeit langsamer. Die Veränderungen kamen mit einem Tempo, das Protest noch zuließ. Die Auflehnung äußerte sich zunächst in dem Begriff ›die gute alte Zeit‹. Die Sehnsucht nach der Vergangenheit war damals in Thule ein völlig neues Gefühl. Sentimentalität ist die erste Revolte des Menschen gegen den Fortschritt.

Diese Reaktion ist inzwischen passé. Jetzt ist ein anderer Protest notwendig als die tränenselige Heimatduselei. Jetzt geht es nämlich so schnell, daß wir hier und jetzt in dem leben, was im nächsten Augenblick schon die gute alte Zeit sein wird.

›Für diese Schiffe‹, sagt Lukas, ›existiert die Umwelt nicht mehr. Wenn man ihnen auf offener See begegnet und sie über VHF anzurufen versucht, um Wettermeldungen und Positionen auszutauschen oder nach Eisvorkommen zu fragen, antworten sie nicht. Sie haben den Empfänger gar nicht eingeschaltet. Wenn man 250 000 Kubikmeter Wasser verdrängt, Pferdestärken wie ein Kernkraftwerk entwickelt und einen Elektronenrechner hat, der so groß ist wie eine altmodische Schiffskiste und Kurs und Geschwindigkeit ausrechnet und sie dann einhält oder leicht davon abweicht, wenn es notwendig sein sollte, *dann hat man aufgehört, sich für die Umwelt zu interessieren.* Dann gibt es von der Welt nur noch den Hafen, von dem man ausläuft, den Ort, den man anläuft, und den Auftraggeber, der bezahlt, wenn man angekommen ist.‹«[7]

In »Fräulein Smillas Gespür für Schnee« steckt also so etwas wie ein tiefes Gespür, daß heute vieles zu schnell geht. Und gerade die technisch ermöglichte

Beschleunigung der Lebensprozesse läßt in vielen Menschen ein gleichsam titanisches Bewußtsein von Unabhängigkeit und Allmacht[8] entstehen, so daß heute nicht wenige glauben, bei ihrer Biographiegestaltung auf die Belange der Umwelt keine Rücksicht mehr nehmen zu müssen.[9] Nicht nur »für diese Schiffe«, sondern auch für die Menschen selber »existiert die Umwelt nicht mehr«. Wohin aber führt diese zeit- und umweltenthobene Biographiegestaltung des modernen Menschen?

2. DIE BESCHLEUNIGUNGSLOGIK DER MODERNEN KULTUR ALS TÖDLICHE GEFAHR FÜR MENSCH UND NATUR

Die menschliche Kulturentwicklung läßt sich als ein Bemühen beschreiben, durch *künstliche* Hilfsmittel von den *natürlichen* Vorgegebenheiten, besonders von den Abhängigkeiten und Begrenzungen der Natur, immer mehr *unabhängig* zu werden. Und tatsächlich hat die Menschheit in dieser Hinsicht gewaltige Fortschritte erzielt. Diese grandiosen Erfolge bestärkten dann im Verlauf der Neuzeit immer mehr die Illusion, daß mit Hilfe technischer Mittel in naher Zukunft eine künstliche menschliche Biographiegestaltung möglich sei, die keinerlei Rücksicht mehr auf die natürlichen Lebensbedingungen zu nehmen braucht.[10]

Heute ist nun gleichsam der kritische Punkt innerhalb dieser zunächst so erfolgreichen Kulturentwicklung erreicht. Das von den Bedingungen und Grenzen der Natur absehende menschliche Fortschrittskonzept entpuppt sich nämlich gegenwärtig immer mehr als gefährliche Illusion – und die diesem Konzept inhärente ökonomisch-rationale »Beschleunigungslogik ist im Begriff, das Leben zu zerstören«[11].

Dabei hätte man eigentlich schon längst die simple Tatsache sehen müssen, daß der Mensch mitsamt seinem komplexen Kultursystem prinzipiell nicht unabhängig von der sogenannten Natur existieren kann; denn der Mensch und mit ihm die menschlichen Kultursysteme sind zwar evolutiv hochentwickelt, bleiben aber letztlich doch integrative Teilsysteme des Gesamtsystems Natur: Der Mensch hat sich aus der Natur entwickelt[12], bleibt ständig auf natürliche Ressourcen angewiesen und kann seine Lebens- und Entwicklungsfähigkeit nur durch zahlreiche Austauschprozesse mit der Natur sichern.

Nach *Fritz Reheis* läßt sich dieser unlösbare systemische Zusammenhang von Mensch-Kultur-Natur graphisch folgendermaßen darstellen:

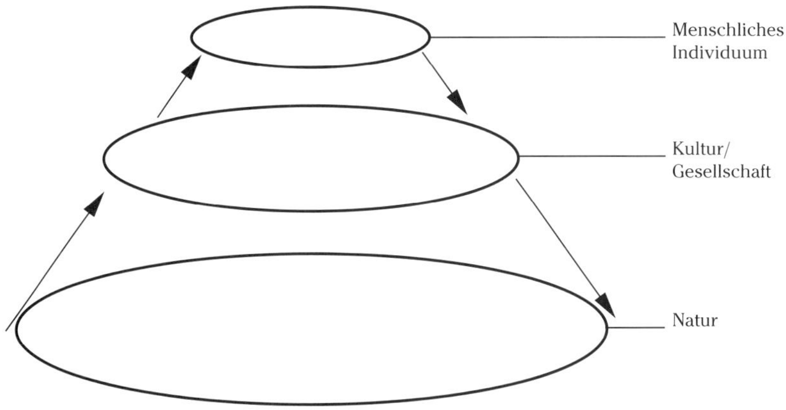

Abbildung 1[13]

Damit wird zum einen erkennbar, daß die Natur letztlich Mensch und menschliche Kultur hervorgebracht hat und sie auch heute trägt und hält. Der Mensch lebt notwendigerweise von der Natur, nicht jedoch mit der gleichen Notwendigkeit die Natur vom Menschen; denn diese hat Milliarden Jahre ohne ihn existiert. Gleichwohl wird zum anderen aus der Graphik auch deutlich, daß die humanen Teilsysteme das Gesamtsystem Natur gerade infolge der gegenseitigen Austauschprozesse auch mehr oder weniger stark stören und belasten können – je nach der Qualität und Quantität der Stoffe, die sie der Natur entziehen bzw. an sie abgeben. Allerdings ist infolge der *gegenseitigen* Austauschprozesse auch zu erwarten, daß diese human-kulturell bedingten Störungen des Natursystems nicht lange ohne entsprechende Rückwirkungen auf die humanen Teilsysteme bleiben werden.

Nun zeigt sich aber beim Rückblick auf den bisherigen Verlauf der natürlichen Evolution, daß gerade solche Systemstörungen von Außen zunächst nicht zerstörerisch wirkten, sondern gleichsam den Motor für den Fortgang der Evolution darstellten – also insgesamt lebensfördernd waren. Allerdings trat diese positive Wirkung nur deshalb ein, weil die Störungen – von Ausnahmen abgesehen[14] – zeitlich so dosiert waren, daß sich die betroffenen Systeme nach ihren je eigenen Entwicklungsrhythmen anpassen konnten. Die von den prähumanen Störungen ausgelösten globalen evolutiven Veränderungen verliefen also entsprechend langsam. Der Biologe *Bernhard Verbeek* stellt fest: »Wenn die Weiterentwicklung in einschneidender Weise die Verhältnisse auf dem gesamten Raumschiff Erde betraf, vollzog sie sich langsam. Die Einführung des Sauerstoffs in die Atmosphäre dauerte Milliarden von Jahren. Die Programme der Organismen hatten viel Zeit, mit Hilfe neuer Testläufe durch Mutation und Rckombination, von denen nur einige erfolgreich sein mußten, nachzurüsten.«[15]

Genau diese Zeit aber läßt die rasante Entwicklung der künstlichen Austauschprozesse in der modernen Kultur – vor allem im Bereich der Wirtschaft – den anderen Lebenssystemen nicht mehr; und darin liegt letztlich das Kernproblem der gegenwärtigen ökologischen Krise[16] und ihre tödliche Gefahr. Zwar haftet auch der menschlichen Kultur grundsätzlich ein konservatives und damit retardierendes Moment an[17], aber durch den ihr zugrunde liegenden biologischen Ermöglichungsfaktor, nämlich die menschliche Gehirnentwicklung mit den sich daraus ergebenden geistigen Fähigkeiten des Menschen, müssen *kulturelle Veränderungen* nun nicht mehr den langen Weg über intergenerationelle Genmutationen gehen, sondern können sich durch geistige Kommunikation bereits innerhalb einer Generation rasend schnell ausbreiten[18] – und seit der Industrialisierung können zudem neue Kulturgüter durch technische Reproduktion in kürzester Zeit massenhaft hergestellt werden.[19]

Wo aber diese kulturell ermöglichte Beschleunigung von Veränderungsprozessen durch ökonomische Interessen und eine systemimmanente Wachstumsdynamik[20] ständig angeheizt wird[21], da entsteht über kurz oder lang ein zeitliches »Überforderungssyndrom« für Mensch und Natur[22], weil beide als natürliche Systeme ihre Lebensrhythmen, also ihre »Eigenzeiten«[23], nicht beliebig beschleunigen können, ohne ernsthaft Schaden zu nehmen.

3. ZUM MASS DER ZEIT: »DIE ZEITSTRUKTUREN GOTTES, DER WELT UND DES MENSCHEN«

Aus den oben gemachten Darlegungen zeichnet sich damit deutlich die Erkenntnis ab, daß die kommenden Generationen von Menschen nur dann in einer menschenwürdigen Art und Weise leben und mitsamt der sie tragenden Natur zukünftig überleben werden, wenn sich eine neue »Ökologie der Zeit«[24] durchsetzt; denn nur wenn die menschlichen Kulturprozesse – und damit vor allem die diese Kultur letztlich bestimmenden menschlichen Biographien – auf die Eigenzeiten der anderen Lebenssysteme Rücksicht nehmen, bleiben die natürlichen Lebensgrundlagen für eine zukünftige menschenwürdige Biographiegestaltung intakt.

Was aber sind die richtigen Zeitmaße für die menschliche Kultur? Wie uns bereits die naturwissenschaftliche Betrachtung lehrt, bestimmen das Maß der Zeit nicht nur die makro-physikalischen Bezugsysteme des Kosmos (Sonnensystem, Umlaufbahnen der Planeten usw.), sondern auch die natürlichen Mikro- und Mesoprozesse auf der Erde kennen *unterschiedliche zeitliche Verlaufsformen*; denn die hier durch natürliche Austauschprozesse hervorgerufenen Veränderungen haben »meist keinen ausschließlich linearen, sondern auch einen zyklischen bzw. rhythmischen Verlauf. Immer wieder kehren die betroffenen Systeme zu ähnlichen Zuständen zurück, immer wieder zeigt sich ein Wechsel von Ruhe und Aktivität ... Man denke z.B. an die Jahreszeiten, die Mondphasen, den Tag-Nacht-Rhythmus, den Wechsel von Schlafen und Wachsein, von Hunger und Sättigung, von Ein- und Ausatmen, des Herz- und des Lidschlags.«[25]

Noch viel schwieriger wird aber die Frage nach dem Maß der Zeit, wenn man von den zumindest teilweise schon gut erforschten Zeitrhythmen der Natur auf die menschliche Kultur übergeht. Über die spezifischen Rhythmen des menschlichen Individuums und der menschlichen Kultur/Gesellschaft weiß man noch relativ wenig.[26]

Hier haben neuerdings *Wolfgang Achtner, Stefan Kunz* und *Thomas Walter* bahnbrechende Entwicklungsarbeit geleistet.[27] In einem fünfjährigen interdisziplinären Forschungsprojekt haben sie ein tripolares Zeitkonzept entwickelt. Ausgehend von den drei grundlegenden Bezugsgrößen des Menschen zu sich selbst, zur Umwelt und zu Gott (bzw. zur Transzendenz) sehen sie analog dazu den Menschen und seine Kultur in ein *tripolares Zeitgefüge* eingebunden, das sich graphisch so darstellen läßt:

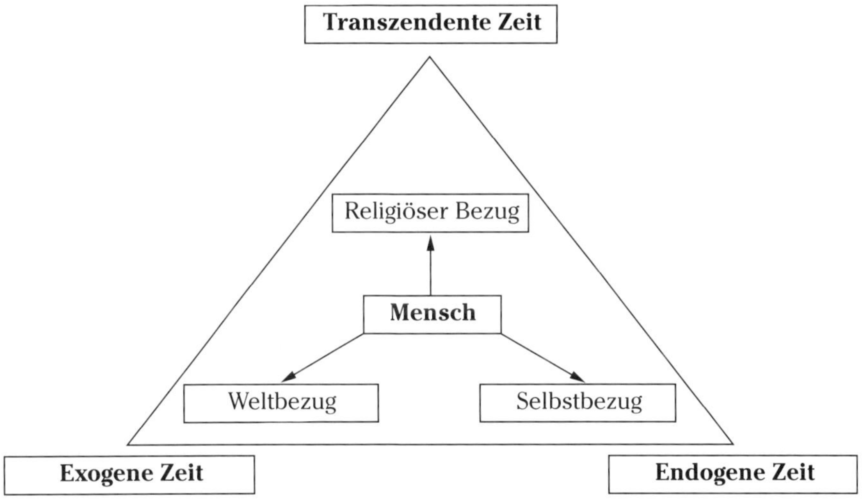

Abbildung 2[28]

Diese drei Zeitdimensionen sind folgendermaßen zu verstehen:

a) Die endogene Zeit ist die dem Menschen »durch unmittelbares inneres Erleben« zugängliche Zeit. Je nach Kulturentwicklung dominiert hier die *mythisch-zyklische* Zeit (typisch für die frühen Hochkulturen), die *rational-lineare* Zeit (typisch für die modernen westlichen Industriegesellschaften) oder die mystisch-holistische Zeit (typisch für den religiösen Mystiker – verstanden als Erfahrung eines zeitenthobenen Gegenwärtigseins).[29]

b) Die exogene Zeit ist die Zeitform der Umwelt, die sich in *Naturzeit* (z.B. Tag- und Nachtrhythmus oder Jahreszeiten) und *soziale Zeit* (d.h. die vom jeweiligen Kulturkreis sozial normierte Zeitgestaltung – z.B. das Kirchenjahr in den christentümlichen Gesellschaften oder der Zyklus von Arbeitswoche und freiem Wochenende in der modernen Arbeitsgesellschaft) unterteilen läßt.[30]

c) Die transzendente Zeit ist die spezifische Form der religiösen Zeiterfahrung. Sie läßt sich aufgliedern in *mystische* Zeiterfahrung (Erfahrung der Zeitenthobenheit, der Zeitlosigkeit), *prophetische* Zeit (gegenwartskritische Ankündigung einer zukünftigen, durch das Handeln Gottes qualifizierten Zeit) und *epiphane* Zeit (Einbrechen bzw. Erscheinen göttlicher Zeitfülle).[31]

Ohne hier näher auf die Zeitkonzepte der verschiedenen Menschheitskulturen im Verlauf der Geschichte[32] eingehen zu können, zeigt sich bereits bei biologisch-medizinischer Betrachtungsweise, daß ein zentrales Problem für den Menschen in der *stimmigen Synchronisation von endogener und exogener Zeit* liegt, weil zu große Spannungen zwischen beiden Zeitverläufen nur begrenzt ertragen werden können. So ist etwa für die menschliche Gesundheit die Synchronisation zwischen dem – vermutlich evolutiv entstandenen – »endogenen Schlaf-Wach-Rhythmus und dem exogenen Tag-Nacht-Rhythmus« von entscheidender Bedeutung. Schichtarbeiter haben daher wegen der ihrem natürlichen endogenen Rhythmus entgegenstehenden exogenen nächtlichen Arbeitszeit »eine signifikant niedrigere Lebenserwartung als der Durchschnitt der übrigen Bevölkerung.«[33]

Spätestens seit der Erfindung der mechanischen Uhr gegen Ende des 13. Jahrhunderts erfolgt jedoch die Zeitsynchronisation des abendländischen Menschen fast ausschließlich durch den linearen Takt der Uhrzeit, die mit der öffentlichen Einführung im 14. Jahrhundert das soziale Zeitmaß schlechthin geworden war.[34] Als künstliches Kulturprodukt nimmt aber dieser mechanisch-lineare Zeittakt der Uhr keinerlei Rücksicht mehr auf die zyklischen endogenen wie exogenen *natürlichen* Zeitrhythmen.[35] Und spätestens seit den modernen Säkularisierungsprozessen nimmt die inzwischen elektronisch getaktete, digitale Kulturzeit auch immer weniger Rücksicht auf religiöse bzw. transzendente Zeitmaße. Diese »menschengemachte Zeit« ist »von den lebenssteuernden Rhythmen der Natur wie auch von den sinnstiftenden Haftpunkten« der religiösen Zeit – z.B. des Kirchenjahres oder der liturgisch erinnerten Heilsgeschichte – weitgehend entkoppelt und das macht sie »quantifizierbar, berechenbar und damit auch bewirtschaftbar«[36].

Bei allem wissenschaftlich-rationalen Gehabe erweist sich dieses moderne Zeitkonzept aber letztlich als zutiefst irrational und inhuman, weil es von den lebensermöglichenden Zeitstrukturen der Natur und besonders von den heilsamen Zeitmaßen Gottes absieht und mit seiner künstlich synchronisierten und maßlos beschleunigten Zeit den im Zeitmaß der Natur verwurzelt bleibenden Menschen manipuliert und vergewaltigt.[37]

4. LEBEN IM MASS DER ZEIT: DAS HEILSAME ZEITMASS DER JÜDISCH-CHRISTLICHEN TRADITION

Eine ganz neue Synchronisierungsleistung der Zeit erbrachte das Nomadenvolk der Hebräer; denn gerade »aufgrund der spezifischen Umweltbedingungen des Nomadenlebens« fielen hier »kosmische, agrikulturelle und landschaftsbedingte Zyklen« als zuverlässige Zeitgeber aus.[38] Nach langwierigen Orientierungsprozessen ersetzten die Hebräer daher die natürlichen, meist zyklischen Zeitgeber, wie sie etwa die alten Hochkulturen Ägyptens (in Form des Sonnenkultes) oder Mesopotamiens (in Form des nach Mondwechseln berechneten Neujahrsfestes) hatten[39], durch die *Erinnerung an einmalige geschichtliche Zeitereignisse* (z.B. Exodus, babylonisches Exil) – religiös gedeutet als Erlösungs- oder Gerichtshandeln Gottes an ihnen und der Welt. Und damit gewann für sie die exogene *soziale Zeit*, erinnert als erfahrene Heils- oder Unheils*geschichte*, eine ethische und religiöse Qualität.[40] Zugleich wurde damit die soziale Zeit nach vorne offen; aber nicht im Sinne einer rein linear verstandenen Zukunftsvorstellung und eines evolutiven Fortschrittsdenkens (Futurum), sondern als gegenwartskritische prophetische Zeitansage einer neuen, gottgemäßeren Zeit und als eschatologische Erwartung einer kommenden, epiphanen Zeitfülle (Adventus[41]).

Damit verfügt die jüdisch-christliche Tradition über ein spezifisches Zeitkonzept, das den künstlichen, rein quantitativen und monoton-linearen Zeittakt der modernen Kulturzeit durch natürliche und besonders transzendente Zeitqualitäten neu füllen[42] und gerade die gefährliche technisch-ökonomische Zeitbeschleunigung heilsam unterbrechen kann:

a) Das jüdisch-christliche Zeitkonzept synchronisiert die menschliche Biographiegestaltung viel realistischer und weiser, weil es auf die Zeitstrukturen Gottes und der Welt Rücksicht nimmt und sie nicht illusionär verdrängt.

Nach der biblischen Tradition ist die natürliche Umwelt – verstanden als Schöpfung Gottes – ein wunderbares göttliches Geschenk, das der Mensch kultivieren und für seine Bedürfnisse nutzbar machen darf, ohne dabei aber die von Gott gesetzten »Gebote, Rechtsvorschriften und Gesetze« – also die von Gott »geschaffenen« natürlichen und sozialen Zeitrhythmen – zu mißachten.[43] Eine stimmige Biographiegestaltung versteht es nach der Tradition der biblischen Weisheitsliteratur vielmehr, »der Natur und dem menschlichen Zusammenleben Ordnungen abzulauschen, um daraus Verhaltens- und Handlungsmaximen herzuleiten.«[44]

»Wenn der Herr, dein Gott, dich in ein prächtiges Land führt, ein Land mit Bächen, Quellen und Grundwasser, das im Tal und am Berg hervorquillt, ein Land mit Weizen und Gerste, mit Weinstock, Feigenbaum und Granatbaum, ein Land mit Ölbaum und Honig, ein Land, in dem du nicht armselig dein Brot essen mußt, in dem es dir an nichts fehlt, ein Land, dessen Steine aus Eisen sind, aus dessen Bergen du Erz gewinnst; wenn du dort ißt und satt wirst und den Herrn, deinen Gott, für das prächtige Land, das er dir gegeben hat, preist, dann nimm dich in acht und vergiß den Herrn, deinen Gott, nicht, mißachte nicht seine Gebote, Rechtsvorschriften und Gesetze, auf die ich dich heute verpflichte.«
(Dtn 8,7-11)

b) Das jüdisch-christliche Zeitkonzept mißt die soziale und religiöse Gegenwartszeit immer wieder neu an den Maßstäben Gottes von Recht und Gerechtigkeit, von Liebe und Erbarmen[45] - neutestamentlich gebündelt in der »Reich-Gottes-Botschaft« Jesu[46] - und übt von dort her prophetische Kritik an ungerechten Synchronisierungsprozessen und -strukturen.

Wo also die menschengemachte künstliche Zeitsynchronisation für einen Teil der Menschheit Wohlstand und Luxus und für den anderen Teil Unterdrückung, Hunger und Tod mit sich bringt, dort ist von den Zeitstrukturen Gottes her prophetischer Widerspruch und Unterbrechung angesagt.[47] Aus christlicher Perspektive formuliert *Johann Baptist Metz* das hier gemeinte theologische Zeitmaß unnachahmlich so: »Die messianische Zukunft des christlichen Glaubens bestätigt und bestärkt aber nicht einfach unsere vorgefaßte bürgerliche Zukunft, verlängert sie nicht, tut ihr nichts hinzu, überhöht und verklärt sie nicht, sondern – *unter*bricht sie. ›Erste werden Letzte sein, und Letzte Erste.‹ Der Sinn des Habens wird durchkreuzt vom Sinn der Liebe: ›Die ihr Leben besitzen, werden es verlieren, und die es gering achten, gewinnen.‹«[48] Von der kommenden eschatologischen Gottesherrschaft her wird also eine andere soziale Zeitgestaltung eingefordert, die gerade den Opfern und Verlierern der Jetztzeit mehr Gerechtigkeit verheißt.[49]

»So spricht der Herr: Wahrt das Recht, und sorgt für Gerechtigkeit; denn bald kommt von mir das Heil, meine Gerechtigkeit wird sich bald offenbaren.«
(Jes 56,1)

c) Und schließlich sieht das jüdisch-christliche Zeitkonzept die Zukunft nicht im menschengemachten Fortschrittsmodell des immer Besser, immer Größer, immer Mehr, immer Schneller (=Futurum), sondern in der epiphanen Zeit, d.h. im endzeitlichen Kommen Gottes, in der eschatologischen Zeitfülle (=Adventus), wo Gott selber die Zeit vollenden und Himmel und Erde neu machen wird.[50]

Nach der biblischen Zukunftsvorstellung (Eschatologie) braucht der Mensch damit letztlich keine Angst um seine und der Welt Zukunft zu haben; er muß sich nicht abhetzen und die Zeit künstlich beschleunigen, um eine bessere Zukunft zu gewinnen. Vielmehr darf er vertrauensvoll auf das Kommen des Reiches Gottes warten und einen »neuen Himmel« und eine »neue Erde« von Gott her erhoffen.[51] Aber gerade dieses vertrauensvolle Warten auf den »Adventus« Gottes kann sich im geschichtlich-konkreten Handeln des Menschen nicht anders adäquat äußern als in der engagierten, aber zugleich gewaltlosen Sorge um ein besseres »Futurum« der Welt. Nach der Reich-Gottes-Botschaft Jesu macht nämlich allein das konkrete Tun der Liebe vor Gott im eschatologischen Sinn »zukunftsfähig«: Das bezeugt z.B. eindrucksvoll die Gerichtsszene bei Matthäus, wo nur denen beim eschatologischen Gericht die Teilhabe am Reich Gottes zugesagt wird, die ihren bedürftigen Mitmenschen Liebe und Barmherzigkeit erwiesen haben.[52] Und in die gleiche Richtung weist auch die bei Lukas überlieferte Antwort Jesu auf die Frage, was man tun muß, um das ewige Leben zu gewinnen. Der Fragesteller wird hier dezidiert auf das Doppelgebot der Gottes- und Nächstenliebe verwiesen; und wie dieses Gebot zu erfüllen ist, das bestimmt nach der angeschlossenen Gleichniserzählung vom barmherzigen Samariter allein die Not des Mitmenschen.[53]

Wie sich also die wahre Gottesliebe in der konkreten Liebe zum Nächsten zeigen muß, so muß sich auch die wahre Hoffnung auf den »Adventus« Gottes in der konkreten Liebe und Sorge um das »Futurum« der Welt bewähren.[54] In der praktizierten Liebe zum Menschen und in der damit verbundenen Rücksicht auf die Zeitrhythmen aller kulturellen und natürlichen Lebenssysteme[55] treffen sich also weltliche Zukunfts- und eschatologische Heilssorge.

Damit erweist sich das christliche Doppelgebot der Gottes- und Nächstenliebe, das bei genauerem Hinsehen die tripolare Struktur von Gottes-, Selbst- und Nächstenliebe aufweist, als *das* Maß einer stimmigen und zukunftsfähigen Zeitsynchronisation schlechthin. Aus der Perspektive des tripolaren Zeitmodells läßt sich das Ganze dann so zusammenfassen: »Die transzendente Zeiterfahrung als die Erfahrung einer ›un-bedingt‹ auf mich zukommenden Liebe ermöglicht endogene Zeiterfahrung im Sinne einer Erfahrung von Geliebtsein im Rhythmus meiner eigenen individuellen Existenz. Diese Erfahrung wiederum ermöglicht exogene Zeiterfahrung als liebevolle Zuwendung zur zeitlichen Realität in Natur und Geschichte. Das tripolare Zeitgefüge und das tripolare Liebesgebot Jesu Christi erläutern sich also gegenseitig.«[56]

»Du sollst den Herrn, deinen Gott, lieben mit ganzem Herzen und ganzer Seele,
mit all deiner Kraft und all deinen Gedanken und:
Deinen Nächsten sollst du lieben wie dich selbst.« (Lk 10,27)

So ist also die Liebe das Maß der Zeit schlechthin!

Anmerkungen

1 Sekretariat der Deutschen Bischofskonferenz (Hrsg.), Enzyklika Redemptor hominis Seiner Heiligkeit Papst Johannes Paul II., Bonn 1979, Nr. 15.

2 Vgl. A. Schöll, Biographie und Sinnkonstruktion, in: W. Tzscheetzsch/H.-G. Ziebertz (Hrsg.), Religionsstile Jugendlicher und moderne Lebenswelt, München 1996, 159–195; hier besonders das Kap. »Lebenslauf und Biographie«, a.a.O., 159f.

3 Vgl. G. Schulze, Erlebnisgesellschaft, Frankfurt-New York ²1992.

4 Vgl. U. Beck, Risikogesellschaft. Auf dem Weg in eine andere Moderne, Frankfurt 1986.

5 Vgl. U. Beck/E. Beck-Gernsheim, Das ganz normale Chaos der Liebe, Frankfurt 1990, 12f.

6 Vgl. dazu auch BUND/Misereor (Hrsg.), Zukunftsfähiges Deutschland. Ein Beitrag zu einer global nachhaltigen Entwicklung, Basel-Boston-Berlin 1996, 153–168.

7 P. Høeg, Fräulein Smillas Gespür für Schnee, Reinbek b. Hamburg 1996, 397f.

8 Vgl. dazu auch H.E. Richter, Der Gotteskomplex. Die Geburt und die Krise des Glaubens an die Allmacht des Menschen, Reinbek b. Hamburg 1979.

9 Dies zeigt sich auch in der »Vielörtlichkeit« der Biographie und der »Ortspolygamie der Lebensformen« – vgl. U. Beck, Was ist Globalisierung?, Frankfurt/M. ⁴1998, 130f.

10 Vgl. dazu bes. G. Pico della Mirandola, Über die Würde des Menschen, ed. H.W. Rüssel, Amsterdam 1940, bes. 50; weiter vgl. B. Irrgang, Christliche Umweltethik, München-Basel 1992, bes. 211–244.

11 F. Reheis, Die Kreativität der Langsamkeit. Neuer Wohlstand durch Entschleunigung, Darmstadt 1996, 34.

12 Diese zunächst rein naturwissenschaftlich verstandene Aussage steht nicht im Widerspruch zur theologischen Anthropologie, wonach der Mensch ein Geschöpf Gottes ist; denn hier gehen Theologie und Naturwissenschaft zwar von unterschiedlichen Voraussetzungen aus (die Theologie vom Glauben, daß Gott der Schöpfer von Himmel und Erde ist – die Naturwissenschaft von der Hypothese, daß sich das Leben evolutiv entwickelt hat), aber beide Perspektiven müssen sich nicht notwendigerweise widersprechen, da sie auf unterschiedlichen Erkenntnisebenen angesiedelt sind. Vgl. dazu etwa U. Lüke, »Am Anfang schuf Gott ...« – Bio-Theologie: Zeit – Evolution – Hominisation, Paderborn-München-Wien-Zürich 1997, bes. 166–308.

13 Vgl. F. Reheis, Die Kreativität der Langsamkeit, 41

14 Vgl. z.B. das Aussterben der Dinosaurier durch einen vermutlich zu schnellen Klimawechsel!

15 B. Verbeek, Die Anthropologie der Umweltzerstörung. Die Evolution und der Schatten der Zukunft, Darmstadt ³1998, 249.

16 Aber auch soziale Krisen der jüngeren Vergangenheit ließen sich letztlich als Beschleunigungskrisen verstehen – z.B. die soziale Not im 19. Jahrhundert, die durch die sehr rasanten Industrialisierungsprozesse ausgelöst wurde. Zurecht stellt Papst Johannes Paul II. fest: »Jene, denen es nicht gelingt, mit der Zeit Schritt zu halten, werden leicht an den Rand gedrängt.« (Sekretariat der DBK [Hrsg.], Enzyklika CENTESIMUS ANNUS seiner Heiligkeit Papst Johannes Paul II. zum hundertsten Jahrestag von RERUM NOVARUM, Bonn 1991, Nr. 33).

17 Vgl. etwa die langsame Kulturentwicklung vor der industriellen Revolution.

18 Durch die modernen Kommunikationsmedien – z.B. Internet – wird dieser Austausch nochmals beschleunigt!

19 Ein durch zufällige Genmutationen an seine Umwelt besser angepaßtes Tier kann die neuen Eigenschaften nur über seine Nachkommen ganz allmählich verbreiten. Die vom Geist des Menschen erfundene schnellere Fortbewegung mit dem Kulturprodukt Auto läßt sich dagegen durch geistige Kommunikation innerhalb weniger Jahrzehnte – also praktisch innerhalb einer Generation – verbreiten und durch technische Reproduktion millionenfach verwirklichen. Vgl. dazu das Schaubild in: B. Verbeek, Die Anthropologie der Umweltzerstörung, 224.

[20] Vgl. dazu M. BINSWANGER, Monetäre Wachstumsdynamik in modernen Wirtschaftssystemen, in: R. RIEDL (Hrsg.), Die Ursachen des Wachstums, Wien 1996, 282-296.
[21] Vgl. F. REHEIS, Die Kreativität der Langsamkeit, 51-82.
[22] Vgl. F. REHEIS, a.a.O., 82-131.
[23] Vgl. F. REHEIS, a.a.O., 47-52.
[24] Vgl. M. HELD/K.A. GEISSLER (Hrsg.), Ökologie der Zeit. Vom Finden der rechten Zeitmaße, Stuttgart 1993; dies. (Hrsg.), Von Rhythmen und Eigenzeiten. Perspektiven einer Ökologie der Zeit, Stuttgart 1995.
[25] F. REHEIS, Die Kreativität der Langsamkeit, 47.
[26] Vgl. F. REHEIS, a.a.O., 46-57 u. bes. 57-61.
[27] Vgl. W. ACHTNER/S. KUNZ/TH. WALTER, Dimensionen der Zeit. Die Zeitstrukturen Gottes, der Welt und des Menschen, Darmstadt 1998.
[28] Vgl. W. ACHTNER, Dimensionen der Zeit, 7; die ebd. abgebildeten 2 Skizzen sind von mir hier zu einer Graphik (= Abbildung 2) zusammengefaßt worden.
[29] Vgl. ACHTNER, a.a.O., 8f.
[30] Vgl. ACHTNER, a.a.O., 9f.
[31] ACHTNER, a.a.O., 10f.
[32] Vgl. dazu ACHTNER, a.a.O., 27-114.
[33] ACHTNER, a.a.O., 15.
[34] Vgl. ACHTNER, a.a.O., 80f.
[35] Vgl. ACHTNER, a.a.O., 76f.
[36] Vgl. ACHTNER, a.a.O., 90; weiter vgl. R. RIEDL (Hrsg.), Die Ursachen des Wachstums: unsere Chancen zur Umkehr, Wien 1996, bes. 282-296.
[37] Vgl. dazu auch den Roman von S. NADOLNY, Die Entdeckung der Langsamkeit, München-Zürich ^{26}1996.
[38] Vgl. ACHTNER, Dimensionen der Zeit, 58.
[39] Vgl. ACHTNER, a.a.O., 27-56.
[40] Vgl. ACHTNER, a.a.O., 60 u. ff.
[41] Zu dieser theologischen Unterscheidung zwischen »Futurum« und »Adventus« vgl. J. MOLTMANN, Das Kommen Gottes. Christliche Eschatologie, Gütersloh 1995, 42-44.
[42] Vgl. dazu das Apostolische Schreiben »DIES DOMINI« von Papst Johannes Paul II vom 31. Mai 1998 (deutscher Text in: Sekretariat der DBK [Hrsg.], Apostolisches Schreiben DIES DOMINI Seiner Heiligkeit Papst Johannes II. über die Heiligung des Sonntags, Bonn 1998).
[43] Vgl. dazu Sekretariat der DBK (Hrsg.), Handeln für die Zukunft der Schöpfung, Bonn 1998.
[44] ACHTNER, Dimensionen der Zeit, 150.
[45] Vgl. etwa Hos 6,6: »Liebe will ich, nicht Schlachtopfer, Gotteserkenntnis statt Brandopfer.«
[46] Vgl. H. MERKLEIN, Die Gottesherrschaft als Handlungsprinzip, Würzburg ^{2}1981.
[47] Vgl. etwa Am 3,9-6,14.
[48] J.B. METZ, Jenseits bürgerlicher Religion. Reden über die Zukunft des Christentums, München-Mainz 1980, 10.
[49] Ein aktuelles Beispiel solch prophetischer Zeitkritik ist das »*Wort des Rates der Evangelischen Kirche in Deutschland und der Deutschen Bischofskonferenz zur wirtschaftlichen und sozialen Lage in Deutschland*« mit dem Titel »*Für eine Zukunft in Solidarität und Gerechtigkeit*«: Darin heißt es u.a.: »Die Kirchen treten dafür ein, daß Solidarität und Gerechtigkeit als entscheidende Maßstäbe einer zukunftsfähigen und nachhaltigen Wirtschafts- und Sozialpolitik allgemeine Geltung erhalten. Sie sehen es als ihre Aufgabe an, in der gegenwärtigen Situation auf Perspektiven des christlichen Glaubens für ein humanes Gemeinwesen, auf das christliche Verständnis vom Menschen und auf unveräußerliche Grundwerte hinzuweisen. Solidarität und Gerech-

tigkeit sind notwendiger denn je.« (Kirchenamt der EKD u. Sekretariat der DBK [Hrsg.], Für eine Zukunft in Solidarität und Gerechtigkeit, Hannover-Bonn 1997, Nr. 2.)

50 Vgl. J. MOLTMANN, Das Kommen Gottes, Gütersloh 1995.

51 Vgl. Offb 21,1.

52 Vgl. Mt 25,31–46.

53 Vgl. Lk 10,25–37.

54 Vgl. dazu K. RAHNER, Glaube, der die Erde liebt, Freiburg u.a. [5]1971, bes. 85–95; weiter vgl. ders., Über die Einheit von Nächsten- und Gottesliebe, in: Geist und Leben 38 (1965) 168–185.

55 Darin bündelt sich letztlich der Kern des neuen politischen und sozialethischen Konzepts der »Nachhaltigkeit (›sustainable development‹)« – vgl. dazu Misereor (Hrsg.), Zukunftsfähiges Deutschland, Basel-Boston-Berlin 1996, 24–26; R. KREIBICH, Nachhaltige Entwicklung. Leitbild für die Zukunft von Wirtschaft und Gesellschaft, Weinheim-Basel 1996; W. LOCHBÜHLER, »Nachhaltige Entwicklung«: Eine Herausforderung für die christliche Sozialethik, in: Theologie der Gegenwart 41 (1998) 138–149; ebenso läßt sich hier auch das neue sozialethische Prinzip der Retinität verankern – vgl. Der Rat von Sachverständigen für Umweltfragen, Umweltgutachten 1994, Stuttgart 1994, 11f.; W. KORFF, Mensch und Umwelt. Defizite einer Umweltethik, in: R. GÖHNER (Hrsg.), Die Gesellschaft für morgen, München 1993, 66–87.

56 ACHTNER, Dimensionen der Zeit, 175.

Vom christentümlichen Angebot zum biographischen Ereignis

Überlegungen zur Sakramentenpastoral

HERMANN WÜRDINGER

1. DIE GEGENWÄRTIGE SAKRAMENTENPASTORAL – EIN KNÄUEL VON FRUSTRATIONEN?

Lohnt sich der große Aufwand der Vorbereitung, wenn der Kontakt zur Kirche auf Dauer nicht erhalten bleibt? Gehen wir verantwortungsvoll mit dem Sakrament als »Gnadenmittel« oder als »Zeichen der Christusbegegnung« um? Ist die systematische Erfassungspastoral, die wir betreiben und unterstützen, noch zeitgemäß? Müssen wir vor der Zulassung zu einem Sakrament nicht prüfen, ob ein hinreichendes Glaubenswissen zum Verstehen der Sakramente vorhanden ist? Kann die Kirche den Menschen durch die Spendung eines Sakramentes wirklich Orientierung und Hilfe zum Leben geben? Werde ich als Priester nicht oft als Zeremonienmeister eines Familienfestes mißbraucht? Mit diesem Knäuel aus Anfragen an die gegenwärtige Praxis der Sakramentenpastoral[1] geht seit langem eine Reihe von Frustrationen einher, die sich nicht nur auf seiten der Verantwortlichen für pastorale Vorgänge finden. Die Unzufriedenheit mit der gegenwärtigen Situation macht sich auch auf der Ebene der Gemeinden, engagierter Christen und nicht zuletzt bei den Sakramentenbewerbern selbst breit. Nur werden diese zuwenig wahrgenommen. Ein hoher Erwartungsdruck verunsichert Sakramentenbewerber, die zwar Interesse am Sakrament zeigen, aber auch um ihre Distanz wissen. Auf den einzelnen und seine persönliche Befindlichkeit im Glauben wird kaum Rücksicht genommen. In standardisierten Jahrgangskatechesen kommen sie mit ihren »Lücken« nicht nach. Pfarrgemeinden beklagen, gemeindeaufbauende und stärkende Initiativen kommen oft zu kurz, weil die Verantwortlichen durch die Vorbereitung der Sakramentenjahrgänge zeit- und kräftemäßig stark beansprucht sind.

Kirchlich sehr engagierte Christen suchen oft eine intensivere Vorbereitung auf die Sakramente und wenden sich vom Standardprogramm ab.

Die Ursachen dafür sind schnell gefunden, nämlich im Wandel der traditionellen Sozialgestalt der Kirche als Volkskirche unter den Einflüssen der allgemeinen gesellschaftlichen Bedingungen, die sich unter den Stichwörtern Säkularisierung, Pluralisierung und Individualisierung zusammenfassen lassen. Da diese Entwicklung noch offen ist und sich eine künftige Sozialgestalt der Kirche erst in Grundzügen abzeichnet, bleiben auch konkrete Handlungsorientierungen aus.[2]

Ein weiteres Problempotential liegt gerade im methodischen Selbstverständnis der Sakramentenpastoral begründet. Sie wird weitgehend noch als Anwendungspastoral verstanden, die eine theologische Reflexion der Sakramente auf die Praxis hin umzusetzen hat.[3] So kommt es leider oft zu Polarisierungen, die sich an Stichwörtern wie »Zwischen Ausverkauf und Rigorismus«[4] festmachen. Viele Seelsorgekonferenzen beschäftigen sich mit diesem Thema, und der Ruf nach »neuen Rezepten« zur Umsetzung dessen, was Sakramente wollen, wird allenthalben laut.[5]

Richtig verstanden geht es nicht nur um »Rezepte«, vielmehr ist eine grundlegende pastorale Handlungsperspektive nötig. Beim Blick auf die Praxis fällt auf, daß sich die Strukturen der Sakramentenpastoral trotz der ständigen Klagen über die Ineffektivität kaum geändert haben. Sakramentenspendung »funktioniert« weiterhin in den Strukturen einer Angebotspastoral »christentümlicher«[6] Prägung. Versorgung, Verwaltung, Vereinfachung sind drei prägende Prinzipien solcher Pastoral. So ist z.B. die Jahrgangskatechese gängiges Handlungsmuster bei der Hinführung zu den Sakramenten, auch wenn es durch differenziertere Methoden in der außerschulischen Gemeindekatechese optimiert wurde.

Die Verlagerung der Problematik auf Nebenschauplätze, wie die Diskussion um die liturgische Kleidung für Kinder bei der Erstkommunion lenken Kraft und Interesse von den eigentlichen Problemen der Sakramentenpastoral ab.

Viele Frustrationen sind das Ergebnis einer Zerrissenheit in der Motivlage für ihr sakramentenpastorales Handeln bei den Verantwortlichen.[7] Sie reicht von der Wahrung der Identität der Sakramente, Steigerung der Kirchenbesucherzahlen, Restauration der Stellung der Kirche in der Gesellschaft bis hin zur narzistischen Aufwertung der eigenen Persönlichkeit.[8] Viele fühlen sich in ihrem eigenen Selbstverständis als Seelsorger gekränkt.[9] Gewünschte Handlungsorientierungen bleiben im Diffusen, da eine grundlegende Zielperspektive und Handlungsmotive oft fehlen.[10] So ist die Suche nach einer grundsätzliche Perspektive für sakramentenpastorale Vorgänge der erste Schritt zu einer Neuorientierung und Handlungsmeliorisierung.

2. »ZUERST DER MENSCH« – DAS HANDELN JESU ALS ORIENTIERUNG FÜR DIE SAKRAMENTENPASTORAL

In den achtziger Jahren erläuterte *Rolf Zerfaß* den Begriff der Seelsorge im Rückgriff auf Jesu Praxis und legte in der meditativen Erschließung der Zachäuserzählung (Lk 19,1–12) ein Verständnismodell vor.[11] Diese beinahe schon »klassische«, biblische Begründung von Seelsorge soll im folgenden auf unsere Fragestellung der Sakramentenpastoral hin überprüft, erweitert und zu einer maßgebenden Perspektive sakramentenpastoralen Handelns entwickelt werden.

2.1 Zachäus und Jesus – der »postmoderne« Mensch und das Handeln der Kirche

Was passiert da eigentlich in dieser biblischen Erzählung. Zwei Figuren stehen im Mittelpunkt: Die eine steht für das Handeln der Kirche, die andere ist Symbolfigur für den »Kirchen-Menschen«. Zachäus ist so etwas wie ein Repräsentant des Menschen postmoderner[12] Prägung, der hinsichtlich seiner Religiosität überkommene Reste traditioneller Verhaltensmuster zeigt. Hineingeboren in eine Religionsgemeinschaft gehört er irgendwie dazu und steht in dieser doch am Rand. »Sünder« schimpfen ihn diejenigen, die in der Religion für Recht und Ordnung sorgen.[13] Den christentümlichen Maßstäben ihrer Lehren und Gesetzte wird er nicht gerecht.[14] Als »Sünder« sieht er sich vielleicht selbst, wenn er gewahr wird, er ist ein Mitläufer und sein Glaube besteht in einer Art »Christentümelei«: Er nimmt zwar Angebote der Kirche wahr, aber bleibt zugleich auf Distanz. »Willkommener Sünder« ist er für die, die ihn brauchen, um sich abzugrenzen, um dadurch die vermeintlich Besseren zu sein.[15]

Die Frage drängt sich auf: Ist seine Distanz einzig in seiner Lebensführung und seinem Selbstverständnis begründet oder wird er durch die Umstände zum Distanzierten gemacht. »Er war klein«, heißt es in der Erzählung. Wird dies nicht auch der Mensch, dessen Lebensstrukturen geprägt sind vom gesellschaftlichen Umbruch. Unter dem Vorzeichen der Individualisierung macht sich der einzelne auf, das »Projekt seines eigenen Lebens«[16] zu verwirklichen. Individualität ist angesagt. Ja der einzelne muß[17] in unserer hochdifferenzierten Gesellschaft, die aufgrund der vorherrschenden Pluralität keine selbstverständlichen Sinn- und Lebenssysteme mehr bietet, das »eigene Leben« selbst gestalten. Dabei ist das »eigene Leben« aber gar kein eigenes Leben im Sinne eines frei schwebenden, selbstbestimmten, allein dem Ich und seinen Vorlieben verpflichtetes Leben, denn die Menschen müssen ein »eigenes Leben« unter Bedingungen führen, die sich weitgehend ihrer Kontrolle entziehen.[18] Für

Außenstehende kollaboriert dieser Mensch, wie Zachäus, anscheinend mit der Besatzungsmacht, die traditionelle, gerade auch religiöse Ordnungen außer Kraft setzt und sie so in ihrer Plausibilität und Gültigkeit hinterfragt.[19] Oder wird ein solcher Mensch nicht vielmehr »mit-besetzt« von den Bedingungen des Lebens?

Auf den ersten Blick mag ein »Zachäus-Mensch« in den Augen des Betrachters als » sehr reich« gelten, liegt ihm doch eine Welt der unbegrenzten Möglichkeiten zu Füßen. Ideale wie Freiheit, Selbstbestimmung, Rationalität, von denen frühere Generationen nur zu träumen wagten, werden zu Grundbedingungen des Lebens. Ein Reichtum an Lebensmöglichkeiten steht offen. Aber sein Reichtum ist zugleich ein Fluch, da mit dem »anything goes«[20] alle bisherigen Plausibilitäten des Lebens aufgehoben sind und der Mensch auf sich selbst zurückgeworfen »sehr arm« wird. Für Außenstehende scheint er sich auch maßlos zu bereichern, indem er Strukturen ausnutzt. Selbst im religiösen Bereich fordert er nur und ist nur wenig bereit, sich zu engagieren und zu geben. Leben auf Kosten anderer! Bei den Sakramenten bereichert er sich sogar mit etwas, was ihm nicht zusteht.[21] Und dennoch fühlt sich dieser Mensch offensichtlich bedürftig in der Ahnung, es gibt noch ein »Mehr«. Denn Freiheit hat die Unsicherheit zur Schwester, die im Menschen die Sehnsucht nach Vergewisserung weckt.[22] Sicherheit erhofft sich der Mensch in einer »neuen Religiosität«[23]. Wie Zachäus neugierig ist auf Jesus, zeigt auch der postmoderne Mensch Interesse am Religiösen, sicherlich auch mit der kritischen Anfrage, ob er denn mit seinen Vorstellungen von Individualität und Freiheit einen Lebensraum im Bereich der Kirche findet. Er weiß um den traditionellen Schatz an Lebenswissen, an Symbolen und Riten, die von den Verantwortlichen als wertvolle »Kirchenheiligtümer« gehütet werden. Vielleicht könnten sie auch »Lebensheiligtümer« für ihn werden, wenn sie nur einen Zugang zueinander finden. Im Feld der Sakramentenpastoral kommt es gegenwärtig zu solchen Annäherungen, die von den Beteiligten verschieden erlebt werden. Der Neugierde – oder sollte man sagen: dem aufkeimenden Interesse – erscheint die Menge wie eine Mauer.[24] Eine Wahrnehmung, die wohl viele Distanzierte (oder Suchende, da wir weder die Umstände kennen noch die Gründe wissen, warum dieser Mensch nicht unserer überkommenen Kirchenbindung entspricht) mit der Kirche machen.[25] Ein Eindruck, den Kirche auch mit Absicht erweckt.[26] Ohne sich nach den wahren Motiven für das Interesse zu erkunden, mutmaßt man schnell, hier will sich einer zu Lasten des Kirchenvolkes bereichern. Ist es da nicht besser, ihn außen vor zu lassen?

Der »Maulbeerfeigenbaum« ist für Zachäus die Lösung. Er nutzt vorgegebene Strukturen. Er springt auf den Wagen gewachsener Traditionen und Handlungsmuster auf, die einen (Ein-) Blick erlauben, in deren Blattwerk er sich dennoch verstecken und wieder zurücknehmen kann.

Die zweite Gestalt, die uns in der Geschichte begegnet ist Jesus:
»Er ging durch die Stadt«, erzählt die Schrift. Der Kontext des Lukasevangeliums eröffnet, er ist auf dem Weg nach Jerusalem. Die Zachäuserzählung ist die letzte Position vor dem Einzug nach Jerusalem. Er hat einen größeren Auftrag zu erfüllen und hat gar nicht vor, sich lange in Jericho aufzuhalten. Verbergen sich hinter dieser »Jesus-Figur« nicht auch die Anforderungen an einen Seelsorger in der Gegenwart? Sakramentenpastoral ist wie Jericho eigentlich nur *ein* Durchgangsfeld pastoralen Handelns. Der derzeitige Priestermangel, die zukünftigen Zusammenschlüsse von mehren Pfarreien zu Seelsorgeeinheiten[27], die Terminflut und vieles andere mehr nehmen den Seelsorger in Anspruch. Management, kooperative Gemeindeleitung[28] sind Stichworte, die seine Aufgaben gegenwärtig benennen. Der Anspruch einer optimale Versorgung aller pastoralen Aufgabengebiete, die Rationalisierung der Handlungsabläufe zur Zeitersparnis und ein stark verwaltungsorientiertes[29] Vorgehen bieten wenig Chancen, daß diese beiden Menschen zueinander in Beziehung treten. Kommt es zu einer Begegnung?

2.2 »Sakramentenpastoral« – eine dialogische Begegnung

Der eine versteckt sich in seiner Unsicherheit und Hilflosigkeit hinter dem Blattwerk aus Gewohnheiten einer christentümlichen Kirche, indem er sich z.B. im Geäst der traditionellen Jahrgangskatechese, einer Erfassungspastoral verbirgt. Den Anfang zu einer Begegnug macht er, läßt sich aber noch ein Hintertürchen »zum Rückzug« offen. Der andere hat es als »Blaulicht-Priester« immer eilig. Sakramentenpastoral ist nur ein Teil seiner vielfältigen Aufgaben. Und der auf dem Baum ist nur einer von vielen, an denen er »vorbeihuscht«.

Die Zachäusgeschichte benennt, wie diese Begegnung gelingt: Als Jesus an die Stelle kam, schaute er hinauf und sagte: »Zachäus, komm schnell herunter! Denn ich muß heute in deinem Haus zu Gast sein«. In diesem »Aufschauen« liegt für *Zerfaß* der Schlüssel zur Begegnung[30], die letztendlich bei Zachäus eine Veränderung des ganzen Lebens bewirkt: » Herr, die Hälfte meines Vermögens will ich den Armen geben, und wenn ich von jemand zuviel gefordert habe, gebe ich ihm das Vierfache zurück.« Was hat Jesus gemacht? »Nach der Schrift ist dies die Wirkung eines einzigen Augenblicks, des Augen-Blicks, in dem Jesus diesen Zachäus ansah, ihm sein Ansehen zurückgab, seine Würde, seine Selbstachtung. Von diesem Augenblick an konnte Zachäus sich ändern« so interpretiert *Rolf Zerfaß*.[31] Nicht die Überprüfung seiner Gesetzestreue, keine Prüfung eines Glaubenswissen, keine moralische Beurteilung seines Lebens steht am Anfang dieser Begegnung, vielmehr das uneingeschränkte »Ja«, das so vielversprechend in dieser stummen Geste des Aufblickens zum Ausdruck kommt. Jesus holt Zachäus dort ab, wo er steht. Und das ist weit mehr als nur in einem örtlichen Sinn zu verstehen. In einem lebensgeschichtlichen Kairos spricht ihn Jesus an und Zachäus entzieht sich diesem »An-spruch« nicht. Er antwortet, weil er wider Gewohnheit und Erwarten nicht übersehen und übergangen wird. Indem Jesus Zachäus trotz der anwesenden Menschenmenge als einzelnen wahr- und ernstnimmt, setzt er einen Prozeß in Zachäus in Gang, von dem wir nur den Anfang und das Ergebnis kennen. Über das, was sich zwischen Jesus und Zachäus noch ereignet, schweigt die Erzählung. Es muß aber das gewesen sein, was die heutige Pastoraltheologie als Mystagogie[32] beschreibt, denn abschließend erläutert Jesus rückblickend diese Interaktion so: »Heute ist diesem Haus das Heil geschenkt worden, weil auch dieser Mensch ein Sohn Abrahams ist« (Lk 19,9).

2.3 »Zuerst der Mensch« – Jesu Umgangsstil und seine Konsequenzen

Ausgehend von dieser Zachäusgeschichte läßt sich Jesu Umgangsstil mit den Menschen so charakterisieren: »Zuerst der Mensch«! Jesus ermöglicht Menschwerdung durch Zuwendung und wechselseitige Annahme.[33] Menschwerdung ereignet sich durch Subjektwerdung im Glauben. Jesus vermittelt den Menschen, denen er sich zuwendet, Gott als jene Wirklichkeit, die diese Menschen zu sich selber bringt, zu ihren eigenen Möglichkeiten. Jesus tut dies in unserer Erzählung gegen den Druck der Gesellschaft von Jericho. »Im Unterschied zur übrigen Menge in Jericho akzeptiert er den Zachäus als das, was er trotz seiner Gaunereien immer noch ist; zwar ein Kollaborateur, ein Nichtsnutz, der die anderen ausbeutet; aber immer noch ein Sohn Abrahams, immer noch einer, der unter der Verheißung Gottes steht. Jesus macht also den Zachäus auf die Möglichkeiten aufmerksam, die auch Zachäus von Gott her noch hat. Und er setzt ihn frei, sich von sich selber zu distanzieren, umzukehren, ein neuer Mensch zu werden.«[34] Was anderes wollen unsere Sakramente, als eben den Menschen Gott als diese lebensstiftende, lebenserhaltende und lebenserneuernde Wirklichkeit zu eröffnen? Selbst wenn dies gegen den Druck einer bisher gewohnten, weil lange plausiblen Praxis geschehen muß.

Jesu Umgangsstil als Grundperspektive für unser sakramentenpastorales Handeln kann nicht ohne Konsequenzen bleiben. Es führt zu einem neuen Selbstverständnis der Verantwortlichen in der Sakramentenpastoral. Wer aus dieser jesuanischen Grundperspektive heraus handelt, nimmt Gott zugunsten des anderen in Anspruch. Jesus führt Zachäus nicht vor als einen, an dem Gott handelt und dem er seine Liebe erweist. Zum großen Verdruß der »Frommen« bittet er ihn um ein Bett und kehrt bei ihm ein. Von Gott ist überhaupt nicht die Rede. Aber am Anfang steht ein Verhalten, das Zachäus vermittelt, daß Gott ihm wohl will. So braucht sich der Priester nicht als einen »Verwalter« der göttlichen Gnaden in den Sakramenten sehen, der diese zu »schützen« und »auszuspenden« hat. Er kann sich in der Rolle dessen wiederfinden, der vielmehr Gott für den Menschen in den Sakramenten in Anspruch nimmt. Jesu Umgangsstil läßt keinen Zweifel daran, daß Gott es ist, der handelt, nicht er. Was *Zerfaß* in seinen Darlegungen als »Berufung des Christen für den anderen«[35] umschreibt, gilt erst recht für die Verantwortlichen in der Sakramentenpastoral: »Wir sind berufen, zu helfen, der zu sein, der jeder von Gott her sein darf und sein könnte, wenn er es nur selber sähe. Wir sind berufen, seine Menschwerdung zu fördern, seinen Weg in die herrliche Freiheit der Kinder Gottes, wie sie ihm von Gott her zugedacht ist. Wir sind bestellt, ihm beizustehen, seinen eigenen Glaubensweg, seine Identität, sein Gesicht zu finden.«[36] Indem ich dem einzelnen zutraue, daß in ihm viele Möglichkeiten stecken und Gott zutraue, daß er noch viel mehr an Möglichkeiten mit jedem Menschen hat – von nichts anderem redet die jesuanische Grundperspektive in der Zachäuserzählung für unsere Sakramentenpastoral – eröffne ich dem Menschen eine neue Chance, Christ zu werden, und der Kirche die Chance, in diesem Christen weiter Kirche zu sein. Eine solche Grundperspektive sieht in einem Sakramentenbewerber nicht einen, der Kirche als ein Gegenüber ausnutzt und ausbeutet, vielmehr als einen, in dem sich Kirche »ereignet«, weil einer sich aufmacht, sein Menschsein vor Gott zu sehen.

Jesus ist *zu Gast* bei Zachäus. Ein Bild, das unser heutiges Verständnis von Pastoral allgemein neu prägt und definiert. Ein Bild, das unsere gegenwärtig so problembeladene Sakramentenpastoral entlastet. Wie Jesus ist Kirche heute *zu Gast* in unserer Gesellschaft. Sie verfügt nicht mehr in dem Maß wie früher über eine gesicherte Position in einer christentümlichen Gesellschaft, von der aus sie mit »Vollmacht« agiert. Sie operiert aus der Situation der »Ohnmacht« heraus, als »Fremdling«, der auf dieser Erde kein Heimatrecht hat, sondern angewiesen ist auf die »Gastfreundschaft« der anderen.[37] So gesehen entflechten sich die diversen Motivationen, die sakramentenpastorales Handeln verstellen. Sakramentenpastoral als »Gastpastoral« sieht im Sakramentenbewerber keinen Eindringling mehr in »Kirchenheiligtümern«, den es abzuwehren gilt, denn Gastpastoral impliziert eine dialogische Interaktion, die gegenseitig beschenkt. Sakramentenpastoral als Gastpastoral relativiert sich als Mittel, alte Einflußareale in der Gesellschaft wiederherzustellen, vielmehr zeigt sie sich als Weg, Kirche mit einem neuen Selbstverständnis bei den Menschen und in der Gesellschaft zu etablieren. »Zuerst der Mensch« bedeutet für Pastoral »die bedingungslose Freigabe des anderen zu dem, was Gott mit ihm vorhat, jetzt und ganz konkret«[38]. Damit geht eine neue Spiritualität der Seelsorger einher, die viele, aus dem herkömmlichen pastoralen Handlungsmuster resultierende, narzistische Kränkungen ausschließt.

3. MÖGLICHKEITEN EINER KÜNFTIGEN SAKRAMENTENPASTORAL IN THESEN

Eine Sakramentenpastoral, die sich an der jesuanischen Grundperspektive »Zuerst der Mensch« orientiert, weiß sich nicht in einer Entwicklung »zwischen« verschiedenen Ansprüchen, sondern zeichnet wegen ihrer entschiedenen Blickrichtung eine Entwicklung »von – zu«. Die folgenden Thesen zu einer künftigen Pastoral sind keineswegs eine Ultima ratio. Sie wollen zum Nachdenken und zur Diskussion der Problematik in der Praxis anstoßen.

1. Das momentan Wesentliche sehen
»Vergiß die großen, generellen Lösungen – es gilt jetzt zu handeln!« – In Anbetracht der unterschiedlichsten Ausgangssituationen und der verschiedenen Entwicklungsstadien einzelner Gemeinden und Regionen wird es ein großes Lösungskonzept, wie es z.B. die Jahrgangskatechese war, nicht mehr geben. Das Warten auf eine solche Lösung blockiert gegenwärtige Chancen und Möglichkeiten zu einer Weiterentwicklung der Kirche vor Ort.

2. Vom christentümlichen Angebot zum biographischen Ereignis
Die Konsequenz der Perspektive »Zuerst der Mensch« ist eine Sakramentenpastoral, die bei den Lebenserfahrungen und Lebenswirklichkeiten des Menschen ansetzt. Es geht um seinen Weg, um seine persönlichen Erfahrungen, die seine Identität prägen. Solche Pastoral holt den Menschen dort ab, wo er steht und führt ihn zu dem, was Gott mit ihm vorhat. Dieser Ansatz führt heraus aus einer oberflächlichen Beliebigkeit christentümlicher Angebotspastoral, weil in der konkreten, biographieorientierten Begegnung mit dem einzelnen die Sakramente das sein können, was sie wollen: Das Erlösungswerk Jesu Christi, das sie feiernd auf die Menschen hin repräsentieren und applizieren. Sie können auf der Folie der konkreten Biographie die Wirklichkeit der Erlösung als neue Schöpfung vergegenwärtigen, die alle Lebensbereiche und die grundlegenden Lebenssituationen des Menschen erfaßt und bestimmt. Mit dem Dialog als Methode eröffnet hier Kirche ihre »Kirchenheiligtümer« wieder neu als »Lebensheiligtümer« des Menschen.

3. Vom chronologischen Sakramententermin zur kairologischen Feier
Ein chronologischer Sakramententermin, wie ihn die Jahrgangskatechese vorgibt, ist das Resultat einer verwaltungsorientierten Sakramentenpastoral christentümlicher Prägung. Eine nach jesuanischem Maßstab biographisch ausgerichtete Sakramentenpastoral sucht gemeinsam mit dem Menschen nach dem lebensgeschichtlichen Kairos, an dem der Mensch die Nähe Gottes in seinem Leben in verdichteter Weise feiert. Die christentümliche Jahrgangskatechese

wird auch in der modifizierten Version der Gemeindekatechese der Biographie des einzelnen und dem Selbstverständnis der Sakramente nicht mehr gerecht. Die Diskussionen um ein »angemessenes« Alter für den Sakramentenempfang[39] erübrigt sich, denn der biographische Kairos läßt sich nicht auf eine Altersstufe festschreiben. Sakramente wie die Erstkommunion, die sich aufgrund der Jahrgangskatechesen zu Schulfeiern verformt haben, können wieder Glaubensfeiern des einzelnen und der Gemeinde werden.[40]

4. Vom »Alles-oder-nichts-Prinzip« zur gestuften Zugehörigkeit

Eine biographisch orientierte Sakramentenpastoral versteht Glaube als einen nach vorne offenen Prozeß, der einer kompetenten Begleitung bedarf. In diese Prozeßhaftigkeit des Glaubens ist die Feier der Sakramente als Feier des Glaubens einzuordnen. Sakramente können so als Wegzeichen des Glaubens verstanden werden, die den Glauben voraussetzen, aber auch voranbringen.[41] Der biographieorientierte Ansatz läßt zu, daß das Glaubensbewußtsein und die Kirchenbindung graduelle Unterschiede aufweisen. In der Vorbereitung und Feier der Sakramente kann der einzelne seinen Glauben vertiefen und sein Bewußtsein für die Rückbindung in eine Communio der Glaubenden entdecken.[42]

5. Von der unverbindlichen »Kirchenrekrutierung« zum »zeitlich begrenzten Engagement«

Verwaltungsorientierte Sakramentenpastoral, die in christentümlicher Gewohnheit weiterhin versucht, alle systematisch zu erfassen, führt zu einer Art Kirchenrekrutierung, die unverbindlich bleibt. Die Klage über einen defizitären Glauben und mangelndes kirchliches Engagement bei den Sakramtenbewerbern ist so gesehen hausgemacht. »Zuerst der Mensch«, heißt von den Bedingungen ausgehen, unter denen der Mensch postmoderner Zeit sein Leben gestalten muß. Dabei geht es nicht um eine bloße Anpassung an die zeitlichen Umstände. Aufgrund der gesellschaftlichen Entwicklung mit einer immer größeren Ausdifferenzierung aller Lebensbereiche ist ein zeitlich begrenztes kirchliches Engagement, wie es besonders um die Lebenswenden auftritt, als Wegstation zu sehen, auf der der Mensch Begleitung und Deutung seines Lebens vom Glauben her sucht und braucht. Eine biographisch orientierte Pastoral sieht dieses zeitlich begrenzte Engagement als Chance zu einer intensiven Auseinandersetzung mit dem einzelnen. Ständiges kirchliches Engagement der Christen bleibt ein Idealziel der Verantwortlichen, aber kann nicht mehr einziger Indikator gelungener Sakramentenpastoral sein. Die Kirche steht mitten in einem spannungsvollen Veränderungsprozeß, in dem sie eine neue Sozialgestalt gewinnt, die Kirchenbindung und kirchliches Engagement mitprägen. Ein fruchtbarer Umgang mit zeitlich begrenztem Engagement kann Beitrag sein, diese Transformation mitzutragen.

6. Von der Funktion zur Aktion

Die anthropologische Wende in der Pastoral unter dem Vorzeichen »Zuerst der Mensch« hat zur Konsequenz, daß der Mensch nicht mehr Objekt des pastoralen Handelns der Seelsorger ist. Der Mensch selbst wird zum handelnden Subjekt des eigenen Glaubens.

7. Von der Glaubensinformation zur Mystagogie

Eine biographisch orientierte Sakramentenpastoral tendiert weg vom wissensorientierten Sakramentenunterricht, dem abstrakten Vermitteln von Glaubenswissen und Glaubenstechniken. Sie sieht ihre Aufgabe in der Mystagogie, der Deutung des Lebens durch den Glauben aus der Perspektive derer, um deren Leben es geht.[43] Im Sinne von *Karl Rahner* führt die Mystagogie »Menschen in jenes Geheimnis, welches ihr Leben immer schon ist, nämlich die Liebesgeschichte Gottes mit uns«[44].

8. Vom Verwalten der Sakramente zum Dienst an den Sakramenten

Die pastorale Grundperspektive »Zuerst der Mensch« verweist den Verantwortlichen nicht in die Rolle eines Verwalters, der den Erfolg oder Mißerfolg seiner pastoralen Tätigkeit in statistisch überprüfbaren Zahlen abliest. Diese jesuanisch orientierte Pastoral vermittelt und verlangt ein neues spirituelles Selbstverständis. Der Aspekt steht in dem Vordergrund, daß Gott selbst es ist, der in den Sakramenten am Menschen handelt. Dieser Selbstwerdung des Menschen vor Gott in den Sakramenten gilt es zu dienen, indem der Seelsorger beiträgt, daß Gott Raum im Leben des Menschen gewinnt. Dieses Dienen ist kein Rückzug aus dem pastoralen Handeln im Vertrauen auf eine Gnade Gottes, die nach der theologischen Interpretation der Sakramente als ein opus operatum schon irgendwie selbständig wirken wird.

9. Vom Glaubensrichter zum Mystagogen

Als ein schwieriges Problem bei der Zulassung zu den Sakramenten gilt in einer christentümlich orientierten Pastoral die Frage, wie der Glaube zu messen sei. Unter dem Vorzeichen »Zuerst der Mensch« stellt sich diese Aufgabe so nicht, denn ausgehend von der Biographie des einzelnen wechselt der Verantwortliche aus der Aufgabe eines Glaubensrichters in die des Mystagogen. Er begleitet den Menschen neu vor das Geheimnis Gottes im Leben. Sakramente sind in diesem mystagogischen Deutungsprozeß als Höhepunkte und Verdichtungen der Geschichte Gottes mit dem Menschen zu erschließen.[45]

10. Vom Spender göttlicher Gnaden zum Moderator

Die Klage der Seelsorger bei der gegenwärtigen christentümlichen Form, Sakramente zu spenden, als Religions- oder Kultdiener mißbraucht zu werden, ist in gewisser Weise berechtigt. Eine biographisch ausgerichtete Pastoral ermöglicht auch in dieser Problematik eine Entlastung. Dem Seelsorger wächst in dieser Sichtweise eine Art Moderatorenrolle zu. Gerade der mystagogische Ansatz befreit den Seelsorger vor einer Instrumentalisierung zum Spender göttlicher Gnaden.

11. Von der obrigkeitlichen Verordnung zur eigenverantwortlichen Pastoral

Die komplexe und problembeladene Ausgangslage der gegenwärtigen Sakramentenpastoral erweckt bei vielen Verantwortlichen den verständlichen Ruf nach einer generellen obrigkeitlichen Lösung durch verbindliche Richtlinien der Seelsorgeämter und Ordinariate. Die Grundperspektive »Zuerst der Mensch« verlangt von den Seelsorgern eine mehr eigenverantwortliche Pastoral, die sich nicht hinter Vorschriften verstecken kann. Aufgrund der Ungleichzeitigkeit pastoraler Vorgänge und der unterschiedlichen Anforderungen einer biographieorientierten Pastoral kann eine künftige Sakramentenpastoral nicht mehr einheitlich obrigkeitlich geregelt werden.[46] In der Gestaltung einer mehr eigenverantwortlichen Sakramentenpastoral sind die Gremien vor Ort (wie Pfarrgemeinderäte oder Vertreter von Seelsorgsregionen) bestimmend.

Die Grundperspektive »Zuerst der Mensch« verlangt von den Seelsorgern den Mut zu einer mehr experimentellen Sakramentenpastoral, die nie zu einem fertigen Rezept führen wird. Es ist aber eine Pastoral, die in den »Zeichen der Zeit« das Reich Gottes zu lesen weiß.

Anmerkungen

1 K.H. Schmitt, Sakramentenpastoral als Pastoral für Kirchendistanzierte, in: Lebendige Seelsorge 35 (1984) 142.

2 Vgl. Sekretariat der Deutschen Bischofskonferenz (Hrsg.), Sakramentenpastoral im Wandel – Überlegungen zur gegenwärtigen Praxis der Feier der Sakramente, Bonn 1993, 9f.

3 So schreibt G. Koch in seiner Sakramentenlehre:»Gehören Fundamentaltheologie und biblische Exegese eher zu den Voraussetzungen der dogmatischen Sakramentenlehre, so wird diese ihrerseits zur inneren Voraussetzung anderer theologischer Disziplinen, die sich mit den Sakramenten beschäftigen, nämlich der *Pastoraltheologie, der Moraltheologie, des Kirchenrechts und der Liturgiewissenschaft.* Ihnen gegenüber hat die dogmatische Sakramentenlehre eine kritische Funktion, steht aber auch in einem Wechselverhältnis zu ihnen. So hat die Pastoraltheologie zu bedenken, wie durch die Sakramente Glauben und Glaubensgemeinschaft unter den Bedingungen unserer Zeit am besten verwirklicht werden können.« G. Koch, Das Heil aus den Sakramenten. Sakramentenlehre. in: W. Beinert (Hrsg.), Glaubenszugänge. Lehrbuch der Katholischen Dogmatik, Bd. 3, Paderborn 1995, 307–523, hier. 318.

4 D. Emeis, Zwischen Ausverkauf und Rigorismus. Zur Krise der Sakramentenpastoral, Freiburg-Basel-Wien 1991.

[5] Vgl. W. Zauner, Sakramente in einer säkularisierten Gesellschaft. Theologisch praktische Quartalschrift 138 (1990) 99–107, hier 101.

[6] P.M. Zulehner bezeichnet jenes pastoralsoziologische Erscheinungsbild der Kirche als »christentümlich«, in dem ein christlicher Staat und christliche Kultur, also politische Obrigkeit und Gesellschaft eng mit Kirche verknüpft waren. Es waren über die Kirchen hinaus ein »christlicher« Staat und seine gesellschaftlichen Einrichtungen wie Ehe, Schule, Zünfte, die über Jahrhunderte hinweg garantierten, daß die Bürger ohne weiteres Zutun der Kirche Christen wurden und sich auch im erforderlichen Ausmaß am Glauben und Leben der Kirche beteiligten. Vgl. dazu: P.M. Zulehner/J. Fischer/M.Huber, »Sie werden mein Volk sein«: Grundkurs gemeindlichen Glaubens, Düsseldorf 1985, 32, und P.M. Zulehner, Einführung in den pastoralen Beruf. Ein Arbeitsbuch, München 1977.

[7] Vgl. dazu: P.M. Zulehner, Zu einer verantworteten Ritenkultur. In: Pastoraltheologische Informationen, 17 (997) 193–208, hier195.

[8] Vgl. dazu H. Hübinger, Sakramentenkatechese im Wandel. Gemeinsam neue Wege finden, Limburg 1997, Der Autor schreibt dort auf Seite 30: »Es ist offensichtlich, daß in vielen lautstarken Debatten um die Sakramentenspendung an Ungläubige ein gewisser pastoraler Narzißmus zum Ausdruck kommt. Die Sorge um die Identiät des Seelsorgers und die Glaubwürdigkeit der Kirche scheinen wichtiger zu sein als der pastorale Dienst am Menschen.«

[9] M. Belok, Glaubenlernen – ein zentrales Thema in der Seelsorge heute? Für mehr Wahrhaftigkeit in der Sakramentenpastoral. Eine Ermutigung, in: Lebendiges Zeugnis 52 (1995) 92–105, hier 92 und: I. Baumgartner, Den Jugenlichen zugewandt. Subjektorientierte Firmpastoral, in Pastoraltheologische Informationen 17 (1997) 209–218, hier 212.

[10] Vgl. dazu: E. Schulz, Im Auftrag des Menschenfischers. Gemeindepastoral im Jahr 2000, München 1993, 23f.: Der Autor weist dort auf den Zusammenhang von Handlungsverlust durch Zieldiffusion hin und postuliert eine prioritätensetzende Pastoral.

[11] Vgl. R. Zerfass, Jesu Umgangsstil als Maßstab der Seelsorge, in: Diakonia 14 (1983) 230–243 und R. Zerfass, Menschliche Seelsorge. Für eine Spiritualität von Priestern und Laien im Gemeindedienst. Freiburg/Basel/Wien [2]1985, bes. 79–85.

[12] Die Diskussion um Begriff und Verständnis der »Post-Moderne« ist noch im vollen Gange. Grundsätzlich verstehen wir darunter aber keine neue Epoche als vielmehr eine neue Haltung gegenüber der Moderne, deren große Systeme und Programme zur Lösung der Welt- und Geschichtsprobleme an ein Ende gekommen sind. Das Schlagwort Pluralismus beschreibt eine Vielfalt von Sinn- und Wertvorstellungen die nebeneinander existieren und zur Grundbedingung des menschlichen Lebens werden. Vgl. dazu: H. Kochanek, Kirche und Christsein, in: »Übergänge«. In: Pastoralblatt (K) 49 (1997), 163.

[13] Lk 19,7.

[14] Vgl. L. Pohle, Zwischen Verkündigung und Verrat. Zur Gewissenskrise des Priesters heute, in: Geist und Leben 60 (1987) 334–354.

[15] Vgl. K. Nientiedt, Wie geht es weiter mit der Kirche und ihren Sakramenten? in: Lebendige Seelsorge 19 (1997) 16f.

[16] Vgl. U. Beck, Eigenes Leben. Ausflüge in die unbekannte Gesellschaft, in der wir leben, München 1995, 9.

[17] Vgl. P.L. Berger, Der Zwang zur Häresie. Religion in einer pluralistischen Gesellschaft, Frankfurt a.M. 1980, 43f.

[18] Vgl. ebd. 10 f.

[19] Vgl. dazu: M.N. Ebertz, Erosion der Gnadenanstalt? Zum Wandel der Sozialgestalt Kirche, Freiburg i.B. 1998, 138–142 (Kirche und Kirchlichkeit unter externem Relativierungsdruck).

[20] »Anything goes« ist ein Schlagwort für die Postmoderne. Mißverstanden wird es oft programmatisch gebraucht. Die Wendung stammt von Paul Feyerabend, der den Begriff eigentlich eher

deskriptiv-wissenschaftstheoretisch verwendet. Vgl. W. WELSCH, Unsere postmoderne Moderne, Weinheim ^{4}1993, 38 A. 81.

21 Der Bischof von Passau (Hrsg.), Pastorale Entwicklung Passau. Zwischenstand Mai 1999. Dokumentation der Klausurtage, Passau 1999, 198. In dieser Sammlung von Stimmen zur gegenwärtigen Lage der Kirche von Passau beschwert sich heftig ein Pfarrgemeinderat sehr drastisch: »Die Sakramente werden auch denen ›nachgeschmissen‹, denen die Kirche ›scheißegal‹ ist!«

22 Vgl. dazu: P.L. BERGER, Sehnsucht nach Sinn, Frankfurt 1994, bes. 51 und 75.

23 Vgl. dazu die Ausführungen zur »Sinnfrage« in der Moderne von W. KLUXEN, Religion in der Moderne: Religionsphilosophische Überlegungen zu einer Herausforderung für das Christentum. in: H. KOCHANEK (Hrsg.), Religion und Glaube in der Postmoderne, Nettetal 1998, 71; und die Aussagen zur »neuen Religiosität« in: J. ERBACHER, Freiheitsraum Kirche. Eine Provokation, Freiburg-Basel-Wien 1999, 48.

24 Vgl. dazu: ebenda 49: J. Erbacher weist darauf hin, daß die »neue Religiosität« an den christlichen Kirchen vorbeiläuft, weil sich »Selbstbestimmung« und »Glaube« für viele Menschen gegenseitig ausschließen.

25 Den Eindruck nährt die Diskussion um das Verhältnis von Glaube und Sakrament als Zulassungskriterium zur Sakramentenspendung. Bittet ein »christentümlicher Mensch« um ein Sakrament, wird eine eventuelle funktionale Sichtweise von Religion geargwöhnt, die Kirche als Service-Kirche mißbrauchen will. Vgl. dazu: M. BALL, Sakramentenpastoral im Wandel. Erfahrungen aus der katechetischen Fortbildung (1) in: Gottesdienst 31 (1997) 83.

26 Vgl. dazu: H. RITTER, Darf denn jeder Pfarrer machen, was er will?, in: Lebendige Katechese 14 (1992) 116–118.

27 Vgl. dazu z.B. die Richtlinien für Seelsorgeeinheiten in der Erzdiözese Freiburg vom 15. Juni 1999, in der Veröffentlichung der kath_regionalstelle_karlsruhe@compuserve.com, http://ourworld.compuserve.com/homepages/kath_regionalstelle_karlsruhe (10.07.1999), bes. 6ff.

28 Vgl. ebenda 11ff.

29 Vgl. dazu: W. HÜBINGER, Sakramentenkatechese im Wandel. Gemeinsam neue Wege finden, Limburg 1997, 24.

30 ZERFASS, Jesu Umgangsstil ..., 231.

31 Ebenda, 232.

32 Vgl. dazu: S. KNOBLOCH/H. HASLINGER (Hrsg.), Mystagogische Seelsorge. Eine lebensgeschichtlich orientierte Pastoral, Mainz 1991, 15–72.

33 Zerfaß verweist hier auf die Erfahrungen der Sozialpsychologie. Vgl. ZERFASS, Jesu Umgangstil, 232.

34 Vgl. ZERFASS, Jesu Umgangsstil ..., 233.

35 Vgl. ebenda, 234.

36 Ebenda, 239.

37 Vgl. ebenda, 240f.

38 Ebenda, 240.

39 Vgl. K. KOCH, Das angemessene Firmalter: ein Schmelztigel von Problemen, in: Anzeiger für die Seelsorge, 105 (1996) 226. und I. BAUMGARTNER, Den Jugendlichen zugewandt. Subjektorientierte Firmpastoral, in: Pastoraltheologische Informationen, 17 (1997) 209.

40 Einen solchen Weg zeigt A. Biesinger mit seinem neuen Kommunionkurs auf. Die Familienkatechese zur Hinführung zum Sakramentenempfang löst dort eine jahrgangsorientierte schulische und außerschulische Sakramentenvorbereitung ab. Vgl. A. BIESINGER/H. BENDEL/D. BIESINGER, Gott mit neuen Augen sehen. Wege zur Erstkommunion. Für das Leitungsteam-Einführung München 1999; dies., Gott mit neuen Augen sehen. Wege zur Erstkommunion. Familienbuch. München 1999; A. BIESINGER/H. BENDEL/D. BIESINGER/B. BERGER, Gott mit neuen Augen sehen. Wege zur Erstkommunion. Für die Kindertreffen – Leitfaden, München 1999; A. BIESINGER/H. BENDEL/D.

Biesinger/J. Hänle, Gott mit neuen Augen sehen. Wege zur Erstkommunion. Für die Elterntreffen - Leitfaden, München 1999.

41 Vgl. D. Emeis, Mit den Sakramenten leben. Ein kleiner Katechismus, Freiburg i.B. 1993, 16f.

42 Auf eine solche gestufte Zugehörigkeit weist das Apostolische Lehrschreiben *Familiaris consortio* hin, wenn es dort heißt: »Der Glaube dessen, der von der Kirche eine Trauungsfeier für sich erbittet, kann verschiedene Grade haben, und es ist eine vorrangige Verpflichtung der Seelsorger, diesen Glauben entdecken zu helfen, ihn zu stärken und zur Reife zu führen.« Sekretariat der Deutschen Bischofskonferenz (Hrsg.), Apostolisches Schreiben FAMILIARIS CONSORTIO von Papst Johannes Paul II über Aufgaben der christlichen Familie in der Welt von heute, Bonn 1981, 70, Nr. 68.

43 Vgl. dazu: H. Hübinger, Sakramentenkatechese im Wandel. Gemeinsam neue Wege finden, Limburg 1997, 30.

44 P.M. Zulehner, »Denn du kommst unserem Tun mit deiner Gnade zuvor ...« Zur Theologie der Seelsorge heute. Paul M. Zulehner im Gespräch mit Karl Rahner, Düsseldorf 1984, 48.

45 Vgl. dazu Sakramentenpastoral im Wandel, 27.

46 Vgl. H. Wahl, Sakramentenpastoral in spätmoderner Gesellschaft, in: Münchener Theologische Zeitschrift, 47 (1996) 131–143, hier 131. Der Autor spricht sich hier für eine »regionale« Sakramentenpastoral aus und zielt damit die Situation der westeuropäischen Kirche an. Dieser Gedanke der Regionalisierung sakramentenpastoraler Überlegungen muß über Wahls Plädoyer hinaus bis auf die kleine Organisationsform von Kirche durchgedacht werden, denn der status quo der deutschen Ortskirchen ist von einer ähnlichen Divergenz der regionalen Ansprüche geprägt, wie der der Weltkirche.

Weisheit, die nur hier fließt

Zur spirituellen Bedeutung der Lebensgeschichte

ANDREA PICHLMEIER

»Meine Vergangenheit ist unabänderlich.
Was geschehen ist, gleicht einem Felsen. –
Aber ich will aus ihm wie Moses Wasser hervorschlagen,
Weisheit, die nur hier fließt.«
Joseph Bernhart[1]

Es möchte sich einem bisweilen der Eindruck biographischer Geschwätzigkeit aufdrängen angesichts »der zeitgenössischen Flut der Tagebuch- und Memoirenliteratur großer oder weniger großer Persönlichkeiten, die den Anspruch erheben, wo nicht exemplarisch, so doch interessant gelebt zu haben«[2]. Dieses Zitat ist inzwischen fast ein Jahrzehnt alt und hat seine Spitze doch nicht eingebüßt – im Gegenteil: Das biographische Interesse der Gegenwart, geweckt durch die Lebenslaufforschung in den Sozialwissenschaften, scheint in dem Maße zuzunehmen, wie der Mensch in seine biologischen, psychischen und sozialen Funktionen hinein auflösbar erscheint und aufgelöst wird. Das biographische Interesse entspricht dem Widerstand des Subjekts gegen eine Gesellschaft, »in der alle lebensgeschichtlichen Muster wie vorfabriziert [und] ausgestanzt erscheinen«, wie *Johann Baptist Metz* bereits im Jahre 1974 diagnostizierte.[3] Das Subjekt des ausgehenden 20. Jahrhunderts kann sich nur behaupten, indem es ein »eigenes Leben«[4] entwirft. Von »Bastelbiographien« ist dabei die Rede, von einer »Patchwork-Identität«[5], die man sich aus vorhandenen Versatzstücken zusammenbaut, Geschichten, die man überstreift (und ablegt) wie Kleider. Die Biographie droht zum Konsumartikel zu werden wie vieles andere.

Eine ganz andere Spur legen die eingangs zitierten Worte *Joseph Bernharts* (1881–1969), die als programmatisch gelten könnten für den spirituellen Zusammenhang, in den die Biographie hier gestellt werden soll: als jene Geschichte, für die niemand anderer verantwortlich zeichnen kann als ich selbst, und deren Adressat jener »fiktive Andere«[6] ist, den der Glaube Gott nennt. Zwischen ihm und mir liegt diese Geschichte, die mich nie mehr verläßt und die hinzunehmen ist, unverrückbar und anstößig wie ein Felsen. Sie geht mir immer schon voraus in den Geschichten, in die hinein ich »verstrickt«[7] bin: die Geschichten meiner Eltern, die Geschichte meiner Kultur. Sodann ist sie der Weg, der hinter mir liegt, gegangen und vergangen. Sie sich anzueignen ist ein mühsamer Vorgang, der Kraft kostet. Es gilt, das *Wider*fahrene in *Er*fahrung zu verwandeln, ihm seinen je einmaligen Sinn zu entwinden, der mir aus keiner anderen Geschichte zukommen kann als aus der eigenen. Damit der Fels des unumstößlich Vergangenen zur Quelle werden kann, bedarf es mehr als eines ästhetischen Gespürs für die »passende« (d.h. gesellschaftlich bereitgestellte) Deutung des Erlebten und Gelebten; es erfordert die geduldige Lektüre der Vergangenheit, ein kritisch-unterscheidendes Wahr-Nehmen dessen, was mir (und auf mich) zukommt in der Begegnung mit meiner Geschichte. Dieser Vorgang soll unter Verwendung eines alten hermeneutischen Schlüssels in den Blick genommen werden.

1. VOM »VIERFACHEN SINN« DER LEBENSGESCHICHTE

»Geist aus der Geschichte«, so ist die deutsche Übersetzung eines Werks von *Henri de Lubac* überschrieben, das sich mit dem Schriftverständnis des *Origenes* auseinandersetzt.[8] Origenes (um 185 bis ca. 254) gilt als bedeutendster Vertreter der patristischen Lehre vom vierfachen Schriftsinn. Diese gründete in der Überzeugung, daß im Exegeten derselbe Geist wirksam sei wie im Offenbarungsdokument der Schrift selbst. Die überlieferte Geschichte barg Gottes lebendigen Geist, doch nur ein Geistbegabter, d.h. ein Glaubender konnte diesen Geist erkennen; dem Nichtglaubenden, davon war man überzeugt, blieb der Buchstabe tot, jedenfalls offenbarte er ihm nicht sein innerstes Geheimnis, das Handeln Gottes in der Geschichte und durch sie. Neben bzw. hinter der wörtlichen Bedeutung der Texte, dem sogenannten Literalsinn, identifizierte man drei weitere Bedeutungen: einen allegorischen, einen tropologischen und einen anagogischen Sinn. Ein Merkvers aus dem 13. Jahrhundert faßt die vier Schriftsinne einprägsam zusammen und setzt sie zueinander in Beziehung:

Littera gesta docet, quid credas allegoria,
moralis quod agas, quo tendas anagogia.[9]

Was aber hat dieser Zweizeiler mit der Lektüre einer Biographie zu tun? Er erinnert daran, daß der Heilstext verschiedene Interpretationsebenen hat, die so miteinander verwoben sind, daß man diesen Text nur dann richtig versteht, wenn man keine der Ebenen außer acht läßt. Wenn man die Biographie dem Wortsinn nach als (»geschriebenen«) Text nimmt, der in seiner Vielschichtigkeit ebenso deutungsbedürftig und deutungsfähig ist wie der Text der Bibel, dann tun sich erstaunliche Parallelen auf. Denn auch in der Lebensgeschichte haben wir es mit einer faktischen Geschichte zu tun (Literalsinn), die gedeutet werden will (allegorischer Sinn). Dabei geht es um das Selbstverständnis des einzelnen (tropologischer Sinn), dessen Existenz angesichts Gottes über sich selbst hinausweist (anagogischer Sinn). Die vier Interpretationsebenen der patristischen Exegese werden im folgenden zunächst biographisch gewendet und dann spirituell interpretiert, wobei Spiritualität erkennbar werden soll als eine Dimension, die nicht von außen an einen Menschen herangetragen werden muß, sondern die seiner Biographie immer schon innewohnt und dort entdeckt werden will: als »Geist aus der Geschichte«, »Wasser aus dem Felsen« und »Weisheit des Unabänderlichen«.[10]

1.1 Die Biographie, die »man hat«

Hinter der Biographie, die erzählt oder gelesen werden kann, steht jene, die »man hat«[11]; beide sind eng miteinander verwoben. Das menschliche Leben ist auf Kommunizierbarkeit oder jedenfalls Verstehbarkeit angelegt. Die gelebte und die geschriebene Biographie sind ihrer Struktur nach verwandt; schon der Begriff der Lebensgeschichte selbst steht im Spannungsfeld »zwischen Ereignis, Deutung und Erzählung«[12]. Menschliches Leben vollzieht sich nicht blind naturhaft, sondern birgt mit der Frage nach sich selbst immer auch schon seine eigene Deutung. Dennoch kann man in der Lebensgeschichte zumindest methodisch so etwas wie einen »Literalsinn« ausmachen: jene Lebensbedingungen, die überindividuell und meßbar sind und die, als psychische Gesetzmäßigkeiten, teilweise im Individuum selbst liegen, teilweise in den historischen und gesellschaftlichen Bedingungen, in denen es sich vorfindet. Sie bilden den »Sitz im Leben« jeder Interpretation menschlicher Existenz. So sind etwa die religiösen Symbole einerseits kulturell vermittelt, andererseits müssen sie sich in jedem individuellen Lebenszyklus neu bewähren, wie *Friedrich Schweitzer* anhand der acht psychosozialen Krisen nach *Erik H. Erikson* aufgezeigt hat.[13] Das Erleben von Mutter und Vater, das Entdecken der eigenen Möglichkeiten und Grenzen, die Erfahrung von Gemeinschaft und Auf-sich-gestellt-Sein, alle Lebensthemen, die je zu ihrer Zeit krisenhaft im Lebenszyklus auftauchen und bewältigt werden wollen, können als »Material« jener Geschichte angesehen werden, die bei jedem Menschen eine andere Handschrift trägt.

1.2 Biographie als Konstrukt

Nicht was »eigentlich gewesen ist«, wird in einer Biographie erzählt, sondern das, was erinnert wird. Dabei spielen nicht nur die äußeren Begebenheiten eine Rolle, sondern ebenso das innere Erleben, d.h. die Bedeutung, die den zurückliegenden Etappen des Lebensweges zugemessen wird. Gegenwärtige Gefühle und Urteile überlagern das Vergangene dergestalt, daß sich nicht mehr unterscheiden läßt zwischen den *res factae* und den *res fictae*, zwischen »Dichtung und Wahrheit«, um es mit dem Titel von Goethes Autobiographie zu sagen.[14] Darin liegt der »allegorische« Sinn von Biographie: etwas »anderes besagend«, als das unmittelbare Geschehen erkennen läßt.

Biographie ist in jedem Fall ein Konstrukt oder, wie *Hermann P. Siller* schreibt, eine »interpretative Handlung«[15], die, wie jede Handlung, Motive und ein Ziel hat. Die Erzählung einer Lebensgeschichte ist situationsgebunden, interessegeleitet und adressatenorientiert. Die Biographie einer Vierzigjährigen sieht anders aus als jene, die dieselbe Frau mit siebzig Jahren verfassen wird, dem Psychotherapeuten wird die eigene Geschichte anders erzählt als dem Priester in der Beichte, und ein Angeklagter wird sie wieder anders erzählen, als der Ankläger es tut.[16] Immer geht es dabei um die Konstruktion und Rekonstruktion von Identität und um die Frage, wer ein Mensch vor anderen ist und sein will. Die eigene Geschichte wird von anderen mitgeschrieben; dabei stehen Identitätsgewinn und Identitätsverlust auf dem Spiel. Der Kampf um die Identität ist ein Kampf um Selbstbestimmung und Anerkennung zugleich. Die implizite oder auch geäußerte Bitte um Anerkennung ereignet sich im biographischen Sprechakt, im reflektierenden und interpretierenden Erzählen. Dabei wird die Vielzahl der Daten einer Lebensgeschichte in einen nachvollziehbaren Zusammenhang eingefügt, der aus der Perspektive des Erzählenden heraus konstruiert wird. Die Eindeutigkeit und Plausibilität der erzählten Biographie wird vor allem auch dadurch hergestellt, daß der Erzählende seine Innenperspektive dem Publikum öffnet. Die getroffenen Entscheidungen und gegangenen Wege werden zusammen mit ihren Alternativen aufgezeigt und so ihre Einmaligkeit und Notwendigkeit zugleich begründet. »Es handelt sich also bei der (Auto-)Biographie um den Akt der (Selbst-)Darstellung eines lebensgeschichtlichen Subjekts vor einer Öffentlichkeit«[17] mit dem Ziel, das eigene Bild und jenes, das die anderen von der eigenen Person haben, zur Übereinstimmung zu bringen.

1.3 Die Frage nach der Identität

Beim tropologischen Sinn der Patristik war es darum gegangen, daß die tiefere, d.h. die christologische und ekklesiologische Bedeutung der Schrift (»moralisch«) auf den Einzelchristen angewendet werden sollte. Die individuelle Lebenspraxis sollte die objektive Heilsordnung bestätigen. Der Einzelne war Subjekt nur als Teil des Kollektivsubjekts Kirche, seine Identität leitete sich aus der Identität des Kollektivs ab. Die Neuzeit denkt anders, auch in der Theologie. »Nur dem Einzelnen, nicht der Gemeinde, kommt der Würdetitel des Subjektes zu! Nur die einzelnen sind Ebenbild Gottes, nicht die Gemeinde«[18], schreibt *Ottmar Fuchs* mit *Rolf Zerfaß*. Schon im Alten Testament begegnet Gott nicht *dem* Menschen allgemein und undifferenziert, sondern konkreten Männern und Frauen auf je unverwechselbare Weise: Abraham und Sara, Moses und Mirjam, Elisabet und Zacharias – und allen, die in deren und in vielen anderen Einzelgeschichten etwas von ihrer eigenen Geschichte wiedererkannt haben. Die Frage nach dem Subjekt verweist auf die Frage nach der Identität. Die Herauslösung des Individuums aus den ehernen Stammes- und Ständeordnungen ist die einschneidendste (und durchaus zweischneidige) Errungenschaft der Neuzeit, wobei die Herstellung von Identität zur unabschließbaren Aufgabe und zu einem Balanceakt zwischen Individuum und Gesellschaft mit der stets offenen Frage nach dem Selbst geworden ist. Hatte die vorneuzeitliche Gesellschaft krisenhafte lebensgeschichtliche Übergangssituationen durch Initiationsriten und sogenannte »rites de passage« bewältigen geholfen, so ergeben sich heute daraus »exzessiv ausgedehnte Krisen, die den Lebenssinn für den einzelnen in Frage stellen und jeweils einen hohen Prozentsatz Gescheiterter aus sich hervorgehen lassen«[19]. Das Scheitern ist eine Möglichkeit in den Identitätsentwürfen der Moderne geworden, der Preis der Freiheit, ein eigenes Leben zu besitzen und es gegen andere abzugrenzen. Doch ist Abgrenzung im Grunde ein Moment des Sich-in-Beziehung-Setzens. Wer ich bin, erfahre ich nicht aus mir selbst, sondern am Gegenüber anderer. Die psychologischen und soziologischen Identitätstheorien sehen die Herstellung von Identität als einen Vermittlungsprozeß: zwischen der Person und ihrer sozialen Umwelt, zwischen den inneren Instanzen (Trieben, Bedürfnissen, Idealen) der Person selbst, sowie zwischen den verschiedenen Phasen des Lebenslaufs (wer ich einmal war, wer ich heute bin und wer ich morgen sein möchte). Identität erweist sich als ein fragiler Besitz, dessen sich das Subjekt immer wieder neu vergewissern muß, auf den es aber – um seines Subjektseins willen – nicht verzichten kann, auch nicht zugunsten der Identitätsangebote eines Schutz und Eindeutigkeit verheißenden Kollektivs.

1.4 Identität als Fragment

Der vierte Schriftsinn hatte in der Heilsgeschichte die eschatologische Zukunft sich abbilden gesehen. Auch die Lebensgeschichte läßt sich nicht auf das Erwartbare reduzieren; die persönliche Zukunft ist mehr als die lineare Fortsetzung der Vergangenheit. Dies läßt sich wiederum am Identitätsbegriff aufzeigen. Die gängigen Identitätskonzepte sind weitgehend an einem Entwicklungspositivismus orientiert, wobei die Momente der Vollständigkeit, Ganzheit und Dauerhaftigkeit als konstitutive Merkmale angesehen werden. *Henning Luther* kritisiert diesen von Schicksal und Scheitern unberührten Entwicklungsgedanken und ruft dagegen die Erfahrungen des Nicht-ganz-Seins, des Unvollständig-Bleibens, des Abgebrochenen auf – jene Erfahrungen, die sich theologisch im Kreuz verdichten. Das Kreuz ist kein Ganzheitssymbol, sondern ein Torso, die offene Wunde einer zerstörten Identität. Auf diesem Hintergrund plädiert Luther für einen Identitätsbegriff, in dem das Scheitern, das Mitleid und die Sehnsucht als wesentliche Elemente enthalten sind.[20]

Wie in Anlehnung an die tropologische Interpretationsebene (und in Abhebung von ihr) zu zeigen war, gründet der neuzeitliche Identitätsbegriff in der Annahme, daß der Einzelne nicht bloß ein vom Ganzen geprägter Teil ist, sondern »konstruktiver Akteur, der der gesellschaftlich-kulturellen Umwelt als eigenständiger auch gegenübertritt und mit ihr interagiert«[21]. Dabei wird der Identitätsbegriff nicht als regulatives Prinzip von Entwicklung, sondern als deren Ziel angesehen, das zu einem bestimmten Zeitpunkt der individuellen Geschichte erreicht sein sollte – vorausgesetzt, diese ist unter optimalen Bedingungen verlaufen. Doch welche Geschichte verläuft unter optimalen Bedingungen? Und gehört zum Menschsein nicht gerade die Offenheit auf das Unerwartbare hin, auf das, was meine Identität in ihren Grundfesten zu erschüttern vermag, um mir meine noch unentdeckten Möglichkeiten dort zuzuspielen, wo ich am wenigsten mit ihnen rechne? Die ihrer selbst gewisse Ich-Identität gehört zu den Täuschungen eines Bewußtseins, das menschliches Leben für vorhersehbar und planbar hält, das aber jene Grenze ignoriert, die durch die Endlichkeit dieses Lebens gesetzt ist. Der Tod macht jede Lebensgeschichte zum Torso, zum Fragment, das seine endgültige Form nicht (mehr) finden konnte. Wie der Torso und das Fragment (etwa einer Ruine) weist sie über sich selbst hinaus und läßt die Spannung spüren, die sich aus der Differenz zu jener Ganzheit ergibt, die nur geahnt und erhofft werden kann.

2. BIOGRAPHIE UND SPIRITUALITÄT

Die Lehre vom vierfachen Schriftsinn ist eine spirituelle Form der Hermeneutik. Sie geht davon aus, daß der Geist (Gottes) sich dem Geist (des Menschen) in der Begegnung erschließt, da der Geist der Geschichte als Geist des Erzählenden mit dem Geist des Lesenden verwandt sein muß, wenn ein Verstehen möglich sein soll. Das Bedenken, Konstruieren und Lesen der eigenen Lebensgeschichte kann – in Analogie zur patristischen Exegese – seinerseits zu einem spirituellen Vorgang werden, in dem sich mir die »vier Sinne« jener »kleinen heiligen Schrift«[22] erschließen, zu der meine Lebensgeschichte im Glauben werden will. Dabei ergeben sich vier Dimensionen von Spiritualität, die auf den ersten Blick gar nicht »spirituell« erscheinen, was aber nicht weiter verwunderlich ist, da der Gottesgeist so sehr in die menschliche Geschichte verwoben ist, daß man »geistliche Erfahrungen« nur dann macht, wenn man menschlich lebt, d.h. die menschlichen Möglichkeiten ergreift und sich ihren Grenzen beugt.

2.1 »Ich-Sein«

Daß die erste Dimension biographisch interpretierter Spiritualität – in Anlehnung an den »Literalsinn« – ausgerechnet beim Ich beginnt, mag einen in der klassischen asketischen Tradition sozialisierten Christen befremden, der gelernt hat, daß es vor allem auf die Hingabe und das Absehen von der eigenen Person ankommt. Doch gehört die »Fähigkeit, eine Biographie zu haben«[23], mithin der Wille zum eigenen Leben unverzichtbar zu einer spirituellen Lebenshaltung. Ohne das reflektierende, ordnende, selektierende Ich kommt eine Lebensgeschichte nicht zustande; in ihm verbindet sich die Biographie, die »man hat« mit jener, die angeeignet und erzählt werden kann. Ohne das um seine Existenz bangende, sich selbst suchende und immer wieder verlierende Ich gäbe es die Erfahrung von Gnade nicht. Die Kirche hat immer gewußt, daß Rechtfertigung und Vergebung dem Individuum gelten und daß der und die Einzelne im letzten unmittelbar vor Gott stehen. Im säkularen Kontext einer hochdifferenzierten Gesellschaft jedoch hat das eigene Leben eine Radikalisierung erfahren, die das Ich bereits wieder in Frage stellt. Es zerfällt in Rollen, wird vielfach enteignet und unterliegt Bedingungen, die sich der Kontrolle des Individuums entziehen. Das eigene Leben ist nach *Ulrich Beck* das »radikal nichtidentische Leben«, reflexiv und entscheidungsabhängig. Es wird heftig verteidigt, denn es ist das einzige Leben, ein »Diesseitsleben«.[24]

Ist damit die spirituelle Frage nach dem Individuum und seiner Identität obsolet geworden? Die postmoderne Erfahrung hat das Ideal vom unangefochtenen und mit sich und der Welt in Einklang stehenden, eigenmächtigen Ich vom Sockel gestürzt und bewußt gemacht, daß der Mensch sich tatsächlich nicht selbst vollenden kann. Doch auch im Erleiden unausweichlicher Zwänge bleibt das Ich Subjekt und Träger eben dieser Erfahrung: der Ohnmacht. Das eigene Leben kann auf vielerlei Weise in Frage gestellt werden, doch auch und gerade die Erfahrung des Kreuzes ist eine Erfahrung des Subjekts und kann, mehr als alles andere, als eigene Tat begriffen werden: im Sich-Fügen in eine

Geschichte, die gerade dies und nichts anders von mir fordert. Gerade in ihrer Fragmentarität verweist die bedrohte Identität noch auf etwas anderes, ist keineswegs »diesseitig« und transzendenzlos. Wenn das eigene Leben die Grundlage spiritueller Existenz ist, dann ist es das als umkämpftes, verlorenes, wiedergefundenes, geschenktes Leben.

2.2 »Im-Bild-Sein«

Wer seine Lebensgeschichte (re-)konstruiert, kommt nicht ohne »Vorlagen« aus. In der Religionspädagogik würde man von Vor-*Bildern* sprechen, und die Identitätstheorien bestätigen ihrerseits, daß das eigene Selbstbild immer auch an den Lebensmodellen anderer entworfen wird. Der Gestaltung der eigenen Geschichte geht also die Wahrnehmung anderer Geschichten voraus, die als Orientierungshilfen empfunden werden. Weil die Lehre von der Wahrnehmung (*aisthesis*) mit Gestalt, Form und Stil zu tun hat, kann man der lebensgeschichtlich gegründeten Spiritualität durchaus so etwas wie eine »ästhetische Dimension« zuschreiben – freilich nicht im Sinne modischer Beliebigkeit, sondern in ihrer ursprünglichen Bedeutung des Schauens eines Bildes, dessen Züge auf mich übergehen können, wenn ich die darin beschlossene Erfahrung zu teilen vermag.

Diese Erkenntnis hatte sich bereits das antike Drama zunutze gemacht; es war von der Überzeugung getragen, daß die anschaubare Handlung der Schauspieler auf der Bühne (die ja das tatsächliche Leben repräsentierte) in den Zuschauern jenen »Jammer« (*eleos*) und jenes »Schaudern« (*phobos*) hervorrufen würde, die zu einer »Reinigung« (*katharsis*) führen sollte. Die Zuschauer sollten sich mit der dargestellten Handlung identifizieren (*mimesis*) und so in ein neues Verhältnis zur eigenen Wirklichkeit gelangen.[25] Der Vorgang der Mimesis oder Nachahmung findet vielfach statt und ist als solcher meist nicht bewußt: Das Spiel des Kindes hat ebensoviel Ähnlichkeit mit der dramatischen Illusion wie das religiöse Ritual, von den zahllosen Erfahrungen mit Kunst und Medien ganz zu schweigen.

Auch in der biblischen Gotteserfahrung hat das Bild seinen festen Platz neben dem Wort. Man denke dabei nur an das ergriffene Schauen des Mose vor dem brennenden Dornbusch – eine Erfahrung, die erst nachträglich durch das Wort von Gott her gedeutet wird, während umgekehrt den Emmausjüngern das Wort auf dem Weg sich erst im Bild des gebrochenen Brotes erschließt. Christus selbst wird von Paulus als »Bild Gottes« (*eikon tou theou*) bezeichnet, jenes Bild, in das hinein die christliche Existenz sich gestellt sieht und in dem Gottes Geschichte und Lebensgeschichte paradigmatisch miteinander verschmelzen. Jede Biographie ist ein Moment an Gottes Geschichte, denn das

»Leben Gottes«[26] ereignet sich in den Lebensgeschichten der Menschen, biblischer und zeitgenössischer Männer und Frauen.

2.3 »Zu-sich-Kommen«

Das Zusammentreffen von Gottes Geschichte und Lebensgeschichte wird bisweilen als »Bekehrung« gedeutet: Der »natürliche Mensch«, so sah es die traditionelle Askese, wird von seiner göttlichen Bestimmung eingeholt und stellt sein Leben fortan ausschließlich in den Dienst des Glaubens. Das Leben zerfällt in ein Vorher und ein Nachher zu einem Ereignis, das als gnadenhaft und unableitbar erfahren wird. Das Ich erfährt einen radikalen Eingriff von außen, der nicht in der Lebensgeschichte selbst zu gründen scheint. Doch muß hier die Vorstellung von einer Entfremdung des Subjekts durch eine äußere Macht ebenso von der Hand gewiesen werden wie in der Frage nach der Identität. Das Ich kann seine Identität nicht an ein Kollektiv abtreten, und der berühmte »Blitz vom Himmel«, der alles Bisherige widerruft, ersetzt den langwierigen und umwegigen Lebensgang nicht. Bekehrung ist nicht voraussetzungslos, sondern richtet sich nach dem jeweiligen Entwicklungsstand, nach Wissen und Wollen der Person. Sie ist eine Erfahrung von Identität, der ein biographischer Bruch vorausgeht. Dieser muß nicht in äußeren, objektiven Ereignissen liegen, sondern kann auch subjektiv vollzogen werden: als innere Unterbrechung in Gestalt einer *revision de vie*, eines autobiographischen, die gesamte bisherige Geschichte neu bewertenden Lebensrückblicks: Eine bestimmte (innere) Erfahrung stellt das eigene Leben in ein neues Licht, verwandelt, heilt es. Daher kommt der Spiritualität, biographisch interpretiert, auch eine therapeutische Dimension zu. Tatsächlich hat der Vorgang der *revision de vie* viel mit den therapeutischen Prozessen des »Erinnerns«, »Wiederholens« und »Durcharbeitens«[27] zu tun, die seit *Sigmund Freud* das Zu-sich-Kommen eines Menschen beschreiben, der seiner Geschichte auf den Grund geht bzw. gehen muß, weil es »so« nicht mehr weiter geht. Spirituell betrachtet kann dieser Vorgang ein Ereignis der Gnade sein: jedenfalls dann, wenn der Impuls zur Veränderung als Anruf verstanden wird, der in eine neue Beziehung zum Leben – und seinem Urheber – führt.

2.4 »Zum-Du-Kommen«

»Ich ist ein Anderer«, schrieb der französische Dichter *Arthur Rimbaud*.[28] Wer aber ist dann »Ich«, wenn es mir entzogen, gar fremd ist? Einen Schlüssel dazu gibt der berühmt gewordene Satz *Martin Bubers*: »Ich werde am Du; Ich werdend spreche ich Du. Alles wirkliche Leben ist Begegnung.«[29] Das Ich eines Kindes schält sich aus dem Schlaf der Unbewußtheit erst langsam am Gegenüber seiner Welt – der materiellen wie vor allem der personalen – heraus. Ohne das Du kann »Ich« nicht werden. Ohne ein Ich-Bewußtsein gibt es kein Du und damit auch keine liebende Zuwendung. Bei Buber hat die Ich-Du-Beziehung nicht nur eine entwicklungspsychologische, sondern vor allem eine religiöse Bedeutung; sie ist der Ort, wo Gott erscheint, »wenn der Sprechende sich als Person stellt und der Hörende wirklich ›da‹ ist«[30]. Genau diese Erfahrung kann ein sein Leben bedenkender Mensch machen, denn die gelebte wie die geschriebene Biographie vollzieht sich immer am Gegenüber eines Adressaten. Die schriftlich verfaßte und publizierte Biographie wendet sich an eine mehr oder weniger vertraute Öffentlichkeit; die »Biographiekonstruktion des Lebensvollzugs«[31], die Gestalt meines Lebens, die sich im inneren Selbstgespräch entfaltet, hat ihr eigenes Gegenüber, das *Henning Luther* den »fiktiven Anderen« genannt hat. Er erläutert dies am Beispiel des Tagebuchschreibenden, denn hier wird das eigene Leben zwar schriftlich, aber nicht öffentlich reflektiert. Der Tagebuchschreibende geht davon aus, daß er sich keinem anderen so verwundbar zeigen kann wie sich selbst, weil kein anderer sein Leben und was es bewegt so kennt wie er selbst. Doch ist dieses verstehende, wissende Ich, an das er sich wendet, tatsächlich mit dem schreibenden Ich, das sich anvertraut, identisch? Taucht dahinter nicht jener Andere auf, von dem *Augustinus* sagt, er sei *interior intimo meo*, tiefer noch innen als mein Innerstes?[32] Diesem Anderen kommen nach Luther zwei Eigenschaften zu, die ihn vom schreibend nach sich Tastenden unterscheiden: Liebe und Kritik, theologisch gesprochen: Gnade und Gericht. Nur das unbedingte Angenommensein und der unverstellte Blick (beides gelingt mir in bezug auf mich selbst immer nur unvollkommen) ermöglichen mir, mein Leben so zu sehen, wie es ist: in seiner Schönheit und in seinem Elend. Das Tagebuch ist ein Paradigma für jenen Vorgang, der sich in jeder Lebensgeschichte irgendwann, vielleicht sogar ständig ereignet: das Bedenken der Zeit, in der mein Leben sich entfaltet hat und die Berührung durch jenen Anderen, der nur so lange fiktiv ist, wie ich seinen Namen nicht kenne und ausspreche: der Gott und Vater Jesu Christi, der mir mit menschlichem Antlitz begegnet, zum Du wird, das noch meine Selbstgespräche in Gebete verwandeln kann.

Zusammenfassend läßt sich sagen: Spiritualität erhält ihre transzendente (»anagogische«) Dimension nicht erst durch explizite religiöse Sozialisation oder Interpretation, sondern bereits dadurch, daß der »fiktive Andere«, das Du Gottes, der lebensgeschichtlichen Reflexion, gewußt oder implizit, innewohnt.

Nach dem zweifachen Durchgang durch die vier patristischen Interpretationsebenen hat sich gezeigt, daß die Biographie, wie die Bibel, ein »heiliger« Text ist – heilig deswegen, weil er immer mehr aussagt als das faktisch Geschehene. Wie ein Brunnen rührt er an die tiefen, unsichtbaren Quellen unseres Lebens, an die Gegenwart dessen, der dieses Leben will und es deswegen immer wieder frag-*würdig* erscheinen läßt. Der mich vor die Frage stellt, was das unwiderruflich Geschehene, das von mir selbst Verschuldete und mir unverschuldet Zugefallene bedeuten soll, was Gott mir damit sagen will.

Es hat den Anschein, als sei der Biographieboom der letzten Jahre und Jahrzehnte Ausdruck eines wachsenden Individualismus und Egozentrismus. Und wenn es so sei? Könnte dies nicht eine Spur sein, die der Kirche gelegt wird, die alte Frage nach dem Willen Gottes für den Menschen neu zu bedenken? Der biographische Text, das spüren die Menschen, ist geheimnisvoll und unergründbar. Und vor allem: Er wiederholt sich nicht, sondern ist ein Unikat, das meine Einmaligkeit und meinen Wert bestätigt. Wenn Kirche der Ort sein will (und das muß sie), »an dem der Mensch vor das Ganze seines Lebens gerät und vor das Geheimnis seines Lebens kommt, das ihn trägt und überhaupt leben läßt«[33], dann wird sie die biographische Frage nicht geringschätzen, sondern sie wird sich bewußt machen, daß hier Verkündigung geschieht: im Erzählen jener Geschichten, in denen Gottes Wille immer schon am Werk ist.

Nach dem fragen lernen, was immer schon ist: Das wäre Spiritualität, Wasser aus dem Felsen, Geist aus der Lebensgeschichte.

Anmerkungen

1 Zit. in: Geist und Leben 61 (1988) 45.

2 W. Sparn, Vorwort zu: ders. (Hrsg.), Wer schreibt meine Lebensgeschichte? Biographie, Autobiographie, Hagiographie und ihre Entstehungszusammenhänge, Gütersloh 1990, 9.

3 J.B. Metz, Glaube in Geschichte und Gesellschaft, Mainz [5]1992, 213. Der Exkurs »Theologie als Biographie?« ist bereits im Jahre 1974 entstanden.

4 Vgl. dazu: U. Beck/W. Vossenkuhl/U. Erdmann Ziegler, eigenes Leben. Ausflüge in die unbekannte Gesellschaft, in der wir leben. Mit Fotos von T. Rautert, München 1995.

5 Vgl. J. Werbick, Bilder sind Wege. Eine Gotteslehre, München 1992, 316.

6 Vgl. dazu: H. Luther, Religion und Alltag. Bausteine zu einer Praktischen Theologie des Subjekts, Stuttgart 1992, 111–122: »Der fiktive Andere. Mutmaßungen über das Religiöse an Biographie«.

7 Vgl. dazu: W. Schapp, In Geschichten verstrickt. Zum Sein von Mensch und Ding, Frankfurt am Main [3]1985.

8 H. de Lubac, Geist aus der Geschichte. Das Schriftverständnis des Origenes, Einsiedeln 1968.

9 »Der Buchstabe lehrt das Geschehene; was zu glauben ist, die Allegorie; der moralische (Sinn), was zu tun ist; wohin zu streben ist, die Anagogie«. In: C. Dohmen, Vom vielfachen Schriftsinn – Möglichkeiten und Grenzen neuerer Zugänge zu biblischen Texten, in: T. Sternberg (Hrsg.), Neue Formen der Schriftauslegung?, Freiburg-Basel-Wien 1992, 17.

10 Eine ausführliche Behandlung erfährt dieser Ansatz im vierten Kapitel der im Frühjahr 2000 beim Echter-Verlag in Würzburg erscheinenden Dissertation der Autorin dieses Aufsatzes un-

ter dem Titel: »Wes Geistes Kind. Zum Verhältnis von Spiritualität und Biographie am Beispiel des Ordensgründers Jean-Claude Colin. Eine interdisziplinäre Grundlagenreflexion«.

11 LUTHER, Religion und Alltag, 112.

12 S. KLEIN, Theologie und empirische Biographieforschung. Methodische Zugänge zur Lebens- und Glaubensgeschichte und ihre Bedeutung für eine erfahrungsbezogene Theologie, Stuttgart-Berlin-Köln 1994, 79.

13 Vgl. dazu das Diagramm in: F. SCHWEITZER, Lebensgeschichte und Religion. Religiöse Entwicklung und Erziehung im Kindes- und Jugendalter, Gütersloh 1987, 188; sowie: E.H. ERIKSON, Identität und Lebenszyklus, Frankfurt am Main [13]1993.

14 J.W. GOETHE, Autobiographische Schriften I, in: ders., Werke, Bd. 9, München [9]1981, 9. Vgl. dazu auch: W. SPARN, Dichtung und Wahrheit. Einführende Bemerkungen zum Thema: Religion und Biographik, in: ders. (Hrsg.), Wer schreibt meine Lebensgeschichte?, 11–29.

15 H.P. SILLER, Biographische Elemente im kirchlichen Handeln, in: O. FUCHS (Hrsg.), Theologie und Handeln. Beiträge zur Fundierung der Praktischen Theologie als Handlungstheorie, Düsseldorf 1984, 195.

16 Vgl. ebd.

17 SILLER, a.a.O., 198.

18 O. FUCHS, Narrativität und Widerspenstigkeit. Strukturanalogien zwischen biblischem und christlichem Handeln, in: R. ZERFASS (Hrsg.), Erzählter Glaube – erzählende Kirche, Freiburg-Basel-Wien 1988, 103.

19 H.-J. FRAAS, Glaube und Identität. Grundlegung einer Didaktik religiöser Lernprozesse, Göttingen 1983, 48.

20 Vgl. dazu: LUTHER, Religion und Alltag, 160–182: »Identität und Fragment. Praktisch-theologische Überlegungen zur Unabschließbarkeit von Bildungsprozessen«.

21 LUTHER, a.a.O., 161.

22 J. FISCHER, zit. in: P.M. ZULEHNER, Grundkurs gemeindlichen Glaubens. Ein Arbeitsbuch, Düsseldorf 1992, 23.

23 Vgl. dazu: H.P. SILLER, Die Fähigkeit, eine Biographie zu haben, in: Diakonia 26 (1995) 6–16.

24 Vgl. BECK u.a., eigenes Leben, 14.

25 Vgl. dazu: A. GRÖZINGER, Praktische Theologie und Ästhetik. Ein Beitrag zur Grundlegung der Praktischen Theologie, München 1987, 205.

26 Vgl. dazu: H. ZAHRNT, Das Leben Gottes. Aus einer unendlichen Geschichte, München 1997.

27 Vgl. dazu: S. FREUD, »Erinnern – Wiederholen – Durcharbeiten«, in: ders., Ges. Werke X, Frankfurt/Main [7]1972, 125–136.

28 Zit in: LUTHER, Religion und Alltag, 62–87: »›Ich ist ein Anderer‹. Zur Subjektfrage in der Praktischen Theologie«, hier: 74.

29 M. BUBER, Ich und Du, Heidelberg [11]1983, 18.

30 L. WACHINGER, in: M. BUBER: Auf die Stimme hören. Ein Lesebuch, ausgewählt und eingeleitet von L. Wachinger, München 1993, 22.

31 LUTHER, Religion und Alltag, 114.

32 AUGUSTINUS, Bekenntnisse III, 6,11.

33 J. FISCHER, Der eigenen Berufung auf der Spur, in: P.M. ZULEHNER/J. FISCHER/M. HUBER, »Sie werden mein Volk sein«. Grundkurs gemeindlichen Glaubens, Düsseldorf [5]1990, 89.

Miteinander alt werden

Lebensgeschichtliche Überlegungen in der Katechese mit alt gewordenen Paaren

MARIANNE HABERSETZER

Seit ihrem biblischen Beginn hat die Katechese[1] im Lauf der Geschichte große Wandlungen hinsichtlich des Inhalts und der Methode erfahren. Auch die Zielgruppen katechetischer Arbeit haben sich verschoben. So richten nachkonziliare Dokumente ihre Aufmerksamkeit auf alle Generationen und sprechen von Katechese als einer lebensgeschichtlichen Begleitung.[2] Eine Katechese mit älteren Menschen möchte das Leben mit all seinen Facetten anschauen helfen und Möglichkeiten anbieten, dieses Leben, in dem Gott von Anfang an gegenwärtig ist, im Glauben zu deuten.

1. GRUNDSÄTZLICHES ZUR KATECHESE - HEUTE

1.1 Lebensgeschichtlicher Ansatz von Katechese

Katechese setzt beim konkreten Leben und Alltag des Menschen an. Lebensgeschichtlicher Ansatz[3] meint zuerst:

- Die Erfahrung des Menschen ist wertvoll und wichtig.
- In diese Erfahrung hinein hat Gott sich geoffenbart.
- Mit dieser Erfahrung ist Gott im Menschen unterwegs. In der persönlichen Geschichte des einzelnen will Gott den Menschen an sich ziehen.
- Auf diesem Weg ist Jesus Christus mit dabei. Er ist ja selbst der Weg, auf dem das Leben gelingt, indem er den Menschen mit Gott, den Jesus Vater nennt, in Beziehung bringt. Auf diesem Weg liegen Scheitern und Glauben, Versagen und Kraft, Enttäuschung und Sehnsucht.
- Das Ziel dieses Weges ist »... dich erkennen« (Joh 17, 3). An diese Erkenntnis zu erinnern, die im tiefsten jedem Menschen eingeschrieben ist, ist Aufgabe der Katechese.

1.2 Lebensgeschichtliche Begleitung

Bei unserem katechetischen Anliegen steht die lebensgeschichtliche Begleitung des einzelnen im Vordergrund. In erster Linie geht es also

- nicht um eine »Krisenintervention« – d.h. um eine Möglichkeit der Beratung, der Hilfe und Stärkung in einem Augenblick oder in einer konkreten Situation;
- nicht um ein Aufbauen von Glaubenswissen an einer Lebenswende, wie es beispielsweise in der Sakramentenkatechese geschieht,
- auch nicht um ein Anreichern von Glaubenswissen, um dadurch den Glauben besser und inhaltsreicher leben zu können.

Vielmehr geht es darum, das Leben in seiner ganzen geschichtlichen Vielfalt, mit allen Brüchen und Niederlagen, mit allem Erfolg und Glück zu erinnern und zu deuten, also Lebens- und Glaubensweg zusammenzubinden. Der alte Mensch ist Subjekt der Katechese, denn er ist wie jeder, der sich glaubend auf den Weg macht, Träger von Tradition und Subjekt einer persönlichen Weitergabe. Dabei gilt es, den Wandel in der Situation des älteren Menschen zu sehen. Ältere Menschen haben den Katholizismus noch als geschlossenes System erlebt, was vielen bis etwa zum Konzil religiöse Sicherheit gab.[4] Demgegenüber fühlt sich der ältere Gläubige heute mit seiner religiösen Überzeugung isoliert, sowohl in der eigenen Generation wie auch in der eigenen Familie. Auch kommen ältere Menschen in unseren Gemeinden wenig oder gar nicht vor; aufgrund eines verengten Altersbildes dürfen sie keine Fragen haben.

Der Begleiter/die Begleiterin hat die Aufgabe, sich in der Vorbereitung mit der Lebens- und Glaubensgeschichte älterer Menschen auseinanderzusetzen, im katechetischen Gespräch ist er/sie Moderator/in, Lernende/r unter Lernenden. Die Teilnehmer/innen selbst bestimmen die Tiefe des Gespräches.

1.3 Grundzüge von Katechese

Katechese als Begegnung mit dem Evangelium

Gott lebt das Leben in Gemeinschaft und je persönlich mit uns. Dies bezeugen beeindruckend und herausfordernd das Alte und das Neue Testament (vgl. Dtn 6,20–24: Hier wird der katechetische Weg beschrieben, den die Generationen miteinander gehen; vgl. Joh 4,1–26: Die Samariterin wird in der Begegnung mit Jesus zutiefst mit ihrem eigenen Leben konfrontiert). Dem Leben des einzelnen wird die befreiende biblische Botschaft gegenübergestellt.

Katechese als Ort der Erfahrung neuen Lebens und Glaubens
In der Katechese ist ein Zusammenbinden von Alltag und Glauben möglich. Diese Verbindung läßt sich als gelebtes Evangelium beschreiben. Es gilt, den Glaubenden ein »Mehr« an Evangelium zuzutrauen, ihnen Mut zu machen, ihr Leben als gelebtes Evangelium zu sehen und zu deuten. Dabei kommt es gerade bei den älteren und altgewordenen Partnern darauf an, den Alltag heute und die Glaubensüberzeugungen gestern in eine neue Beziehung zu setzen.

Katechese als Hilfe, daß das Leben gelingt
Ein Ziel aller Bemühungen ist es, daß ältere Menschen aus dem Leben Glauben lernen und aus dem Glauben Leben lernen. Dabei muß deutlich werden, daß sich für den, der glaubt, das Entscheidende im Leben und für das Leben ändert. Für die Älteren und Altgewordenen gilt es, sich auf die Lebensreise zu begeben und zu erfahren, daß der Mensch den Glauben an Gott und das in Jesus Christus angebotene Heil neu entdecken kann als Chance für ein Leben in Güte. Katechese kann helfen, zu erspüren, daß er und sein Leben getragen ist von der unendlichen Liebe, die Gott selbst ist.

Katechese als Umkehrprozeß
Katechese möchte Veränderung aufgrund des Zu- und Anspruches Gottes in der Nachfolge Jesu bewirken. So ist Katechese umkehrorientiert, hin zu dem, der Leben schenkt und hilft, daß Leben gelingt. »Kehrt um und glaubt an das Evangelium!« (Mk 1,15) Wo gibt es Möglichkeiten, daß ältere und alte Menschen die Geschichte ihrer Niederlage, ihres Scheiterns und ihrer Kränkungen erzählen? In einem katechetischen Gesprächskreis können Wunden heilen, Verletzungen zur Sprache kommen und Urteile neu bedacht werden. So kann Katechese helfen, Scheitern zu überwinden und einen Neuanfang zu ermöglichen. Ein Leiden, das nicht verstanden wird, ist nur schwer zu ertragen. Dennoch kann es gelingen, das Leid auszuhalten und im Laufe der Zeit in der persönlichen Lebensgeschichte das Warum und Wofür verstehen zu lernen.

Katechese als Möglichkeit, religiöse Kompetenz zu erwerben
Religiöse Kompetenz meint das Einstehen für das, was im Leben wichtig war und ist und dies im Glauben zu bezeugen. Diese Kompetenz zeigt sich: 1. In der Auseinandersetzung mit Leben und Glauben, 2. in dem Versuch, beides miteinander zu verbinden und 3. in der je eigenen gelebten Spiritualität.

Katechese will ältere Menschen zur Mitarbeit und Mitgestaltung der eigenen Lebenswelt in Familie, Kirche und Gesellschaft anregen. Sie möchte das Interesse weiten, Aufgaben entdecken, die die Fähigkeiten des einzelnen zum Tragen bringen, möchte Mut machen, die persönliche Spiritualität zur Sprache zu bringen, möchte Ängste abbauen, Enttäuschungen mittragen und Freude teilen.

Katechese als neue Begegnungsform[5]
Die christliche Gemeinde als ganze ist von ihrem Ursprung her, aber auch auf ihr Ziel hin, eine Erinnerungs- und Erzählgemeinschaft. In ihr kommt das Leben und der Glaube in der Sprache der Glaubenden zu Wort. Katechese möchte Hilfe sein, dieser Bestimmung gerecht zu werden.

Daher geschieht Katechese in Gruppen von Gleichgesinnten (z.B. als Bibelkreis oder Gesprächskreis mit der Möglichkeit, auch der Kirche Fernstehende zu integrieren),
- die sich gegenseitig des gemeinsamen Weges versichern,
- die sich auf der gemeinsamen Suche bestärken,
- die hier Kraft für den Alltag schöpfen,
- die miteinander versuchen, sichtbares Zeichen zu sein, damit andere staunend sagen: »Wir wollen mit euch gehen; denn wir haben gehört: Gott ist mit euch« (Sach 8, 23).

Durch solche Gruppen können ältere Menschen kommunikative Lernformen kennenlernen. So kann das Leben mit und als Kirche kritisch und intensiv erlebt werden, um »Wandlungen im Glaubensverständnis und in den Lebensvollzügen der Kirche verstehen und aktiven Anteil daran nehmen«[6] zu können.

Katechese kann auch intergenerationelle Begegnung ermöglichen und somit zu einem neuen – guten – Umgang zwischen Jungen und Alten beitragen. Aufgabe wäre es, ein neues Miteinander und eine Solidarität zu entwickeln, über sinnstiftende und wertorientierte Lebensmöglichkeiten und Lebensformen nachzudenken. In Gesellschaft und Kirche werden die gegenseitige Offenheit und in der Folge die Wertschätzung der anderen Generationen gebraucht.

1.4 Was suchen ältere Menschen in einer solchen Gruppe?

»Im gemeinsamen Gespräch und in der Meditation den Glauben vertiefen und ihn besser weitergeben zu können – ja, das hatte ich erwartet«

Frau M.F., 72 Jahre

»Mir tut es gut, wenn ich in kleiner Gruppe ans Nachdenken komme: Was ist wirklich wichtig in meinem Leben? Was hat mein Christsein geprägt auf meinem Lebensweg? Ein gemeinsames Ringen ›Damit tue ich mir schwer!‹ – oft genügt ein kleiner Anstoß in gesammelter Atmosphäre, daß ich zu Hause weiter darüber nachdenken kann.«

Frau E.Z., 70 Jahre

»Ich bin gekommen, um ganz bewußt vom täglichen Alltagstrott abzuschalten und mich mehr auf Werte zu besinnen, die mir oft abhanden kommen. Persönlich haben mich die Abende bereichert und mich zu mir selber finden lassen.«

Frau G. Sch., 85 Jahre

»In unserer heutigen Zeit sind Gelegenheiten zu einem religiösen Gespräch über Lebensfragen sehr selten, da für viele Menschen Religion gar keine oder nur eine untergeordnete Rolle spielt. Der Austausch von religiösen Erfahrungen, die die einzelnen Teilnehmer in ihrem Leben machten, hat mich sehr bereichert. Ich habe dadurch mein eigenes Leben in einem neuen Licht gesehen.«

Herr G.D. 69 Jahre

»Ich hatte keine Erwartung nach etwas grundlegend Neuem oder Spektakulärem, sondern freute mich, die eigene Erfahrung mit anderen auszutauschen und dadurch oft eine andere Sichtweise zu erhalten. Gut war auch, daß Schwierigkeiten nicht wegdiskutiert wurden und keine Belehrung stattgefunden hat. Gerade für ältere Menschen ist dies eine positive Erfahrung.«

Frau A. Sch., 61 Jahre

1.5 Lebensbegleitende Katechese mit älteren Menschen

Katechese als lebenslanger und lebensbegleitender Auftrag macht deutlich,
- daß es wichtig ist, die Lebenswelt der älteren und altgewordenen Erwachsenen ernst zu nehmen, damit sie in Familie und Gesellschaft Leben aus dem Glauben gestalten,
- daß diese Glaubenden einen wichtigen Platz innerhalb der Kirche haben und ihren Teil zum Aufbau und Bestand der Koinonia beitragen.

Diese Begleitung ist für den einzelnen hilfreich zum Leben-Können in der heutigen Welt. Das bestätigen die Erfahrungen in der katechetischen Gruppe,
- in der sich immer wieder eine große Offenheit der Teilnehmer zeigt, sich auf den katechetischen Prozeß und damit auch auf Neues einzulassen;
- in der das Miteinander auf dem gemeinsamen Weg es erleichtert, die eigene Lebensgeschichte versöhnt anzuschauen, und hilft, einzelnen Etappen und Krisen auf neue Weise zu begegnen;
- in der mit anderen geteilte Lebens- und Glaubenserfahrungen die persönliche religiöse Kompetenz stärkt und Mut und Hoffnung wachsen, den Glauben weiterzugeben.

2. SCHRITTE EINER KATECHESE: MITEINANDER ALT WERDEN – LEBENSGESCHICHTLICHE ÜBERLEGUNGEN IN DER KATECHESE MIT ALTGEWORDENEN PAAREN

»Sein Haus auf Fels bauen«(Mt 7,24-27)

2.1 LEBENSGESCHICHTLICHE ANKNÜPFUNG

Viele ältere Menschen in unseren Gemeinden, die in einer ehelichen Beziehung leben, halten am Wert der Ehe fest, ja mehr noch, sie verstehen ihre Verbindung als sakramentales Zeichen und versuchen, dies im Alltag zu leben. Doch wird der Bedeutungsverlust bzw. der Bedeutungswandel von Partnerschaft, Ehe und Familie in der Gesellschaft auch von der älteren Generation wahrgenommen, nicht zuletzt durch Erfahrungen im persönlichen Umfeld. Ehe wird häufig als »Auslaufmodell« deklariert und ist nicht mehr unbedingt die grundlegende Einheit der Gesellschaft. Mehrere nebeneinander stehende unterschiedliche Wert- und Normvorstellungen hinterfragen die eigenen Wertmaßstäbe und Lebensstile. Frühere Verbindlichkeit und Gültigkeit gehen verloren. Neben die Lebensform der Ehe sind als Alternative nicht-eheliche Lebensgemeinschaften getreten. So steht auch die ältere Ehe und Partnerschaft auf dem Prüfstand.

Im Laufe der Zeit hat sich der Sinn einer ehelichen Partnerschaft gewandelt »von einer ökonomischen und sozialen Zweckgemeinschaft zum Austausch gegenseitiger Dienstleistungen zu einer personalen Beziehung«[7]. Daneben hat die gestiegene Lebenserwartung das partnerschaftliche Zusammenleben verändert. So kann ein Problem der lang bestehenden Ehe die übergroße Bezogenheit aufeinander sein. Das führt in der Zweierbeziehung zu einer eingeschränkten Kommunikation, weil viele Aufgaben und Alltagssituationen klar zu sein scheinen, aber auch zu einem sozialen Rückzug. Andererseits werden Ehen auch im Alter immer häufiger geschieden.[8] »Eine Ehe, mit 25 Jahren geschlossen, kann 40 bis 50 Jahre und länger dauern. Der Tod ›scheidet‹ heute wesentlich später als vor 100 Jahren, dagegen werden ›alte‹ Ehen gegenwärtig häufiger vor Gericht geschieden als in der Vergangenheit.«[9] Die Gründe dafür sind vielfältig. Die Bereitschaft, eine Partnerschaft des guten Rufes willen aufrechtzuerhalten, ist gesunken. Dazu kommt, daß Scheidung mehr und mehr toleriert wird. Für uns ist bedeutsam, daß die religiöse Einstellung sich verändert hat, so daß sie keine Motivation mehr liefert. Auch die Kinder werden nicht mehr als Faktor erlebt, der die Partnerschaft zusammenhält.[10]

Die neue Art von Beziehung, die von Intimität, Nähe und Distanz, sowie Kommunikation getragen wird, muß erlernt werden; dieses Lernen stellt eine

Herausforderung für die ältere und alte Ehe dar. Daher sind auch in der älteren Paarbeziehung Aufgaben zu bewältigen, die ihrer Entwicklung dient, zumal die Generation der älteren Erwachsenen keine Vorbilder und Normen für das Leben in einer alten Partnerschaft unter den gegenwärtigen Bedingungen hat.

1. Die Hauptaufgabe der alternden Partnerschaft ist die Annahme des anderen mit seiner je eigenen Identität, so wie er oder sie sich im Laufe des Lebens entwickelt hat. Sie erfordert Selbsterkenntnis, aber auch »die gegenseitige Respektierung der Selbstbestimmung und Eigenverantwortlichkeit«[11]. Für die ältere Beziehung gilt in besonderem Maße die Ausgewogenheit von Nähe und Distanz.

2. Eine gegenseitige Abstimmung ist verstärkt nötig geworden aufgrund der in der Regel längeren Dauer der Partnerschaften. Dazu bedarf das neue Phänomen der »nachelterlichen Gefährtenschaft« besonderer Beachtung. So wird die partnerschaftliche Lebensphase ohne Kinder im eigenen Haushalt bezeichnet. Die Sorge um die Kinder als gemeinsames Interesse geht zu Ende. Nicht selten fällt diese Phase mit dem Eintritt ins Rentenalter bzw. der Pensionierung zusammen. Oft suchen sich die Frauen, nachdem sie von ihren mütterlichen Pflichten befreit sind, neue Aktivitäten und Tätigkeitsbereiche, während der Mann eher den Rückzug in einen Ruhestand ohne Streß und Leistung antritt. Auch das gemeinsame Ertragen von Bedrohungen, körperlicher oder seelischer Gebrechen kann die alte Partnerschaft herausfordern und auf die Probe stellen. Das langjährige Eingespieltsein der Partner gerät durcheinander. Krisen und Belastungen sind aber auch eine Bewährung und können eine Weiterentwicklung der Beziehung zur Folge haben.

3. Eine weitere Entwicklungsaufgabe ist die Bewahrung und Förderung von Intimität, dem Grundbedürfnis des erwachsenen Menschen. Die Intensität und die Ausdrucksweise können sich ändern, jedoch bleibt der Wesenskern jeglicher Intimität die gegenseitige, dauerhafte emotionale Verbundenheit und die daraus resultierende Verbindlichkeit einer Beziehung. Anders ausgedrückt: Die Liebe vermag auch beim Zurücktreten erotischer Anziehung die langfristige Partnerschaft späterer Jahre zu stützen und zu ermutigen. Im Alter gewinnt Intimität an Bedeutung, da andere Quellen der Selbstwertschätzung versiegen. Intimität im Alter besitzt eine höhere Qualität als in früheren Lebensphasen, denn sie bedeutet emotionale Sicherheit, Geborgenheit und Vertrauen. Intimität schafft der Partnerschaft eine »Behausung«[12].

Hier hat auch die Frage nach der Sexualität im Alter ihren Platz. Viele ältere Menschen lehnen Sexualität im Alter ab, oft aus religiösen Gründen. Jüngere begegnen kritisch dieser Frage und gestehen oft älteren und altgewordenen Erwachsenen sexuelle Verhaltensweisen nicht zu. Jedoch zeigen neuere Forschungen, daß die Einstellungen der Generationen sich zunehmend annähern. Das chronologische Lebensalter verliert auch in diesem Bereich seinen Einfluß. Studien beschreiben einen hohen Prozentsatz älterer Paare zwischen 60 und 75 Jahren als sexuell aktiv; desweiteren werden immerhin noch 30% im Alter von 75–85 Jahren und 10% der über 85jährigen ebenfalls als sexuell aktiv eingestuft. Dabei ist die physische und psychische Gesundheit eine wichtige Einflußgröße. Sexualität ist auch im Alter – wie das Altern überhaupt – beeinflußbar und gestaltbar.[13]

4. Das engagierte »Dranbleiben« kann die Kontinuität einer Partnerschaft sichern. Dabei geht es um das eindeutige Mitteilen von Gefühlen, um den Austausch von und das Arbeiten an Problemen. Dazu braucht es ein Miteinander-Reden und ein Sich-Zuhören. In einer Partnerschaft wird häufig ein funktionaler Gesprächsstil mit sach- und aufgabenbezogener Kommunikation gepflegt. So ist es leicht abzusprechen, wie die Aufgaben der Hausarbeit verteilt werden sollen, während die je persönlichen Wünsche und Hoffnungen nicht ins Wort gefaßt werden. Emotionen bleiben auf der Strecke, die Beziehung verarmt, das Schöpferische der Partnerschaft erlischt. Von der Kommunikation der Partner lebt eine Beziehung, und diese Kommunikation wird im Alter nicht leichter. Hier miteinander zu lernen, bleibt als Aufgabe. Dabei spielt die Biographie bzw. die Entwicklungsgeschichte der älteren Partnerschaft eine wesentliche Rolle.

2.2 (Bibel-)Theologische Überlegungen

Gott hat den Menschen als Mann und Frau erschaffen und sie füreinander geschaffen. »Darum verläßt der Mann Vater und Mutter und bindet sich an seine Frau, und sie werden ein Fleisch« (Gen 2,24/Mt 19,5). So spricht die Heilige Schrift von der Ehe. Wenn also ein Mann oder eine Frau die Lebensmöglichkeit der ehelichen Beziehung ergreift, dann entscheidet er oder sie sich für eine Fähigkeit, die Gott selbst in ihn, in sie hineingelegt hat. Die Einheit im Leben ist getragen von der Liebe des Gottes, der treu ist bis ins Alter. So verheißt die Bibel der Ehe bis ins hohe Alter der Partner eine Zukunft (Gen 18,10–14). Die Erfahrung, daß die Liebe und die Treue der Menschen scheitern, daß die eheliche Gemeinschaft mißlingt, wird uns im gleichen biblischen Text mitgeteilt: »Nur weil ihr so hartherzig seid, hat Mose euch erlaubt, eure Frauen aus der Ehe zu entlassen« (Mt 19,8).

Die Kirche versteht die Ehe als Sakrament, deren wesentliche Merkmale die Freiwilligkeit, Unauflöslichkeit, Offenheit für Kinder und Bereitschaft zu christlichem Engagement in Kirche und Gesellschaft sind. Mit dem ehelichen Versprechen ist die Partnerschaft »bis daß der Tod euch scheidet« verbunden.

Die theologische Deutung der ehelichen Lebensgemeinschaft wird mit dem Abbildcharakter der Beziehung von Frau und Mann umschrieben: Die Liebe Gottes zu den Menschen zeigt sich in der Liebe zwischen den beiden Partnern (vgl. Eph 5,25–33).

Durch das Zweite Vatikanische Konzil hat die Ehelehre eine Entwicklung erfahren, die insgesamt der Bedeutung und Aufwertung der ehelichen Gemeinschaft Rechnung trägt. Der erste Sinn der Ehe ist das Gelingen und die Gestaltung der Partnerschaft. Vor dem Konzil sprach man vom Ehezweck, und der erste Zweck der Ehe war die Zeugung von Nachkommenschaft. Erst an zweiter Stelle folgte die Partnerschaft. Ältere Paare kennen diese Rangfolge. Und dennoch haben sie ihre eheliche Gemeinschaft auf Liebe aufgebaut, die sich in gegenseitigem Vertrauen und gegenseitiger Achtung zeigt (vgl. 1 Kor 13,4–8a). Wobei sie sicher gespürt haben, daß eheliche Gemeinschaft im Gemeindeleben und in der Katechese eher eine untergeordnete Rolle spielt. Bis zum heutigen Tag steht die Familie im Mittelpunkt; man spricht idealisierend von der »Familie als Hauskirche«. Die Ehe kommt häufig nur dann zur Sprache oder »ins Gerede«, wenn die »Defizite ehelichen Lebens« aufgezeigt werden, wenn z.B. von Scheidung und in der Folge von Wiederverheiratung und die Zulassung zu den Sakramenten gesprochen wird. Vielfach suchen Theologie und Verkündigung die Gründe des Scheiterns in sittlichem Versagen und Werteverfall, während eigentlich die Gründe im gesellschaftlichen Wandel und in der dadurch gegebenen äußeren Belastung zu suchen sind.

Daneben vermittelt Kirche bis zum heutigen Tag noch ein traditionelles Rollenverständnis in der Paarbeziehung. Dieses Rollenverständnis hat sich aber auch in vielen älteren Lebensgemeinschaften durch lebensgeschichtliche Erfahrungen und Veränderungen überholt. Gerade wenn Grenzen der Vitalität und des physischen und psychischen Vermögens erreicht werden, sind es oft die Frauen, die die Gemeinschaft durchtragen und stärken.

Die positive Gestaltung ehelicher Beziehung läßt sich an dem Gleichnis vom »Haus auf Felsen bauen« (Mt 7,24–27/Lk 6,47–49) verdeutlichen. Matthäus und auch Lukas beenden mit diesem Vergleich die Bergpredigt bzw. die Feldrede. Die Worte Jesu zeigen, wo das Fundament gelegt werden muß, damit das Leben im Sturmbraus »überlebt«. Der Fels, die Stütze dieses Lebens, ist Jesus Christus, ist Gott selbst. Ihn zu hören und seine Worte zu tun sind Maßstab für ein gelingendes Leben und in diesem Leben auch für eine geglückte und beglückende Beziehung. Das Gleichnis macht aber auch deutlich, daß eine jede / ein jeder nur dieses eine, einmalige Leben hat, das es zu gestalten gilt.

2.3 Intention und Ziel

Die Partner sollen die eigene Paarbeziehung anschauen und als (Liebes-)Geschichte und Erfahrung mit Gott verstehen lernen. Im Austausch mit anderen kann es möglich werden, die Veränderungen wahrzunehmen, diese Beziehung bewußter zu leben und sie als gemeinsames Wachsen – auch im Alter – zu verstehen.

2.4 Katechetisch-didaktische Hinweise

Die Katechese wird das Gegenüber von grundsätzlicher Bedeutung der Ehe in Bibel und Theologie und die gelebte Partnerschaft im Alltag aufzeigen. Ebenso wird sie dem Wandel im Eheverständnis Rechnung getragen. Dadurch kann Hilfe gegeben werden, die Ehe im Alter zu leben, im partnerschaftlichen Miteinander, in Sexualität und Zärtlichkeit. Als Methode wird eine Übung »Miteinander das Haus bauen«[14] angeboten. Der partnerschaftliche Austausch und das Gespräch in der Gruppe sollen zu einem Schriftgespräch zu Mt 7,24–27 führen.

2.5 Schritte methodischer Umsetzung

Einstieg: Die Paare betrachten gemeinsam ein Bild/Dia von einem jungen Hochzeitspaar. Sie lassen sich auf eine Lebensreise zurück zu dem Tag ihrer Eheschließung schicken.

Übung: »Miteinander das Haus bauen«.
1. Wir haben damals unser Haus gebaut. Worauf haben wir gesetzt?
2. Die Paare erhalten verschiedene Karten mit »Werten, Eigenschaften, Wichtigem und Bedeutendem«. Dazu einige leere Karten. Sie werden eingeladen, die Karten in Ruhe anzuschauen und dann als »Haus« zusammenzusetzen: Was war unser Fundament? Was waren unsere Stockwerke? Was unser Dach? War es eher ein kleines Haus oder vielleicht gar ein Hochhaus?
3. Das »Haus« mit dem Partner nochmals »begehen« und sich fragen: Wie sieht unser Haus heute aus? Was hat sich verändert? Die Paare werden aufgefordert, Karten zu verschieben, auszuwechseln, gegebenenfalls ihr »Haus« neu einzurichten.
4. Die Paare gehen anschließend von »Haus« zu »Haus« und begutachten die Gebäude. Anschließend tauschen sie sich aus über ihre Werke: Worauf haben wir gesetzt? Wo machen wir bis zum heutigen Tag unsere Beziehung fest?

miteinander im Gespräch bleiben	sich in der Pfarrgemeinde engagieren	liebevoll und zärtlich sein
Gastfreundschaft pflegen	Kinder haben und erziehen	Toleranz üben
in Liebe verbunden sein	ein Leben lang die Treue halten	sich »um Haus und Hof kümmern«
sich aufeinander verlassen können	miteinander am Glauben festhalten	Ja zu sich selber sagen
den Partner annehmen, wie er ist	sexuell anziehend bleiben	

Schriftgespräch
1. Die Teilnehmer lesen gemeinsam den Schrifttext:
Wer diese meine Worte hört und danach handelt, ist wie ein kluger Mann, der sein Haus auf Fels baute. Als nun ein Wolkenbruch kam und die Wassermassen heranfluteten, als die Stürme tobten und an dem Haus rüttelten, da stürzte es nicht ein, denn es war auf Fels gebaut. Wer aber meine Worte hört und nicht danach handelt, ist wie ein unvernünftiger Mann, der sein Haus auf Sand baute. Als nun ein Wolkenbruch kam und die Wassermassen heranfluteten, als die Stürme tobten und an dem Haus rüttelten, da stürzte es ein und wurde völlig zerstört (Mt 7, 24-27).
2. Die Teilnehmer tauschen sich aus über Erfahrungen und Erlebnisse, bei denen sie gespürt haben »wir haben auf Fels gebaut!« bzw. »da haben wir auf Sand gebaut!«

Die Katechese endet mit einem *Gedicht* von *Christine Busta:*[15]

Vom Altern

Der Liebe wird alles wichtig und lieb:
eine Schattenmulde in der Wange,
das Runzelgeflecht ums Auge,
eine Kindheitsnarbe unter den Zehen,
ein verborgener Makel der Haut,
eine sichtbarer werdende Ader
und die kahle Stelle im Haar.

Jeder Verlust wird auch Gewinn
und mehrt die Erinnerung.

Treuer als Lust macht Zärtlichkeit,
der Schmerz um Vergängliches erneuert.
Aus den Filtern behutsamer Trauer
bergen wir die Schönheit, die bleibt.

Anmerkungen

1 Vgl. M. Habersetzer, Leben und Glauben – ein katechetischer Weg mit älteren Menschen, Würzburg 1998, 122–156.

2 Vgl. Katechetisches Wirken der Kirche, in: Gemeinsame Synode der Bistümer in der Bundesrepublik Deutschland, Bd. II, Würzburg 1976; Apostolisches Schreiben »Evangelii nuntiandi«, Papst Paul VI., 1975, in: Sekretariat der Deutschen Bischofskonferenz (Hrsg.), Nachkonziliare Texte zu Katechese und Religionsunterricht, Bonn 1989, 122–191; vgl. ebd. Apostolisches Schreiben »Catechesi Tradendae«, Papst Johannes Paul II., 197–261.

3 Der hier dargelegte Ansatz erfüllt nach Meinung der Verfasserin die Forderung von D. Emeis nach einer integrativen Position im Bezug auf den Ansatz von Katechese. Die verschiedenen Ansätze – theozentrisch, christozentrisch, anthropozentrisch –, die im Laufe der Jahrhunderte unterschiedlich betont wurden, sind hier miteinander ins Spiel gebracht und integriert. Vgl. D. Emeis, Katechese, in: G. Bitter/G. Miller (Hrsg.), Handbuch religionspädagogischer Grundbegriffe. Bd. 1, München 1986, 176–178. Hier muß auch die Verbindung zu einer mystagogischen Katechese gesehen werden, die in ihrem Ansatz Anthropologie und Theologie verbindet und versucht, in der eigenen Lebensgeschichte auch die Liebesbeziehung zu Gott zu entdecken und so in die Nähe des Geheimnisses von Leben und Glauben zu führen.

4 Vgl. K. Gabriel, Christentum zwischen Tradition und Postmoderne. Freiburg-Basel-Wien, [5]1996.

5 M. Kehl spricht hier von »kommunikativen Glaubensmilieus«, die als neue Weisen gemeinsamen Glaubenslebens in die Pfarrgemeinden integriert werden können. Er kennzeichnet diese Milieus durch die Beziehungen, die die einzelnen in diesen Gruppierungen untereinander eingehen, durch die Bereitschaft, die eigene Glaubensbiographie zur Sprache zu bringen, durch die Offenheit über die Gruppe hinaus und die Freundschaft mit den Armen (vgl. M Kehl, Wohin geht die Kirche? Eine Zeitdiagnose. Freiburg/Basel/Wien 1996,150–153).

6 Katechetisches Wirken der Kirche, in: Gemeinsame Synode, a.a.O., 55.

7 H. Walter, Das Alter leben, Darmstadt 1995, 145; vgl. ebd. 146ff.

8 Vgl. I. Maas u.a., Kohortenschicksale der Berliner Alten, in: K.U. Mayer/P.B. Baltes (Hrsg.), Die Berliner Altersstudie, Berlin 1996, 121–124.

9 Ebd., 146.

10 Vgl. U. Lehr, Psychologie des Alterns, Heidelberg [7]1991, 268f.

11 J. Willi, Was hält Paare zusammen?, Reinbek 1991, 326.

12 Ebd., 102.

13 Vgl. L. Rosenmayr, Altern im Lebenslauf. Soziale Position, Konflikt und Liebe in den späten Jahren, Göttingen 1996, 87–116.

14 Diese Übung hat die Verfasserin in Ehevorbereitungskursen in früherer Zeit durchgeführt; ausführlich beschrieben ist diese Methode in: Deutscher Katecheten Verein (Hrsg.), Unterwegs zur Ehe. Wegweiser und Bausteine für die Ehevorbereitung, München 1993.

15 Ch. Busta, Inmitten aller Vergänglichkeit, © Otto Müller Verlag, Salzburg, 1985.

»Wenn ich doch nur Schluß machen könnte ...!«

Pastoraltheologische Anmerkungen zum Euthanasieproblem

HANS SCHILLING

Ein Klinikseelsorger besuchte einen schwerkranken Patienten und fragte ihn: »Wie geht es Ihnen heute? Ich wollte Sie schon vorige Woche besuchen, da saßen Sie auf dem Flur, mit dem Kopf auf dem Tisch.« Die Antwort des Angesprochenen: »Ach, es ist fürchterlich. Schmerzen, Schmerzen, Schmerzen. Es will nicht besser werden. Vorige Woche, da war ich so fertig, da bin ich am Tisch eingeschlafen. Und wissen Sie, was heute war? Zehn Spritzen ins Rückenmark ... Ich hab schon soviel bekommen, da hilft doch nichts mehr. Zu dem Arzt habe ich gesagt: Wenn ich doch nur Schluß machen könnte.«[1]

Wenn ich doch nur Schluß machen könnte: Die meisten Menschen wünschen sich zwar ein langes, gesundes Leben, aber auch, wenn es denn schon einmal sein muß, ein schnelles, schmerzfreies Sterben. Und viele sind hierzulande der Meinung, es sei besser, rechtzeitig »Schluß zu machen«, sich selber umzubringen oder klinisch sauber umbringen zu lassen, als wochen-, monate- oder vielleicht sogar jahrelang unter kaum noch menschenwürdigen Bedingungen dahinzusiechen. Nach einschlägigen Umfrageergebnissen plädiert eine große Mehrheit der Deutschen z.B. dafür, daß ein Arzt nicht bestraft werden soll, wenn er einem todkranken Patienten, der »nur noch mit Apparaturen und starken Medikamenten am Leben erhalten wird«, auf dessen Bitte hin ein tödliches Mittel besorgt.[2] Künstliche Lebensverlängerung in hoffnungslosen Fällen findet immer weniger Zustimmung, um so mehr der schon vor anderthalb Jahrzehnten in der Bevölkerung nahezu mehrheitsfähige Standpunkt, daß »ein Todkranker das Recht haben soll, den Arzt um die erlösende Spritze zu bitten«[3] – ein Postulat, das sowohl dem geltenden Strafrecht als auch der kirchlichen Morallehre widerspricht. Und da im Deutschen Reich zwischen 1933 und 1945 das angeblich »gesunde Volksempfinden« gerade bezüglich des vermeintlich »lebensunwerten Lebens« schon einmal einen unheilvollen, mörderischen Sieg über Recht und Sitte davongetragen hat, sollten wir Deutschen nicht einfach erinnerungs- und bedenkenlos in den Chor derer einstimmen, die für die ersatzlose Streichung des § 216 StGB plädieren. Wir haben in einem Land, in dem sich mit dem Wort *Euthanasie* (= schöner, guter Tod!) die Erinnerung an die kaltblütige Ermordung von ungefähr 100 000 geistig und körperlich Behinderten verbindet[4], allen Grund, mit der Frage nach dem Wert bzw. Unwert des Lebens äußerst behutsam umzugehen. Wir sollten allerdings auch auf den billigen Trick verzichten, die *heutige* Euthanasiediskussion ständig und ausschließlich mit dem Hinweis auf die Greueltaten aus der NS-Zeit abzublocken und die *heutigen* Euthanasiebefürworter in die Nähe jener Mörder zu rücken, die im weißen Arztkittel die Behinderten zu Tode spritzten oder ins Gas schickten. Was *heute* weltweit unter dem Stichwort *Euthanasie* bzw. *Sterbehilfe* oder *Sterbenachhilfe* verhandelt und diskutiert wird, hat motivational und intentional mit der menschenverachtenden Vernichtung sogenannten »lebensunwerten Lebens« nichts zu tun. Vielmehr geht es dabei quer durch alle Meinungsfronten hindurch durchweg um die ethische Zentralfrage: Was heißt im konkreten Fall des schwerstkranken, unheilbaren, qualvoll leidenden Patienten *menschenwürdiges Sterben*?

Wer jemals das elende Verenden eines geliebten Menschen im letzten Stadium unheilbarer Krebskrankheit aus nächster Nähe miterlebt hat, wer mit ihm wochen-, monatelang hoffte, daß die operativen, strahlen- und/oder chemotherapeutischen ärztlichen Maßnahmen schließlich doch noch helfen, und wer dann letzten Endes ohnmächtig mitansehen mußte, daß die ganze Quälerei vergeblich, der Tod von vornherein einprogrammiert war, der wird, wenn er kein Herz aus Stein in der Brust trägt, zumindest darüber nachdenken, ob denn dieses Sterben wirklich (noch) menschenwürdig war. Wäre nicht, falls der oder die Gequälte ausdrücklich darum gebeten hätte, Sterbenachhilfe, Euthanasie menschlicher gewesen?

Wir werden dieser bangen Frage nachgehen, können dabei allerdings in der hier gebotenen Kürze nur einige der zahlreichen Problemaspekte beleuchten, die in der kaum noch überschaubaren Literatur zum Thema[5] eine Rolle spielen.

1. EUTHANASIE IM WIDERSTREIT DER MEINUNGEN

1.1 WAS HEISST ›EUTHANASIE‹? VERSUCH EINER DIFFERENZIERENDEN BEGRIFFSERKLÄRUNG

In der weitesten Bedeutung des Worts läßt sich ›Euthanasie‹ (griech.: euthanasía = guter, schöner, schmerzloser Tod) verstehen als »ein Handeln, das bestimmt und geeignet ist, den erleichterten und schmerzgelinderten Tod eines unheilbar schwerkranken Menschen zu ermöglichen«[6]. Im engsten Wortsinn bedeutet *Euthanasie* »die bewußte Herbeiführung des Todes durch einen anderen bei unheilbarer Krankheit«[7]. Für Euthanasie im letzteren, engsten Wortsinn steht in der Literatur häufig der deutsche Ausdruck *»Sterbehilfe«*. Er ist mißverständlich, weil er sowohl Hilfe *beim* als auch *zum* Sterben bedeuten kann. Ich ziehe deshalb für den Fall der engeren Wortbedeutung den weniger mißverständlichen deutschen Ausdruck *»Sterbenachhilfe«* vor.

Die Euthanasiehandlung ist *freiwillig*, wenn der Patient sie verlangt bzw. mit ihr einverstanden ist; sie geschieht *unwissentlich*, wenn der Patient weder zustimmen noch ablehnen kann, weil er bewußtlos ist bzw. im Koma liegt[8]; sie geschieht *unfreiwillig*, wenn sie gegen den ausdrücklich erklärten Willen des Patienten vorgenommen wird: Diese ethisch absolut verwerfliche, von den Nationalsozialisten massenhaft verübte »Zwangseuthanasie« (*Hans Küng*) erfüllt nach unserem Strafrecht mindestens den Straftatbestand des Totschlags (§ 212 StGB), u.U. sogar des Mordes (§ 211 StGB) und ist im Rahmen unserer dem »menschenwürdigen Sterben« gewidmeten Überlegungen völlig indiskutabel. Im übrigen kann man unterscheiden:[9]

a) »die im Zuge des ärztlichen Beistandes mögliche und vielleicht notwendige Anwendung von leidensmindernden Mitteln, die sich u.U. lebensverkürzend auswirken können (wobei diese mögliche Folge um der Leidensminderung willen in Kauf genommen wird);

b) die um der Leidensminderung willen ... vorgenommene Aussetzung medizinisch-therapeutischer Maßnahmen (mit der in Kauf genommenen Verkürzung bzw. Beendigung des Lebens);

c) die zwar um der Leidensminderung willen vorgenommene, aber vorsätzliche Tötung eines Menschen durch Aussetzung medizinisch-therapeutischer Maßnahmen (die Beendigung des Lebens wird bewußt intendiert, nicht bloß in Kauf genommen);

d) die um der Leidensminderung willen vorsätzlich durch aktive Maßnahmen (z.B. die Verabreichung lebensbeendender Mittel) herbeigeführte Tötung eines schwerkranken oder sterbenden Menschen.«

Wenn man, wie es in der Literatur und in Diskussionen häufig geschieht, zwischen *aktiver* und *passiver* Euthanasie unterscheiden will, dann gehören die Fälle a) und d) zur ersteren, weil hier bestimmte ärztliche Maßnahmen aktiv getroffen werden, und die Fälle b) und c) zur letzteren, weil hier bestimmte ärztliche Maßnahmen unterlassen werden. Nimmt man, um das Ganze noch komplizierter zu machen, als weiteres Kriterium die Unterscheidung zwischen *direkter* und *indirekter* Euthanasie hinzu, dann müßten wir Fall a) als indirekt-aktive, Fall b) als indirekt-passive, Fall c) als direkt-passive und Fall d) als direkt-aktive Euthanasie bezeichnen. So notwendig und nützlich diese subtilen Distinktionen auch sein mögen, so wenig helfen sie mitunter im klinischen Alltag, wo Ärzte oft blitzschnell entscheiden müssen, ob sie bei infauster Prognose eine lebensverlängernde Maßnahme treffen oder unterlassen sollen, wobei die Unterscheidung zwischen aktiver und passiver Euthanasie ohnehin problematisch ist, weil ja im Grunde genommen auch die vom Arzt zu verantwortende Unterlassung einer bestimmten Maßnahme eine Form therapeutischen Handelns darstellt.

Ohne darauf näher einzugehen, möchte ich statt dessen auf die beiden meines Erachtens wichtigsten Momente aufmerksam machen: Es geht, wo und wann immer Euthanasie heute im Kontext medizinischer Ethik zur Sprache kommt,

1. um das allgemein anerkannte Primärziel der größtmöglichen *Leidensminderung* im Endstadium unheilbarer Krankheiten. Hier sind sich alle einig;

2. um eine Güterabwägung zwischen Lebens*qualität* und Lebens*dauer*, näherhin um die Frage, ob »eine absichtliche Verkürzung des Sterbeprozesses (aktiver oder passiver Art) deswegen ethisch vertretbar ist, weil man die Menschenwürdigkeit des Sterbeprozesses stärker wiegen läßt als dessen Dauer«[10]. Aber was ist in diesem Zusammenhang menschenwürdig – und was nicht? Hier scheiden sich die Geister.

1.2 Einige Plädoyers für den »Gnadentod« von der Antike bis zur Gegenwart

Die Geschichte des Begriffs und der Befürwortung von Euthanasie beginnt, wie schon die griechische Wortherkunft vermuten läßt, in der vor- und außerchristlichen griechisch-lateinischen Antike. Antike Autoritäten wie *Platon, Cicero* und *Sueton* waren ebenso wie die antiken Ärzte, deren Schriften im sogenannten »Corpus Hippocraticum« überliefert sind, der Meinung, man sollte Sterbenskranke, denen die Heilkunst nicht mehr helfen kann, einfach sterben lassen, allerdings würdevoll (*Cicero*) und »schnell und ohne Qualen« (*Sueton*)[11] – ein Lieblingswunsch der Stoiker, den der griechische Komödiendichter *Possidip* (3. Jh. v. Chr.) auf den Punkt brachte: »Von dem, was der Mensch von den Göttern zu erlangen fleht, wünscht er nichts besseres als einen guten Tod.«[12]

Ein »guter Tod«, eu-thanasía: das kann nach stoischer Lebensauffassung in einer hoffnungslos erscheinenden Lebenslage, z. B. im Falle unheilbarer Krankheit, durchaus auch der »wohlüberlegte Abgang« des Todes von eigener Hand sein. *Suizid* gilt z. B. dem römischen Philosophen *Seneca* († 65 n. Chr.) geradezu als letztes Mittel zur Verwirklichung menschlicher Freiheit:

»Schlimm ist es, in einer Zwangslage zu leben, doch in einer Zwangslage zu leben, dafür gibt es keinen Zwang. Wie sollte es keinen geben? Überall stehen

Wege zur Freiheit offen, viele, kurze und leichte. Danken wir Gott, daß niemand im Leben festgehalten werden kann; selbst die Zwangslagen mit Füßen zu treten ist erlaubt.«[13]

Nun ist Selbsttötung zwar nicht dasselbe wie Tötung auf Verlangen, aber die Affinität beider Handlungen leuchtet ein, wenn man in der letzteren gewissermaßen eine Selbsttötung von *fremder* Hand sieht. Und wer Suizid im Sinne der Stoa als *Freitod* für sittlich gerechtfertigt hält, der kann logischerweise das Recht auf den *Gnadentod* mindestens prinzipiell nicht verneinen.

Daß nicht alle Stoiker »Freitod« bzw. »Gnadentod« befürworteten, zeigt das Beispiel *Marc Aurels* (121–180 n. Chr.), des Philosophen auf dem römischen Kaiserthron. In seinen »Selbstbetrachtungen« schreibt er:

»Es entspricht ... der inneren Einstellung eines denkenden Menschen, daß er dem Tode nicht gleichgültig gegenübersteht, aber auch nicht ungestüm nach ihm verlangt oder ihn geringschätzt; vielmehr muß er auf ihn warten als auf ein Ereignis, das die Natur der Dinge so mit sich bringt. Und wie du jetzt darauf wartest, daß das Kindlein aus dem Leibe deines Weibes herauskommt, so warte der Zeit, in der deine Seele diese Hülle verlassen wird.«[14]

Wie die Geburt, so ist nach Marc Aurel auch der Tod ein vollkommen natürliches Ereignis, das der Mensch nicht zu fürchten braucht, weil es ihn in den Schoß der Allnatur, aus der er geboren wurde, wieder zurückträgt, das er aber auch nicht vorzeitig und eigenmächtig herbeiführen darf, weil er nicht Herr, sondern Teil der Natur ist.

Wenn wir hier das Wort »Natur« durch »Gott« ersetzen, stehen wir bereits auf dem Boden biblisch-christlichen Glaubens, demzufolge ja allein Gott über das Leben verfügt. Und so überrascht es nicht, daß das ganze christliche Altertum und Mittelalter hindurch niemand gewagt hat, an stoische Traditionen anknüpfend den »Freitod« oder den »Gnadentod« zu verteidigen. Daß man gleichzeitig keine Skrupel hatte, Gottes alleinige Verfügungsmacht über Leben und Tod durch Billigung des Tötens in »gerechten« Kriegen oder durch Rechtfertigung der Todesstrafe erheblich zu relativieren, gehört zu den Widersprüchen einer Ethik, die sittliche Handlungsnormen (deontologisch) nur aus abstrakten Prinzipien ableitet, ohne (teleologisch) an ihre möglicherweise unsittlichen Folgen zu denken. Ist der Selbstmord eines existentiell Verzweifelten, dem niemand zu neuem Lebensmut verhelfen wollte oder konnte, ist die verzweifelte Bitte eines im letzten Stadium seiner unheilbaren Krankheit leidenden Patienten um die »erlösende« Pille oder Spritze sittlich verwerflicher als organisierte kriegerische Massentötung oder eine Hinrichtung im Namen des Gesetzes? Ich glaube nicht. Aber lassen wir diese prekäre Frage, die uns, wenn wir sie vertiefen wollten, bis ins fundamentale Wurzelwerk christlicher Ethik hinabzöge, auf sich beruhen, und kehren wir in den historischen Zusammenhang zurück.

Der mittelalterliche Mensch hatte vor einem länger sich hinziehenden Sterbeprozeß weniger Angst als vor dem jähen, »unversehenen« Tod (*improvisa mors*), der ihn ohne sakramentale Absolution plötzlich vor Gottes Richterstuhl und, falls unbußfertig im Stande der Todsünde verstorben, in die Hölle führen würde. Das erklärt auch, warum die im Spätmittelalter aufkommende *Ars moriendi* (Sterbekunst) vor allem darin bestand, sich jederzeit, jeden Tag auf den Tod einzustellen und alles zu tun, damit man nach dem letzten Atemzug nicht vom Teufel geholt, sondern von Gottes Engeln in den Himmel geleitet wird. Man vergleiche die entsprechenden Holzschnitte und Kupferstiche, die zeigen, wie Engel und Teufel um die Seele des auf dem Sterbebett Liegenden kämpfen. Im Vordergrund des mittelalterlichen Interesses am Sterben stand also nicht Leidensminderung im Sinne aktiver oder passiver Euthanasie, sondern Heilssicherung.

Erst in der Frühneuzeit hat ausgerechnet der wegen seiner Papsttreue hingerichtete, 1935 heiliggesprochene Lordkanzler des englischen Königs Heinrich VIII., *Thomas Morus* (1478–1535), in seinem berühmten Staatsroman »Utopia« (erschienen 1516) bezüglich der Euthanasie einen Standpunkt vertreten, der offizieller kirchlicher Lehre eindeutig widerspricht. Der folgende Abschnitt aus besagtem Werk zeigt in aller wünschenswerten Klarheit, wie sich Morus in seinem fiktiven, utopischen Idealstaat den Umgang mit unheilbaren, qualvoll leidenden Kranken vorgestellt hat:

»Ist die Krankheit nicht nur unheilbar, sondern dazu noch dauernd qualvoll und schmerzhaft, dann reden Priester und Behörden dem Kranken zu, da er doch allen Anforderungen des Lebens nicht mehr gewachsen, den Mitmenschen zur Last, sich selber unerträglich, seinen eigenen Tod bereits überlebe, solle er nicht darauf bestehen, die unheilvolle Seuche noch länger zu nähren, und nicht zögern zu sterben, zumal das Leben doch nur eine Qual für ihn sei; er solle sich also getrost und hoffnungsvoll aus diesem bitteren Leben wie aus einem Kerker oder aus der Folterkammer befreien oder sich willig von anderen herausreißen lassen ... Wen sie damit überzeugt haben, der endigt sein Leben entweder freiwillig durch Enthaltung der Nahrung oder wird eingeschläfert und findet Erlösung, ohne vom Tode etwas zu merken. Gegen seinen Willen aber töten sie niemanden, und sie pflegen ihn deshalb auch nicht weniger sorgfältig. Auf einen solchen Rat hin sein Leben zu enden, gilt als ehrenvoll. Sonst aber wird keiner, der sich selbst das Leben nimmt, ohne Billigung des Grundes durch Priester und Senat, der Beerdigung oder der Verbrennung gewürdigt; statt ihn zu begraben, werfen sie ihn schmählich in einen Sumpf.«[15]

Ob der beim Heiligsprechungsprozeß tätige Kirchenanwalt in der Rolle des sogenannten »Advocatus diaboli« diese brisante Passage ganz einfach übersehen hat, oder ob man schließlich, um den gewünschten positiven Prozeßausgang nicht zu gefährden, ein Auge zudrückte, sei dahingestellt. Jedenfalls blieb das höchst anstößige Plädoyer für Frei- und Gnadentod aus der Feder eines Heiligen nicht ohne Nachwirkung: Kaum Zufall, daß 130 Jahre später ein anderer Engländer, der prominente anglikanische Theologe und Dichter *John Donne* (1572–1631), in seiner postum veröffentlichten, allerdings konditionierten Verteidigung der Selbsttötung ausdrücklich auf Thomas Morus Bezug nahm.[16]

Wiederum ein Engländer, der Philosoph *Francis Bacon* (1561–1626), hielt es 100 Jahre nach Thomas Morus nicht mehr für nötig, sein Plädoyer für den »Gnadentod« utopisch-phantastisch zu verbrämen. Er führt jetzt ungeniert den Ausdruck »Euthanasie« in den wissenschaftlichen Sprachgebrauch, speziell in die medizinische Fachsprache ein[17], unterscheidet zwischen einer »Euthanasia interior«, die ungefähr dem entspricht, was die mittelalterliche Ars moriendi im Auge hatte, und einer »Euthanasia exterior«, die auf aktive bzw. passive Euthanasie hinausläuft, und für die nach Bacons Meinung vor allem die Ärzte zuständig seien, die allerdings, wie er schreibt, aufgrund ihrer religiösen Vorurteile diese Aufgabe noch nicht richtig begriffen hätten: »In unseren Zeiten gehört es gleichsam zur Religion der Ärzte, bei den für verloren gehaltenen Kranken zu bleiben und sie zu beklagen, wo sie doch, meines Erachtens, entsprechend ihrer Pflicht und sogar der Menschlichkeit selbst, ihre Kunst und ihren Fleiß daraufhin verwenden sollten, daß die Sterbenden leichter und sanfter aus dem Leben gehen.«[18]

Von der Mehrzahl der Ärzte abgelehnt, scheint gleichwohl die Idee des »Gnadentodes« für unheilbare Kranke im Zeitalter der Aufklärung schon so populär gewesen zu sein, daß ein groß angelegtes »Universal-Lexicon« um die Mitte des 18. Jhs. unter dem Stichwort »Sterbender« diesem vor allem wünschte, daß er »sanfte sterben möge«; auch müsse man alles unternehmen, »wodurch der Tod erleichtert, beschleuniget und der Qual ein Ende gemacht wird«[19]. Diese kaum verhüllte, ziemlich unverblümte Aufforderung zu dem, was wir heute aktive bzw. passive Euthanasie nennen, blieb im Aufklärungszeitalter zumindest ihrer Grundabsicht nach humanistischer Tradition verpflichtet.

Doch Zufall oder nicht: Im ersten Viertel des 20. Jhs. waren es deutsche Wissenschaftler, vor allem der Jurist *Karl Binding* und der Psychiater *Alfred Hoche*, die mit deutscher Gründlichkeit den alten, sehr menschlichen Wunsch, sanft und leicht sterben zu dürfen, in den kategorischen, sehr unmenschlichen Imperativ verwandelten, »lebensunwertes Leben« – was für eine Wortschöpfung! – einfach zu vernichten.[20] Nein, die NS-Ärzte, die sich auf Grund eines Geheimbefehls *Adolf Hitlers* (1939) daranmachten, geistig und körperlich Behinderte auszumerzen, sind nicht allein schuldig an dem, was sie anrichteten. Man darf die älteren »Schreibtischtäter« im Dunstkreis ihrer (sozial-darwinistischen, rassistischen) Verblendung nicht freisprechen. Aber man darf auch, wie gesagt, die von Binding/Hoche propagierte, im Dritten Reich praktizierte »Vernichtung lebensunwerten Lebens« *nicht* denen anlasten, die glauben, jeder Mensch habe das Recht, sein Leben zumindest im Fall unheilbarer, qualvoller Krankheit freiwillig entweder selbst zu beenden (Selbsttötung, Suizid) oder sich töten zu lassen (Tötung auf Verlangen, Sterbenachhilfe). *Nur* darum dreht sich die heutige Euthanasiediskussion. Daß sich allerdings die Befürworter direkt-aktiver Sterbenachhilfe heute meist scheuen, ihr Anliegen unter dem Stichwort »Euthanasie« vorzutragen und es vorziehen, vom »Recht auf Freitod« zu sprechen, hängt wohl mit den bösartigen Assoziationen zusammen, die das Wort seit der NS-Zeit auslöst. Das mag auch einer der Gründe dafür sein, daß die meisten neueren Bücher, die Euthanasie bejahen, den »Freitod« im Titel tragen.[21]

Freitod: Die Idee des freien Verfügungsrechts über das eigene Leben gewinnt derzeit im Rahmen der Euthanasiediskussion zusehends an Boden und um so mehr Anhänger, je rascher sich die Furcht vor langwierigen, qualvollen Sterbeprozessen infolge unheilbarer Krankheit (Krebs, Aids) ausbreitet und die Skepsis gegenüber künstlicher Lebensverlängerung selbst noch in völlig aussichtslosen Fällen anwächst. Im fatalen Dilemma zwischen medizinisch möglicher Lebensverlängerung um jeden Preis und medizinisch ebenso möglicher, aber ethisch bedenklicher, juristisch problematischer Lebensverkürzung z.B. aus Mitleid verhärten sich die Meinungsfronten, wobei es vorzugsweise um die Einschätzung der *aktiven* Euthanasie geht: Sie wird von (mehrheitlich katholischen) Autoren wie beispielsweise *Markus v. Lutterotti*[22], *Franco Rest*[23] und *Eberhard Schockenhoff*[24] entschieden abgelehnt, aber von anderen unter bestimmten Voraussetzungen und mit einigen Einschränkungen gebilligt.

Die m.E. schlechteste Begründung direkt-aktiver Euthanasie liefert der Australier *Peter Singer*[25], umstrittener Außenseiter unter den Ethikern. Von einem philosophisch kaum haltbaren Personbegriff ausgehend, billigt er höher entwickelten Tieren, z.B. Schweinen oder Schimpansen dasselbe Lebensrecht wie Menschen zu, versteigt sich zu der Behauptung, »daß etwa die Tötung eines Schimpansen schlimmer ist als die Tötung eines schwer geistesgestörten Menschen, der keine Person ist«[26] und kommt bei seiner »Rechtfertigung freiwilliger Euthanasie«[27] zu folgendem Ergebnis:

»Wir können dann sagen, daß die Euthanasie nur dann gerechtfertigt ist, wenn jene, die getötet werden, entweder: 1. die Fähigkeit, ihrem Tod zuzustimmen, nicht haben, weil sie die Wahl zwischen der Fortsetzung ihrer Existenz und ihrer Nicht-Existenz nicht zu verstehen vermögen; oder 2. die Fähigkeit haben, zwischen der Fortsetzung ihres Lebens und dem Tod zu wählen und eine wohlinformierte, freiwillige und sichere Entscheidung treffen, zu sterben.«[28]

Andere zeitgenössische Autoren wie z.B. der niederländische reformierte Theologe *Harry M. Kuitert*[29] und die beiden Tübinger *Walter Jens* und *Hans Küng*[30] gehen im Gegensatz zu *P. Singer* von der vollen Personwürde *aller* Menschen aus, auch derer, die noch nicht oder nicht mehr im Vollbesitz ihrer geistigen Kräfte sind (Föten, Neugeborene, geistig schwer Behinderte, Bewußtlose). Im weiteren begründen sie ihr bedingtes Ja zur aktiven Euthanasie[31] theologisch-anthropologisch mit der dem Menschen von Gott geschenkten personalen Selbstverantwortung und mit den daraus resultierenden Rechten und Pflichten der Selbstbestimmung: »Wäre es da«, so fragt *Hans Küng*, »nicht konsequent anzunehmen, daß auch das *Ende des Menschenlebens* mehr als bisher in die Verantwortung des Menschen gelegt ist von demselben Gott, der nun einmal nicht will, daß wir ihm eine Verantwortung zuschieben, die wir selber tragen können und tragen sollen. Mit der Freiheit hat Gott dem Menschen auch das Recht zur vollen Selbstbestimmung gegeben. Selbstbestimmung meint *nicht Willkür, sondern Gewissensentscheidung*!«[32] Zwar solle kein Mensch »gezwungen oder auch nur gedrängt werden, einen Tag oder auch nur eine Stunde früher zu sterben als er will! Doch soll umgekehrt auch kein Mensch gezwungen werden, unter allen Umständen weiterzuleben. Das Recht auf Weiterleben ist keine Pflicht zum Weiterleben, das *Lebensrecht kein Lebenszwang*.«[33]

Wer solchen Plädoyers für den »Gnadentod« zustimmt, muß nicht unbedingt Sympathisant oder gar Mitglied einer jener *Organisationen* sein, die den Kampf für das »Selbstbestimmungsrecht des Patienten auch für den Prozeß des Sterbens« sowie »das Recht auf einen bei voller Zurechnungsfähigkeit gewollten Freitod« auf ihre Fahnen geschrieben haben. Gleichwohl dürfen wir sie in diesem Zusammenhang nicht vergessen. Ihre Geschichte läßt sich unter dem Stichwort »Exit«-Bewegung beschreiben, reicht bis in die dreißiger Jahre unseres Jhs. zurück und begann nicht auf deutschem, sondern auf englischem und amerikanischem Boden.

1.3 Die »Exit«-Bewegung

Dichterische Phantasie kann Wirklichkeit nicht nur verdichtend einfangen, sondern auch Zukunft phantastisch vorwegnehmen. So im Fall der Erzählung »The Suicide Club« (Der Selbstmörderclub), die der Schotte *Robert Louis Stevenson* im Jahre 1882 veröffentlichte: Die Mitglieder dieses makaberen Londoner Clubs sind lebensmüde Gentlemen, die einander zum Selbstmord durch fremde Hand verhelfen. *Stevenson* konnte damals wohl kaum ahnen, daß 53 Jahre später – 1935 – in London tatsächlich ein Verein namens »Exit« gegründet werden würde, der heute noch unter dem Namen »The Voluntary Euthanasia Society« existiert.[34] Aber das war erst der Anfang einer inzwischen weltweiten Bewegung. Als der Schweizer *Max Frisch* 1967 in seinem Tagebuch die Skizze einer skurrilen »Vereinigung Freitod« entwarf, deren Mitglieder sich, sobald sie hoffnungslos vergreist sind, umbringen müssen, und deren Vereinsziel darin liegt, »Freitod zu einem gesellschaftlich-politischen Postulat zu machen«[35], gab es in den USA bereits eine zweite, 1938 gegründete »Exit«-Vereinigung, die »Society for the Right to Die«. Und nachdem 1967 ebenfalls in den USA der »Concern for Dying« das Licht der Welt erblickt hatte, schossen während der siebziger und frühen achtziger Jahre in fast allen Ländern Westeuropas, aber auch in Indien und Japan, in Kolumbien, Australien und Neuseeland ähnliche Gesellschaften wie Pilze aus dem Boden. In der Bundesrepublik Deutschland existiert seit 1980 die »Deutsche Gesellschaft für Humanes Sterben (DGHS) e.V.«[36]. Und die globale Dachorganisation, der auch die DGHS angehört, residiert in London unter dem Namen »World Federation of Right-to-Die Societies«.

Alle diese Vereinigungen bejahen und fordern prinzipiell dreierlei:
a) Menschenwürdiges Sterben – aus (berechtigter) Angst vor der trotz infauster Prognose medizinisch möglichen Lebensverlängerung um jeden Preis.
b) Das Recht auf passive und aktive Euthanasie im Fall unerträglichen, menschenunwürdigen Leidens – aus Angst vor einem qualvollen oder bloß auf Vitalfunktionen reduzierten Leben.
c) Das prinzipielle, nicht nur krankheitsbedingte Recht eines jeden mündigen Individuums, sein Leben durch »Freitod«, aus welchen Gründen auch immer, zu beenden – aus Angst, es nicht mehr sinnvoll bzw. menschenwürdig fortsetzen zu können.

Die *Angst*, von Anfang an bis heute tiefster Quellgrund des Euthanasiebegehrens, ist bekanntlich eine ebenso schlechte wie mächtige Ratgeberin. Sie läßt sich rein argumentativ kaum besiegen, strafrechtlich nicht bändigen, und es bleibt zu fragen, inwieweit hier die kirchenamtlichen Verlautbarungen zum Thema »Euthanasie« weiterhelfen:

1.4 Kirchenamtliche Stellungnahmen zur Euthanasie

Das Zweite Vatikanische Konzil hat das Lebensrecht aller Menschen hervorgehoben und Anschläge gegen das Leben, zu denen u.a. »jede Art Mord, Völkermord, Abtreibung, Euthanasie und auch freiwilliger Selbstmord« gehören, streng verurteilt.[37] Was die Euthanasie im besonderen angeht, so haben sich dazu nach dem Konzil die Deutschen Bischöfe 1975[38], 1978[39] sowie 1991[40] und die römische Glaubenskongregation 1980[41] geäußert. Wenn wir feinere Unterschiede, z.B. die größere Erfahrungsnähe der deutschen Texte gegenüber der stärker abstrahierenden Sprache der römischen Deklaration außer acht lassen, dann können wir die lehramtlichen Aussagen zum Euthanasieproblem folgendermaßen zusammenfassen:

1. Jede absichtliche Tötung, sei es durch Anwendung medizinischer Mittel oder durch Absetzung lebenserhaltender Maßnahmen, ist unsittlich und unerlaubt. (Es handelt sich um die Fälle c und d aus Abschnitt 1.1.)

2. Medizinische Mittel dürfen und sollen dann angewendet, medizinische Maßnahmen dann abgesetzt bzw. unterlassen werden, wenn dies primär in der Absicht geschieht, Schmerzen zu lindern, Leiden zu mindern; das Risiko, daß dadurch das Leben abgekürzt wird, darf in Kauf genommen werden. (Es handelt sich um die Fälle a und b aus Abschnitt 1.1.)

3. Die meisten Sterbenden wollen nicht, daß man sie umbringt, sondern daß man sie medizinisch-pflegerisch optimal versorgt, und daß man sie beim Sterben mitmenschlich begleitet. Sie brauchen *nicht Sterbehilfe, sondern Sterbebegleitung*, einfühlsame, liebevolle menschliche, personale und pastorale Zuwendung.

4. Das Sterben wirft Fragen nach dem Woher und Wohin des Lebens auf, letztlich also religiöse Fragen. Diese »dürfen weder ausgeklammert noch verdrängt werden. Dabei ist der Glaube eine wirksame Hilfe, die Angst vor dem Tod durchzustehen, ja zu überwinden. Der Glaube gibt auch dem Leiden, das uns unverständlich erscheint, seinen Sinn: Denn es ist Teilnahme am Leiden Jesu Christi selbst (vgl. Kol 1,24). Als Christen wissen wir, wie der Apostel Paulus von sich sagt: ›Christus will ich erkennen und die Macht seiner Auferstehung und die Gemeinschaft mit seinem Leiden; sein Tod soll mich prägen.‹ (Phil 3,10).«[42]

Wenn wir noch einmal die verschiedenen Begriffsvarianten aus Abschnitt 1.1 heranziehen wollen, dann zeigt sich, daß das kirchliche Lehramt im Spektrum medizinischer Möglichkeiten *nur* direkt-aktive und direkt-passive Euthanasie verbietet, also nur Ärzte oder sonstige hier in Frage kommenden Personen verurteilt, deren Handeln oder Nichthandeln – falls diese Unterscheidung überhaupt sinnvoll sein sollte – dezidierter, primärer *Tötungsabsicht* entspringt.

Aber wer außer Gott kennt die heimlichen Gedanken des Herzens (Ps 44,22) und wer außer Jesus Christus weiß wirklich ganz genau, »was im Menschen ist« (Joh 2,25)? Abgesehen davon, daß ich mir keinen hierzulande ausgebildeten und approbierten, auf den Hippokratischen Eid verpflichteten Arzt vorstellen kann, der nicht viel lieber Leben erhalten als töten will, bedauere ich jeden Staatsanwalt, der beweisen soll, daß ein wegen Verstoßes gegen § 216 StGB angeklagter Arzt primär (!) die Tötung seines Patienten und nicht vielmehr Leidensminderung im Sinn hatte. Anders gesagt: Die Erfüllung oder Nichterfüllung der vom kirchlichen Lehramt eisern festgehaltenen Norm (Punkt 1) bleibt, weil nur gewissentlich entscheidbar, jeder externen Kontrolle entzogen.

Die am Ende des vorigen Abschnitts gestellte Frage, ob die kirchenamtlichen Äußerungen zum Euthanasieproblem Sterbensängste dämpfen oder gar überwinden können, läßt sich nach meinem Dafürhalten nur bedingt bejahen. Zwar bezweifle ich nicht im geringsten, daß christlicher Glaube hilft, »die Angst vor dem Tod durchzustehen, ja zu überwinden« (Punkt 4), und daß christlich Sterbende ihr Leiden als »Teilnahme am Leiden Jesu Christi« (ebd.) verstehen und daraus Kraft schöpfen dürfen. So weit, so gut. Aber das hilft mir nicht über meine keineswegs grundlose Befürchtung hinweg, ich könnte auf dem Sterbebett eventuell nachlässiger Pflege ausgeliefert sein und/oder Ärzten in die Hände fallen, die zwar das Bestmögliche tun, um mich am Leben zu erhalten, die aber in moderner *Schmerztherapie*[43] entweder nicht ausgebildet oder nicht willens sind, sie konsequent anzuwenden mit der im Blick auf Moribunde unsinnigen Begründung, Morphin mache süchtig. Ängste dieser Art sind, wie gesagt, nicht grundlos.[44] Und so leid es mir tut: Gegen solche Ängste, die ich mit vielen Zeitgenossen teile, hilft mir nicht einmal der christliche Glaube, eher schon die sehr weltliche Hoffnung auf verantwortungsbewußte Ärzte, die gegebenenfalls die heute verfügbaren palliativmedizinischen Möglichkeiten voll ausschöpfen.

2. STERBEBEGLEITUNG: DIE VERGESSENE DIMENSION DES EUTHANASIEPROBLEMS

2.1 WAS HEISST ›STERBEBEGLEITUNG‹?

Bedauerlicherweise spitzt sich heute, wenn das Stich- und Reizwort »Euthanasie« fällt, die Diskussion sofort auf die Frage zu, ob aktive Sterbenachhilfe, Tötung auf Verlangen sittlich erlaubt sei, oder nicht. Dabei wird häufig vergessen, daß die meisten Sterbenskranken, die wissen, wie es um sie steht, zwar »gut«, aber keineswegs gewaltsam sterben wollen.[45] Und selbst jene, die ausdrücklich um die tödliche »Dosis« bitten, wünschen sich mehrheitlich, wenn man näher auf ihre Bitte eingeht, in Wirklichkeit nicht die Todesspritze, sondern Schmerzlinderung und mehr persönliche Zuwendung, mehr Sterbebeistand bzw. *Sterbebegleitung*. Was heißt das?

Wie das Geborenwerden ist auch das Sterben eine integrierende Phase menschlichen Lebens, und zwar jene, in der sich die existentielle Armut des Menschseins, seine Sozialnatur und Hilfsbedürftigkeit vielleicht am allerdeutlichsten offenbaren. Auch und gerade der Sterbende braucht eine seiner Situation angemessene, seinen spezifischen Bedürfnissen entsprechende Lebenshilfe, die nach *Paul Sporken*[46] darin besteht, »daß wir dem anderen helfen, er selbst zu werden, oder daß wir so bei dem anderen sind, daß er zur Selbstverwirklichung kommen und sein eigenes Leben selbst leben kann.« Sterbebegleitung (-beistand, -hilfe) wäre demnach die spezifische Form von Lebenshilfe in der Schlußphase des Lebens und zwar mit der Verpflichtung, »dem anderen die Möglichkeit zu geben und ihm zu helfen, er selbst in seinem Sterben zu sein ... Sterbehilfe ist auf die Selbstverwirklichung des Menschen gerichtet, das heißt darauf, daß er die optimalen Möglichkeiten hat und über die optimalen Möglichkeiten verfügt, selbst seinen eigenen Tod zu sterben«[47]. Genau dasselbe Kernanliegen spiegelt auch der Untertitel des oben schon angemerkten[48] Buchs von *Eberhard Schockenhoff* wider: »Begleitung zu einem ›eigenen Tod‹«, wobei wohl hier und vielleicht auch bei Sporken die Rede vom »eigenen Tod« auf die 1903 entstandenen Verse aus dem »Stunden-Buch« von *Rainer Maria Rilke*[49] zurückgehen dürfte:

> »O HERR, gieb jedem seinen eigenen Tod.
> Das Sterben, das aus jenem Leben geht,
> darin er Liebe hatte, Sinn und Not.«

Stirbt jemand seinen »eigenen Tod« nur dann, wenn er/sie sich, kirchlicher Morallehre gehorchend, unter allen Umständen gegen aktive Euthanasie wehrt (*Schockenhoff*), oder u.U. auch dann, wenn er/sie, auf die menschliche Selbstveranwortung pochend, sein/ihr Lebensrecht nicht als Lebenszwang versteht (*Küng*)?

Was die hier favorisierte Sterbebegleitung angeht, so schließt sie selbstverständlich alles ein, was normalerweise in jeder intakten Klinik von ärztlicher und pflegerischer Seite für Moribunde getan wird oder doch getan werden sollte. Aber das allein genügt nicht; es muß noch etwas ganz Entscheidendes hinzukommen: Außer den gewiß nötigen diagnostischen, operativen, apparativen, medikamentösen und pflegerischen Maßnahmen, die der Lebenserleichterung und Leidensminderung dienen, braucht der Patient, damit er nicht bares Objekt bleibt, sondern Subjekt seines Sterbens werden kann, eben jene personale Zuwendung, die Sterbehilfe erst richtig menschlich macht. Nach *Paul Sporken*[50] geht es dabei konkret darum,

»1. daß man mit dem Kranken spricht über seine Gefühle der Unsicherheit, Angst, Auflehnung, Verlassenheit usw., die er überhaupt nicht oder nur sehr mühsam verarbeiten kann;

2. daß man in diesem Zusammenhang zur rechten Zeit und in der rechten Form auch ehrlich über den tödlichen Verlauf der Krankheit mit dem Kranken spricht, wenn und insoweit ihm damit geholfen ist;

3. daß man eine Beziehung zum Kranken herstellt, die solche ehrlichen Gespräche ermöglicht und durch die man dem Sterbenden in solcher Weise nahe sein kann, daß er aus dieser mitmenschlichen Verbundenheit den Mut

schöpft, sich mit den Problemen auseinanderzusetzen und so schließlich seinen eigenen Tod zu sterben.«

Die im engeren Sinn *pastorale* Dimension darf in christlich motivierter Sterbebegleitung nicht fehlen; »sie wird«, wie die Deutschen Bischöfe[51] schreiben, »ausdrücklich in der Glaubenshilfe, den Schritten gemeinsamer Sinnfindung, dem gemeinsamen Beten und der Spendung der Sakramente für die Kranken und Sterbenden.«

Hier muß allerdings vor Mißverständnissen gewarnt werden: Sterbebegleitung gewinnt ihre pastorale Qualität nicht vom sakramentalen »Erfolg« her, so heilsam und hilfreich der Empfang der Sakramente (Buße, Krankensalbung, Wegzehrung) im Fall des gut disponierten (!) Patienten auch sein wird, sondern aus ihrer christlichen Motivation, aus der je persönlichen Bedürfnislage des Sterbenden[52] und aus der Fähigkeit des Begleiters bzw. der Begleiterin, dem Sterbenden zum »eigenen Tod« zu verhelfen.

Zum eigenen Tod gehört auch der eigene Glaube, und so gilt nach meinem Verständnis von Sterbebegleitung und nach meinen persönlichen Erfahrungen folgendes: Umkehr, Buße, Glaubenswachstum sind in jeder Lebensphase, also auch in der letzten nötig und möglich. Aber das Sterbezimmer ist keine Missionsstation: »In extremis« ist nicht die Glaubensnorm des Seelsorgers bzw. des Sterbebegleiters, sondern diejenige des Sterbenden maßgebend. Mag sein Glaube noch so vage, dogmatisch defizient, theologisch unzulänglich sein – er bzw. sie hat nun einmal keinen anderen, und deshalb sollten wir ihm bzw. ihr das Recht zubilligen, mit diesem Glauben zu sterben. Selbstverständlich behält auch die begleitende Person das Recht, *ihren* Glauben ins Gespräch zu bringen und zu bezeugen.

2.2 Wer soll, wer kann Sterbende begleiten?

Alle Erfahrungen und Untersuchungsergebnisse bestätigen, daß Sterbenskranke in aller Regel solche Hilfe in Form dessen, was wir Sterbebegleitung genannt haben, dringend benötigen, wünschen und dankbar annehmen. Aber wer kommt dafür im konkreten Fall in Frage? Als Faustregel gilt: Den besten Sterbebeistand leistet, der beste Seelsorger, die beste Seelsorgerin ist der- bzw. diejenige, zu dem bzw. zu der der Todkranke das größte Vertrauen hat. Niemand sollte sich aufdrängen, aber auch niemand verweigern, wenn er bzw. sie merkt, daß der Sterbende gerade ihn bzw. sie braucht. Takt, Einfühlungsvermögen und Sensibilität sind hier allemal wichtiger als theoretische Kenntnisse.

In der Literatur über Sterbeseelsorge wird gelegentlich hervorgehoben, daß Sterbehelfer, die sich auf einen Sterbenden wirklich einlassen, von ihm mindestens so viel empfangen, wie sie ihm geben. Das trifft zu. Häufig vertauschen sich sogar die Rollen, indem der Sterbende dem Sterbebegleiter Lebenshilfe leistet. Aber ich will auch die Schwierigkeiten und Hemmnisse nicht verschweigen, die der guten Absicht entgegenwirken können:

Da sind zunächst die Verdrängungsmechanismen, die in manchem Krankenhaus noch immer ganz hervorragend funktionieren – so gut, daß der Sterbebegleiter versucht ist, sich den lautlosen Zwängen zu beugen, die im klinischen »System der Vermeidung«[53] den Tod tabuisieren:

»Fast immer und immer wieder, wo ich Menschen in ihrem Sterben begleitet habe, stieß ich zunächst auf die gleiche Tabu-Schranke: Das Wort ›Sterben‹ wurde möglichst vermieden. Draußen im Krankenhausflur, im Gespräch mit Schwestern oder Angehörigen hieß die Umschreibung oft: ›Man muß mit allem rechnen‹ – ›es sieht nicht gut aus‹ – ›es steht schlimm‹ ... Drinnen im Dreibetten-Zimmer, wo die anderen mithören, liegt der Sterbende mit seinen Ahnungen oft allein.«[54]

Und da sind neben den äußeren auch noch die inneren Schwierigkeiten des Helfers: Was er jetzt tun soll, empfindet er oft genug als eine ungeheuere Zumutung; er gerät in tiefe Angst, möchte am liebsten die Begegnung mit dem Sterbenden vermeiden, da sie ihn ja unweigerlich zur *Konfrontation mit der eigenen Sterblichkeit* zwingen wird. Er wäre froh, wenn er ein Alibi hätte. Er muß Flucht- und Vermeidungsneigung in seiner eigenen Brust niederkämpfen, zähen seelischen Widerstand überwinden, bis er endlich den Mut findet, die Hemmschwelle an der Tür des Sterbezimmers zu durchbrechen. Und während er hineingeht, um zu tun, was er lieber lassen würde, fängt er vielleicht bereits an, sich so zu verhalten, als ob der Sterbende gar nicht stürbe: »Na, wie geht's uns denn heute, Frau Maier? Sie sehen wirklich gut aus – und die schönen Blumen! Ja, diese Nelken halten sich gut, nicht wahr?« So kann ich, wenn mich die Angst vor dem Sterben des Sterbenden und vor meiner eigenen Sterblichkeit überschwemmt, das Gespräch beliebig lang dahinplätschern lassen. Aus eigener Erfahrung weiß ich, daß die größte Schwierigkeit der Sterbebegleitung nicht der Sterbensnot der Sterbenden entspringt, sondern der Sterbens- und Todesangst des Sterbehelfers. Aber ich habe auch erlebt, daß sich immer dann, wenn ich vor einem sterbenden Mitmenschen nicht davongelaufen, sondern bei ihm geblieben bin, meine eigene Sterbensangst zwar nicht völlig aufgelöst, aber jedes Mal merklich verringert hat. Sterbebegleitung, so scheint mir, ist heutzutage die beste Schule, um eine »ars moriendi« zu erlernen, die anders als die spätmittelalterliche nicht das ganze Leben dem *Sterben* opfert, sondern – im Gegenteil – das Sterben als letzte Teilstrecke des *Lebens* begreift.[55]

2.3 Die »Hospiz«-Bewegung

Rund zwei Drittel aller Menschen sterben hierzulande nicht mehr, wie das früher einmal – abgesehen vom Kriegs- und Unfalltod – die Regel war, zu Hause in gewohnter Umgebung, im Kreis der Familie, sondern in der Klinik. Nun ist das Sterben im Krankenhaus gewiß nicht immer so inhuman, wie manche behaupten. Gleichwohl ist nicht zu leugnen, daß Sterbende in Kliniken zwar meist medizinisch gut, pflegerisch hinreichend versorgt, aber mitmenschlich oft allein gelassen werden. Kaum jemals hat oder nimmt sich ein Arzt oder eine Krankenschwester die Zeit, mit dem Sterbenskranken über seine Gefühle und Gestimmtheiten, über Ängste und Hoffnungen zu sprechen. Und sobald Ärzte und Pflegepersonal zu wissen glauben, daß dem Patienten nur noch durch palliative (schmerzlindernde) Maßnahmen zu helfen ist, bauen sie oft genug unter Mitwirkung der »eingeweihten« Angehörigen um ihn herum jene unsichtbare, um so stärkere »Mauer des Schweigens« auf, die den Moribunden im Ungewissen läßt und jedes offene Gespräch verhindert. Zwischen böser Vorahnung und vager Hoffnung hin und her schwankend, erlebt sich der Sterbende sozial isoliert, in seiner seelischen Not vereinsamt.[56]

Das Verdienst, diese »Mauer des Schweigens« nicht nur beklagt, sondern auch erstmals mutig durchbrochen zu haben, gebührt neben der inzwischen weltberühmten *Elisabeth Kübler-Ross*[57] v.a. der englischen Ärztin *Cicely Saunders*, die 1967 im Londoner Stadtteil Sydenham das mittlerweile ebenfalls weltweit bekannt gewordene St. Christopher's Hospice gründete. Nicht zu verwechseln mit dem Hospital, ist ein *Hospiz* (lat. hospitium) nach bis ins Altertum zurückreichender Tradition ein Zufluchts- und Ruheort für alle, die sonst nirgends Zuflucht und Ruhe finden können, eine Stätte der Gastfreundschaft (lat. hospitalitas) für durchreisende Pilger und Fremde.[58]

Hospize wie das St. Christopher's, von denen es inzwischen weltweit viele Hunderte gibt, verstehen sich nicht eigentlich als »Sterbekliniken«[59], sondern als Herbergen, die ausschließlich Sterbende gerade deswegen aufnehmen oder ambulant betreuen, weil Sterbenden in normalen Kliniken häufig die Würde des Sterbens genommen und der soziale Tod oft längst vor Eintritt des physischen konstatiert wird. »In Hospizen werden die Kranken nicht an Maschinen angeschlossen, nicht mit Schläuchen und Infusionsnadeln geplagt und nicht durch Medikamente manipuliert, die die Sinne benebeln, ohne den Schmerz zu nehmen. Statt dessen werden ihnen ihre Beschwerden durch Methoden genommen, die zum Teil hochentwickelt sind, oft jedoch erstaunlich einfach und einleuchtend sein können; und es wird ihnen dazu verholfen, ein bewußtes Leben in einer Atmosphäre voller Güte und Zuneigung zu führen, bis der Zeitpunkt ihres natürlichen Todes gekommen ist. Hinter der Hospiz-Bewegung steht eine Auffassung von Sinn und Wert menschlichen Lebens und von der Bedeutung des Todes, die sich grundlegend unterscheidet von dem, was die Mehrzahl der Menschen darüber denkt.«[60] Ein allzu rosig gemaltes Idealbild? Wird denn tatsächlich, wie ein Kritiker[61] spitz anmerkt, in Hospizen »das Sterben zu einem geradezu erfreulichen Ereignis«?

Immerhin weiß sich auch, um ein absolut seriöses deutsches Beispiel hervorzuheben, der seit 1985 bestehende »Christophorus Hospiz Verein e.V. München« (CHV)[62] solchen Zielsetzungen verpflichtet. Der Verein unterhält eine Palliativstation und bildet ehrenamtliche Hospizhelferinnen und -helfer aus, die im ambulanten Dienst Sterbenskranke in Alten(pflege)-heimen, onkologischen Klinikstationen oder zu Hause besuchen. Die Hospizgemeinschaft will, wie es in einem Prospekt des CHV heißt, »durch Linderung von körperlichen, seelischen, spirituellen und sozialen Leiden oder Belastungen dazu beitragen, daß ›leben bis zuletzt‹ lebenswert ist, vielleicht sogar in besonderer Intensität ... Das Sterben wird weder beschleunigt noch hinausgezögert. Die lebensbejahende Grundidee schließt aktive Euthanasie aus.«

Man mag zu stationären Hospizen nach dem Muster von St. Christopher's in London stehen wie man will: Die Hospiz-Bewegung beweist jedenfalls, daß Sterbe*hilfe* auch ohne Sterbe*nachhilfe* möglich ist und daß zum menschenwürdigen Sterben neben optimaler medizinisch-pflegerischer Versorgung vor allem personale Zuwendung und Sterbebegleitung gehören.

3. DIE PATIENTENVERFÜGUNG – EIN SCHRITT AUF DEM WEG ZUM »EIGENEN TOD«

Kein Sterbender muß sich in unserer freiheitlich-demokratischen Gesellschaft gegen seinen Willen medizinisch mögliche »vorzeitige Lebensverkürzung« oder »unangemessene Lebensverlängerung«[63] gefallen lassen. Wer allerdings sichergehen will, daß ihm im Fall längerer, eventuell irreversibler Bewußtlosigkeit weder das eine noch das andere widerfährt, sollte rechtzeitig, schon in gesunden Tagen schriftlich eine sogenannten *Patientenverfügung* treffen, die eindeutig klärt, was der bzw. die Betroffene »in extremis« von den Ärzten erwartet. Wenngleich solche, möglichst von Jahr zu Jahr immer wieder neu aktualisierte Willensbekundungen juristisch nicht so viel Gewicht haben wie Testamente, helfen sie doch dem Arzt bei der oft schwierigen, mitunter sehr schnell zu treffenden Entscheidung, ob er das Beatmungsgerät abschalten soll, oder nicht.[64]

Die Patientenverfügung sollte alles, aber auch nur das festschreiben, was sich der bzw. die Betroffene von Ärzten und Pflegepersonal a) unter allen Umständen erwartet (z.B. optimale Schmerztherapie) und b) unter allen Umständen entschieden verbittet (z.B. direkt-aktive Euthanasie).

Abgesehen von einem »Patientenschutzbrief« und einer »Freitodverfügung« der DGHS, gibt es zahlreiche christlich inspirierte Mustervordrucke, z.B. den sehr detaillierten, gut kommentierten des Münchener »Christophorus Hospiz Vereins«[65] und den etwas knapper gehaltenen der Evangelisch-Lutherischen Kirche in Bayern[66]. Ich kann darauf im engen Rahmen dieses Beitrags nicht näher eingehen, möchte jedoch abschließend allen Leserinnen und Lesern wünschen, daß sie den Weg zum »eigenen Tod« im Auge behalten, und daß ihnen der entfremdete, vor dem sich schon *R.M. Rilke*[67] fürchtete, erspart bleiben wird:

> »Denn dieses macht das Sterben fremd und schwer,
> daß es nicht *unser* Tod ist; einer der
> uns endlich nimmt, nur weil wir keinen reifen.
> Drum geht ein Sturm, uns alle abzustreifen.«

Anmerkungen

1 E. Engelke, Sterbenskranke und die Kirche, München-Mainz 1980, 64.

2 Vgl. E. Noelle-Neumann/R. Köcher (Hrsg.), Allensbacher Jahrbuch der Demoskopie 1993–1997, München 1997, 335f.

3 Vgl. G. Condrau, Der Mensch und sein Tod, Zürich-Einsiedeln 1984, 439.

4 Vgl. H.-J. Wollasch, Art.: »Euthanasie« in: Staatslexikon Bd. 2, Freiburg-Basel-Wien [7]1987, 483.

5 Während der Fünfziger- und frühen Sechzigerjahre noch tabu, zieht die Sterbe- und Todesproblematik seither immer häufiger im Zusammenhang mit der *Euthanasiedebatte* öffentliches Interesse auf sich.

6 Pschyrembel, Klinisches Wörterbuch, Berlin-NewYork 1986 (255. Aufl.), 1593.

7 R. Preston, Art.: »Euthanasie« in: Theologische Realenzyklopädie Bd. 10, Berlin-New York 1986, 552.

8 In diesem Fall wäre eine schon in gesunden Tagen getroffene »Patientenverfügung« besonders hilfreich. S.u. Abschnitt 3.

9 Das Folgende zit. aus: Österreichisches Pastoralinstitut (Hrsg.), Menschenwürdiges Sterben, Sterbebeistand und Euthanasie, Wien 1985, 3.

10 P. Sporken, Umgang mit Sterbenden, Düsseldorf [3]1976, 133.

11 Vgl. zum ganzen Abschnitt: H. Schipperges, Sterbebeistand und Trauerarbeit in medizinhistorischer Sicht, in: H. Becker u.a. (Hrsg.), Im Angesicht des Todes. Ein interdisziplinäres Kompendium, Bd. I, St. Ottilien 1987, 283–301.

12 Zit. nach W. Ruff, Art.: »Euthanasie«, in: Prakt. Wörterbuch der Pastoralanthropologie, Wien-Freiburg-Basel-Göttingen 1975, 278.

13 L.A. Seneca, Briefe an Lucilius über Ethik, übers. von F. Loretto, Stuttgart o.J. 65, (12. Brief).

14 Marc Aurel, Selbstbetrachtungen IX, zit. nach der Übersetzung von W. Capelle, Stuttgart [12]1973, 123.

15 Thomas Morus, Utopia III,21; hier zit. nach der Übersetzung von K.J. Heinisch, in: ders. (Hrsg.), Der utopische Staat, o.O. 1960, 81.

16 Vgl. J. Donne, Biathanatos. A Declaration of that Paradoxe or Thesis, that Selfe-homicide is not so naturally Sinne, that it may never be otherwise. Ed. by E.W. Sullivan II, Newark 1984, 62f.

17 Vgl. hierzu H. Schipperges, a.a.O., 286f.

18 F. Bacon, De dignitate et augmentis scientiarum (1623); hier zit. nach H. Schipperges, a.a.O., 286f.

19 J.H. Zedler, Grosses und vollständiges Universal-Lexicon, Bd. 39, Leipzig 1744, 1935; zit. nach H. Schipperges, a.a.O., 288.

20 Vgl. K. Binding/A. Hoche, Die Freigabe der Vernichtung lebensunwerten Lebens, Leipzig 1920.

21 Vgl. u.a. P. Moor, Die Freiheit zum Tode. Ein Plädoyer für das Recht auf menschenwürdiges Sterben, Reinbek 1973; J. Wagner, Selbstmord und Selbstmordverhütung, Karlsruhe 1975; J. Amery, Hand an sich legen, Diskurs über den Freitod, Stuttgart 1976, J. Roman, Freiwillig aus dem Leben. Ein Dokument, München 1981; C. Guillon/Y. le Bonniec, Gebrauchsanleitung zum Selbstmord. Eine Streitschrift für das Recht auf einen frei bestimmten Tod, Frankfurt 1982; P. Singer, Praktische Ethik, Stuttgart 1984.

22 Vgl. M.v. Lutterotti, Menschenwürdiges Sterben. Kann sich die Gesellschaft auf das Gewissen des Arztes verlassen? Freiburg 1985.

23 Vgl. F. Rest, Das kontrollierte Töten. Lebensethik gegen Euthanasie und Eugenik, Gütersloh 1992; ders., Sterbebegleitung statt Sterbehilfe. Damit das Leben auch im Sterben lebenswert bleibt, Freiburg-Basel-Wien 1997.

24 Vgl. E. Schockenhoff, Sterbehilfe und Menschenwürde. Begleitung zu einem »eigenen Tod«, Regensburg 1991.

25 Vgl. P. Singer, a.a.O., bes. 174–214.

26 Ders., a.a.O., 135.

27 Ders., a.a.O., 190ff.

28 Ders., a.a.O., 200.

29 Vgl. H.M. Kuitert, Der gewünschte Tod. Euthanasie und humanes Sterben, Gütersloh 1991.

30 Vgl. W. Jens/H. Küng, Menschenwürdig sterben. Ein Plädoyer für Selbstverantwortung, München-Zürich 1995.

31 Näheres dazu bei H.M. Kuitert, a.a.O., 65f und bei W. Jens/H. Küng, a.a.O., 65f.

32 H. Küng, a.a.O., 59f.

33 Ders., a.a.O., 61f.

34 Vgl. hierzu und zum Folgenden: P. Caucanas-Pisier, Die Vereinigungen für humanes Sterben, in: Concilium 21 (1985) 199–204.

35 M. Frisch, Tagebuch 1966–1971, Frankfurt 1972, 96.

36 Gegenwärtiger Präsident: Karlheinz Wichmann; Geschäftsstelle: Lange Gasse 2–4, 86152 Augsburg; Verbandszeitschrift: Humanes Leben – Humanes Sterben (vierteljährlich).

37 Vat. II, Gaudium et spes, 27.

38 Vgl Sekretariat der Deutschen Bischofskonfernz (Hrsg.), Das Lebensrecht des Menschen und die Euthanasie (Die Deutschen Bischöfe 4), Bonn1975.

39 Vgl. Sekretariat der Deutschen Bischofskonfernz (Hrsg.), Menschenwürdig sterben und christlich sterben (Die Deutschen Bischofe 17), Bonn1978.

40 Vgl Sekretariat der Deutschen Bischofskonfernz (Hrsg.), Schwerstkranken und Sterbenden beistehen (Die Deutschen Bischöfe 47), Bonn 1991.

41 Vgl. Verlautbarungen des Apostolischen Stuhls (20), Erklärung der Kongregation für die Glaubenslehre zur Euthanasie (20.05.1980).

42 Sekretariat der Deutschen Bischöfe (Hrsg.), Das Lebensrecht ..., 5.

43 Vgl. dazu etwa J.-Ch. Student, Ohne Schmerzen sterben – Die orale Morphin-Therapie in der Hand des Hausarztes, Hannover 1993.

44 Vgl. z.B. R. Kautzky (Hrsg.), Sterben im Krankenhaus. Aufzeichnungen über einen Tod, Freiburg-Basel-Wien ^{3}1976.

[45] Die hohe Zustimmungsrate zur Euthanasie im Rahmen der eingangs zitierten Umfragen resultiert verständlicherweise nicht aus den Voten moribunder, sondern mindestens relativ gesunder Menschen.

[46] P. Sporken, Umgang mit Sterbenden. Medizinische, pflegerische, pastorale und ethische Aspekte der Sterbehilfe, Düsseldorf ^{3}1976, 26.

[47] Ders., a.a.O., 28 und 29.

[48] S.o. Anm. 24.

[49] R.M. Rilke, Das Stunden-Buch. Drittes Buch: Das Buch von der Armut und vom Tode, Sämtliche Werke Bd. 1, Wiesbaden 1955, 347.

[50] P. Sporken, a.a.O., 34.

[51] Die Deutschen Bischöfe (17), Menschenwürdig sterben ..., 13.

[52] Vgl. dazu die Ergebnisse der empirischen, allerdings nicht repräsentativen Untersuchung in: E. Engelke, a.a.O., 114ff.

[53] E. Lückel, Begegnungen mit Sterbenden, München-Mainz 1981, 23.

[54] Ders., ebd.

[55] Vgl. E. Jüngel, Tod, Stuttgart-Berlin 1971, 161f. Ich stimme Jüngels Einschätzung des wechselseitigen Bezogenseins von Leben und Sterben zu, kann ihm aber nicht folgen, wenn er meint, die »ars moriendi« sei »die raffinierteste Art, sich selber vor sich selber sozusagen im Modus der Aufhebung noch interessant zu machen« (a.a.O., 162).

[56] Vgl. dazu u.a. B.G. Glaser/A. Strauss, Interaktion mit Sterbenden, Göttingen 1974.

[57] Vgl. E. Kübler-Ross, Interview mit Sterbenden, Stuttgart-Berlin ^{2}1971 u. ö.

[58] Vgl. dazu u.a.: S. Stoddard, Die Hospiz-Bewegung. Ein anderer Umgang mit Sterbenden, Freiburg 1987; Christophorus Hospiz Verein München (Hrsg.), Pflegen bis zuletzt, München 1989; J. Ch. Student (Hrsg.), Das Hospiz-Buch, Freiburg ^{3}1994; E. Albrecht/C. Orth/H. Schmidt, Hospizpraxis. Ein Leitfaden für Menschen, die Sterbenden helfen wollen, Freiburg-Basel-Wien ^{2}1996.

[59] Vgl. dazu P. Dingwerth/H. Tiefenbacher (Hrsg.), Sterbekliniken – oder was brauchen Sterbende?, Stuttgart 1980.

[60] S. Stoddard, a.a.O., 18.

[61] K.F. Schobert, Etikettenschwindel Hospiz? In: Humanes Leben – Humanes Sterben 19 (1999), Nr. 1, 2.

[62] Geschäftsstelle: Rotkreuzplatz 2a, 80634 München; Tel. 089/130787-0 (Informationsmaterial gegen Schutzgebühr erhältlich); Vereinszeitschrift: CHV aktuell.

[63] Vgl. A. Eser, Möglichkeiten und Grenzen der Sterbehilfe aus der Sicht eines Juristen, in: W. Jens/H. Küng, a.a.O., 151ff.

[64] Vgl. dazu auch den »Entwurf der Richtlinien der Bundesärztekammer zur ärztlichen Sterbebegleitung und den Grenzen zumutbarer Behandlung (Stand: 25.04.1997)«, in: CHV aktuell Nr. 34, März 1989, 9–11.

[65] Erhältlich unter der in Anm. 62 angegebenen Adresse.

[66] Erhältlich unter der Adresse: Evangelisch-Lutherische Kirche in Bayern, Meiserstr. 11–13, 80333 München.

[67] R.M. Rilke, a.a.O., 348.

3. Worte und Bilder, die leben lassen

Verkündigung in der Mediengesellschaft

Medienbotschaften und Glaubenskommunikation

THOMAS LUKSCH

1. MEDIENNUTZUNG ALS AUFGABE UND CHANCE FÜR DIE GLAUBENSKOMMUNIKATION

In hohem Maße bestimmen die Massenmedien, insbesondere das Fernsehen, unser Leben. Neben dem kirchlichen Interesse, an der Gestaltung der Mediengesellschaft mitzuwirken[1], ergibt sich aus diesem Umstand eine spezielle religionspädagogische Aufgabe, die sich auf die Möglichkeiten und Besonderheiten der Glaubensweitergabe in der mediengeprägten Gesellschaft richtet. Nicht nur der Radioprediger oder die Sprecherin des Wortes zum Sonntag sind hier betroffen. Jeder in der Verkündigung Engagierte muß berücksichtigen, daß seine Adressaten Mediennutzer und in ihrer Weltsicht und in ihrer Lebensgestaltung davon beeinflußt sind. Aber auch die Verkündiger sind Kinder ihrer Zeit. Der Firmgruppenleiter, die Religionslehrerin, der Prediger und die Leiterin des Glaubensgesprächskreises müssen sich mit der Frage beschäftigen, welche Konsequenzen angesichts der medialen Kommunikation in unserer Gesellschaft für die Kommunikation des Glaubens zu ziehen sind. Hier liegt nicht nur eine leicht übersehene Aufgabe, sondern auch ein insgesamt zu wenig genutztes Potential. Auch wenn in den letzten Jahrzehnten die Kirche und insbesondere die gottesdienstliche Verkündigung als eine ihrer wichtigsten Instanzen der Lebensdeutung zahlreiche Hörer an das Kino und an das Fernsehen verloren hat – man denke nur an die Sonntag-vormittägliche »Liturgie« der Film-Matineen –, ist nicht gleich und ausschließlich von einer Konkurrenzsituation auszugehen. Es muß konsequent berücksichtigt werden, daß auch Kirchgänger Mediennutzer sind und dies in die Ungeteiltheit von Leben und Glauben zu integrieren ist. Es gilt, die Chancen und Aufgaben wahrzunehmen, die sich für die pastorale Praxis und für die praktisch-theologische Reflexion im Kontext der Mediengesellschaft öffnen. Neben mediendidaktischen Fragen, etwa der nach der Einsetzbarkeit von Filmen oder interaktiven CD-ROMs im Religionsunterricht oder in der Jugendarbeit, geht es – grundsätzlicher – um den Zusammenhang der Glaubensverkündigung mit den Botschaften der Medienwelten und um die Auswirkungen auch auf die Standardvorgänge der Glaubenskommunikation, wie z.B. die Predigt, das Bibelgespräch etc. Das medienpädagogische Interesse (wie gehen wir angemessen mit den Medien um?) und das religionspädagogische Interesse (wie kommunizieren wir angemessen als Glaubende/als glauben Lernende?) greifen hier ineinander. Weil der christliche Glaube wesensmäßig kommunikativ ist, stellt die kritische Berücksichtigung der kommunikativen Situation, in der er weitergegeben wird, eine grundlegende religionspädagogische Aufgabe dar. Medienkompetenz wird zum Bestandteil des religionspädagogischen Zielspektrums. Was als Hilfe für einen mündigen, kritisch-genießenden Umgang mit den Medien dient, kann die korrelativen Bemühungen um das Zusammenspiel von Glauben und Erfahrung didaktisch, methodisch und inhaltlich bereichern.

2. BILDER DER FREUDE UND HOFFNUNG, DER TRAUER UND ANGST

Wie eng der pastorale Auftrag und die Welt der Medien verknüpft sind, läßt sich verdeutlichen, indem man ein bekanntes Zitat aus der Pastoralkonstitution des Zweiten Vatikanischen Konzils[2] folgendermaßen abwandelt: »Freude und Hoffnung, Trauer und Angst der Menschen von heute spiegeln sich in Zeitungsreportagen und in Illustriertenbildern, in Kinofilmen und in Fernsehreportagen, in Talkshows und in Werbespots. Es gibt nichts wahrhaft Menschliches, was nicht in den Massenmedien seinen Widerhall fände.« Worauf sich das seelsorgerliche Interesse richtet, findet sich gespiegelt in den Medien. Vieles wird dabei aufgrund der Eigengesetzlichkeit von Medien und Markt verzerrt dargestellt. Trotzdem geht es in der Kommunikation des Glaubens nicht darum, mediale Bilder und Szenen als Negativfolie oder als bloße Aufhänger für die »eigentliche« Botschaft zu gebrauchen; vielmehr sind sie ernst zu nehmen als der Stoff, aus dem die Träume, die Ängste, die Herausforderungen und die Sehnsüchte von vielen, auch glaubenden Menschen sind. Vergegenwärtigen wir uns, auf welche Weise diese Bilder in das Verstehen und in die Verständigung von (glaubenden) Menschen hineinspielen.

Eine Voraussetzung gelingender (Glaubens-)Kommunikation besteht darin, daß, wer redet, beim Reden Bilder vor dem geistigen Auge hat; auf diese Weise – so lernen wir noch heute vom klassischen Rhetoriklehrer *M. Quintilian* – wird das Gesagte auch auf der Gefühlsebene der Zuhörenden wirksam; ist dies nicht der Fall, droht die Aufmerksamkeit schnell nachzulassen.[3] Umgekehrt läßt sich mit gutem Grund hoffen, daß die Predigt (oder ein anderer Beitrag im Gesamtgespräch der Glaubenden) bei einem bildhaften oder andere Sinne anspielenden Kern ein Ereignis wird, »bei dem sich zumindest das Bild des Redners in die Zuhörerschaft einprägt«[4]. Man kann aber nicht davon ausgehen, daß der innere Film des Redenden auf seiten der Rezipienten sozusagen reproduziert wird. Die sich einstellenden Assoziationen, die inneren Bilder, mit denen die Zuhörenden das Gehörte »bespielen«, weisen eine individuell unterschiedliche Intensität auf und sind auch je nach Alter, Schichtenzugehörigkeit etc. verschieden.[5] Das gehörte Wort regt die Imagination an. Die beim Rezipienten evozierten Bilder aber sind abhängig von dem jeweils zur Verfügung stehenden und aktivierbaren Vorrat an signifikanten Szenen, an erinnerten Bildern, an Assoziationsketten. Dieser ermöglicht und beeinflußt zugleich in entscheidender Weise das Verstehen und wird seinerseits durch diesen Vorgang weiter verändert. In der Mediengesellschaft ist dieser (prinzipiell individuelle) Vorrat jedoch in hohem Maße medial mitbestimmt. Vor allem durch das Fernsehen werden Bilderwelten verbreitet, die in flächendeckender, schichtenübergreifender, grenz- und kontinentüberschreitender Weise einen Grundbestand an Wissen und Bildern, an allgemeinplatzartigen Assoziationen und gemeinsamen Symbolen bereitstellen – natürlich ohne daß dadurch individuelle, gruppenspezifische und (sub-)kulturelle Besonderheiten verschwinden würden. Diese stehen ja gerade in einer Wechselwirkung zu den Auswahlentscheidungen der Mediennutzer. Schon aus kommunikationspragmatischen Gründen sollte der Prediger, die Religionslehrerin etc. bisweilen ins Kino gehen und auch sonst auf dem Laufenden sein, welche Sendungen die Gottesdienstbesucherinnen, die Schüler etc. sehen. Der »film-generierte Vorrat an in Bildern organisierten Geschichten und auch der Vorrat an von narrativen Kontexten abgelösten Einzelbildern«[6] hat aber nicht nur pragmatische, sondern auch semantische Bedeutung: »Wer ›ich liebe dich‹ sagt, hat mittlerweile alle möglichen Filmszenen vor Augen.«[7] Veränderungen in den gesellschaftlich dominanten Bilder-Codes haben auch veränderte Weltsichten zur Folge.

Die Auseinandersetzung mit der medialen Wirklichkeit verspricht eine sehr reiche, kaum verzichtbare Möglichkeit der »Wirklichkeitszufuhr«[8] für die Glaubenskommunikation. »Auch jenseits der reichhaltigen Präsenz biblischer Erzählmuster und christlicher Mythologeme stößt man ... bei der Auslegung von Filmen auf eine große Fülle theologisch bedeutsamer Fragestellungen.«[9] Vielleicht kann durch deren Einbeziehung auch der zurecht beklagten »Monotonisierung der [Kirchen-]Sprache auf Liebe« entgegengetreten werden, aus der »der Gott der Zumutungen verschwunden« ist.[10] Die Höhen und Tiefen des (Glaubens-)Lebens gilt es differenziert ins Gespräch zu bringen. Die massenmedialen Darstellungen von Liebe und Tod, von Schuld und Verzeihung, von Verstrickung und Ausweg, von Jubel und Scheitern gewähren exemplarische Zugänge zu zentralen Themen der Glaubenskommunikation. Um dem gewohnten Jargon und dem Kreis der christlichen Standardinhalte zu entkommen, sind cineastische und andere Darstellungen als wertvolle Bereicherung ernst zu nehmen. Dieses Ernstnehmen bedeutet weder eine naiv begeisterte Übernahme noch eine überkritische Ablehnung. Vielmehr gilt es die in Filmen und Szenen sich bietenden Impulse zu nutzen, das Gespräch und das Ringen um einen lebenswerten Glauben voranzubringen.

3. AKTIVE UND KRITISCHE REZEPTION FÖRDERN

Die Einsicht, daß Rezeption kein rein passiver Vorgang ist und sie eine Eigentätigkeit sein soll, deren Ziel die aktive und kritische Aneignung, die eigene Einsicht in die Zusammenhänge ist, läßt sich weit herleiten.[11] Neu sind die Aufgaben, die diesbezüglich im Rahmen der Mediengesellschaft zu bewältigen sind. Um diesen näher zu kommen, soll zunächst beschrieben werden, warum Bilder überhaupt kritikwürdig sind, also gefährlich werden können.

Das Gesehene und Gehörte in den eigenen, aufgrund des vorgängigen Vorstellungsmaterials individuell unterschiedlichen »inneren Film« umzusetzen, ist das eine. Der gezeigte Film, die gedruckten Photos etc. werden zum gesehenen Film, Bild etc. Diese inneren Vorstellungen aber können den Rezipienten – obwohl er aktiv bei der Erzeugung ist – auch relativ wenig berühren. Etwas anderes ist es, wenn der gesehene Film tiefer, »unter die Haut« geht und jene strukturierten Vorstellungen in Bewegung bringt, deren Gesamt das Welt- und Menschenbild eines Menschen, sein »Lebenskonzept«, ausmacht. Dieses hat bildhafte Züge, genauer gesagt weist es – der Theorie von *Lakoff/Johnson* zufolge[12] – eine metaphorische Struktur auf. Konzeptstrukturierende Metaphern sind es demnach, die unser Denken, Fühlen und Handeln leiten. *Zeit ist Geld, der Weg ist das Ziel, Gott ist mein Hirte* wären Beispiele für solche Metaphern, die unsere Wahrnehmung strukturieren, unserem Denken als Argumentationsgrundlage dienen, die uns so oder anders empfinden lassen, die uns diese oder jene Handlungsdisposition nahelegen. Nicht jeder gesehene Film wird das konzeptuelle System eines Menschen in Bewegung bringen. Aber wenn ein Mediennutzer permanent Variationen von *Der Mensch ist eine (Sex-)Maschine, Schönheit ist Macht, Das Leben ist ein Sich-Durchsetzen gegen andere* oder *Menschen sind Kanonenfutter* ausgesetzt ist, wird die Tragweite der Konsequenzen deutlich, wenn sich die Rezipientenaktivität nicht nur auf das Herstellen des inneren Filmes beschränkt, sondern in einer Assimilation des Lebenskonzeptes besteht.

»Vom christlichen Menschenverständnis aus ergibt sich ... das Interesse daran, daß die orientierenden Bilder für das Leben dessen spannungs- und konfliktreiche Vieldimensionalität nicht reduktionistisch darstellen.«[13] Je nachdem, mit welchen Leitvorstellungen in einer Kultur die Bilder vom alten Menschen, von der Frau, vom Fremden, von den Mittellosen oder von den Kindern gefüllt werden, entwickeln sich Wahrnehmungs- und Bewertungsmuster sowie Handlungsmaximen. »Die Medienbilder bestimmen unsere Gefühle, Erinnerungen und Verhaltensorientierungen mit, und sie bestimmen die Bilder in unseren Köpfen mit.«[14] Auch wenn es sich dabei selbstverständlich um eine Wechselwirkung handelt und jene autobiographisch bestimmten Bilder, die eigene Erfahrungen und Einsichten in sich aufgenommen haben, als kritische Instanz die Wahrnehmung der Medienbilder beeinflussen, bleibt doch die Aufgabe, die Abhängigkeiten zu durchschauen und mit den »medieninduzierten Bildern in unseren Köpfen und Gefühlen«[15] umzugehen. Kurz: Die »visuelle Kompetenz in der Multimedia-Gesellschaft«[16] muß gefördert werden.

4. MEDIENWELTEN UND PERSONALE KOMMUNIKATION

Sollen glaubende Menschen nicht den massenmedial vermittelten Welten sprachlos ausgeliefert sein, muß an den einzelnen Orten der Glaubenskommunikation das Menschliche und Religiöse, wie es sich in den Medien spiegelt, aufgegriffen werden. Es braucht einen passenden Rahmen, in dem die gemachten Beobachtungen und Vermutungen verbalisiert und ins Gespräch gebracht werden können. Engagieren sich Jugendgruppenleiter, Religionslehrer, Prediger, Erwachsenenbildner etc., um – in dem ihnen zur Verfügung stehenden Rahmen – mediale Kommunikation an personale Kommunikation rückzubinden, wäre in medienpädagogischer Hinsicht viel gewonnen. Denn an der »Scharnierstelle zwischen technisch-medialem Material (Filme usw.) und seiner Besprechung in dialogischen Begegnungsräumen wird sich für die Zukunft (medien- und kirchenpolitisch) mündiger Bürger und Christen viel entscheiden. Diese Domestizierung der medialen Techniken und Erzeugnisse aus dem Kontext der Massenmedien in die interpersonale Begegnung hinein vermittelt die Erfahrung eines verfügenden und dienstbar machenden Umgangs mit den Medien, der auch in der Rezeption der Massenmedien selbst nicht ohne Wirkung bleibt.«[17] Ein Ziel der Mediennutzung darf keinesfalls auf der Strecke bleiben: »Medien sollen der Verbindung und dem Austausch der Menschen dienen, nicht ihrer Isolierung in künstliche Welten. Nicht bloße ›Information‹ über die Welt ist ihre Aufgabe, sondern Vermittlung von handlungsrelevanten Erkenntnissen, nicht die bloße Herstellung von ›Kontakten‹, sondern der Aufbau realer Beziehungen, nicht die bloße Überschau über mögliche Handlungsalternativen, sondern die Übersetzung verantworteter Entscheidungen in den Raum der Öffentlichkeit.«[18] Werden Hilfen gegeben, wahrzunehmen, was Medienereignisse mit den Rezipienten machen, Hilfen sozusagen zum Verdauen der fiktiven Welten, die im Medium selber – mit Ausnahme z. B. einzelner guter Kommentare – nur zum Verschlingen dargeboten werden, so wäre dies eine Art von Rezipientenbildung, die nicht nur auf einen kritisch-mündigen Umgang mit den Massenmedien zielt, sondern die komunikative Kompetenz des Rezipienten insgesamt fördert und verhindert, daß der »Verfügungsraum seiner Freiheit« geschmälert wird.[19] Ein zentrales Ziel solcher Bemühung liegt im Kampf gegen die Gewöhnung. Daß 3000 Tote pro Fernsehwoche nicht spurlos an den Rezipienten vorübergehen, ist nicht erst dann wahr, wenn Gewaltszenen aus Filmen realiter nachinszeniert werden. Die oft sehr intensiven Eindrücke rufen nach Ausdrucksmöglichkeiten in der Kommunikation von Mensch zu Mensch. Hier kann explizit gemacht werden, wie der innere Film des Rezipienten aussieht, wie der einzelne die Lücken, die die Phantasie des Zuschauers anregen, füllt. Gerade das, was nicht gesagt wird, was nicht gezeigt wird, bildet »die Plattform für intensive Eindrücke, bis hin zum Gefühl des Erhabenen«[20]. Was dem Mediennutzer wirklich nahe geht, hat häufig unmittelbare religiöse Qualität. Schnell gelangt man auf diesem Weg zu entscheidenden Fragen der Lebensgestaltung. Die Wechselwirkung zwischen Medienwelt und gelebtem Alltag muß Eingang finden in das Gespräch der Menschen, die Erfahrung damit haben, daß sich ihr Glaube im Verstehen und im Gestalten ihrer Existenz auswirkt.

Das Bild verlangt nach dem Wort: »... flieh das Bild, das dem Wort entsagt!« lautet der poetische Hinweis von *Theodor Haecker*, und er begründet ihn: »Du bist ein Fremdling, ein Wanderer, ein Pilger auf der Erde.«[21] Die Heimat, die Bilder bieten, ist trügerisch und gefährlich, wenn sie einem vormachen, man könnte sich darin »niederlassen« und sich die diskursive, in der Sprache sich vollziehende Aneignung ersparen. Die eigene Plausibilität, die Bildern eignet, kann es nahelegen, sie sprach- und damit fraglos zu übernehmen. Bild und Wort aber gehören zusammen. Was für den Bereich des Wissenserwerbes nachgewiesen ist[22], legt sich auch für den Bereich des Lebenlernens, in dem die Verkündigung aktiv wird, nahe. Das innere Bild, das mentale Modell, die innere Repräsentation oder wie immer man den Bereich des Imaginierten bezeichnen mag, muß in Wechselwirkung mit der inneren Sprache stehen, wenn der Lernvorgang gelingen soll. Ob es sich extern um Bilder oder um Bilder evozierende Texte handelt: Die Rezeption muß intern nicht nur zu einer bildhaften sondern auch zu einer sprachlichen Repräsentation führen, wenn ihr die Qualität des Verstehens zuerkannt werden soll und es sich nicht um eine blinde, und damit tendenziell manipulierende Übernahme handeln soll.

Die geforderte Kommunikationsgemeinschaft wird nicht primär in einem missionarischen Interesse angestrebt, sondern im Bewußtsein, daß die Macht der medialen Welten Kirche und Gesellschaft gleichermaßen herausfordert und es hier einen Dienst in unserer Zeit zu leisten gilt. Grundlegende »Lebensweisheiten« stehen in der pluralistischen Medienwelt nicht mehr selbstverständlich zur Verfügung, sondern müssen individuell je eigens herausgearbeitet und angeeignet werden. Angesichts der Vielfalt medial präsentierter Lebenskonzepte die eigenen Leitlinien herauszubuchstabieren, erfordert die Möglichkeit des offenen persönlichen Gespräches. Hierbei kann die häufig an der kirchlichen Basis vorzufindende Gesprächskultur im Jugend- und Erwachsenenbereich einen wertvollen Beitrag leisten. Hier ist man es gewohnt, auch die Ebene der persönlichen Freiheit und Entscheidung anzusprechen. Der Prediger, der bei der Auslegung des Evangeliums für heute seinen Fernsehkonsum nicht ausklammert, die Bibelgesprächsleiterin, die in der Lage ist, Bezüge zu filmischen Motiven und Szenen herzustellen, der Religionslehrer, der mit seinen Schülern der Symbolik von Musik-Videos oder Werbespots nachgeht: sie können wichtige Animateure für die angestrebte Rückbindung medialer an die personale Kommunikation sein. Modellhaft kann so an konkreten Kristallisationspunkten der kirchlichen Kommunikationsgemeinschaft – im Verein mit anderen gesellschaftlichen Institutionen (besonders den Schulen) – ein mündiger Umgang mit den Medien gefördert werden.

5. FIKTIVE WELTEN – »REALE« WELT – VISIONEN

Das Eintauchen in die fiktiven Welten wird vom mündigen Mediennutzer von einer gesunden Metawahrnehmung begleitet. Er weiß, daß der »erschossene« Schauspieler gleich wieder aufsteht. Trotzdem bleibt die Fiktion nicht außen vor. Der Zuschauer lebt in der konstruierten Handlung mit, Identifikationen sind in unterschiedlicher Intensität möglich, Figuren und Szenen leben in ihm weiter. Zumindest tendenziell absorbiert die Medienwelt die Lebenswelt. Medial erzeugte Welten werden ihrerseits zu Erlebnisräumen: »Wer wirklich etwas erleben will, sucht dieses Erlebnis eben nicht mehr in der empirischen, sondern in der virtuellen Realität. Die ist formbar und weniger störanfällig. Und wer tief fühlen will, der geht ins Kino.«[23] Aber wer ins Kino geht, geht auch wieder heraus. Und der Film wird eventuell das Bild der Welt verändern; und zuvor hat schon die Lebenseinstellung und das Weltbild das Sehen des Filmes beeinflußt. Medial vermittelte Welten stehen nicht konkurrierend neben einer wirklichen Welt, sondern sind Teil von ihr: »Medien sind in gleicher Weise Bezugspunkte in der Realität wie andere Gegebenheiten. Aber auch ihnen gegenüber bleiben wir selbstbestimmte, handlungsfähige Individuen.«[24]

Die »eigentliche«, wirkliche Welt und die »nur« virtuelle, fiktive Welt sind weniger weit voneinander entfernt als wir oft meinen. Dies zeigt ein Blick auf Nachrichtensendungen und andere Medienberichterstattungen. Wir waren es gewöhnt, zwischen der Darstellung von Realität und der Erfindung zu unterscheiden und mußten lernen, daß der Übergang fließend ist. Läßt sich in der europäischen Ideengeschichte seit *Immanuel Kants* Erkenntniskritik eine »fortschreitende Auflösung des *Mimesis*-Gedankens« ausmachen, also eine Abkehr von »der Vorstellung, daß der Geist eine von sich unabhängige Welt abbilde bzw. nachahme«[25], so wird durch die medialen Bilder von der Welt der Graben zwischen »der Realität« und unserer Wahrnehmung vertieft und bewußt. Es gibt längst eine eigene Medienwirklichkeit; die Instrumentalisierung der Medien durch kriegsführende Parteien zeigt dies sehr deutlich. Realität ist nicht mehr (nur) hinter den Bildern, sondern in ihnen.[26] Daß auch die seriöseste Berichterstattung nicht umhin kommt, bestimmte Perspektiven einzunehmen, Schwerpunkte zu setzen, eine Auswahl zu treffen, ist bekannt. »Die Grenze zwischen Täuschung und Perspektivität ist nicht leicht zu ziehen.«[27] Die Blicke werden geführt. Die gezeigten Bilder haben eine beeinflussende, zum Teil sogar manipulative Macht. Dessen ist sich der (nicht naive) Zuschauer/Zuhörer bewußt. Er muß mit Ausschnitten des Ganzen zurechtzukommen, die Interessenlage des Informanten berücksichtigen, sich selber – ausgehend von den ihm zur Verfügung gestellten Bildern und Informationen – sein eigenes Bild machen. Genauer muß also gesagt werden: Die Realität wird doppelt gebrochen; sie entsteht erst in der Darstellung durch die Medien und dann in der Rezeption der medialen Darstellung neu.

Diese in der Medienrezeption erworbene Fähigkeit wirkt sich schon deshalb positiv auf die Kommunikation des Glaubens aus, weil sie die Gefahr eines naiv wörtlichen Bibelverständnisses verringert. Die Gewohnheit, nicht nur den Inhalt, sondern auch den Vermittler mit seiner Interessenlage und seinem begrenzten Blickwinkel wahrzunehmen, kann auf die Rezeption des Traditionsgutes übernommen werden. Darüber hinaus aber gewinnt der Mediennutzer, der es gelernt hat, in fiktiven Welten kritisch zu Hause zu sein, ein neues Bewußtsein dafür, was es heißt, sich – im Glauben – für eine bestimmte Sicht/Vision des Lebens und der Welt zu entscheiden.

Die Einsicht in die unvermeidbare Perspektivität der Darstellung bringt die Aufgabe mit sich, im Wettbewerb der öffentlichen Sichtweisen uns als Christen nicht auszuklinken. Es macht einen großen Unterschied, ob *Ausländer sind eine Bedrohung unserer Arbeitsplätze* oder *Fremde sind Geschwister* konzeptstrukturierende Macht erreicht, ob *der Mensch ist ein biologischer Apparat*, oder *der Mensch ist ein Ebenbild Gottes* die Sichtweise und das Handeln bestimmt, etc. Die Sichtweisen der Wirklichkeit, die sich aus dem christlichen Glauben ergeben und die immer neu in der jeweiligen Situation zu erarbeiten sind, dürfen den Medienrezipienten, die unentwegt mit perspektivischen, wertenden und interpretierenden Darstellungen Berührung haben, nicht vorenthalten werden.

Fiktion kann nicht nur die Wirklichkeit verstellen und das Wahrnehmen paralysieren, sondern auch neu zu sehen geben und Wirklichkeit (von einer unter Umständen ungeahnten Seite) erschließen. Die lebensspendende Macht der Phantasie, die etwa in *Roberto Benignis* Film »Das Leben ist schön« so unvergleichlich plausibel wird, darf nicht unterschätzt werden. Die Möglichkeit, Aspekte in neuer Montage zusammenzuschauen, die Welt aus ungewohnter Perspektive zu sehen, sie gegen den Strich zu deuten, vermag unsere Weltsicht zu erhellen. Die Transzendierung des Gegebenen hin auf unerkannte Lebensmöglichkeiten verbindet die künstlerische mediale Fiktion mit der christlichen Vision. Die offenbarende Kraft extravaganter Darstellungen, die mitten im Alltag neue Horizonte zu öffnen vermögen, finden wir auch in Jesu Gleichnissen[28], oder etwa in der Zumutung, daß den Exilierten in Babylon Jahwe als Hirte vor Augen gestellt wird, oder im Bild des jungen Triebes, der aus dem Baumstumpf kommt.[29]

6. DIE BILDER ZUEINANDER BRINGEN

Die Kanonisierung der biblischen Bücher schließt keineswegs die Möglichkeit aus, auch in anderen Bildern und Erzählungen jene Öffnung der Wirklichkeitswahrnehmung zu finden, die auf die große christliche Perspektive des Gottesreiches hin orientiert. Die Einbeziehung neuer symbolischer Welten in die Glaubenskommunikation ermöglicht es, die christliche Wahrheit immer wieder neu auszudrücken und neu zu entdecken und ihre Lebenskraft zu erhalten.[30] Immer wird das Überlieferte nicht nur weitergegeben, sondern weitergeschrieben, verändert. Denn es sind Menschen, die in ihrem jeweiligen Erfahrungshorizont und in der ihnen zur Verfügung stehenden Sprache (auch Bildercode) die Botschaft weitergeben. Die neu entstehenden Sinnbilder der Mediengesellschaft können kritisch aufgegriffen werden. Die Bildlichkeit der Verkündigung steht in einem zirkulären Verhältnis zu den aktuellen medialen und zu den tradierten Repertoires von Bildern. Die Bilderwelten weder der Tradition noch der Mediengesellschaft sind in sich geschlossen. Werden sie zueinander gebracht, verfremden sie sich gegenseitig. Dies ist keineswegs ein in Kauf zu nehmender Nebeneffekt, sondern ein unabdingbarer Vorgang. Eine Fixierung des überlieferten Bildercodes in seiner (historisch-kritisch entzifferbaren) sozio-kulturellen Prägungen widerspräche einerseits dem Prinzip des Bilderverbots; dieses ist nicht durch die Vermeidung von Bildern, sondern durch die Vermeidung der Fixierung auf bestimmte, »von Menschenhand gemalte« Bilder eingelöst. Dem Gefangenbleiben im Spiel der eigenen Projektionen kann nur entkommen, wer bereit ist, das Netz der überlieferten Bilder immer wieder zu öffnen. Überdies verlangt aus kommunikationspragmatischen Gründen die tradierte Botschaft nach verfremdend wirkenden Bildern. Was sich nicht verändert, sieht man nicht mehr, was zu oft gehört wird, sagt nichts mehr, was nicht befremdet, hat keinen Informations- und Aussagewert mehr.[31] Aber nicht nur auf seiten des christlichen Bilderschatzes ist dem Hang zur

Fixierung (und damit der Tendenz, daß Bilder zum bloßen Zeichen, zum Klischee, zum Idol, etc. gerinnen) entgegenzuarbeiten, sondern auch auf seiten der medialen Bilderwelt. Denn auch hier werden – insbesondere bei jungen Menschen – Selbstfindungsprozesse beeinflußt, in denen Idole entwicklungsphasentypisch eine große Rolle spielen, Identität aber gerade im Überwinden des ›blind‹ Übernommenen erreicht werden kann. Den medial verbreiteten Welten darf die Herausforderung der christlich eigensinnigen Weltsicht nicht erspart und nicht vorbehalten werden. Insbesondere die Dynamik soteriologischer und eschatologischer Symbolik (Vergebung, Befreiung, umfassende Geschwisterlicheit, der Sieg des Lebens über den Tod, etc.) muß als kritisches Interpretament die Rezeption medialer Welten begleiten. Darauf zu verzichten, leistete einem nicht zu rechtfertigendem Kulturpessimismus Vorschub, demgemäß den aktuellen Sinnenwelten von vorneherein nicht mehr zuzutrauen wäre, dem Finden einer existentiellen (Glaubens- und Lebens-)Wahrheit zu dienen. Die Entscheidung aber, welche medialen Fiktionen und Wirklichkeitsdarstellungen zum metaphorischen Prädikat der *Basileia* geöffnet werden (können), ist keineswegs objektiv zu treffen. Die individuelle Ausprägung des persönlich Geglaubten und die unterschiedlichen Gewohnheiten im Umgang mit den Medien und ihrer Symbolik können zu unterschiedlichen, ja konkträren Einschätzungen führen.[32] Im Austausch darüber verändert die Symbolik der Sprache die Wahrnehmung der Bilder; so erst können sie tatsächlich angeeignet, d.h. mehr oder weniger harmonisch bzw. dissonant in das bestehende Geflecht von Sinnkonstituenten eingegliedert werden.

Das religionspädagogische Interesse, christliche Vorstellungen und medial vermittelte Weltsichten nicht unvermittelt nebeneinander stehen zu lassen, sondern aktualisierend, präzisierend, bereichernd, in Frage stellend etc. zu verbinden, hat als Konsequenz, daß die Bilderwelt der Medien Eingang in die Welt christlicher Vorstellungen findet. Die Frage nach den Kriterien für eine Beurteilung medialer Darstellungen aus christlicher Sicht kann ähnlich wie etwa auch bei der Literatur oder den darstellenden Künsten nicht durch objektive, von außen anzulegende Meßlatten beantwortet werden. Verlangt ist ein Zusammenlesen, ein Zusammenerzählen der medialen Motive mit den tragenden Bildern und Motiven der christlichen Tradition. Es ist die grundlegende Narrativität der christlichen Überlieferung, die diesen Vorgang begünstigt. In guter Tradition steht der Verkündiger, der interessante Bilder und spannende Erzählungen langweiligen Gedanken vorzieht. In immer neuen Erzählungen wollen die Kernmotive der jüdisch-christlichen Erzähltradition aktualisiert werden. Vom narrativen und bildhaften Grundgefüge christlichen Glaubensgutes die Bezüge zum Film herzustellen und umgekehrt, verspricht einen spannenden Vorgang, der das Verstehen sowohl des christlichen Propriums als auch des Films und des persönlichen Lebenskonzeptes voranbringt.[33] Indem an unterschiedlichen Orten der Glaubenskommunikation die kritische Aneignung der medial vermittelten Welten gefördert wird, kann zugleich der gewünschte Aneignungsprozeß christlicher Sichtweisen und Einstellungen gefördert werden. Dabei kann die Konkurrenz der Welt- und Menschenbilder sich als sehr fruchtbar erweisen. Daß ein Buch von so dramatischer Sprachform und so spannendem Inhalt wie die Bibel dabei ins Abseits geraten könnte, fürchtet nur, wer sich von ihr nicht mehr überraschen läßt. In der Überblendung mit den großen Mythen und den kunstvollen Erzählungen des Medienzeitalters wird sie weiter an Kontur gewinnen. Und gegenüber dem Geplänkel der für das bloße Zeitvertreiben erfundenen Billigfilme wird sie ohnehin die Kraft ihrer Vision erweisen. Vorausgesetzt ist freilich, daß wir »die Falle der Redseligkeit«[34] meiden und uns abheben von dem medial inszenierten inflationären Gerede aller über alles vor allen; daß wir nicht zu harmlos, zu glatt, zu gefällig von Gott erzählen. Das ist vielleicht heutzutage die am meisten verbreitete Weise, unehrlich zu werden, wenn das Leben – so wie es ist! – in die Perspektive des Gottesreiches gestellt wird. Das Sich-Behaupten des Glaubens angesichts der Konkurrenz der medial vermittelten Lebensentwürfe ist nicht eine Frage der unterhaltsamen Vermittlung. Vielmehr wird diese Konkurrenz »im Leben, in der Erfahrung selbst ausgetragen«[35]. Hier zählt die Gaubwürdigkeit des konkreten Gegenübers allemal mehr als noch so grandios vorgebrachte Aufmache. Wer sich auf die Konkurrenz bezüglich des Unterhaltungswertes einläßt, hat schon verloren. Immer wirken wir durch das, was wir sind, ungleich intensiver als durch das, was wir sagen. Der Verkündiger, der als Kind seiner Zeit und als Kind seiner religiösen Tradition es gelernt hat bzw. es immer wieder neu lernt, die bunte Vielfalt der Medienwelt in sein Leben aus dem Glauben zu integrieren und spürt, wie fesselnd und lebensspendend die Korrelation der Bilder unterschiedlichster Herkunft ist, bisweilen aber auch wie die Welten auseinanderklaffen und unversöhnlich scheinen, wird immer wieder auf seine eigene Synthese zurückkommen müssen, an seiner eigenen Lebenskonzeption den Weg ertasten, auf den ihn die so unterschiedlichen Bilder verweisen, und ihn gehen. Ein dreifaches Vertrauen ist gefordert: Zuerst in das Reich Gottes, in seine Durchsetzungskraft, die über vielerlei Wege und Bilder den Menschen Türen öffnet. Dann in die Überzeugungskraft der eigenen Lebenssynthese. Und als Drittes kommt die vertrauensvolle Zumutung an den Kommunikationspartner (also den Predigthörer, den Schüler etc.) hinzu. Er ist im offenen Gespräch selber in der Lage, die für ihn notwendigen Entscheidungen zu treffen. Der Prediger/der Lehrer kann letztendlich nur den Blick lenken; sehen und aneignen aber muß ein jeder selbst.

Anmerkungen

1 Dieses kommt deutlich zum Ausdruck in der Gemeinsamen Erklärung der Deutschen Bischofskonferenz und des Rates der Evangelischen Kirche in Deutschland: Chancen und Risiken der Mediengesellschaft. Hrsg. vom Kirchenamt der Evangelischen Kirche in Deutschland und vom Sekretariat der Deutschen Bischofskonferenz, Hannover/Bonn 1997.

2 Vgl. Lumen Gentium 1.

3 Vgl. E. Huscava, Bibeltext - Imagination - Predigtereignis, in: Lebendige Katechese 20 (1998) 60–63, hier 61, mit Verweis auf die Dissertationsschrift des Autors: Erzählschule und Weisheitslehre. Weg zur Kompetenz für persönlich-dialogische Predigt, Weg zur Gestaltung innovativer Lernprozesse, Wien 1997, 245ff.

4 Huscava, Bibeltext - Imagination - Predigtereignis, 63.

5 Vgl. ausführlich: J. Hermelink/E. Müske, Predigt als Arbeit an mentalen Bildern. Zur Rezeption der Textsemiotik in der Predigtanalyse, in: Praktische Theologie 30 (1995) 219–239.

6 R. Zwick, Weshalb ein Prediger bisweilen ins Kino gehen sollte. Rezeptionsästhetische Anmerkungen zum Film, in: E. Garhammer/H.-G. Schöttler (Hrsg.), Predigt als offenes Kunstwerk. Homiletik und Rezeptionsästhetik, München 1998, 82–96, hier 93.

7 E. Atom in der Süddeutschen Zeitung vom 5.3.1998, zit. nach Zwick, Weshalb ein Prediger ..., 94.

8 L. Karrer, Warum sich Theologie für den Film interessiert, in: Pastoraltheologische Informationen 17 (1997) 321–328, hier 328.

9 S. Orth, Spuren sinnstiftender Erfahrungen. Theologen suchen das Gespräch mit der Welt des Kinos, in: Herder Korrespondenz 53 (1999) 354–358, das Zitat 358.

10 G. Bachl, Wider die harmlose Redseligkeit. Thesen zur Sprachkultur in der heutigen Kirche, in: Herder Korrespondenz 45 (1991) 325–330, hier 329.

11 Schon Augustinus lehnt die fraglose Übernahme (eines vom Lehrer vermittelten Inhalts) ab, wenn er fragt: »Wer wäre so töricht, sein Kind in die Schule zu schicken, nur damit es lernt, was der Lehrer denkt?« (De magistro 14, 45). Er beschreibt die Rezeption als Eigentätigkeit, die als Bedingung einen geeigneten kommunikativen Rahmen und die affektive Geneigtheit, lernen zu wollen, hat. Vgl. M. Schlosser, Docere est actus misericordiae. Theologiegeschichtliche Anmerkungen zum Ethos des Lehrens - Herrn Professor Dr. Richard Heinzmann zum 65. Geburtstag gewidmet, in: Münchener Theologische Zeitschrift 50 (1999) 54–74, hier bes. 60–63, das Augustinuszitat 60.

12 Vgl. G. Lakoff/M. Johnson, Metaphors We Live By, Chicago/London 1980.

13 Chancen und Risiken der Mediengesellschaft, 52.

14 H. Buschmeyer/S. Kocot, Wahrnehmen und reflektieren. Bilder von Männern und Frauen in den Medien und in der eigenen Biographie, in: medien praktisch 23 (1999) 15–19, hier 15.

15 Ebd.

16 So der programmatische Untertitel von: C. Doelker, Ein Bild ist mehr als ein Bild, Stuttgart 1997.

17 O. Fuchs, Kirche, Kabel, Kapital. Standpunkte einer christlichen Medienpolitik, Münster 1989, 132.

18 M. Wörther, Vom Reichtum der Medien. Theologische Überlegungen/Praktische Folgerungen, Würzburg 1993, 128f.

19 Vgl. die Zielformulierung zur Medienpädagogik in Communio et Progressio (1971), 64; das Zitat ebd.

20 Zwick, Weshalb ein Prediger ..., 89 mit Verweis auf Edmund Burkes Abhandlung von 1757 »Vom Erhabenen und Schönen«.

21 T. Haecker, Tag- und Nachtbücher (Bibliothek Suhrkamp 478), 18.

22 Vgl. W. Schnotz, Imagination beim Sprach- und Bildverstehen, in: Neue Sammlung 38 (1998) 141-154, hier 149-153.

Soll eine tatsächliche Vorstellung entwickelt werden, die anwendbar und transferierbar ist, so scheint sich ein Zuviel an Bildmaterial eher kontraproduktiv auszuwirken, während Vermittlungen, die die Vorstellungskraft und die interne Sprache des Rezipienten animieren (also die internen Depiktionen und die internen Deskriptionen in Interaktion bringen), Lernprozesse anstoßen und den sprachlichen Austausch erleichtern. Vgl. auf Wissenserwerb bezogen ebd., 152.

23 N. Bolz/D. Bosshart, KULT-Marketing. Die neuen Götter des Marktes, Düsseldorf 1995, 213 (im Orig. teilweise hervorgehoben).

24 Wörther, Vom Reichtum der Medien, 116. Zur Herleitung der im Text wiedergegebenen Aussage aus einem konstruktivistischen und medienbiographischen Ansatz heraus vgl. 95–116.

25 D. Hedley, Bildung, Einheit und Einbildungskraft. Zur romantischen Theorie der Imagination, in: Neue Sammlung 38 (1998) 133–140, hier 133.

26 Vgl. S. Aufenanger, Die Realität in den Bildern. Wer ist der Mensch in der Mediengesellschaft?, in: Evangelische Kommentare 9/1995 523–526, hier bes. 525, unter Heranziehen von Zitaten von H.U. Gumbrecht und N. Bolz.

27 Chancen und Risiken der Mediengesellschaft, 55.

28 Eine knappe Einführung mit der wichtigsten Literatur findet sich jüngst bei H.-J. Venetz, Der Gott der Gleichnisse Jesu: Mitten im Alltag neue Horizonte, in: Bibel und Kirche 54 (1999) 19–22.

29 Zum Verstehen ›extravaganter‹ Bilder als Metaphern und zum Umgang mit ihnen in der Glaubenskommunikation vgl. T. Luksch, Predigt als metaphorische Gott-Rede. Zum Ertrag der Metaphernforschung für die Homiletik, Würzburg 1998.

30 »Die Wahrheit des Christentums gleicht ... dem Manna, das sich nicht aufspeichern läßt: es ist heute frisch, morgen faul. Eine Wahrheit, die nur noch tradiert wird, ohne von Grund auf neu gedacht zu werden, hat ihre Lebenskraft eingebüßt. Das Gefäß, das sie enthält – zum Beispiel die Sprache, die Bild- und Begriffswelt – verstaubt, verrostet, zerbröckelt.« So H. Urs von Balthasar, Schleifung der Bastionen, Einsiedeln ^{4}1952, 22.

31 Immer noch aussagekräftig zu diesem Thema: H.-D. Bastian, Verfremdung und Verkündigung. Gibt es eine theologische Informationstheorie? (Theologische Existenz heute 127), München ^{2}1967. »Das Selbstverständliche ist der amtliche Totenschein für jede Mitteilung« (ebd. 27).

32 Die Diskussionen zu Kultfilmen, denen im religionspädagogischen Kolloquium, das halbjährlich unter der Leitung von Prof. Dr. Ehrenfried Schulz in Hirschberg/Beilngries stattfindet, traditionellerweise ein Abend gewidmet ist, verlaufen zumeist höchst kontrovers.

33 Der theologisch-wissenschaftlichen Seite dieses Vorgangs ist das Projekt »Film und Theologie« gewidmet, das seit zehn Jahren das Gespräch der Theologie mit der Kultur des Films sucht, in der »Überzeugung, daß Filme für jede Theologie, die sich als kontextuell versteht, zum Ort theologischer Wahrheit werden können – auch und gerade dann, wenn sie keine Bibelverfilmungen, Jesusfilme ... oder andere religiöse Filme im engeren Sinne sind« (Orth, Spuren sinnstiftender Erfahrungen, 354; in diesem Artikel finden sich Angaben zu den Veröffentlichungen der Beiträge der Symposien des genannten Projektes (355) und ein Bericht über das Jubiläumssymposium im Mai 1999).

34 A. Foitzik, Redselige Kirche, in Herder Korrespondenz 52 (1998) 379–381, das Zitat 381.

35 Wörther, Vom Reichtum der Medien, 132.

»Auf ein Wort«

Verkündigung im Hörfunk

KARIN WENDLINGER

1. DAS RADIO ALS BESTANDTEIL DER ALLTAGSKULTUR

Für den Großteil der Bundesbürger beginnt der Tag mit den Stimmen aus dem Radiowecker. Im Laufe des Tages hören dann 82 Prozent der Deutschen durchschnittlich drei Stunden Radio. Die Altersgruppe zwischen 30 und 50 Jahren liegt sogar über dem Durchschnitt, mit etwa fünf Stunden.[1] Der Hörfunk ist heute ein ubiquitäres Begleitmedium, das überall verfügbar und aus der Alltagskultur nicht mehr wegzudenken ist. Im Gegensatz zum Fernsehen wird das Sekundärmedium Radio größtenteils nebenbei gehört: Während des Frühstücks als Muntermacher, beim Bügeln als Ratgeber für neue Kochtips und während des Autofahrens als schnelle Nachrichten- und Verkehrslagenquelle. In der Nutzungshierarchie des Hörfunks steht die Musik, vor allem bei jungen Hörern, an erster Stelle, deutlich vor der Information.[2]

Neuerdings kann man bundesweit eine Renaissance des Sprechradios beobachten. Nach Untersuchungen des Westdeutschen Rundfunks (WDR) nehmen die Einschaltquoten für Hörspiele und Wortsendungen kontinuierlich zu. Darüber hinaus sind Hörbücher mittlerweile zum festen Bestandteil des Literaturbetriebs geworden. Wortsendungen und Hörspiele beflügeln mit ihrer reduzierten Form der Vermittlung den Zuhörer zur rezipierenden Aktivität. Zurückzuführen ist diese Entwicklung auf die zunehmende Reizüberflutung im überquellenden und unüberschaubaren Angebot auf dem Bildschirm und in den Printmedien.[3]

Für Verkündigung im Rundfunk läßt sich daraus folgern, daß sich die Zuhörer durch pluriforme, also durch völlig unterschiedliche Erwartungshaltungen einerseits sowie Verhaltens- und Bewertungsmuster andererseits auszeichnen. Kirchliche Ansprachen im Hörfunk werden demnach von Menschen gehört, die auf verschiedene Weisen mit der gesellschaftlichen Komplexität verwoben sind. Ihre Individualität läßt sich etwa festmachen am Alter, Lebensstil, an der

Ausbildung, der Berufswelt oder der Zugehörigkeit zu Verbänden, Parteien, Gewerkschaften und Kirchen. Der Verkündigende sollte zudem berücksichtigen, daß die jeweilige Lebenssituation an den Rezipienten vielfach eine hohe Anforderung stellt, um die eigene Identität ausbilden zu können.[4] Die Auseinandersetzung mit dem eigenem Dasein führt nicht selten zu einer Infragestellung der Versprechen der Konsumgesellschaft, was in extremen Fällen bis zu einer Medienverweigerung führen kann. Für die Auseinandersetzung mit religiösen Inhalten heißt das: »Die religiöse Frage hat sich in der wissenschaftlich-technischen Zivilisation nicht verflüchtigt. Da der Fortschrittsglaube seine Kraft verloren hat, kann die Auflösung dieser Fragen nicht mehr von effektiven Daseinstechniken, durch Fortschritte der Wissenschaft, durch neue Technologien erwartet werden. Die Auseinandersetzung mit dem, über das der Mensch nicht verfügen kann, ist deshalb wieder stärker in den Mittelpunkt des Lebensverständnisses vieler getreten, und damit ist eine Offenheit für religiöse Fragen gegeben.« [5] Für die Verkündigung läßt sich daraus der Schluß ziehen, daß sie nicht anachronistisch oder obsolet ist, genausowenig wie das vielerorts prophezeite Ende der Religion eingetreten ist.[6]

2. KIRCHE UND HÖRFUNK

2.1 EINE HISTORISCHE BESTANDSAUFNAHME

»Der Rundfunk kann Künder weltumspannender göttlicher Ideen sein. Wir haben den Glauben, daß die Kirche den Menschen nicht nur dem ewigen Ziele zuführt, sondern daß sie in der göttlichen Wahrheit und Liebe auch Schätze für das Menschsein im edelsten Sinne schon in dieser Welt anbietet. Traditionsfreude darf uns nicht zum Abseitsstehen verleiten. Tradition verpflichtet vielmehr das überkommene, geistige Erbe zu bewußtem Einsatz – auch beim Funk.«[7] *Bernhard Marschall*, Pionier und Mentor der katholischen Rundfunkarbeit in Deutschland, fokussiert hier die ersten Gehversuche kirchlichen Engagements zu Beginn der Rundfunkära. Die Kirche sollte seiner Meinung nach den Rundfunk für Bildung und Erziehung seines Gottesvolkes nutzen, um die sozialen Gegensätze innerhalb der Gesellschaft auszugleichen, mit dem Ziel einer religiösen Bildungsarbeit. Die gegenwärtig flächendeckende Verkündigung auf den zahlreichen deutschen Kanälen geht auf das vorausschauende Handeln Marschalls zurück, das bereits früh Unterstützung fand, etwa bei *Carl Sonnenschein*, dem seinerzeit populären Großstadtseelsorger, der am Karsamstag im Jahre 1924 im Berliner Voxhaus die erste religiöse Ansprache hielt.[8]

Von seiten der Kirche wurden die neuen Ausflüge indifferent beäugt, wohl aus dem Umstand heraus, daß man anfänglich nicht so recht beurteilen konnte, wie das noch weitgehend fremde Medium Radio dienstbar zu machen sei.[9]

Nach dem Ende des Zweiten Weltkrieges entschieden die Besatzungsmächte, daß Rundfunk im öffentlich-rechtlichen Sinn zu organisieren ist, das heißt nach einem ständischen Prinzip. Demnach muß der Rundfunk von allen gesellschaftlich relevanten Gruppen, zu denen unter anderem auch die Kirchen zählen, getragen werden, so daß weder eine staatliche noch interessengebundene Dominanz auftreten könne.[10] Nach der Rundfunkordnug kann keine der gesellschaftlich relevanten Gruppen eigenmächtig über die Sendezeit verfügen. Vielmehr kommen diese Gruppen im Gesamtprogramm zu Wort, vertreten durch die einzelnen Fachredaktionen (z.B. Kirchenfunk), die Nachrichten, Kommentare, Hintergrundberichte, Diskussionen usw. redaktionell betreuen.[11]

Daneben gibt es Sendungen, für deren Inhalt die Kirchen selbst verantwortlich sind. Im allgemeinen Sprachgebrauch heißen sie »direkte Verkündigung«. Im Hörfunk fallen darunter Kurzansprachen (Radiopredigten; »Auf ein Wort«), Morgenfeiern und Gottesdienste an Sonn- und Feiertagen. Die redaktionelle Kompetenz liegt bei den jeweiligen kirchlichen Rundfunkbeauftragten an den Funkhäusern im Gesamtnetz der ARD und des ZDF. Als »indirekte Verkündigung« bezeichnet man demgegenüber all jene Beiträge, die von den kirchlichen Fachredaktionen gesendet werden und deren Inhalte nicht einer kirchlichen Zensur unterstehen.[12]

Im Januar 1984 wurde in Ludwigshafen mit dem ersten Kabelpilotprojekt ein neues Kapitel in der Mediengeschichte aufgeschlagen, was den Beginn eines neuen Medienzeitalters in der Bundesrepublik Deutschland markierte und die Ära der sogenannten »Neuen Medien« einläutete. Unter die »Neuen Medien« subsummiert man gemeinhin weiterentwickelte Informations- und Kommunikationstechniken zur Übertragung von Texten, Bildern und Tönen. Die »Neuen Medien« sind für die Kirchen Chance und Herausforderung zugleich, besonders im Bezug auf die Neukonturierung ihrer medienpolitischen Haltung.[13]

2.2 Kirchliche Verlautbarungen und die Medien

Die Vielfalt der unterschiedlichen Medien zwingt die Kirche, ihre Verkündigungsstrategien zu reflektieren und gegebenenfalls neue zu entwickeln, um den Anforderungen der Mediengesellschaft standzuhalten und von den Rezipienten als ernstzunehmender Partner wahrgenommen zu werden. An der Qualität dieser Strategien wird sich in Zukunft zeigen, inwieweit es Kirche versteht, ihre Verkündigungsinhalte dem geschichtlichen Prozeß »sich ändernder Daseins- und Existenzerfahrung«[14] anzupassen.

In der Auswahl dreier kirchlicher Verlautbarungen kommt im folgenden die Interdependenz der Kirche in Bezug auf die Medien zum Ausdruck.

Die Enzyklika »Miranda Prorsus« (MP)
In den frühen Aussagen der Kirche zu den elektronischen Medien Film, Funk und Fernsehen war die Meinung dominierend, daß »die neuen Errungenschaften Denken und Handeln des einzelnen wie der Gesellschaft sehr stark«[15] beeinflussen. Diese Einflußnahme ist nach Ansicht von *Pius XII.* in seiner Enzyklika »Miranda Prorsus« von 8. September 1957 ambivalent und trägt positive wie negative Implikationen. Zum einen dringt durch die elektronischen Medien »sogar in die Familie die vergiftete Luft, vom Materialismus verdorben, von aller Torheit und jeglicher Lüsternheit ... verpestet«[16], ein. Zum anderem könne mittels dieser »Gaben Gottes«[17] das Evangelium verkündet und sogar die Menschheit missioniert werden. Die Aufgabe der elektronischen Medien besteht darin, der »Wahrheit« und der »sittlichen Vervollkommnung des menschlichen Lebens«[18] zu dienen und darüber hinaus gemeinschaftsbildend zu wirken, konkret, die Menschen miteinander zu verbinden.[19]

Das Konzilsdekret »Inter Mirifica« (IM)
Das zu Beginn des Zweiten Vaticanums verfaßte und am 4. Dezember 1963 ratifizierte Dekret »Inter Mirifica« bewegt sich vor allem um die Hauptmotive der Kirche für die Beschäftigung mit den Kommunikationsmitteln. »Inter Mirifica« warnt einerseits vor Mißbrauch der Medien und den damit verbundenen gesellschaftlichen Konsequenzen, betont aber andererseits die Bedeutung der Kommunikationsmittel zur »Ausbreitung und Festigung des Gottesreiches«[20] (IM 1). Im ersten Kapitel wird unter anderem das Recht der Kirche thematisiert, »jedes dieser sozialen Kommunikationsmittel zu benutzen und zu besitzen« (IM 3). Das zweite Kapitel, das sich insbesondere an kirchliche Amtsträger und Seelsorger richtet, rechtfertigt den Einsatz der Medien als Instrumente der Verkündigung und des Apostolats.[21]

Die Pastoralkonstitution »Communio et Progressio« (CP)
Die am 3. Juni 1971 approbierte Pastoralkonstitution »Communio et Progressio« nimmt Bezug auf das Konzilsdekret »Inter Mirifica« und entfaltet ihre Inhalte in drei Teilen.[22] Im dritten und umfangreichsten Teil werden die Aufgaben der Katholiken auf dem Gebiet der Kommunikationsmittel konkretisiert. Neben der Verkündigung des Evangeliums durch die Medien (vgl. CP 128) werden Gespräch und Austausch innerhalb der Kirche und der Dialog zwischen Kirche und Welt (vgl. CP 123) genannt. Die Pastoralinstruktion appelliert, für kirchli-

che Belange eine mediengerechte Sprache (vgl. CP 128) zu finden und neue Verkündigungsmethoden auszuprobieren (vgl. CP 131), die die Eigenart des jeweiligen Mediums berücksichtigen (vgl. CP 151).

3. DIE KIRCHLICHE SENDEREIHE »AUF EIN WORT« – EINE BESTANDSAUFNAHME

»Auf ein Wort – Geistliche Anmerkungen zur Zeit« lautet der Titel der Sendung im öffentlich-rechtlichen Rundfunk, die der Hörfunk des Bayerischen Rundfunks seit 1985 ausstrahlt.[23] Exemplarisch für die Verkündigung im Rundfunk steht diese Sendereihe im folgenden im Mittelpunkt der Untersuchung.

»Auf ein Wort« wird von Montag bis Sonntag jeweils um 21.58 Uhr auf Bayern 3 und von Montag bis Freitag um 22.58 auf Bayern 1 gesendet.[24] Im täglichen Wechsel sprechen katholische und evangelische Theologen und Theologinnen sowie Laien neunzig Sekunden lang ihre selbst verfaßten Gedanken. Im Jahr 1998 stammten von den 362 Sendungen 180 aus katholischer Feder. Nur am Rosenmontag, Faschingsdienstag und Silvester fielen die Kurzandachten ersatzlos aus. Die Verfasser und Verfasserinnen, die ihre Texte am Mikrophon selbst sprechen, kommen aus dem Sendegebiet des Bayerischen Rundfunks. Die Auswahl der in Frage kommenden Autoren und Autorinnen obliegt dem jeweiligen Beauftragten des katholischen Rundfunkreferates. Für die Fertigstellung ist die Kirchenfunk-Redaktion zuständig. Die Manuskripte können schriftlich angefordert werden. Eine Auswahl der Texte ist auch über die Internet-Seiten der Kirchenfunk-Redaktion abrufbar.[25]

Statistischen Erhebungen des Bayerischen Rundfunks entnimmt man, daß die Sendereihe »Auf ein Wort« auf Bayern 3 im Durchschnitt 52 000 Zuhörer unter 50 Jahren, davon 16 000 Männer und 32 000 Frauen, nachweisen kann, während Bayern 1 insgesamt 30 000 Interessierte über 50 Jahre, davon 10 000 Männer und 20 000 Frauen, verzeichnet.[26]

»Auf ein Wort« beginnt und endet mit einem Musikakzent. In der Absage nennt der Stationssprecher den Namen des Verfassers, ohne die Konfession zu erwähnen.

Inhaltlich finden sich alle vorstellbaren Themenbereiche: Glaube mit den Schwerpunkten Leid und Tod, Sinn des Lebens, Vertrauen, Gottesbeziehung. Bezugnahme auf Feste wie die Weihnachtstage, Karwoche oder Fasching. Politische Aktualität, die zum Ausdruck kommt in Themen wie Todesstrafe oder Krieg im Kosovo. Lebensproblematik wie Arbeitslosigkeit, Einsamkeit, Langeweile, Freude, Loyalitätsprobleme, Ehe und Partnerschaft, Liebe und Zärtlichkeit. In all den genannten Themen wird das menschliche Leben in seinem ganzen Facettenreichtum angesprochen.[27] Auf der Internet-Seite »Die Kirchen in

Bayern 1« heißt es in der Selbstbeschreibung: »So entstehen auch sehr aktuelle Momentaufnahmen, mit denen versucht wird, die Vielfalt menschlichen Lebens durchschaubar und verstehbar zu machen.«

Die Sprache ist einfach, direkt, bildhaft und symbolträchtig. Die Sätze sind den Anforderungen des Rundfunks angepaßt: Sie sind kurz, kommen in der Regel ohne Relativsätze aus, drücken den Inhalt positiv aus und benutzen nur selten Fremdwörter. Die Erzählform wechselt zwischen der Ich-Person und dem eher distanzierten »man«. In einigen Fällen wird der Zuhörer auch eigens in Form von Fragen oder direkt mit »Du« oder »Sie« angesprochen. Der Grundduktus ist wohlwollend, zuversichtlich, ermunternd und nicht selten auch harmonisierend.

4. VERKÜNDIGUNG IN NEUNZIG SEKUNDEN – EINE KRITISCHE ANALYSE

Verkündigung im Rundfunk wird mit der Tatsache der säkularen Lebenswelt der Menschen konfrontiert. Mit einer Welt, in der das genuin Christliche eher am Rand als im Mittelpunkt zu stehen scheint.[28] Der Verkündigende muß von »einem buchstäblich lautlosen Akzeptanzverlust von kirchlicher Rede und Glaubensverkündigung, die noch zu volkskirchlichen Zeiten ohne weiteres als sinnstiftend für das eigene Leben erfahren wurde«[29], ausgehen. Eine Erkenntnis, die für den Inhalt der Verkündigung eine entscheidende Rolle spielen sollte. Gerade ein typischer Bayern-3-Zuhörer, der zwischen 30 und 40 Jahre alt ist, den Sender vorwiegend zur Ablenkung und wegen der neusten Hits einschaltet[30], steht den Belangen der Kirche und ihrer Botschaft statistisch gesehen eher indifferent, wenn nicht gar ablehnend gegenüber. Das Hörerprofil, also das Wissen um den Adressaten, muß von den Verfassern unbedingt berücksichtigt werden. Eine weitere Option ist die Abstimmung von Sprache und Inhalt an das Format des jeweiligen Senders. »Auf ein Wort« steht nicht selten im Kontrast zum restlichen Programm von Bayern 3, das sich an junge Menschen richtet, lockere und witzige Sprache benutzt und die Zuhörer mit einem vertrauten »du« anspricht. Die »neunzig Sekunden Verkündigung« werden, so kann man vermuten, von vielen Bayern-3-Hörern als Bruch im Programm empfunden und als behäbig, antiquiert und zusammenhangslos verschmäht.

Auf den Zuhörerkreis von Bayern 1 trifft die genannte Kritik dagegen nicht zu. Das Profil dieses Hörers kann man mit »heimatverbunden« und »traditionsbewußt« beschreiben. Die Mehrzahl der Zuhörer ist weiblich, über 50 Jahre alt und in der Regel nicht akademisch.[31] »Auf ein Wort« ist für das Format dieser Welle viel geeigneter als für das Format von Bayern 3. Deutlich ablesbar auch an der Ressonanz. Nachfragen zu Texten werden in der Regel von Bayern-1-Hörerinnen und -Hörern gestellt.[32] Die Sprecher und Sprecherinnen wirken in diesem Kontext authentischer und glaubwürdiger, weil sie auf die Lebenssituation der Rezipienten besser ausgerichtet sind. Auch der Sprachduktus ähnelt der Art der Moderatoren und Moderatorinnen der vorherigen und nachkommenden Sendungen.

Sowohl Umfang als auch die Sendezeit weisen auf das Spezifikum der Sendereihe »Auf ein Wort« hin: Sie ist weder eine Andacht, noch eine ausgedehnte Predigt, vielmehr ein prägnant formulierter Gedanke, bei dem lebenspragmatische Bezüge im Vordergrund stehen. Hier erzählen Männer und Frauen Geschichten, die den Rezipienten bestätigen, aufrütteln oder zumindest in Bewegung bringen sollen. Ein erfolgversprechendes Konzept, mit dem die Kirche hunderttausende, häufig kirchenferne Hörerinnen und Hörer, ansprechen kann. Die Verkündigenden sind für die Empfänger am anderen Ende des Geräts ein Sprachrohr der Institution Kirche, das die Vorstellung vieler Hörer prägt, was Kirche heute bedeutet oder bedeuten könnte.

Gelungen ist ebenso die Plazierung der Sendereihe: Unmittelbar vor den Nachrichten. Der Hörer wird weder durch Musik, Werbung noch durch eine Moderation abgelenkt, sondern durch die wenigen Worte, die seine Lebenswelt ansprechen möchten, mit der unverblümten Realität der Nachrichten konfrontiert.

5. »UNTERHALTENDE VERKÜNDIGUNG« – EIN AUSBLICK

Die Sendereihe »Auf ein Wort« kann neben anderen medialen Verkündigungsformen wie Predigt oder Andacht überzeugend den heutigen Menschen in seiner Welt ansprechen. Nicht die ausladende Radiopredigt zeichnet die Qualität dieses Sendeformats aus, sondern der scheinbar flüchtige und unterhaltende Gedanke, der im namenlosen Gegenüber etwas Existentielles berührt. Unabdingbare Voraussetzung ist auf jeden Fall, daß der Verkündigende das radiophone Handwerskzeug beherrscht, eine klare und ausdrucksstarke Stimme hat, das Profil seiner Adressaten kennt, theologische Grundkenntnisse vorweisen kann und eine Botschaft mitteilen will, zu der er steht. Da die Lebensstile der Zuhörer vielschichtig sind, muß darauf geachtet werden, möglichst viele Männer und Frauen zu Wort kommen zu lassen. Ratsam wäre ein direkter Kontakt mit dem Zuhörer, etwa in Form einer Telefonrückrufaktion, um Feedback-Kontrollen zu erhalten. Außerdem wäre es wünschenswert, aktuellen Themen mehr Platz einzuräumen, so daß geplante Sendungen kurzerhand aus dem Programm genommen und auf einen späteren Zeitpunkt verlegt werden. Langfristig sollte die Tatsache der unterschiedlichen Hörerprofile von Bayern 1 und Bayern 3 die Verantwortlichen dazu bewegen, mit einem überarbeiteten, auf Bayern 3 eigens zugeschnittenen Konzept auf Sendung zu gehen.

Der Hörfunk ist ein Medium ohne Bild und ein Medium, in dem man komplizierte Zusammenhänge nicht nachlesen kann. Sein Vorteil liegt in der Reduktion der Form, in der gesprochenen Sprache, die im Augenblick des Sprechens eine unmittelbare Beziehung zwischen Sprecher und Zuhörer herstellen kann. Wer sein Radio einschaltet, will vor allem unterhalten und informiert werden. Zwei Konstanten, die die Verkündigenden im Hörfunk herausfordern und sie gleichzeitig ermuntern sollten, auch andere und neue radiophone Formen zu kreieren, um den Hörer in seiner Alltagswelt zu erreichen. Ein Unterfangen, das dem Anliegen des Evangeliums nahe kommt, weil es den Menschen in den Mittelpunkt stellt.

Anmerkungen

1 S. Brünjes, Radio-Report: Programme - Profile - Perspektiven, München 1998, 31ff.

2 W. Faulstich, (Hrsg.), Grundwissen Medien, München ^{2}1995, 235–254.

3 H.- S. Bucher, Übers Hören etwas lesen, in: Spiegel special, Hamburg 3/1999, 145.

4 E. Bieger/W. Fischer/R. Jacobi/P. Kottorz (Hrsg.), Zeitgeistlich. Religion und Fernsehen in den neunziger Jahren, Köln ^{2}1994.

5 Ebd. 15–16.

6 H. Luther, Religion und Alltag, Stuttgart 1992.

7 W. Bettecken, Sein Leben gehörte dem Rundfunk, Prälat Bernhard Marschall vor 100 Jahren in Steele geboren, in: Funk-Korrespondenz 51–52, 1988, 14–15, hier 14.

8 Eine ausführliche Darstellung über die Entwicklungsgeschichte der Verkündigungssendungen in Deutschland siehe: S. Kampmann, Morgenandachten im Hörfunk. Geschichtliche, empirische und publizistische Aspekte zu einem umstrittenen Genre, Bochum 1993, 27–49.

9 G. Bauer, Kirchliche Rundfunkarbeit 1924–1939, Beiträge zur Geschichte des deutschen Rundfunks 2, Frankfurt 1966, 31.

10 H. Flottau, Hörfunk und Fernsehen heute, München 1972, 104ff.

11 H. Glässgen, Katholische Kirche und Rundfunk in der Bundesrepublik Deutschland 1945–1962, Spiess 1983, 43ff.

12 D. Hober, Die Radiopredigt. Ein Beitrag zur Rundfunkhomiletik, Stuttgart 1996, 18–21.

13 W. Faulstich (Hrsg.), Grundwissen Medien, 255–260; vgl. dazu auch: D. Hober, Radiopredigt; S. Brünjes, Radio-Report.

14 G. Deussen, Verkündigungsstrategien im historischen Rückblick, Comunicatio Socialis 4 (1971) 1–9, hier 7.

15 Pius XII., »Miranda Prorsus« vom 8.9.1957 (= Nichtamtliche Übersetzung nach dem lateinischen Orginaltext, hrsg. von den kirchlichen Hauptstellen für Film, Funk und Fernsehen in Deutschland in Zusammenarbeit mit der Katholischen Nachrichten-Agentur), Köln 1957, hier 2.

16 Miranda Prorsus, hier 12.

17 Miranda Prosus,hier 1.

18 Miranda Prosus, hier 5.

19 G. Deussen, 25 Jahre »Miranda Prorsus« – Die Medienenzyklika Pius XII, in: Comunicatio Socialis 15 (1982) 267–279; S. Kampmann, Morgenandachten im Hörfunk, 164–168.

20 K. Rahner/H. Vorgrimmler, Kleines Konzilskompendium, Freiburg 1985, 91–94.

21 K. SCHMIDTHÜS, Einleitung und Kommentar zu »Dekret über die sozialen Kommunikationsmittel« in: LTHK 12, ^{2}1986, 111–115.

22 H. GASPER, Die Kernaussagen von Communio et Progressio. Theologische und sozialethische Überlegungen, in: Medienpraxis. Grundlagen 6, hrsg. von der Deutschen Bischofskonferenz, Bonn 1991.

23 M. BOGDAHN/W. LEIERSEDER (Hrsg.), 22:57. Auf ein Wort. Geistliche Anmerkungen im Bayerischen Rundfunk, München 1990.

24 Faltblatt des Bayerischen Rundfunks, Kirche im Radio, ohne Jahresangabe.

25 Laut Auskunft von ERWIN ALBRECHT, Mitarbeiters im katholischen Rundfunkreferat, der seit November 1998 mit der Sendereihe »Auf ein Wort« vom Rundfunkbeauftragten Dr. Willibald Leierseder beauftragt wurde.

26 Laut Statistik der Abteilung Medienforschung des Bayerischen Rundfunks, Dezember 1998.

27 Texte aus: M. BOGDAHN, Auf ein Wort; sowie direkt von der Redaktion des Kirchenfunks.

28 G. FUCHS, Das unterscheidend Christliche, in: BIEGER/FISCHER/JACOBI/KOTTORZ (Hrsg.), Zeitgeistlich, 26–30.

29 D. HOBER, Die Radiopredigt, hier 143.

30 S. BRÜNJES, Radio-Report, besonders Kapitel 1.

31 Ebd.

32 Laut Angaben der Kirchenfunkredaktion.

Religiöses unterhaltsam verkündigen?

Probleme und Chancen einer zeitgemäßen Verkündigung durch das Fernsehen

DANIEL DETAMBEL

1. DIE AUSGANGSSITUATION

Eine scheinbar widersprüchliche Situation. Während das klassische Kirchenprogramm von den Fernsehanstalten – aufgrund sinkender Einschaltquoten – in den letzten Jahren immer mehr auf unattraktive Sendeplätze verbannt wurde und immer mehr Zuschauer dieses Programm mittels Fernbedienung zu umgehen versuchen, erfreuen sich die Pfarrer der Unterhaltungsredaktionen (z.B. in Serien wie »Mit Leib und Seele« oder »Wie gut, daß es Maria gibt«) großer Beliebtheit beim Zuschauer.

Ähnliches läßt sich im Hinblick auf die Themen beobachten. Religiöse und kirchliche Themen wie z.B. »Leben nach dem Tod«, »Zölibat«, »Priestertum der Frau«, ... werden immer wieder von den verschiedensten Medien und Redaktionen aufgegriffen, in ganz verschiedenen Formen[1], meist aber mit großem Erfolg. Ob im Krimi[2], der »Lindenstraße« oder in irgendeiner Talkshow: Auch ohne extra danach zu suchen, gibt es genügend Beispiele. Werden diese Themen aber innerhalb des sogenannten »Kirchenprogramms« verarbeitet, hält sich das Zuschauerinteresse bzw. die Einschaltquote meist eher in Grenzen.[3]

Die Verkündigung der Kirche durch das Fernsehen scheint in der Krise. Die Kirche selbst, in Zeiten leerer Kassen und steigender Kirchenaustrittszahlen, schaut dem Verkündigungsbemühen im Fernsehen eher skeptisch zu, Neuorientierung (und dazu zählt zum Beispiel auch die Verkleinerung des »Wort-zum-Sonntag«-Autorenteams ab 1999) wird gesucht und ist im Hinblick auf ein immer größer werdendes (digitales) Programmangebot dringend erforderlich.

Es stellt sich die Frage, wie eine zeitgemäße Verkündigung durch das Massenmedium Fernsehen heute aussehen kann. Dazu möchten die folgenden Überlegungen einen Beitrag leisten. Diese Frage erscheint nicht nur aufgrund der rasanten Entwicklungen im Bereich der Medien drängend, sondern auch angesichts der durch Statistiken belegbaren Tatsache, daß die Zahl der Menschen, die der Kirche gleichgültig gegenüberstehen und von den Angeboten der personalen, gemeindlichen Verkündigung nicht bzw. nicht mehr erreicht werden, beständig wächst. Die Medien sind in zunehmendem Maße der einzige Weg, diese Menschen zu erreichen. Die Bedeutung der Medien hat am Ende des 20. Jahrhunderts eine ungeahnte Größe erreicht.

2. DIE BEDEUTUNG DES MEDIUMS FERNSEHEN

In der Bundesrepublik Deutschland steht in 97% der Haushalte ein Fernsehgerät, in einem Viertel der Haushalte gibt es bereits zwei oder mehr Geräte. An einem durchschnittlichen Tag wird in neun von zehn Haushalten der Fernseher eingeschaltet. Im Schnitt sehen erwachsene Bundesbürger täglich rund drei Stunden, Kinder mehr als eine Stunde fern. Das heißt, daß die Hälfte der freien Zeit (d.h. der Zeit, die nicht mit Alltagserledigungen wie Einkäufen oder Haushaltsarbeiten ausgefüllt ist) in der Bundesrepublik Deutschland dem Fernsehen gewidmet wird.[4] Somit ist das Fernsehen das Freizeitmedium schlechthin[5], es führt die Rangliste der häufigsten Freizeitbeschäftigungen in den achziger und neunziger Jahren an.[6]

Ausgehend von dieser Realität, in der der heutige Mensch steht, scheint das Fernsehen immer mehr zu einer Sinnagentur im Leben des einzelnen zu werden: Traditionelle Wege der Sinngebung und -findung funktionieren immer weniger, das Fernsehen übernimmt, so *J. U. Rogge*, diese Aufgabe: »Medien lenken ab von der Sorge und Langeweile, nehmen Trauerarbeit ab oder binden durch vorproduzierte Szenarien und machen den Verzicht auf nicht mehr zu verwirklichende Bedürfnisse und Interessen einigermaßen erträglich. Die Bilderwelten werden zur Primärerfahrung«.[7]

Zusätzliche unterhaltungsorientierte kommerzielle Fernsehprogramme und digitales Fernsehen weisen gegen Ende unseres Jahrhunderts den Weg in eine Zukunft, in der der Fernsehkonsum mit hoher Wahrscheinlichkeit bei Teilgruppen weiter anwachsen, im Bevölkerungsdurchschnitt zumindest aber auf hohem Niveau stagnieren wird.

Wer heute Beachtung finden will, ist auf das Fernsehen angewiesen. Auch die Kirche kann, wie alle anderen Gruppen und Institutionen der Gesellschaft, die Öffentlichkeit nur über die nichtkirchlichen Medien, wie z.B. das Fernsehen, erreichen: Die kirchlichen Medien (Kirchenpresse, Pfarrbrief, ...) sind typische Medien der Binnenkommunikation, die sich vorrangig an die Mitglieder der Kirche wenden, nicht aber an die Öffentlichkeit als solche.

3. DIE VERKÜNDIGUNG DER KIRCHE IN DER KRISE

Das Problem, das sich stellt: Obwohl die Kirche von Anfang an in den Medien, auch im Fernsehen, mit eigenem Programm vertreten ist, hat man nach wie vor oft den Eindruck, daß Kirche und ihre Botschaft nicht so recht in das Medium passen.[8] Denn die Zuschauer sind nicht die Gemeinde, die andächtig den Worten des Pfarrers lauscht, sondern ein Publikum, das bereit ist, umzuschalten (und das auch macht), wenn ihm etwas nicht gefällt. Journalistische als auch verkündigende Sendeformen stehen vor der Schwierigkeit, »daß ihr ehrwürdiger Gegenstand – Glaube, Religion und Kirche – sie vor dem wählerischen, säkularen Publikum nicht mehr hinreichend legitimiert. Auch diese Sendungen müssen sich, wie alle anderen, durch ihr Thema und ihre Gestalt vor dem Publikum bewähren«.[9]

Explizit religiöses Kirchenprogramm aber hat in den letzten Jahren (ausgenommen die Gottesdienstübertragungen[10]) zum Teil in großem Umfang an Zuschauerinteresse verloren. Und dies blieb nicht ohne Folgen. Sinkende Einschaltquoten führten dazu, daß das Kirchenprogramm an die sogenannten Programmränder geschoben wurde entweder früh am Morgen oder spät in der Nacht. Eine der wenigen Ausnahmen: Das »Wort zum Sonntag« in der ARD.

Realität und Erfahrungen zeigen gleichzeitig, daß die personale Kommunikation der Kirche heute mit wenigen oft nur schwer und mit vielen fast gar nicht gelingt.[11] Kollektive Sinnerfahrungen, Sinnfindung und Sinndeutung sind gesellschaftlich und individuell zu einer ernsthaften Schwierigkeit geworden, immer weniger Menschen lassen sich von den Kirchen ihr Leben bestimmen und organisieren. Zwar haben die beiden großen Kirchen nach wie vor so etwas wie ein Monopol in Sachen »Glauben«, mit Blick auf die zunehmende latente Austrittsbereitschaft scheint sich allerdings bei immer mehr Menschen eine gewisse Gleichgültigkeit gegenüber ihrer Kirche breitzumachen. Auch wenn nach wie vor die Mehrzahl der Menschen in der Bundesrepublik einer Kirche zugehörig ist, haben sich viele zumindest innerlich von ihr schon verabschiedet. Die Bedeutung von Glaube und Religion im eigenen, persönlichen Leben schwindet. Die Zahl derer, bei denen eine kirchliche bzw. religiöse Sozialisation nicht vorhanden ist, wächst.

Der Kirche gelingt es anscheinend immer weniger, die Menschen zu mobilisieren. Dies hat weniger damit zu tun, daß Religion und Glaube verzichtbar geworden wäre, bzw. sich die Sinnfrage dem heutigen Menschen nicht mehr stellt. In einer Zeit, in der von einer schicksalhaft vorgegebenen Selbstverständlichkeit (in Bezug auf Familie, Beruf, persönliche Lebensgestaltung, etc.) keine Rede mehr ist und der einzelne zur Reflexion der eigenen Welt- und Lebensdeutung gezwungen ist, ist das Gegenteil der Fall. Trotzdem hat es Kirche heute schwerer, ihrer Heilsbotschaft Gehör zu verschaffen: Zum einen gibt es eine Vielzahl von Heilsbotschaften, zum anderen wird die Antwort auf den Sinn des Lebens nicht einfach mehr übernommen.[12] Die christliche Tradition steht vor einer neuen Situation und Herausforderung. Die traditionellen Verbreitungswege der Botschaft (Gottesdienst, Kindergarten, Schule, kath. Verbandsarbeit) funktionieren nur noch zum Teil und immer weniger, neue Verbreitungswege müssen gefunden werden.

Wenn es um die Überlegung geht, wie Kirche im Fernsehen vertreten sein soll, wie das »Programmangebot« aussehen soll, ist dies zu berücksichtigen. Denn es ist zu vermuten, daß der Zuschauer bzw. Rezipient in der Mehrzahl der Fälle nicht ein überzeugter Christ ist, der jeden Sonntag in die Kirche geht und für den religiöse Diskussionen um »Zölibat«, »Priestertum der Frau« oder »Rückgang der Priesteramtskandidaten« eine Relevanz für das eigenen Leben haben. Viel eher darf angenommen werden, daß er schon lange nicht mehr bzw. noch nie sonntags den Gottesdienst besucht hat und Begriffe wie »Gnade« und »Erlösung« nur wenig Anknüpfungspunkte in seinem Leben finden und ihm daher eher unverständlich erscheinen. Gleichzeitig darf aber ebenso wenig davon ausgegangen werden, daß dieser nicht kirchlich sozialisierte Zuschauer (der sogenannte kirchlich »Fernstehende«) kein Interesse an religiösen Fragestellungen bzw. einer Glaubensverkündigung überhaupt hätte. Vielmehr ist mit einem hohen Potential an Interesse für diese Fragen und Thematiken zu rechnen. Die Frage ist nur, wie dieses Potential angesprochen und genutzt werden kann, wie eine Verkündigung durch das Fernsehen erfolgen kann.

Unbestritten ist, daß Verkündigung, wenn sie in und durch die Medien geschieht, in der Form dem Medium angepaßt sein muß, genauso wie die verwendete Sprache der Sprache der heutigen Menschen entsprechen muß: »Die häufige Gravität des verbalen Kommentierens und Beschwörens des Evangeliums in tradierten Sendeformen sowie die dabei verwandte Tonlage sind häufig nicht mehr dazu angetan, mittlere und jüngere Hörer und Zuschauer zu fesseln. Das Evangelium will nicht beschworen, sondern bezeugt werden.«[13] Ziel medialer Verkündigung muß aus dieser Perspektive in erster Linie »Ermutigung« sein, »der einzelne muß durch die Begegnung mit christlicher Botschaft Mut gewinnen, sein Leben zu bewältigen.«[14] Ob dies gelingt, scheint in erster Linie von der »Machart« der Sendungen, vom konkreten Angebot abzuhängen. Der Grund, daß viele religiöse Sendungen über den Nahestehendenkreis nicht hinauskommen, hat, so soll hier vermutet werden, seine Ursache darin, daß diese Sendungen schon sprachlich und atmosphärisch binnenkirchlichen Charakter haben und somit von vornherein Fernstehende ausschließen. Aufgabe der Medienschaffenden wäre es folglich, solche Programme zu entwikkeln, die auch die Fernstehenden miteinbeziehen und ansprechen. Wie aber können solche Sendungen aussehen?

4. DAS CHRISTENTUM ALS ERZÄHLGEMEINSCHAFT

Schon vor über 20 Jahren haben *Harald Weinrich* und *Johann Baptist Metz* unter dem Stichwort »Narrative Theologie« auf die Bedeutung des Erzählens im Zusammenhang mit der Weitergabe des Glaubens hingewiesen. Harald Weinrich forderte, daß das in der Theologie vergessene und »als unwissenschaftliche Beschäftigung« beiseite geschobene Erzählen wieder eine wichtige Rolle spielen müsse[15], denn das Erzählen stehe als Form der Mitteilung im Mittelpunkt der Bibel, und das Christentum sei in seinem Ursprung in erster Linie eine Erzählgemeinschaft. Jesus habe seine Theologie nicht mit Lehrsätzen, sondern erzählend – mittels Geschichten – unter das Volk gebracht hat. Und das, was für Jesus gilt, trifft auch auf seine Jünger zu: Das, was sie mit Jesus erlebt oder über ihn gehört haben, haben sie ihrerseits weitererzählt. Bemerkenswert dabei ist, daß die Bedeutung der Erzählungen nicht dadurch gemindert wird, daß es sich »nur« um Erzählungen handelt: »Die Bedeutung der Geschichte leidet nicht darunter, daß ihr keine historische Faktizität zukommt. So ist mir auch aus der Bibellektüre nicht bekannt, daß die Jünger oder andere Zuhörer nach einer Geschichte den Erzähler Jesus jemals gefragt hätten, ob die Geschichte auch wohl tatsächlich so geschehen sei. Ein historisches Interesse an der Wahrheit der Geschichte im modernen Sinne des Wortes ... ist weder in den Fragen der Jünger noch in den Antworten des Meisters erkennbar.«[16]

So ist die gesamte Bibel eigentlich nichts anderes als eine Sammlung lebendiger Erzählung. Das Alte Testament ist voll von Geschichten, angefangen bei den Mythen der Urgeschichten über die Legenden und Sagen der Vätererzählungen bis zu den Königsbüchern und Chroniken, einschließlich ihren Hof- und Skandalgeschichten, den Leidensgeschichten der Propheten und den Erzählungen von Gefahren und wunderbaren Rettungen im Exil. Der Eigenname Gottes wird für Israel erst dadurch zum Bedeutungsträger, daß er in Verbindung mit ganz bestimmten Begegnungen und Geschichten erfahren und erzählt wird.

Ebenso im Neuen Testament. Auch die Evangelien verkünden keine Glaubenslehren, sondern erzählen Geschichten und lassen Jesus als einen scharfsinnigen und schlagfertigen Geschichtenerzähler seine Botschaft weitergeben. Wenn Jesus von der Gottesherrschaft spricht, redet er meist in Gleichnissen von ihr.[17] Als Jude steht Jesus damit in der reichen Erzähltradition seines Volkes[18], auf die er zurückgreifen kann und die er, neuakzentuiert, weiterführt. In einer Vielfalt von Bildern und Geschichten vergleicht er Aspekte der Erfahrung der *Basileia* mit Vorgängen in der Natur und mit dem Handeln von Menschen in alltäglichen sowie außergewöhnlichen Situationen. Kennzeichnend für die Gleichnisse, die Jesus erzählt ist, daß in ihnen fast nie von Gott die

Rede ist: Gerade darin zeigt sich »Jesu einfache und konkrete Rede von Gott«[19], und gerade weil Gott in den Gleichnissen Jesu nicht thematisch vorkommt, ist es durch sie möglich, Gott in einer neuen Weise zu thematisieren: Gott handelt, wo Menschen seinen Willen tun. Gott kommt in den Gleichnissen zur Sprache als der liebende, befreiende Vater voller zuvorkommender Güte.[20]

Aber nicht nur bei den Gleichnissen handelt es sich um Erzählungen, um narrative Texte, vielmehr zeigt sich bei der Untersuchung aller neutestamentlichen Texte[21], daß die überwiegende Zahl der Texte narrativen Charakter hat.[22]

Dies ist nicht selbstverständlich: die neutestamentlichen Texte hätten auch ganz anders aussehen können. Statt des Christus*geschehens* hätte auch die Botschaft Jesu stärker in den Vordergrund gerückt werden können. Wenn sich die Verfasser der neutestamentlichen Schriften aber anders entschieden haben, dann ist das sicherlich kein Zufall, sondern notwendige Konsequenz. Denn die christliche Botschaft hatte von Anfang an narrativen Charakter.

Aber nicht nur Jesus hat erzählt, von ihm ist auch in vielfältiger Weise erzählt worden. Zunächst mündlich, später dann zusammengefaßt und verschriftlicht in den Evangelien: Krankenheilungs- und Exorzismusgeschichten, Konfliktgeschichten, Berufungsgeschichten, Nachfolgegeschichten, Passionsgeschichten, Versuchungsgeschichten. Auch die Zeugnisaussagen und formelhaften Bekenntnisse wie »Gott hat Jesus von den Toten auferweckt« sind letztlich nichts anderes als »Kurzformen der Geschichte Jesu«[23]. Dadurch aber, daß die Geschichten immer wieder neu erzählt werden, werden auch die immer wieder neuen Erfahrungen der Erzähler mit in die Geschichten eingebracht. In der Kontinuität dieses Weitererzählens entsteht dann letztlich das, was *Eberhard Jüngel* eine »Institution des Erzählens«[24] nennt: »Das Denken, das Gott verstehen will, wird deshalb immer wieder auf das Erzählen zurückgeworfen. Der Gottesgedanken kann nur als – begrifflich kontrollierte – Erzählung von Geschichte gedacht werden. Will das Denken Gott denken, muß es sich im Erzählen versuchen.«[25]

Bei der Beantwortung der Frage nach einer zeitgemäßen Verkündigung durch das Fernsehen sind diese Überlegungen m.E. von entscheidender Bedeutung: Nicht die *argumentatio* oder die *appellatio* steht an erster Stelle, sondern die Erzählung, die *narratio*.

5. MEDIENWIRKUNGEN

Ein zweiter Schritt. Wenn es um Verkündigung in den Medien geht, so ist auch zu klären, wie die Medien, bzw. das durch die Medien Vermittelte, auf den Zuschauer wirken. Ist Verkündigung in den Medien überhaupt grundsätzlich in der Lage, die individuelle Lebenswirklichkeit des Rezipienten so zu verändern, daß sich für ihn eine neue Grundlage für weitere Entscheidungen und Handlungen bildet?

Innerhalb der Wirkungsforschung hat sich anhand empirischer Untersuchungen gezeigt, daß der Rezipient weder rein passiv dem Medium gegenüber steht (*Stimulus-Response-Ansatz),* noch rein aktiv grundsätzlich frei und in völliger Selbstbestimmung mit dem Medium umgeht *(Selektions- und Nutzenansatz).* Medieneffekte sind viel eher als »Ko-Kreationen« zwischen den Botschaften der Massenmedien und den Erwartungen und Bedürfnissen des Publikums anzusehen (*dynamisch-transaktionales Modell*[26]), Medienwirkungen sind Produkte von Kommunikator- als auch Rezipienten-Aktivitäten.[27]

Motivation dieser Aktivitäten ist das Interesse aller Teilnehmer an der Optimierung des Nutzens, der aus der Kommunikation zu ziehen ist. Nehmen die Medienangebote bezüglich Vorverständnis, Lebenswelt, Bildungsstand und Erwartungen der Rezipienten keine Rücksicht, besteht die Gefahr des Kommunikationsabbruchs. Eine Verständniserweiterung findet nicht statt. Meinungsänderungen treten nur dann ein, wenn der Leser, Hörer oder Zuschauer darauf vorbereitet ist, wenn er über einen gewissen Kenntnisstand verfügt, wenn er Antworten auf Probleme bzw. Fragen in seiner derzeitigen Lebenssituation findet.

Mit Kenntnisstand ist in diesem Zusammenhang auch die religiöse Sozialisation des Rezipienten gemeint: Handelt es sich um aktive Christen, handelt es sich um Fernstehende, die sich von der Kirche distanziert haben oder handelt es sich sogar um Menschen, die noch nie mit Kirche, Religion und Glauben in Berührung gekommen sind und daher in diesem Bereich keine Kenntnisse (sowohl kognitiver, als auch emotionaler Art) vorzuweisen haben? In bezug auf die Form der verwendeten Sprache, der Machart, der Präsentation ist dies zu berücksichtigen.

Jesus selbst hat es vorgemacht, wie diese Maxime in der Praxis umgesetzt werden kann. In einer freien Selbstverständlichkeit war Jesus offen für Menschen unterschiedlichsten Genres, für den »kopflastigen« Pharisäer Nikodemus, für den »gewinnmaximierenden« Jungmanager (reicher Jüngling) oder für das gestörte Kind, das sich mit schaumverschmiertem Gesicht auf dem Boden wälzte. Jesus suchte einen einfachen und natürlichen Kontakt zu seiner Umwelt, in einer Sprache, die jedem zugänglich ist. Das Reich Gottes wird verglichen mit Geschehnissen, die der Erfahrungswelt der Hörer entstammen.

(Religiöses) Fernsehprogramm wird sich qualitativ an diesem Handeln Jesu messen lassen müssen und nur dann Erfolg haben (d.h. den Zuschauer erreichen), wenn es diese Zielgruppenorientierung und -differenzierung nicht aus dem Blick verliert.

6. DEN WERT DER UNTERHALTUNG IM BEREICH DER VERKÜNDIGUNG NEU ENTDECKEN

Bei allen Überlegungen, wie religiöses Programmangebot im Fernsehen aussehen soll, darf das Ziel kirchlichen Engagements in den Medien bzw. der Adressat dieses Programms und Engagements nicht aus dem Blickfeld verschwinden: Es geht immer um den Rezipienten, den Menschen. Es geht darum, diesem Zuschauer die »Frohbotschaft« zu vermitteln[28], ihn – im besten Sinne – zu evangelisieren. Es geht darum, ihn anzuregen, die tiefsten Fragen und Hoffnungen ihres Lebens zu bedenken und Visionen ihres Lebens zu entwerfen, religiöse Überzeugungen in seinem Leben wirksam werden zu lassen.[29] Wie kann das gelingen?

Bernhard Grom[30] weist darauf hin, daß religiöse Überzeugungen insbesondere dadurch erlebnisbedeutsam werden, daß sie nicht nur als autoritative Tradition, als logisch stimmige Lehre und als Gegenstand weltanschaulichen Erkenntnisinteresses vermittelt werden, sondern auch nichtkognitive Motive aktivieren und emotionale Erwartungen aufbauen. Das Entstehen von Einstellungen ist nur zum Teil ein Lernprozeß, der sich rational vollzieht. Es ist vielmehr ein Prozeß, der zum großen Teil durch gefühlsmäßige Faktoren bestimmt wird. Positive Emotionen fördern kognitive Prozesse, die diese Emotionen unterstützen. Negative Emotionen hingegen hemmen Denkvorgänge, die solche Emotionen verstärken würden und fördern kognitive Prozesse, die ihnen entgegenarbeiten.

Im Hinblick auf die Frage nach einer zeitgemäßen Verkündigung durch das Fernsehen erscheint es daher entscheidend, daß religiös-christliche Sendungen den Menschen in seinem Innersten »ansprechen«: Vor allem individuelle religiöse, aber auch ethische Erfahrungen (Tod, Krankheit, Geburt, ...) sind zu erschließen, zu deuten und für den Zuschauer nachvollziehbar zu machen. Das, was gezeigt wird, muß mit der Lebenssituation des heutigen Menschen in Verbindung stehen. Und das, um was es geht, darf nicht nur streng dokumentarisch und auf Fakten und Informationen beschränkt sein. Es müssen Geschichten erzählt werden, die einen Bezugspunkt im Leben des Zuschauers haben, ihn ansprechen, seine Erfahrungen aufgreifen, weiterführen, seinen Blick auf handlungsleitende Werte lenken, die ihm letztlich den Blick »nach oben« hin öffnen. Vor allem Serien mit Spielhandlung scheinen hierzu grundsätzlich in der Lage zu sein.[31]

Wichtig ist, daß dabei in den Erzählungen keine geschlossene religiöse Weltanschauung deutlich wird, sondern »eine Vielfalt von Lebensauffassungen« und »Kommentierungen gesellschaftlicher Streitfragen«.[32] Nur dann kann es gelingen, daß – in der Auseinandersetzung und der gleichzeitigen konkreten Aneignung von Fernseherzählungen – sich die Zuschauer gewissermaßen mit sich selbst auseinandersetzen und lebensweltliche Bezüge und lebensgeschichtlich bedeutsame Erfahrungen aktiviert werden. Nur dann können sich die Zuschauer aktiv in das wahrgenommene Geschehen und die wahrgenommenen Handlungen integrieren, nur dann ergeben sich Anreize für die Reflexion eigener Handlungsentwürfe, die den Blick auf Transzendentes hin eröffnen.

Religiöse Verkündigung im Fernsehen kann menschliche Erfahrungen aufgreifen, mögliche Interpretationen (auch religiöse) vorstellen, den Blick auf tieferliegende Werte lenken (auf ein Handeln im Sinne des Evangeliums) und diesen Blick dann »nach oben« lenken. Grenzerfahrungen des Lebens können im Fernsehen gezeigt bzw. erzählt werden, Lösungsmöglichkeiten, die das Transzendente aufscheinen lassen, sind vorzustellen. Und vor allem dieser Weg über die menschlichen Erfahrungen und Werte scheint von Bedeutung, denn eine reine Wortverkündigung bleibt ohne Bedeutung für all diejenigen, die nicht im Vorfeld bereits über eine kirchliche und religiöse Sozialisation verfügen.

Wenn es stimmt – und die Untersuchungen der gesellschaftlichen, religiösen und kirchlichen Situation in Deutschland geben keinen Grund, daran zu zweifeln –, daß die Zahl der Menschen, die bereits über solch eine Sozialisation verfügen, abnimmt, und es sich bei der Mehrzahl der Zuschauer nicht um überzeugte Christen handelt, muß es vorrangiges Ziel einer Verkündigung durch das Fernsehen sein, diese Menschen anzusprechen und so eine Bereitschaft für eine spätere, möglicherweise personale Verkündigung des Wortes zu schaffen. Denn anders als die binnenkirchlichen Medien richtet sich das Fernsehen nicht an ein rein kirchliches Publikum, sondern als Massenmedium an alle: Die Chancen, die sich in diesem Bereich für die kirchliche Verkündigung ergeben, sind groß und warten darauf, genutzt zu werden.

Die Untersuchungen des derzeitigen Kirchenprogramms zeigen aber, daß es sich vorwiegend um ein Programm handelt, welches in erster Linie auf bereits kirchlich sozialisierte, gläubige Zuschauer ausgerichtet zu sein scheint:[33] Gottesdienstübertragungen sind für nichtreligiöse Menschen sicherlich ohne Bedeutung (es sei denn, aus kulturellem Interesse), kirchliche Feature-Sendungen, die theologische Probleme darstellen, setzen den Glauben zum Teil voraus und sind sicherlich ebenfalls kaum geeignet, zum Glauben im Sinne einer »Zustimmung des Herzens«[34] hinzuführen.

Wenn es zutrifft, daß zum einen das Fernsehen in den Augen der Zuschauer in erster Linie ein Unterhaltungsmedium darstellt und als solches auch genutzt wird, zum anderen aber sich ein »Zeugnis ohne Worte« vor allem an den affektiven Bereich des Menschen wendet, scheint dies bisher noch zu wenig berücksichtigt: Vor allem die Formen im Bereich der Unterhaltung zeichnen sich dadurch aus, daß es ihnen gelingt, spielerisch neue Ebenen zu erschließen und so die Kreativität des Zuschauers anzuregen und zu fördern, Identifikationsmuster anzubieten, Orientierungshilfe zu geben.

So zeigt sich auch die Bedeutung der Erzählung für die Verkündigung durch das Fernsehen, denn die überwiegende Form, in der Unterhaltung geschieht, sind die Formen der Erzählung. Über dieses Erzählen ist das Fernsehen mit dem Alltag der Zuschauer verbunden[35], durch das Fernsehen wird »Wirklichkeit erzählend dargestellt und dadurch zum Gegenstand unserer Reflexion«[36]. Die Adressaten der Geschichten werden eingeladen und herausgefordert, in die erzählte Welt einzutreten und sich von ihr verändern und bestimmen zu lassen. Solche Texte und Bilder eröffnen neue Möglichkeiten des In-der-Welt-Seins[37], sie wollen durch ihre imaginativen Veränderungen, Veränderungen alltäglicher Wirklichkeitserfahrung und gesellschaftlichen Handelns in Gang setzen, beim Rezipienten eine Änderung in der Einbildungskraft erzeugen und so einen neuen Blick auf die Dinge ermöglichen.

Wie schon in den Texten der Bibel, so kann es auch heute noch insbesondere durch Geschichten gelingen, das Blickfeld des einzelnen zu erweitern, eine Änderung der Denkgewohnheiten und eine Veränderung der Handlungsgewohnheiten zu bewirken. Wenn dies oft in Klischees bzw. in vereinfachenden Kategorien Gut – Böse geschieht, darf nicht außer acht gelassen werden, daß (fiktive) Geschichten akzentuieren, überzeichnen, reale Wirklichkeiten verändern, um so letztlich den Rezipienten zur eigenen schöpferischen Initiative anzuregen.

Die Macher religiöser Sendungen dürfen sich dabei nicht über langjährige Erfahrungen im säkularen Bereich hinwegsetzen, sie müssen vielmehr, ohne ihre Identität zu verleugnen, am jeweils neuesten Stand medienpraktischer Ergebnisse ansetzen und diese für ihre Anforderungen auswerten und weiterentwickeln. Die Machart, Präsentation und Herstellung muß professionellem Standard genügen und dem Medium gerecht werden: Kirchliches Programm wird vom Zuschauer mit denselben (kritischen) Augen gesehen, wie nichtkirchliches.

Wichtig aber zu sein scheint, daß der Anspruch an eine Verkündigung durch die Medien nicht auf eine Ebene gehoben wird, die nicht zu erfüllen ist: Weder können durch die Medien die Kirchen wieder gefüllt werden, noch können Menschen durch das Fernsehen im strengen Sinne missioniert werden: Verkündigung durch die Medien kann lediglich dazu dienen, den Boden zu bereiten für eine spätere Verkündigung durch das Wort, den Zuschauer ansprechbar zu machen für personale Angebote in der eigenen Gemeinde, und in die Lage zu versetzen, mit anderen, offenen Augen die Welt wahrzunehmen und eigene Lebenserfahrungen und Welterfahrungen im Blick auf etwas Transzendentes zu erleben.

Anmerkungen

1 Selbst eine Serie wie Dallas, die man auf den ersten Blick sicherlich nicht mit religiösen Serien identifizieren würde, lasse sich bei näherem Hinsehen auf eine Ausfaltung der alttestamentarischen Geschichte von Kain und Abel reduzieren. So ein Ergebnis der Jahrestagung der Katholischen Rundfunkarbeit Deutschlands am 13./14. März 1996 in München (vgl. M. Thull, Vermittlungsprobleme. Religiöses in der Fernsehunterhaltung, in: Funk-Korrespondenz 44 (1996) Nr. 12, 18–20.

2 So ist Deutschlands berühmtester Fernsehkommissar, Derrick, schon lange nicht mehr nur Kommissar, sondern auch Weltverbesserer und Philosoph: »Je älter etwa Herbert Reinecker (Autor der Krimiserie Derrick, Anmerk. d. Verf.) wird, desto mehr wandelt sich sein Geschöpf ›Derrick‹ zum Moralapostel, dem es nicht nur um den Sieg der Gerechtigkeit geht ..., sondern der an der Schlechtigkeit der Welt verzweifelt und nach dem dahinterstehenden Sinn fragt« (M. Thull, a.a.O., 19).

3 Vgl. D. Detambel, Verkündigung durch das Fernsehen. Möglichkeiten und Grenzen in einem sich verändernden Kontext, Frankfurt a.M. 1998, 178–218.

4 Vgl. P. Kottlorz, Das Fernsehen im Hinblick auf die Bestandsaufnahme unserer Gesellschaft, in: Katholisches Insititut für Medieninformation, Zeitgeistlich. Religion und Fernsehen in den neunziger Jahren, Köln 1994, 17–22

5 Vgl. M.-L. Kiefer, Massenkommunikation III, in: K. Berg,/M.-L. Kiefer, Massenkommunikation III. Eine Langzeitstudie zur Mediennutzung und Medienbewertung 1964–1985, Frankfurt/Main 1987, 9–261. Ebenso: P. Kottlorz, a.a.O., 19.

6 Vgl H.W: Opaschowski, Freizeitökonomie: Marketing von Lebenswelten, Opladen 1993, 170.

7 J.U. Rogge, »... manchmal halt ich das nicht mehr aus.« Über innerfamiliäre Konfliktkonstellationen mit den Medien, in: D. Baake/J. Lauffer (Hrsg.), Familie im Mediennetz, Opladen 1988, 49.

8 Vgl. S. Abarbanell, Sperrgut. Kirche im Fernsehen: Engagement ohne Eigennutz, in: Zeitgeistlich, a.a.O., 337–344, 338.

9 Ebd., 339.

10 Gottesdienstübertragungen sollen aber in diesem Zusammenhang kein Thema sein, da es sich bei ihnen um ein ganz eigenes Genre handelt, das sich mit keiner anderen Programmgattung sinnvoll vergleichen läßt. Es macht keinen Sinn, eine Gottesdienstübertragung am Sonntagmorgen mit »Schwarz greift ein«, »Gott und die Welt« oder »So gesehen« in Relation zu setzen. Weder die Einschaltquoten noch andere Kriterien, die sonst im Fernsehen über erfolgreich oder nicht entscheiden, können der Bewertung von Gottesdienstübertragungen zugrunde gelegt werden.

11 Vgl. H. Hoekstra, Wie erreichen die Kirchen den einzelnen? Überlegungen zu einer missionarischen Aufgabe, in: Communicatio Socialis 15 (1982) 193–210.

12 Vgl. K. Gabriel, Christentum zwischen Tradition und Postmoderne, Freiburg i.Br. 1994, 183.

13 R. Jacobi, Das entscheidend und unterscheidend Christliche. Grundsätzliche Überlegungen zur kirchlichen Rundfunkarbeit, in: Funk-Korrespondenz 41 (1993) Heft 1, 42–46, 46.

14 Ebd.

15 Vgl. H. Weinrich, Narrative Theologie, in: Concilium 9 (1973) 329–334.

16 Ebd., 330.

17 Vgl. E. Arens, Kommunikative Handlungen. Die paradigmatische Bedeutung der Gleichnisse Jesu für eine Handlungstheorie, Düsseldorf 1982, 96–108, 338–364.

18 Vgl. D. Flusser, Die rabbinischen Gleichnisse und der Gleichniserzähler Jesus, 1. Teil, Frankfurt u.a., 1981 und K. Müller, Bedingungen einer Erzählkultur. Judaistische Anmerkungen zum Programm einer »narrativen Theologie«, in: R. Zerfass, Erzählter Glaube – erzählende Kirche, Freiburg i.Br. 1988, 28–51, 30: »Das Judentum hat sich zu allen Zeiten auf einen Begriff von Offenbarung verständigt, welcher den kontinuierlichen Fortgang eines immerwährenden Erzählens ge-

radezu verlangt. Diese Vorstellung von Offenbarung besagt im wesentlichen, daß Offenbarung substantiell auf Fortsetzung und Erweiterung angewiesen ist. Das heißt desnäheren, daß keine Rede davon sein kann, die Offenbarung sei bereits abgeschlossen und müßte lediglich noch den Umständen entsprechend ausgelegt werden«.

19 P. HOFFMANN, »Er weiß, was ihr braucht ...« (Mk 6,7). Jesu einfache und konkrete Rede von Gott in: N. LOHFINK u.a., »Ich will euer Gott werden«, Stuttgart 1981, 151–176.

20 Vgl. E. ARENS, Gleichnisse als kommunikative Handlungen Jesu, in: Theologie und Philosophie, 56 (1981) 47–69.

21 Vgl. G. LOHFINK, Erzählung als Theologie. Zur sprachlichen Grundstruktur der Evangelien, in: Stimmen der Zeit 99 (1974) Bd. 192, 521–534.

22 Vgl. ebd., 524.

23 ebd., 20.

24 Vgl. E. JÜNGEL, Gott als Geheimnis der Welt. Zur Begründung der Theologie des Gekreuzigten im Streit zwischen Theismus und Atheismus, Tübingen 1977, 426.

25 Ebd., 414.

26 Vgl. W. FRÜH, Medienwirkungen. Das dynamisch-transaktionale Modell. Theorie und empirische Forschung, Opladen 1991 und K. SCHÖNBACH/S. QEISCHENBERG, Inter- und Transaktion im Medienwirkungsprozeß, in: Publizistik 29 (1984).

27 »Transaktionen« zwischen den Kommunikatoren und ihrem Publikum seien die Voraussetzungen für Effekte der Massenmedien, vermuten schon Davison (W. PH. DAVISON, On the effects of communication, in: Public Opinion Quarterly 23 (1959) 343, 360) und Bauer (R.A. BAUER, The obstinate audience: The influence process from the point of view of social communication, in: American Psychologist 19 (1964) 219–238). Sowohl die Absichten der Fernsehmacher als auch die Erwartungen, Gewohnheiten und die Situation des jeweiligen Rezipienten müßten zur Erklärung von Medienwirkungen berücksichtigt werden.

28 Vgl. Apostolisches Schreiben »Evangelii nuntiandi« Seiner Heiligkeit Papst Pauls VI. an den Episkopat, den Klerus und alle Gläubigen der Katholischen Kirche über die Evangelisierung in der Welt von heute, 8. Dezember 1975, hg. vom Sekretariat der Deutschen Bischofskonferenz, Bonn 1975, Nr. 8 (im folgenden: EN).

29 Eine Vermittlung katechetischer und liturgischer Vollzüge steht also nicht an erster Stelle, sondern erscheint erst in einem nachfolgenden Schritt sinnvoll.

30 Vgl. B. GROM, Religionspsychologie, München 1992, 253.

31 Vgl. Fahnder und Pfarrer – mit Geld und Segen der Kirche? Akzeptanz und Bewertung der Serie »Schwarz greift ein« bei einem repäsentativen Sample des Massenpublikums. Eine Untersuchung des Instituts für Kommunikationsforschung und Medienarbeit an der Hochschule für Philosophie München im Auftrag der Publizistischen Kommission der Deutschen Bischofskonferenz durchgeführt von R. FUNIOK, in Zusammenarbeit mit W. MAYER, C. JAKUBIK und U. SCHMAND, München 1994 und D. PLAIKNER, »Schwarz greift ein«: Zusammenfassung der wichtigsten Ergebnisse einer qualitativen Studie, München 1995.

32 H.M. NEWCOMB/P.M. HIRSCH, Fernsehen als kulturelles Forum, Neue Perspektiven für die Medienforschung, in: Rundfunk und Fernsehen 34 (1986) 177–190,182.

33 Vgl. D. DETAMBEL, Verkündigung durch das Fernsehen ..., 218.

34 EN 26.

35 Vgl. NEWCOMB, a.a.O., 177–190.

36 Ebd., 177.

37 Vgl. P. RICOEUR, Stellung und Funktion der Metapher in der biblischen Rede, in: P. Ricoeur/E. Jüngel, Metapher. Zur Hermeneutik religiöser Sprache, München 1974, 45–70.

Wenn der Terminator den Erlöser jagt

Religiöse Elemente in populären Unterhaltungsfilmen

STEPHAN ZÖLLER

1. EINLEITUNG

Auf der Leinwand ist Jesus ein Superstar. Der Mann aus Galiläa gehört zu den meistverfilmten Charakteren der Kinogeschichte. In über 150 Streifen wie »König der Könige« (USA 1960), »Das erste Evangelium - Matthäus« (Italien 1964) oder »Es wäre gut, daß ein Mensch würde umbracht [!] für das Volk« (Deutschland 1991) stand er im Mittelpunkt.[1] Und mit dem computeranimierten Zeichentrickfilm »Der Prinz von Ägypten« ist soeben ein Film über Moses in den deutschen Kinos angelaufen.[2] Ich behaupte nun, daß es neben diesen offensichtlich christlich inspirierten Werken auch eine Vielzahl von Spielfilmen gibt, die ebenfalls religiöse Elemente aufweisen, ohne daß man es auf den ersten Blick vermuten würde. Damit meine ich vor allem die Unterhaltungsfilme der »Bewußtseinsindustrie«, die mit großer Begeisterung von Millionen Menschen gesehen werden. Den Begriff »religiös« definiere ich bewußt weit und rezipientenorientiert. Ein Film ist dann »religiös«, wenn man beim Betrachten mit menschlichen Erfahrungen konfrontiert wird, die existentielle Fragestellungen thematisieren und den Zuschauer zu einer persönlichen Stellungnahme anregen.[3] Um meine These zu belegen, stelle ich eine Reihe von Filmen vor, die meines Erachtens offen sind für eine religiöse Interpretation. Ausführlicher gehe ich auf die beiden Spielfilme »Metropolis« und »Terminator 2: Tag der Abrechnung« ein. Zum Schluß bewerte ich die Verbindung zwischen Religion und Film und plädiere dafür, daß sich gerade die kirchlichen Professionals vermehrt mit sogenannten »Trivialfilmen« beschäftigen sollten.[4]

2. AKTUELLE BEISPIELE

2.1 Der Film »E.T. – Der Ausserirdische«

Das bekannteste Beispiel für einen profanen Film mit christlicher Botschaft ist »E.T. – Der Außerirdische« (USA 1981) von *Steven Spielberg.*[5] Das fremde Wesen E.T. ist auf der Erde zurückgelassen worden und will wieder »nach Hause«. Es schließt Freundschaft mit dem Jungen Elliot, wird von Wissenschaftlern untersucht und geht am Ende an Bord eines Raumschiffs. E.T. trägt messianische Züge: Er ist nicht von dieser Welt, hilft den Menschen durch Liebe und Wunder, er stirbt[6] und wird wieder lebendig. Auch in der letzten Szene hat der Regisseur eine Reihe biblischer Bilder verwendet. Wie eine strahlende Christbaumkugel landet ein Ufo auf einer Waldlichtung. E.T. verabschiedet sich von Elliot mit den Worten »Ich bin immer bei dir«[7] und segnet ihn durch Berührung mit seiner leuchtenden Fingerspitze. Die Mutter des Jungen macht einen Kniefall. E.T. betritt das Raumschiff. Das letzte, was man von dem Besucher aus dem All sieht, ist das rote Herz, das in seinem transparenten Brustkorb pulsiert, und an die Herz-Jesu-Verehrung erinnert. Das Ufo fährt in den Himmel auf und hinterläßt einen Regenbogen. Ich vermute, daß »E.T.« auch aufgrund seiner christlichen Lesart zu einem der erfolgreichsten Filme der Filmgeschichte geworden ist.

2.2 Der Film »Deep Impact«

Aus der Produktionsfirma DreamWorks von *Steven Spielberg* stammte auch der erfolgreiche Katastrophen-Film »Deep Impact« (USA 1997, Regie: *Mimi Leder*), der den Einschlag eines riesigen Kometen zum Inhalt hat. Auf dem deutschen Kinoplakat im Mai 1998 sah man den Untergang der Stadt New York durch eine gewaltige Wasserwand und ein junges Paar, das sich innig umarmt. Darüber stand eine Kurzformel des Glaubens: »Ozeane steigen, Städte versinken, Hoffnung überlebt«. Als der Himmel auf die Erde zu stürzen droht, legt der amerikanische Präsident (Morgan Freeman) in einer Fernsehansprache ein Credo ab und beginnt ein Gebet. In dem anlaufenden Projekt »Arche Noah« evakuiert man einen Teil der Tiere und der Menschen (vgl. Gen 6–8). Ein Raumschiff mit dem Namen »Messias« [sic!] wird ins All geschossen, um den Kometen aus der Bahn zu lenken. Trotzdem schlägt ein Teil des Kometen im Meer auf. In der daraus entstehenden Sintflut sterben viele Menschen. Es überlebt u.a. ein junges Paar mit Kind, ein neuer Adam und eine neue Eva, die trotz der momentanen Zerstörung voller Hoffnung in die Zukunft blicken.

2.3 Der Film »Armageddon – Das jüngste Gericht«

Zwei Monate später lief ein Streifen in den deutschen Kinos an, der fast die gleiche Story noch einmal erzählte: »Armageddon – Das jüngste Gericht« (USA 1998, Regie: *Michael Bay*). Daß solche apokalyptischen Szenarien verstärkt die Menschen beschäftigen, hängt sicherlich mit der bevorstehenden Jahrtausendwende und der damit verbundenen Unsicherheit über die Zukunft zusammen.[8] Der Begriff »Armageddon« (Offb 16,16: Harmagedon), der dem Actionfilm mit Bruce Willis seinen Namen gab, ist der hebräische Name des Ortes, an dem die Dämonengeister die widergöttlichen Könige der Erde zum endzeitlichen Krieg zusammenführen. In dem Film rast ein gewaltiger Asteroid auf die Erde zu. In einer gefährlichen Mission fliegt eine Handvoll Männer – Frauen haben in diesem Opus nicht viel zu sagen – ins All, um die Menschheit vor dem Untergang zu retten. In Offb 8,10f wird eine kosmische Katastrophe so geschildert: »Da fiel ein großer Stern vom Himmel; er loderte wie eine Fackel und fiel auf ein Drittel der Flüsse und auf die Quellen. ... viele Menschen starben durch das Wasser, weil es bitter geworden war.« Das Filmplakat zeigte eine bedrohlich wirkende Feuerkugel, die den kleinen Planeten Erde zu verschlingen droht. In der Rede Jesu über die Endzeit werden auch Gefahren aus dem All beschrieben. »Aber in jenen Tagen, nach der großen Not, wird sich die Sonne verfinstern, und der Mond wird nicht mehr scheinen; die Sterne werden vom Himmel fallen, und die Kräfte des Himmels werden erschüttert werden« (Mk 13,24f).[9] Mit über 5,2 Millionen Besuchern war »Armageddon – Das jüngste Gericht« 1998 der zweiterfolgreichste Film in Deutschland.

2.4 Der Film »Godzilla«

Auf Platz 8 der Kino-Charts lag »Godzilla« von dem schwäbischen Erfolgsregisseur *Roland Emmerich* (»Independence Day«, USA 1996) mit knapp drei Millionen Zuschauern.[10] Die Geschichte von dem Riesensaurier Godzilla, der aus dem Wasser kommt und Menschen angreift, erinnert an die archetypische Bildmacht der Offenbarung: »Und ich sah: Ein Tier stieg aus dem Meer, mit zehn Hörnern und sieben Köpfen. ... Das Tier, das ich sah, glich einem Panther; seine Füße waren wie die Tatzen eines Bären und sein Maul wie das Maul eines Löwen. ... Und es wurde ihm erlaubt, mit den Heiligen zu kämpfen und sie zu besiegen« (Offb 13,1f.7). Johannes zitiert hier aus der Vision Daniels von den vier Tieren aus dem Meer und vom Menschensohn (Dan 7,1–28). In dem Film beginnt Godzilla mit der Zerstörung von New York: »Es [das vierte Tier, St. Z.] fraß und zermalmte alles, und was übrigblieb, zertrat es mit den Füßen« (Dan 7,7). Der Drache bzw. die Schlange im Meer heißt bei Jesaja 27,1 »Leviatan« und wird von Gott mit dem Schwert getötet.[11] Godzilla wird am Schluß von Polizisten auf der Brooklyn Bridge erschossen. Der Mythos vom Meeresungeheuer ist ein Symbol für gottfeindliche Mächte, die überwunden werden müssen, damit sie nicht das Heil der Menschen gefährden.

2.5 Sonstige Beispiele

Weitere Filme mit religiösen Themen, die jüngst in den deutschen Kinos liefen, waren »Stadt der Engel« (USA 1998, Regie: *Brad Silberling*), eine himmlische Romanze zwischen dem unsterblichen Gottesdiener Seth (Nicholas Cage) und einer Ärztin (Meg Ryan)[12]; »Zum Teufel mit der Seele« (Autralien 1997, Regie: *Peter Duncan*), eine schwarze Komödie über die Sehnsucht nach Unsterblichkeit und »Spawn« (USA 1997, Regie: *Mark Dippé*), die Verfilmung des Kultcomics um den gleichnamigen satanischen Superhelden.

3. DER FILM »METROPOLIS«

3.1 Produktion

Der expressionistische Stummfilm »Metropolis« von 1926 ist ein Klassiker der Filmgeschichte. Der veraltete Begriff »Metropolis« wird synonym für die Metropole (griechisch »Mutterstadt«) verwendet und bedeutet Hauptstadt oder Weltstadt. Zu diesem Titel war der Regisseur *Fritz Lang* durch eine USA-Reise im Herbst 1924 inspiriert worden.[13] Als er im Hafen die gewaltigen Bauwerke von New York sah, kam ihm die Idee von der Geschichte einer Großstadt in der Zukunft. Die Dreharbeiten von »Metropolis« fanden von Mai 1925 bis Oktober 1926 in Neubabelsberg statt. Die Hauptrollen waren mit *Brigitte Helm* (Maria), *Gustav Fröhlich* (Freder Fredersen), *Alfred Abel* (John Fredersen), *Rudolf Klein-Rogge* (Rotwang) und *Heinrich George* (Vorarbeiter), dem Vater von *Götz George* (»Schimanski«), besetzt. Angeblich kamen für die Massenszenen 38.000 Statisten zum Einsatz. Die Kosten für die Produktion betrugen etwa sieben Millionen Reichsmark. Berücksichtigt man den Währungsausgleich, ist »Metropolis« einer der teuersten deutschen Filme überhaupt. Die Originalversion war dreieinhalb Stunden lang und ist nur noch fragmentarisch erhalten.[14]

3.2 Regie

Fritz Lang wurde am 5. Dezember 1890 in Wien geboren. Die Kolportage »Die Spinnen« (1919/1920) ist der erste noch existierende Film. Mit »Der müde Tod« (1921) kam für den Regisseur der internationale Durchbruch. In dem Film ging es um die Begegnung zwischen dem personifizierten Tod und einer jungen Frau, die mit der Erkenntnis endete, daß der Mensch dem Tod ohnmächtig ausgeliefert ist. Ein Jahr später wurde »Dr. Mabuse, der Spieler« uraufgeführt. Die Titelfigur war ein dämonischer Verbrecher, der die Menschen beherrschen will. »Die Nibelungen« (1924) war eine Verfilmung der gleichnamigen Sage. Mit »Die Frau im Mond« (1929) drehte Lang nach »Metropolis« noch einen weiteren Science-Fiction-Film. Zwei Jahre später kam »M – Eine Stadt sucht einen Mörder« in die Kinos. In Langs erstem Tonfilm ging es um die Jagd von Polizei, Bevölkerung und Unterwelt auf einen mehrfachen Kindermörder in Berlin. Gerade für Moraltheologen dürfte dieser Film von besonderem Interesse sein. Der Täter wird erkannt und durch ein »M«, das mit Kreide auf seinen Mantel gemalt wird, markiert: Ein modernes Kainszeichen. Von Gangstern gefaßt, wird der Mörder ausgerechnet von den Gesetzlosen vor ein Gericht der Unterwelt gestellt, um in einem Prozeß »Recht und Ordnung« zu schaffen. Die Polizei rettet den Angeklagten zum Schluß vor der Hinrichtung. »M – Eine Stadt sucht einen Mörder« ist nach »Metropolis« der wichtigste Film von Fritz Lang. »Das Testament des Dr. Mabuse«, die Fortsetzung von »Dr. Mabuse, der Spieler«, wurde 1933 von den Nazis verboten. Im gleichen Jahr emigrierte Lang in die USA. Doch mit keinem der dort gedrehten Filme konnte er an die großen Erfolge von früher anknüpfen. Lang starb am 2. August 1976 in Los Angeles.[15]

3.3 Inhalt

Die Geschichte spielt in der Zukunftsstadt Metropolis. Hoch oben vergnügt sich Freder Fredersen, der Sohn des Herren von Metropolis, in einem paradiesischen Garten. Plötzlich geht die Tür auf und eine unbekannte Frau mit einer Schar ärmlicher Kinder kommt herein. Verstört besucht Freder die Stadt der Arbeiter, die tief unter der Erdoberfläche liegt. Menschen müssen dort bis zur Erschöpfung gewaltige Maschinen bedienen. Als eine Anlage explodiert, verwandelt sie sich in einer Vision von Freder in einen menschenfressenden Moloch. Freder fährt durch die Straßenschluchten von Metropolis zu seinem Vater, der in einem weit in den Himmel ragenden Turm residiert. Im Büro von John Fredersen macht der Sohn dem Herrn von Metropolis Vorwürfe wegen den erbarmungswürdigen Zuständen bei den Arbeitern. Freder geht wieder in die unterirdische Stadt und löst einen Arbeiter bei einer Maschine ab. John

Fredersen besucht den Erfinder Rotwang, der einen weiblichen Roboter konstruiert hat, der nie ermüdet und nie einen Fehler macht. Die Arbeiter werden ab jetzt nicht mehr benötigt. Fredersen und Rotwang steigen in die alten Katakomben. Sie beobachten heimlich eine Versammlung der Arbeiter. Eine Frau namens Maria erzählt die Geschichte des Turmbaus zu Babel und verspricht, daß ein Vermittler kommen wird, der die Arbeiter mit den Herren versöhnt. Freder, der dem Treffen beiwohnt, erkennt in der Anführerin die Frau aus dem Garten und gesteht ihr seine Liebe. Auf Befehl von John Fredersen entführt der Wissenschaftler Rotwang Maria und gibt dem Roboter die Gestalt der jungen Frau. Die falsche Doppelgängerin ruft den Aufstand aus. Das Volk zerstört die Maschinen und löst dadurch eine Sintflut aus. Die echte Maria konnte mittlerweile fliehen. Sie rettet die Kinder der Arbeiter vor den Wassermassen. Da die Eltern glauben, daß ihre Söhne und Töchter ertrunken sind, nehmen sie wütend die falsche Maria gefangen und verbrennen sie auf einem Scheiterhaufen. Durch das Feuer verwandelt sich die Aufrührerin wieder in einen Roboter. Rotwang verschleppt die wahre Maria in die Kathedrale. Freder folgt den beiden und kämpft mit dem Erfinder, der vom Dach stürzt. Freder und Maria küssen einander. Vor dem Portal der Kirche versöhnen sich John Fredersen, der Herr von Metropolis, und der Führer der Arbeiter mit einem Handschlag.

3.4 Interpretation

Die Schlüsselszene für eine religiöse Interpretation von »Metropolis« ist die Versammlung der Arbeiter in den alten Katakomben unter der Stadt. Die Inszenierung von Fritz Lang erinnert an ein Treffen der Urchristen in Rom. Die schwarzgekleideten Männer wanken müde von der Arbeit in den Raum. Vor einem Altar mit brennenden Kerzen und großen Kreuzen steht die weißgekleidete Maria. Sie breitet ihre Arme aus, über denen eine Art Stola hängt, und erzählt der apathischen Menge die Geschichte des Turmbaus zu Babel (Gen 11,1–9). Die Arbeiterfrau wird als Hohepriesterin dargestellt. Ihr Name Maria ist ihr Programm. Sie verkündet den kommenden Messias, der das ausgebeutete Proletariat von seinen Qualen erlöst und endlich humane Lebens- und Arbeitsbedingungen schafft. Die riesigen Industrieanlagen, die Freder als Moloch (vgl. Lev 18,21) erscheinen, wachsen den Arbeitern buchstäblich über den Kopf. Mensch und Technik: Wer beherrscht hier wen? Die Stadt und der Turm mit einer Spitze bis zum Himmel sind im Alten Testament und im Film »Metropolis« ein Symbol für die Hybris des Menschen, das schrankenlose Streben nach Selbstdarstellung, das letztlich in einer Katastrophe endet. In dem Augenblick, wo die Arbeiter die Maschinen zerstört haben, werden in der Kathedrale die Statuen der sieben Todsünden lebendig und der Tod beginnt seine Sense zu schwingen. Die frohe Botschaft der schönen jungen Frau, eine Ikone der »Gottesmutter«, ist eindeutig: Nur die Liebe kann den Menschen helfen. Maria wird zum Mittelpunkt einer Volksfrömmigkeit. Die Männer beugen ihre Knie, nehmen ihre Mützen ab, verehren sie wie eine Heilige. Maria ist wie Lady Di eine »Königin der Herzen«, die den Kindermord (vgl. Mt 2,16–18) verhindert und die Sintflut (Gen 6–8) bekämpft. Die wahre Liebe zwischen ihr und Freder wird durch die schwarze Magie von Rotwang gefährdet. Der »mad scientist« hat gottähnlich ein Wesen nach seinem Ebenbild erschaffen (vgl. Gen 1,26). Mit Lichteffekten beginnt die mystische Verwandlung in die falsche Doppelgängerin. Das große Pentagramm über dem Roboter deutet diesen Akt bereits als dämonisches Treiben. Erst als die Masse die vermeintliche Hexe dem reinigenden Feuer auf dem Scheiterhaufen aussetzt, wird der diabolische Plan für alle offenbar. Die endgültige Auseinandersetzung zwischen Gut und Böse muß aber erst noch stattfinden. Der Kampf zwischen Freder und Rotwang findet auf dem Dach der Kathedrale statt. Der Erfinder stürzt nach unten in die Tiefe, ein sichtbarer Abfall vom Glauben. Er muß seinen Frevel mit dem eigenen Leben bezahlen. Vor dem Portal der Kirche findet die Versöhnung zwischen den entfremdeten Parteien Arbeit und Kapital statt. Die ehemaligen Feinde reichen sich die Hände. Ein Zeichen für die eschatologische Hoffnung auf eine Welt, in der Frieden durch Gerechtigkeit herrscht.

4. DER FILM »TERMINATOR 2: TAG DER ABRECHNUNG«

4.1 Produktion

Der Film »Terminator 2: Tag der Abrechnung« wurde 1991 in den USA hergestellt. Der Produzent und Regisseur war *James Cameron*. Das Drehbuch hatte Cameron zusammen mit *William Wisher* geschrieben. Die Hauptdarsteller waren *Arnold Schwarzenegger* (T-800), *Linda Hamilton* (Sarah Connor), *Edward Furlong* (John Connor) und *Robert Patrick* (T-1000). Der Farbfilm dauert 132 Minuten und ist als Videokassette freigegeben ab 16 Jahren. Er wurde 1992 mit vier Oscars ausgezeichnet. Die Preise erhielt der Film u.a. für seine bahnbrechenden Spezialeffekte. Mit Produktionskosten von 100 Millionen Dollar galt er damals als der teuerste Film der Geschichte. »Terminator 2: Tag der Abrechnung« war zugleich der erfolgreichste Film des Jahres 1991. Allein in den Vereinigten Staaten spielte er 205 Millionen Dollar ein. Auch heute noch zählt der Streifen zu den zwanzig größten Blockbustern der Filmgeschichte. Auch auf Video war der »T 2«, wie er von seinen Fans liebevoll genannt wird, ein internationaler Bestseller. Zu dem Actionfilm erschienen die üblichen Devotionalien wie Bücher, Poster, T-Shirts usw. Nicht zuletzt durch das konsequente Merchandising gilt die Figur des Terminators als eine moderne Pop-Ikone. Weltweit ist der Terminator ein Idol der Jugendlichen.[16] Diese Tatsache ist deswegen bedenkenswert, weil das im Film präsentierte Rollenmodell äußerst aggressiv agiert und einige Kritiker dem Film deswegen Gewaltverherrlichung vorwarfen.

4.2 Regie

Der Regisseur *James Cameron* wurde am 16. August 1954 in Kanada geboren. Er hat Physik und Sport studiert. Anschließend arbeitete er als Film-Designer. Cameron heiratete die Produzentin *Gale Anne Hurd.*[17] Hurd fungierte bei »T 2« als Executive Producer. Nach seiner ersten Regiearbeit »Piranha II« (Niederlande 1981) und der Mitarbeit am Drehbuch von »Rambo II« kam für Cameron mit »Terminator« (USA 1984) der Durchbruch in Hollywood. Ein Terminator (Arnold Schwarzenegger), ein Maschinenwesen aus der Zukunft, jagt im heutigen Los Angeles eine Frau, deren Sohn dereinst den Aufstand gegen die alles beherrschenden Roboter führen soll. Mit dem Film »Aliens – Die Rückkehr« (USA 1986) schuf Cameron die geniale Fortsetzung des Science-Fictions-Schokkers »Alien« (England 1979): Auf einem fernen Planeten überfällt ein fremdes Wesen eine Kolonie von Menschen. Der Film wurde 1987 mit zwei Oscars ausgezeichnet. In dem Unterwasserfilm »Abyss« (USA 1989) retten engelähnliche Außerirdische die Besatzung eines U-Boots. Für das spektakuläre Morphing-Verfahren[18] gab es 1990 einen Oscar. Bei »T 2«, der Fortsetzung vom »Terminator«, wurden die digitalen Effekte noch weiter perfektioniert. 1993 kam die von Cameron verlängerte Version von »Abyss – Director's Cut« heraus. Bei »True Lies« (USA 1994) war Cameron für Buch, Produktion und Regie verantwortlich. Die Hauptrolle in der Parodie auf Agentenfilme hatte wieder der Ex-Bodybuilder Arnold Schwarzenegger übernommen, einer der Megastars in Hollywood. Mit »Titanic« (USA 1997), bei dem er als Co-Produzent, Co-Cutter, Autor und Regisseur fungierte, kreierte Cameron nicht nur den aufwendigsten Film aller Zeiten, sondern auch den mit Abstand erfolgreichsten. Allein in Deutschland sahen ihn 18 Millionen Menschen. Weltweit spielte das Epos an den Kinokassen über zwei Milliarden US-Dollar ein. 1998 erhielt »Titanic« elf Oscars.

4.3 Inhalt

Der Film »Terminator 2: Tag der Abrechnung« beginnt in Los Angeles im Jahr 2029: Nach einer nuklearen Katastrophe führen die Menschen einen Krieg gegen die Maschinen. Um den Anführer der zukünftigen Résistance zu beschützen, wird von ihr ein Terminator T-800 in die Jetztzeit zurückgeschickt. Ein zweiter Terminator T-1000, ausgesandt von den Maschinen, soll hingegen John Connor töten. Los Angeles in der Gegenwart: Da sich seine Mutter wegen ihrer apokalyptischen Visionen mittlerweile in der Psychiatrie befindet[19], wohnt der junge John Connor bei Pflegeeltern. In einer Computerfirma experimentiert ein Mr. Dyson mit dem Chip aus dem Arm des ersten Terminators.[20] Bei der Suche nach John Connor treffen die beiden Terminatoren zusammen. Sie schießen aufeinander. Der Junge flieht auf seinem Motorrad. Bei der anschließenden Verfolgungsjagd rettet der T-800 John. Das Metallwesen T-1000 verwandelt sich in einen Polizisten und tötet die Pflegeltern von John. Der Junge und der T-800 fahren zur Klinik, in der die Mutter von John ausgebrochen ist und einen Arzt in ihre Gewalt gebracht hat. Der T-1000, der ebenfalls zum Krankenhaus gekommen war, jagt sie durch die Gänge. John Connor und der T-800 können die Mutter in Sicherheit bringen und fahren mit einem Auto zu einem unterirdischen Waffendepot in den Süden. Der T-1000 wird angeschossen und bleibt zurück. Der T-800 erzählt, daß ein Wissenschaftler namens Dyson den Mikroprozessor entwickelt hat, der es den Maschinen in der Zukunft ermöglichen wird, die Herrschaft an sich zu reißen. Deswegen will die Mutter den Mann umbringen. Sie tut es dann doch nicht, sondern fährt mit John, dem T-800 und Dyson, den sie über seine folgenreiche Erfindung informiert haben, zur Computerfirma. Sie sprengen das ganze Gebäude in die Luft, während draußen die Polizei wartet. Der T-1000 jagt mit einem Hubschrauber und später einem LKW hinter der fliehenden Mutter, John und dem T-800 her. Alle gelangen in eine Stahlfabrik. Beim Kampf fällt der T-1000 in einen Behälter mit flüssigem Metall. Der T-800 begibt sich freiwillig ebenfalls dort hinein, um so den letzten Chip zu vernichten, der zum Untergang der Menschen hätte führen können. Die Mutter und John Connor überleben.

4.4 Interpretation

Ein erstes Indiz für eine religiöse Lesart von »T 2« liefert der Originaltitel »TERMINATOR 2: JUDGEMENT DAY«. In der deutschen Fassung wird das mit »Tag der Abrechnung« übersetzt, obwohl es eigentlich »das Jüngste Gericht« heißen müßte. Das Jüngste Gericht stellt eines der zentralen Motive der Apokalypse dar. Im Neuen Testament sind hier vor allem zwei Stellen von Bedeutung. In der Rede Jesu über die Endzeit (Mt 24,1–25,46) handelt ein ganzer Abschnitt vom Weltgericht (Mt 25,31–46), dem der Menschensohn als Richter vorsteht. Im Johannesevangelium spricht Jesus ähnlich: »Wer mich verachtet und meine Worte nicht annimmt, der hat schon seinen Richter: Das Wort, das ich gesprochen habe, wird ihn richten am Letzten Tag« (Joh 12,48). Die prophetische Vision, die der Regisseur *James Cameron* vom »Tag der Abrechnung« hat, ist am Anfang ziemlich düster. Wie schon bei »Metropolis« birgt der Umgang des Menschen mit der Technik ein hohes Konfliktpotential. In beiden Filmen wird die These aufgestellt, daß sich der Mensch durch seine eigenen Entwicklungen gefährden kann. In einer Diktatur der Maschinen bleibt das Humanum auf der Strecke. Die Erlösung von der Unterdrückung kann nicht von selber kommen, sie bedarf letztlich einer Messias-Gestalt. Im »T 2« ist es der junge John Connor, der die Menschen zukünftig zur Freiheit führen soll. Sein Name beginnt mit denselben Buchstaben wie Jesus Christus.[21] Sarah Connor ist nicht nur die Gebärerin des Retters, sondern sie will auch als moderne Madonna aktiv in die Heilsgeschichte eingreifen. Der Wissenschaftler Dyson wird von ihr eindringlich daran erinnert, daß nur eine Verantwortungsethik, die eine Folgenabschätzung impliziert, die Menschheit vor der Katastrophe bewahren kann. Der Mensch ist seinem Schicksal nicht hilflos ausgeliefert, sondern agiert als freies Subjekt, so die Botschaft des Films. Der »gute« Terminator steht ganz im Auftrag seines Herrn, der »ihm eine Mission einprogrammiert hat wie einem vollautomatischen Jesuiten«. Er hat von John Connor auf einem Parkplatz das göttliche Gebot »Du sollst nicht töten« empfangen und bringt daher keine Menschen mehr um. Den feindlichen Terminator hingegen stürzt er in den Abgrund wie einst der Erzengel Michael den Drachen, weil der die Frau und das Kind bedrohte (Offb 12,1–18). Der T-800 begibt sich wie ein Märtyrer in den Feuerofen (vgl. Dan 3,1–97), um durch seinen Tod einen Beitrag zum Weiterleben der Menschen zu leisten. Angesichts dieser Selbstopferung äußert Sarah Connor ihren eschatologischen Vorbehalt: »Die unbekannte *Zukunft* rollt auf uns zu. Und zum ersten Mal sehe ich ihr mit einem Gefühl der *Hoffnung* entgegen. Denn wenn eine Maschine, ein Terminator, den *Wert des Lebens* schätzen lernen kann, dann können wir es vielleicht auch«.

5. EVALUATION

An einer Reihe von Beispielen habe ich versucht aufzuzeigen, daß profane Spielfilme oft christliche Motive beinhalten: Film als Undercover-Religion. Viele Unterhaltungsfilme mit dem typischen Happy End thematisieren indirekt die Heilssehnsucht und Erlösungsbedürftigkeit des Menschen. Die Filmemacher greifen bei der Dramatisierung und Visualisierung häufig auf biblische Texte und Symbole zurück. Dieses Ergebnis ist nicht verwunderlich, denn alle kulturellen Äußerungen wie Bücher, Theater, Kunst usw. sind zugleich ein Spiegelbild des Menschen. Medien zeigen das menschliche Da- und Sosein in ihrer ganzen Bandbreite. Ins Kino gehen heißt Anthropologie betreiben. Auf die weiße Leinwand werden die Träume, die Probleme und die Wünsche von vielen Menschen projiziert. Daß dazu auch religiöse Sinnfragen gehören, ist evident. In der Pastoralinstruktion »Communio et Progressio« von 1971, dem wichtigsten Dokument der katholischen Kirche über die Medien, wird deshalb der Film überaus positiv bewertet. »Viele Filme setzen ihre Überzeugungskraft ein für den menschlichen Fortschritt und für die Förderung hoher geistiger Kultur«.[22] Dabei ist es wichtig, daß sich die Theologen nicht nur an der elitären Kunst eines *Andrej Tarkowskij* delektieren, sondern sich verstärkt in die vermeintlichen Niederungen der Popkultur begeben. Wenn die Kirche für die Sorgen und die Nöte da sein will, ist es wichtig zu wissen, was die Mehrheit der Menschen in ihrem Alltag beschäftigt, welche Sehnsüchte sie umtreibt. Und das geht nur, wenn man das sieht, was viele sehen. Die Gleichung Popularität = Banalität muß nicht immer aufgehen. Wer sich mit kommerziell erfolgreichen Filmen beschäftigt, wird feststellen, wie häufig hier christliche Werte subkutan vermittelt werden. Alle Spielfilme, die den Wert des Lebens betonen und die Hoffnung auf eine bessere Welt zum Inhalt haben, sind Werkzeuge der Heilsgeschichte.

Anmerkungen

1 Einen Überblick über das Genre bietet das Extraheft »Jesus in der Hauptrolle – Zur Geschichte und Ästhetik der Jesus-Filme«, das 1992 von der katholischen Zeitschrift »film-dienst« in Köln herausgegeben wurde. Neben den Aufsätzen verschiedener Autoren finden sich in dem Heft auch eine Bibliographie und Filmographie zu dem Thema.

2 Um theologische Probleme zu vermeiden, hatte die Produktionsfirma DreamWorks den Bibelfilm zuvor 360 christlichen Bischöfen, Rabbinern und islamischen Geistlichen präsentiert. Vgl. o. V.: Auszugsweise. In: Computer Bild, Nr. 22/98, 45.

3 Zur Problematik der Begriffsbestimmung vgl. P. Hasenberg, Der Film und das Religiöse. Ansätze zu einer systematischen und historischen Spurensuche. In: ders. u. a. (Hrsg.): Spuren des Religiösen im Film. Meilensteine aus 100 Jahren Kinogeschichte, Mainz/Köln 1995, 9–23. Der Band enthält neben der erwähnten Einleitung Rezensionen von 88 religiösen Filmen, Literaturangaben und Kontaktadressen.

4 Ein weites Feld stellt auch das metaphysische Potential von fiktionalen Serien im Fernsehen dar, auf die aber an dieser Stelle nicht näher eingegangen werden kann. Anbieten würde sich für eine Analyse die Mystery-Serie »Akte X – Die unheimlichen Fälle des FBI« von Chris Carter. Darin gelangen zwei Agenten durch die Konfrontation mit außerirdischen Phänomenen zu der zentralen Erkenntnis: »Die Wahrheit ist irgendwo dort draußen«. Aufschlußreich ist meines Erachtens die Episode »Lazarus«, in der es um die Wiederauferstehung eines Toten ging. Vgl. Joh 11,1–44. Literatur: R. Heep/J. Alberts/K. Krick, Die X Akten. Daten. Fakten. Stories. Stars, Königswinter 1996. Ebenfalls relevant ist die Kultserie »Raumschiff Enterprise« des Atheisten Gene Roddenberry, in der die eschatologische Hoffnung auf eine humanere Welt manifest wird. Für eine Analyse empfehle ich aus der Staffel »Star Trek: Das nächste Jahrhundert« die Folge »Wer ist John?«, in der ein Unbekannter Menschen durch Handauflegung körperlich und seelisch

heilte. Literatur: U. Anton/R. Hahn, Star Trek. Enzyklopädie. Film, TV und Video, München 1995.

5 Vgl. K. Henning/R. Steib, Leitfaden Medienarbeit. Erfahrungsorientierte Medienpraxis für Religionsunterricht und Bildungsarbeit, München 1997, S. 42–44.

6 Im Roman zum Film, der auf dem Drehbuch basiert, werden die Begleitumstände beim Tod von E.T. so beschrieben: »Sie [die Ärzte, St.Z.] bemerkten kaum, daß das Licht kurz flackerte und zu erlöschen drohte, daß die Apparaturen vorübergehend ausfielen. Sie nahmen auch gar nicht richtig wahr, daß das Haus erbebte und das ganze Tal sich aufzutun und sie alle zu verschlingen drohte.« W. Kotzwinkle, E.T. – Der Außerirdische und seine Abenteuer auf der Erde, München, [7]1991, 266. Die Parallelen zu den Berichten der Synoptiker über den Tod Jesu (Mt 27, 45–56: Finsternis im ganzen Land, Beben der Erde, Bersten der Felsen) sind frappierend.

7 Vgl. die Zusicherung des Auferstandenen: »Ich bin bei euch alle Tage bis zum Ende der Welt« (Mt 28,20).

8 Im Fernsehbereich wäre hier die amerikanische Mystery-Serie »Millennium« des Produzenten Chris Carter (»Akte X – Die unheimlichen Fälle des FBI«) mit dem Schauspieler Lance Henriksen (»Aliens«) zu nennen. Für die stellenweise schockierende TV-Serie hatte SAT.1 mit dem Slogan »Fürchte Deinen Nächsten wie Dich selbst« geworben. Folgen wie »Der jüngste Tag« thematisierten die Endzeitängste der Menschen, die in der Kirchengeschichte in Anlehnung an die Schilderung einer tausendjährigen Herrschaft Christi (Offb 20,1–6) schon zur Irrlehre des Chiliasmus bzw. Millenarismus geführt hatten.

9 Auf die apokalyptische Rede in Mk 13 bezieht sich auch der Endzeitfilm »M.A.R.K. 13« (Großbritannien 1990, Regie: Richard Stanley).

10 »Godzilla« ist eine Neuinterpretation des Films »Gojira« (Japan 1954, Regie: Inoshiro Honda). Vgl. R. Hahn/V. Jansen, Lexikon des Science Fiction Films, München [7]1997, Band 1. A-L, 378–380.

11 Vgl. Ps 74,14: »Du hast die Köpfe des Leviátan zermalmt, ihn zum Fraß gegeben den Ungeheuern der See.« In dem Film »Leviathan« (USA 1989, Regie: George Pan Comatos) fällt ein Seemonster Menschen an.

12 »Stadt der Engel« ist ein Remake des preisgekrönten Films »Der Himmel über Berlin« (Deutschland/Frankreich 1987, Regie: Wim Wenders).

13 Vgl. R. Giesen, Sagenhafte Welten. Der phantastische Film, München 1990, S. 39ff.

14 Vgl. R. Hahn/V. Jansen, Die 100 besten Kultfilme von »Metropolis« bis »Fargo«, München 1998, 392–398.hier 397f. Ich selber habe die VHS-Kaufkassette »Metropolis« benutzt, die 1992 von »M.C.E.G. Virgin Vision« veröffentlicht wurde. Laufzeit: 88 Minuten. Freigegeben ab 16 Jahren.

15 Vgl. Die Chronik des Films, Gütersloh – München 1994, 70.

16 Vgl. o.V.: »Terminator« als Jugendidol. Unesco-Studie warnt vor aggressiven Helden. In: medien + erziehung 42 (1998) 70.

17 Vgl. Die Chronik des Films, a.a.O., 548.

18 Beim Morphing-Verfahren werden Objekte oder Personen mit Hilfe einer speziellen Computer-Software allmählich in andere Objekte oder Personen verwandelt.

19 Das Wissen über die zukünftige Geschichte der Menschheit hatte die Mutter durch die Begegnung mit dem Terminator in dem ersten »Terminator«-Film erlangt.

20 »Terminator 2« setzt hier wie bei der Mutter den Plot aus dem ersten «Terminator« fort.

21 Vgl. T. Bohrmann, Ethik – Werbung – Mediengewalt. Werbung im Umfeld von Gewalt im Fernsehen. Eine sozialethische Programmatik, München 1997, 144.

22 Päpstliche Kommission für die Instrumente der sozialen Kommunikation: Communio et Progressio, Trier [2]1991, Nr. 144.

4. Über pures Wissen hinaus

Schule als erfahrungsorientiertes Lernfeld des Glaubens

Zukunftsperspektiven eines erfahrungsnahen Religionsunterrichts

STEPHAN LEIMGRUBER

Wer im ausgehenden zweiten Jahrtausend in Mitteleuropa Religionsunterricht erteilt, erfährt täglich jene Probleme und Schwierigkeiten, die mit diesem Fach und den veränderten schulischen, gesellschaftlichen und kirchlichen Bedingungen einfallen. Sie oder er spürt am Abend, was getan wurde, nämlich Lerngruppen geleitet und begleitet, inspiriert und korrigiert zu haben. Der schulische Alltag ereignet sich in einer eigenen Welt. Diese kann bewußt machen, daß der Religionsunterricht unter den Bedingungen der Schule mit den entsprechenden Einengungen stattfindet. Doch birgt er auch viele Chancen in sich, etwa die Möglichkeit, auf existentielle Fragen der Schülerinnen und Schüler einzugehen und über Dinge zu diskutieren, die in keinem Curriculum oder Schulbuch stehen. Er kann Lehrpersonen die wertvolle Erfahrung vermitteln, von jungen Menschen als Gesprächspartner und Wegbegleiter angenommen zu werden.

Daß diese Chancen genutzt werden und der RU gegenwärtig nicht das unbeliebteste Fach in der Wahrnehmung von Schülerinnen und Schülern ist, verraten die jüngsten Umfragen. Er sei »besser als sein Ruf«[1], wird erklärt und dies insofern aufgeschlüsselt, als seine Beliebtheit mit seiner handlungsorientierten Didaktik zusammenhängt, also mit Erfahrungen aus Projekten und Rollenspielen, mit der vergleichsweise intensiven Schülerbeteiligung und nicht zuletzt mit seinen Beiträgen zur Bildung einer Klassengemeinschaft. Mit den Worten eines Schülers: »Religion ist das einzige Fach, wo man über Probleme reden darf.«[2]

Es wäre indessen verfehlt, sich auf den Lorbeeren ausruhen zu wollen. Denn es ist kein Zufall, daß gegenwärtig an Tagungen und Konferenzen so viel über dieses Fach debattiert und geschrieben wird. Denn immer wieder stehen der rechtliche Status, die Begründung des Faches und die konkrete Ausgestaltung zur Disposition. – Bevor die jüngste Debatte im Zusammenhang mit der postsynodalen Entwicklung nachgezeichnet wird und fünf weiterführende Perspektiven des Faches eröffnet werden, soll das zugrundeliegende Selbstverständnis der Religionspädagogik erörtert werden.

1. DIE RELIGIONSPÄDAGOGIK ALS WISSENSCHAFTLICHE DISZIPLIN

Die Religionspädagogik ist die Nachfolgerin der früheren Katechetik und beschäftigt sich mit religiöser Bildung und Erziehung in Schule, Gesellschaft und Kirche. Methodisch geht sie interdisziplinär vor, kooperiert also mit den Humanwissenschaften in der Beobachtung religiöser Phänomene und Lernprozesse. Dann beleuchtet und beurteilt sie diese theologisch, gleichsam aus der Rückblende. Somit ist die Religionspädagogik – ähnlich wie die Moraltheologie – zwar eine disziplinenübergreifende, aber doch theologische Wissenschaft. Nur ist die Theologie nicht gleich einer Fackel, die vorangetragen wird, sondern eher wie ein Strahler, der auf das ganze Panorama zurückblendet. Damit ist sie nicht mehr Appendix- oder Anwendungswissenschaft der Dogmatik, sondern versteht diese wie die anderen Disziplinen partnerschaftlich. Geändert hat sich gegenüber der früheren Katechetik auch der Gegenstand des Faches. Dieser beschränkt sich nicht mehr auf die schulische und gemeindliche Katechese, sondern umfaßt alle Bereiche religiösen Lernens entlang der Biographie, also von der religiösen Kleinkindererziehung über die unterschiedlichen Stufen und Formen des RU, die kirchliche Jugendarbeit bis hin zur Erwachsenen- und Seniorenbildung. Weder die kerygmatische Katechese eines *Andreas Jungmann* oder *Romano Guardini*, noch die indirekte Verkündigung eines *Theoderich Kampmann* – alle in ihrer Zeit herausragende Größen – arbeiteten die Ergebnisse der Human- und Sozialwissenschaften ein.

Die moderne Religionspädagogik fand im deutschsprachigen Raum erstmals ihren Niederschlag im dreibändigen »Handbuch der Religionspädagogik«[3], welches wissenschaftstheoretische Überlegungen anstellt, eine Didaktik religiöser Lernprozesse entwirft und dann die religionspädagogischen Handlungsfelder in kirchlicher Verantwortung umfassend darstellt. Ausgehend von einem weiten Religionsbegriff, orientiert an *Paul Tillich* und *Eduard Schillebeeckx*, wird die religiöse Praxis interdisziplinär analysiert, beurteilt und im Hinblick auf das Glauben-Lernen untersucht. Gelegentlich wird die Religionspädagogik kurzum als Theorie des Glauben-Lernens bezeichnet, insofern sie sich eben mit den religiösen Lehr- und Lernprozessen befaßt. Dabei ist sie sich zweier Schwierigkeiten wohl bewußt: Zum einen, daß religiöse Bildung und Erziehung stets mit der Erziehung überhaupt gesehen werden muß. Denn Glauben-Lernen ist zutiefst mit Leben-Lernen verbunden, mit Reifen und Wachsen-Lassen. Zum anderen weiß sie nur zu gut, daß der Glaube primär freies, unverdientes Geschenk Gottes ist, aber weil er sich stets in sozialen Lebenszusammenhängen, in Symbolen und symbolischen Handlungen ereignet, hat er auch mit Lernen zu tun. Kurz: Glauben und Lernen stehen in einem dialektischen Verhältnis zueinander.

Wer bestreiten möchte, daß Glaube mit Lernen zu tun hat, vergegenwärtige sich die religiöse Situation in den neuen Bundesländern im Laufe der vergangenen fünfzig Jahren. Hier wurde doch *ad oculos* demonstriert, daß Glaube und Religion nicht notwendigerweise anthropologische Konstanten oder gar angeboren sind, sondern bei allem Geschenkcharakter gelernt, aber auch *ver*lernt werden können. Daß Religion kein konstitutives Existenzial des Menschen ist, zeigt auch die bekannte Aussage einer bayerischen Schülerin: »I glaub nix, mir fehlt nix!«

2. VERLAUFSLINIEN DER POSTSYNODALEN DISKUSSION ÜBER DEN RELIGIONSUNTERRICHT

Der bleibende Gewinn des Würzburger Dokumentes »Der Religionsunterricht in der Schule« (1974), das von 223 Synodalen bei 8 Neinstimmen und 9 Enthaltungen angenommen wurde, besteht in der konvergenten Argumentation von pädagogischer und theologischer Begründung. Erstmals gelang eine wissenschaftstheoretische Fundierung des Faches in einer Schule für alle. Das Korrelationsprinzip wurde vorbereitet und die Option für ein diakonisch verstandenes Schulfach in kirchlicher Verantwortung getroffen. Als absichtsfreier Dienst am Leben junger Menschen im demokratischen Raum der pluralistischen Gesellschaft macht er das partnerschaftliche und kooperative Verhältnis von Kirche und Staat transparent. Er respektiert die Gewissensfreiheit des einzelnen, neuerdings durch die Einführung des Ersatzfaches Ethik, das vielerorts auch »Philosophie« oder »Werte und Normen« genannt wird, um die Bekenntnisneutralität zu dokumentieren. Dazu fehlen allerdings noch Lehrpläne für die Ausbildung von Lehramtskandidatinnen und -kandidaten. Problematisch ist allerdings das Verständnis einer Ethik, die angeblich auf letzte Fundamente verzichten kann.

Die *Wiedervereinigung Deutschlands* und die Öffnung zum Osten hin verursachten neue Probleme. Man wurde inne, daß sich Artikel 3, 7 des Grundgesetzes (RU als ordentliches Schulfach in kirchlicher Verantwortung) nicht einfach auf Gebiete anwenden läßt, wie sich ein Fell über die Ohren ziehen läßt. Vielmehr sind die ausgeprägten Diasporagebiete und die Minderheitssituation der Christinnen und Christen zu beachten, ferner der Mangel an ausgebildeten Lehrkräften, die ideologischen Beharrungstendenzen in der Lehrerschaft und die vielen ungetauften Kinder. Die Einführung des RU in den meisten neuen Bundesländern ist mit erheblichen Schwierigkeiten verbunden. Manche missionarisch beseelten Religionslehrerinnen und Religionslehrer aus dem Westen sind nach kurzer Zeit und enormer Obstruktion aus dem Osten mit lahmen Flügeln zurückgekehrt. Befürchtet werden dort nach Zeugenaussagen eine Neokolonialisierung durch den Westen und eine neue Variante der Missionierung durch das Christentum, das in Marx'schen Formeln Opium für das Volk bleibe. Gewünscht werden indessen zur Stunde sachliche, konfessions- und religionsneutrale Information, als ob es diese in religiösen Angelegenheiten einfach so gäbe.

Die neue Situation stellte nun hierzulande wiederum zwei lange Zeit für unumstößlich gehaltene Unterrichtsprinzipien in Frage, nämlich das *Korrelationsprinzip* und die *Konfessionalität* des RU. Auf beide muß in den Thesen 3 und 4 (S. 197–199) besonders eingegangen werden.

Recht hohe Wellen warf die Einführung des Faches »Lebensgestaltung – Ethik – Religionskunde« (LER) als bekenntnisneutrales Pflichtfach durch das seit dem Schuljahr 1996/97 gültige Schulgesetz im Lande Brandenburg. Beide Großkirchen anerkennen zwar den Versuch, die neuartige Situation zu bewältigen; sie bemängeln aber, daß die Erfahrungen aus den vorausgehenden Modellversuchen nicht in Rechnung gezogen wurden und befürchten, daß sich der Staat hier Kompetenzen anmaßt, die ihm gerade in diesem Fach mitnichten zustehen. Ferner wird eine Modellwirkung des angeblich wertfreien Faches auf ganz Deutschland befürchtet. Der Bayerische Staatsminister für Unterricht, Kultur, Wissenschaft und Kunst hat in seiner Rede in der katholischen Akademie in München vom 6. Juli 1998 das Bedenken namhaft gemacht, diese Konzeption berücksichtige den Bereich Religion nur unzureichend und hoffe insgeheim, »das Problem Religion – langfristig zumindest – erledigen zu können«[4], weshalb zurecht eine verfassungsrechtliche Klage eingereicht worden sei, weil diese Konzeption gegen den Geist des Grundgesetzes verstößt, welches Religion als »ordentliches Schulfach« vorsieht. Was fehlt, ist das Angebot einer standortbezogenen religiösen Bildung, zu der sich Eltern und Jugendliche frei entscheiden können. Der Entscheid des Verfassungsgerichtes und die weitere Diskussion werden über die Zukunft des Faches entscheiden.

Schließlich sind in jüngster Zeit verschiedene Initiativen zu erwähnen, welche versuchen, mit einem breiten Publikum über den RU ins Gespräch zu kommen (z.B. RU in der Schule: Die Freiheit zu glauben – Das Recht zu wissen). Ziel dieser Initiativen ist nicht nur ein besseres Image des RU in der Öffentlichkeit, sondern eine Bewußtseinsbildung für Christinnen und Christen selbst, daß sie selber Gründe und Motive nennen können, die das Fach als lohnend erweisen. So argumentieren etwa der Deutsche Katecheten-Verein und der Verband Kath. Religionslehrerinnen und Gemeindereferentinnen: »Der RU hilft, die Schülerinnen und Schüler widerstandsfähig zu machen gegen die Suggestivkraft der Medien, gegenüber schrankenlosem Konsum und einseitiger Leistungsorientierung.«

3. ZUKUNFTSOPTIONEN FÜR DAS FACH RELIGIONSLEHRE IN DER SCHULE

Nachfolgend sollen fünf Thesen formuliert und begründet werden, die am Eingang zum dritten Jahrtausend Zukunftsperspektiven des Faches Religionsunterricht in der Schule eröffnen. Die ersten beiden Thesen betreffen Grundaufgaben des Religionsunterrichtes, die dritte eine Kernaufgabe, und die vierte und fünfte beziehen sich auf die stets mitzubedenkenden Kontexte.

Erste These: Ein zukunftsfähiger Religionsunterricht versteht sich zunächst als Erfahrungsraum und als Ausbildungsort von Lebenskompetenz.

Diese erste These beabsichtigt keineswegs einen Gegensatz zum Zielspektrum des Religionsunterrichts auf der Würzburger Synode. Dieses Zielspektrum umfaßte bekanntlich einen reflektierten Glauben, die Behandlung der Sinnfrage, die Diskussion über verantwortliches Handeln und außerdem Motivation für eine religiöse Praxis. Zugegeben, dies alles gehört zweifellos in das Pflichtpensum eines verantworteten RU heute. Doch noch *vor* aller theologischer Reflexion, vor allem Problematisieren von Welterfahrungen im Lichte der Offenbarung sollen Schule und besonders der Religionsunterricht als Orte erfahren werden, wo sich die Jugend willkommen und angenommen erfährt. Schülerinnen und Schüler sollen zunächst dasein dürfen, miteinander eine - wenn auch bunte - Klassengemeinschaft bilden, wo untereinander lebendig kommuniziert wird. Denn Schulzeit ist Lebenszeit! Schule und RU sind nicht bloß Warteräume der Zukunft, die mit Qualifikation zur späteren Bewältigung von Situationen ausstatten. Bereits *hic et nunc* sollen Jugendliche gut, sinnvoll und verantwortlich leben. Dazu gehört ein kultivierter Umgang untereinander anstelle der subtilen Spielarten der Ironie und des Zynismus; dazu gehören Gelegenheiten zur Mitgestaltung des Schullebens. Die Schule als Erfahrungsraum trägt so viel zum Aufbau einer Lebenskompetenz bei, die bereits jetzt hilfreich und später nützlich ist.

Wenn heute ganze Betriebe und Schulen in kostspieligen Untersuchungen nach ihrem Wohlbefinden befragt werden, dann kommt immer wieder als Resultat heraus, daß nicht der Luxus am Arbeitsplatz ausschlaggebend ist, nicht die modernen Einrichtungen und daß auch allein der Lohn nicht die größte Zufriedenheit erbringt, sondern ganz einfach die Arbeitsatmosphäre, das Betriebs- bzw. das Schulklima. Entscheidend ist, ob es sich hier um Lebensräume handelt, in denen Vorgesetzte Impulse der Akzeptanz vermitteln und Lehrer eine Ausstrahlung haben. Gesucht wird ein wohlwollendes Fluidum statt Gehässigkeit und Gereiztheit. Dazu gehört, daß alle Beteiligten sich ernst genommen erfahren und Konflikte kommunikativ und offen austragen werden.

Zur Ausbildung der Lebenskompetenz gehört die Entfaltung der verschiedenen menschlichen Kräfte und Anlagen. Das Erbe des *Armenvaters Heinrich Pestalozzi* ist in Erinnerung zu rufen. Er begriff den Menschen nicht bloß als verkopft, sondern als Wesen mit Kopf, Herz und Hand. Er wollte, daß sich die kognitiven und affektiven, die handlungsbezogenen und kreativen Kräfte gegenseitig durchdringen. Mit gutem Recht gewinnen seit einigen Jahren die Gedanken der Reformpädagogik und der Arbeitsschule mit ihren didaktisch hervorragenden Ideen an Bedeutung: *Maria Montessori* mit ihren Arbeitsmaterialien zur Selbsttätigkeit des einzelnen; der Einklang mit der Natur eines *Rudolf Steiner*; die Prinzipien der ganzheitlichen Wahrnehmung bis hin zur wieder entdeckten, produktiven Langsamkeit eines *Sten Nadolny*. Sie alle gewinnen deshalb neuen Glanz, weil sie den Menschen, besonders den Kindern, gerecht werden. Sie haben ein neues Bild vom Kind inauguriert, nämlich das Bild eines eigenständigen, freien und würdigen Wesens mit bestimmten Fähigkeiten, womit sie das Bild des Kindes als kleinen Erwachsenen verabschiedet haben.

Schule und Religionsunterricht als Erfahrungsräume wurden bevorzugt von der Sonderpädagogik wahrgenommen. Die Pädagogik zur individuellen Lernförderung realisierte zuerst, daß – statt Stoffpläne, Qualifikationen, Zielorientierung und Lernkontrollen – die Kinder ins Zentrum gerückt werden. Auch das Kind ist eine »unabhängige Quelle des Sinnes« (*Emmanuel Lévinas*) und darf nicht irgend welchen Zwecken untergeordnet bzw. instrumentalisiert werden. Um mit dem Hauptmann von Köpenick und in Anspielung an den Titel dieses Bandes zu sprechen: »Zuerst der Mensch, und dann die Menschenordnung!«

»Schule als Erfahrungsraum« enthält keinen Angriff gegen das Leistungsprinzip, das im gegenwärtigen wirtschaftlichen Kontext erhöhte Bedeutung erfährt. Dieses soll nicht aus Schule und RU verbannt werden. Wohl aber muß ein einseitig kognitiver Leistungsbegriff neu definiert und erweitert werden. Noten etwa sollen nicht aus dem RU gekippt werden, aber die Noten sollen das Resultat einer vieldimensionalen Beurteilung der Kinder sein und nicht bloß ein gutes Gedächtnis widerspiegeln oder die Fähigkeit, Texte zu interpretieren.

Schule und RU als Lebensräume verlangen einen neuen Vollzug der elementaren menschlichen Grundfähigkeiten: des Hörens und Schauens, überhaupt der Wahrnehmung mit allen Sinnen; besonders bedarf die Sprech- und Kommunikationsfähigkeit der Ausbildung, ferner die basalen Fähigkeiten des Feierns, der Rücksichtnahme und des Aufeinander-Eingehens. Eine wache Achtsamkeit für Natur und Schöpfung sind geboten. Stets geht es darum, das individuelle und soziale Menschsein und die Interaktion mit der Schöpfung zu fördern.

Wenn der RU zu all diesen Facetten der Lebenskompetenz beiträgt, kann er eine helle Stimme im Fächerkanon des Schulkonzertes sein. Für die Lehrpersonen bedeutet dies nach einem Diktum von *Hartmut von Hentig*: »Belehrung durch Erfahrung ersetzen.«[5] Und weil bekanntlich Erfahrungen selbst gemacht werden müssen, werden damit die Jugendlichen als Subjekte des Lernens und des Lebens verstanden.

Zweite These: Ein zukunftsfähiger Religionsunterricht bemüht sich zwar um die Vermittlung religiös-theologischen Wissens, aber in einer Epoche lebenslangen Lernens ist der Aufbau einer religiösen Kompetenz vorrangig.

Lange Zeit, ja allzu lange Zeit ging es dem Religionsunterricht fast ausschließlich um das religiöse Wissen, näherhin um die von der Kirche gelehrte göttliche Offenbarung, gestanzt in das Schema Frage-Antwort. In der Praxis mußte dieses Wissen auswendig gelernt, memoriert und vor der Klasse aufgesagt werden. Die Korrektheit und Vollständigkeit eines satzhaften Glaubens standen im Vordergrund. Im Hintergrund war ein Verständnis der Katechetik als angewandte Dogmatik im schülergemäßen Kleinformat, ein Verständnis, das noch im Jahre 1983 den französischen Bischöfen zur Behebung ihres angeblichen katechetischen Chaos mitgegeben wurde.[6] Die sogenannte Münchener Methode versuchte die Inhalte des Katechismus zu wahren, aber entwicklungsspezifisch nach den sogenannten Formalstufen aufzubereiten.[7] Darüber hinaus verstanden es gewiß einige Katecheten, den so vorgegebenen Religionsunterricht zu verlebendigen, etwa mit Geschichten zu illustrieren. Seit der Erneuerung des Religionsunterrichtes in den 1960er Jahren (Stichworte »glauben – leben – handeln« und für die Schweiz der sogenannte Grechener Arbeitskreis zur Erneuerung des Religionsunterrichtes) scheint der Katechismus und die damit zusammenhängende Didaktik, die Jahrhunderte lang fraglos galt, zu verschwinden. Daß dies eine Abnahme des religiösen Wissens mit sich bringe und Ursache abnehmender Kirchlichkeit sei, sind monokausale Begründungen kurzsichtiger Behauptungen.

Die mit den Sozialwissenschaften kooperierende Religionspädagogik ist sich mittlerweile bewußt geworden, daß vor allem gesellschaftliche Veränderungen (Verstädterung, individualistische Lebensstile, plurale Weltauffassungen, Multikulturalität) für die abnehmende religiöse Sozialisation verantwortlich sind. Selbst die postkonziliare Renaissance der Katechismen wollte kein Zurück zur einstigen Katechismusdidaktik, sondern erkannte die neue Funktion dieser Bücher für die Erwachsenenbildung, nämlich die Funktion der Orientierung in einer unübersichtlichen Welt.

Wissen allein genügt aber nicht. Wissen muß mit Leben und Glauben in Zusammenhang gebracht werden, sonst wird es bald wieder vergessen. Religiöses Wissen allein garantiert den Glauben ebensowenig wie eine religiöse Erziehung allein. – Was unter den aktuellen gesellschaftlichen Bedingungen nötig ist, kann mit dem *Aufbau einer religiösen Kompetenz* umschrieben werden. Dazu gehören die Fähigkeit des Transzendierens, die Sensibilität für die Tiefendimension des Lebens, eine Kultur des Erinnerns und die Fähigkeit zu prophetischer Kritik bzw. zum Widerstand gegen egoistische und allmachtsphantastische Trends.

Religiöse Kompetenz meint zunächst schlicht die Fähigkeit, rein innerweltliches Denken und Handeln immer wieder zu überschreiten und Absolutheitsansprüche zu relativieren. Angesichts eines verbreiteten rein funktionalen Denkens (man denke an *Peter Singers* Ethik für schwerstgeschädigte Neugeborene![8]) sind Unterbrechungen und Zwischenrufe nötig. Angesichts eines bloß zweckrationalen Menschenbildes ist es in Zukunft wichtig zu sagen und aufzuzeigen, daß es Sichtbares gibt und mehr, empirisch Verifizierbares und mehr. *I. T. Ramsay* machte dies deutlich, indem er die Gesprächspartnerinnen und -partner in sogenannte Disclosure-Situationen brachte, wo ihnen ein Licht aufgehen konnte oder der Groschen fallen kann und neue Dimensionen sichtbar werden.

Eine religiöse Kompetenz zeichnet sich durch eine besondere Sensibilität aus. Sie lehrt noch staunen, was zugleich der Anfang der Philosophie ist, und sie läßt sich betreffen vom Heiligen im *Tremendum et Fascinosum* nach *Rudolf Otto* oder nach *Paul Tillich*, von dem, was uns unbedingt angeht. In einer Welt, welche die Kindheit zum Verschwinden bringt und die Geheimnisse sowie das Private stets ausleuchtet, braucht es Zeugenschaft für den Reichtum und die Tiefendimensionen des Lebens. Ich meine kein Überbieten durch sensationelle Erlebnisse wie Bungee-Jumping, wodurch ein neuer »Kick« ausgelöst werden soll, sondern sensible Achtsamkeit für die vielen Facetten der Wirklichkeit.

Dazu gehören die Fähigkeiten, Schuld wahrzunehmen, aufzuarbeiten und anzunehmen in einer Welt, die Schuld abwälzt, verdrängt und nicht wahrhaben möchte. Dazu gehört eine Kultur des Erinnerns, des Gedenkens und Vergegenwärtigens, wie uns dies die jüngste Diskussion um Mahnmäler zeigt.

Zur religiösen Kompetenz zählt eine große Offenheit für Begegnung mit den Menschen. Dort ergibt sich immer wieder die Erfahrung des Empfangens, des Geschenkhaften, des Nicht-Machbaren, theologisch formuliert: die Erfahrung der Gnade Gottes. Begegnungen bereichern und ermöglichen Teilnahme, was wiederum einen Perspektivenwechsel durch Verlassen des eigenen Standpunktes vorbereitet.

Nicht zuletzt gehört zur religiösen Kompetenz die prophetische Kritik. Dieses richtet sich gegen Mißstände der Gegenwart und tritt für eine gerechtere Zukunft ein. Sie leistet Widerstand gegen die falschen Götter und die selbst inthronisierten Götzen. Sie »stürzt die Mächtigen vom Thron und erhöht die Niedrigen« (Lk 1,52). Die Generalversammlung der lateinamerikanischen Bischöfe vor dreißig Jahren in Medellin (1968) hat in Fortführung von Gaudium et spes, Nr. 1, eine Option für die Armen und in Puebla (1979) eine Option für die Jugend getroffen.[9] Im Religionsunterricht bedeutet diese Option ein Eintreten und Solidarisieren mit den benachteiligten Schülerinnen und Schülern, mit jenen, die keinen Platz an der Sonne haben und denen nurmehr bescheidene Berufsaussichten übrig bleiben. Im besonderen sind es die Fremden und die Anderen. Sensible Religionslehrerinnen und -lehrer empfinden mit ihnen.

Dritte These: Die Kernaufgabe des Religionsunterrichts besteht darin, korrelieren zu lernen und zu lehren, das heißt Verbindungen zwischen eigener Lebenswelt und Elementen des Glaubens herzustellen.

In jüngster Zeit hat die Religionspädagogik die Erkenntnis gewonnen, daß die Rede von der in die Krise geratenen Glaubensweitergabe nicht angemessen ist und daß eher von einem *Wandel* der Religiosität bzw. von einem Rückgang der herkömmlichen Religiosität zu sprechen wäre.[10] Der Grund für dieses unangemessene Wort »Glaubensweitergabe« liegt darin, daß der Glaube sich nicht wie ein Paket weitergeben läßt. Er ist weder lehrbar noch einfach lernbar wie eine naturwissenschaftliche Formel oder wie eine Fremdsprache. (Deshalb gibt es auch gewisse Unterschiede zwischen dem Schulfach Religion und den anderen Fächern.) Man kann den schulischen Religionsunterricht zweifach überfordern, wenn er die beiden Aufgaben erfüllen müßte: a) den Glauben vermitteln und b) die Gottesdienste in den Kirchen mit jungen Menschen anfüllen. Was der RU aber vermag, sind Bedingungen schaffen, daß junge Menschen vom Glauben angesprochen werden. Er kann ihnen Motive zuspielen, die sich Jugendliche zu eigen machen oder nicht. Gott allein schenkt und weckt den Glauben. Religionslehrer und -lehrerinnen sind Werkzeuge für sein Wirken. Im Epheserbrief treffen wir auf den Glauben als Geschenk Gottes (Eph 2,8), dessen sich der Mensch nicht bemächtigen kann. Nur wirkt Gott auch durch Menschen. Und sein Wirken wartet auf die Antwort des Menschen in der Glaubensentscheidung. Der RU kann also junge Menschen einladen und dazu öffnen, selbst eine Antwort durch ihr Leben zu geben.

Die Struktur des Vorgangs von Gottes Ruf und Antwort des Menschen deutet auf die Struktur der Zentralaufgabe des Religionsunterrichtes hin, nämlich die *Herstellung von Korrelationen*. Junge Menschen sollen befähigt werden, ihre eigenen Lebenserfahrungen mit seinen Erfahrungen mit Elementen des Glaubens in Verbindung zu bringen. Sie sollen eigene Erfahrungen mit biblischen Geschichten verknüpfen und ihre Erfahrungen mit Gott zusammenbringen.

Korrelation als theologisches Prinzip geht auf die Werke von *Paul Tillich* und *Eduard Schillebeeckx* zurück. Sie besagt – vereinfacht gesagt – menschliches Dasein als Frage zu begreifen, worauf das Christusereignis eine Antwort gibt. Als didaktisches Prinzip meint Korrelieren eine Verknüpfung zwischen gegenwärtigen Erfahrungen, die letztlich unabgeschlossen sind und Fragecharakter aufweisen, und der biblischen Glaubensüberlieferung als Antwort. So wird es zur Kernaufgabe des RU, gesellschaftlich geprägte und biographische Erfahrungen mit dem christlichen Glauben zu verbinden. Aktuelle Situationen sollen mit den Worten der Würzburger Synode durch biblische Botschaften erhellt, und das Leben soll vom Glauben befragt werden (2.4.2).

Da diese Aufgabe bei zahlreichen Schülerinnen und Schülern große Voraussetzungen zugrundelegt, die kaum erfüllbar sind, plädierte *Rudolf Englert* anfänglich für einen »ehrenhaften Abgang der Korrelationsmethode«[11]; später relativierte er diese Position im Bewußtsein, daß der Mensch nur kleine Schritte des Korrelierens tun kann. Es geht um eine elementare Theologie und um Fragmente, die aber bereits das Ganze enthalten. Erst bruchstückhaft gelingt es uns, das Leben mit Gott zusammenzubringen. Der RU kann dazu Hilfen geben.

Korrelationen lassen sich auch zwischen uns und gewissen überzeugenden Gestalten des Glaubens herstellen. Zu beachten ist dabei, daß diese »Heiligen« nicht unbedingt zur Ehre der Altäre erhoben sein müssen, sondern in unserem Umkreis leben und unseren Lebensraum teilen. So wird das Wagnis des Glaubens anschaulicher und einsichtiger.

Vierte These: Will der im Grundgesetz verankerte, von den Großkirchen verantwortete schulische Religionsunterricht seine Glaubwürdigkeit bewahren, muß er sich konsequent um ökumenische Kooperation bemühen und in den »Grauzonen« zu einsichtigen Lösungen voranschreiten.

Seit einigen Jahren ist die *Konfessionalität* des Religionsunterrichts umstritten. Dafür gibt es mehrere Ursachen. Nachdem die Zeit der gegenseitigen Abgrenzung beendet ist und die ökumenische Bewegung begonnen hat, wird getrennter Unterricht immer weniger evident. Dazu kommt der gesellschaftliche Trend der Entkonfessionalisierung des öffentlichen Lebens. Dem gegenüber ist beispielsweise in Amerika ein gegenläufiger Trend erkennbar, wo neu religiöse Identität gesucht und das Profil der katholischen Kultur hervorgekehrt wird.

Die beiden Großkirchen haben in zwei Schriften zum Problem der Konfessionalität Stellung bezogen: In »Identität und Verständigung« (1994)[12] und in »Die bildende Kraft des Religionsunterrichts« (1996)[13] traten beide Konfessionen für einen Religionsunterricht ein, der in ökumenischem Geist, aber vorläufig noch getrennt gehalten werden soll. Bei der Interpretation der konfessionell verstanden Trias unterscheiden sie sich aber insofern, als der Faktor Schüler konfessionell oder offen verstanden wird. Während die Bischöfe Deutschlands grundsätzlich für eine konfessionelle Schülerschaft eintreten, hält die evangelische Kirche konfessionell verantworteten RU auch mit nicht konfessionell gemischten Klassen für möglich. Im Nachgang zu den negativen Reaktionen auf diese Positionierung setzten sich die beiden Kirchen 1998 nochmals zusammen und befürworteten weitreichende Kooperationsvarianten: Gemeinsame Elternabende zum RU, Fachkonferenzen und Weiterbildungsveranstaltungen, Projektunterricht, Schülerseelsorge und Schulpastoral, bei Andachten, Gottesdiensten und schulischen Feiern sowie bei sozialen Aktionen. Ausdrücklich wird auf die Diasporagebiete hingewiesen, die je nach regionalen Gegebenheiten andere, weiter reichende Zusammenarbeit pflegen müssen. Dies gilt ebenfalls für Sonder- und Berufsschulen.

Waren bereits früher konfessionslose Schülerinnen und Schüler und solche aus anderen Religionen im katholischen RU zugelassen, so ist jetzt in Ausnahmefällen auch erlaubt, im RU der anderen Konfession teilzunehmen. Gegen einen vollständig ökumenischen Unterricht spricht indessen in den Augen der Bischöfe die über Jahrhunderte negative Geschichte, weiter die unterschiedlichen Empfindungsqualitäten in der religiösen Praxis und die Notwendigkeit, zuerst eine eigene Identität aufzubauen, bevor Gespräch und Auseinandersetzung mit den andern geschehen. Man wird den Ausführungen der Würzburger Synode beipflichten, wenn sie diese Diskussion nicht zum springenden Punkt für den zukünftigen RU macht. Ein Skandal bleibt indessen die getrennte Christenheit. Sie steht in direktem Widerspruch zum Testament Jesu Christi. Ich meine, der RU muß sich parallel zu den übrigen ökumenischen Entwicklungen verhalten, an der anzustrebenden Zielrichtung festhalten, aber auch keinen gewünschten Idealzustand vorgaukeln.

Fünfte These: Der christliche Religionsunterricht muß sich zukünftig in einem interkonfessionellen und interreligiösen Kontext sehen lernen und so die eigene Identität im Spiegel anderer religiösen Gemeinschaften neu entdecken.

Der Religionsunterricht der Zukunft wird nicht in dem Sinne interreligiös sein, wie er teilweise in Hamburg praktiziert wird, wo nämlich klassenweise auch RU gehalten wird, wobei nur eine Minderheit Christen sind, die Mehrheit anderen Religionen oder keiner angehören. Vielmehr dürfte der RU der Zukunft von phasenweisem und projekthaftem interkonfessionellem und interreligiösem Lernen betroffen sein. Interreligiöses Lernen setzt den Aufbau eines eigenen Standpunktes voraus und kann dann zu Bereicherung führen und dazu, daß die eigenen Wurzeln und Quellen des Glaubens neu entdeckt werden. Also kein partout und ständig interkonfessioneller und interreligiöser RU, wohl aber interkonfessionelles und interreligiöses Lernen, das heißt eine Gemeinschaft kann von einer anderen etwas lernen, oder sie können gemeinsam lernen. Und Lernen betrifft eine Veränderung der Einstellung und des Wissens aufgrund von Erfahrungen bzw. Begegnungen, aus denen Konsequenzen gezogen werden.

Dieser RU muß geprägt sein vom hohen Respekt gegenüber Angehörigen anderer Konfessionen und Religionen, vom Interesse an anderen Kulturen sowohl in ihrer gegenwärtigen Ausgestaltung als auch in ihrer Geschichte. Interreligiöses Lernen zeigt zuerst Gemeinsamkeiten zwischen den betreffenden Religionen auf, um dann auch die Differenzen zu verstehen und zu klären. Zu entsprechenden Lernzielen gehört es, die eigene kulturelle Bedingtheit der Konfession bzw. der Religion zu verstehen. Die Entdeckung soll gemacht werden, daß die anderen nicht bloß Fremde sind, sondern gläubige Frauen, Männer und Kinder. Verschließen können wir uns diesen neuen Perspektiven deshalb nicht, weil wir zunehmend und irreversibel in einer multikulturellen und religiös-pluralen Welt leben. Die Aufgabe wird bedrängend, mit anderen und Fremden gerecht und in Frieden zusammenzuleben. Der RU hat dabei eine Vorreiterfunktion.

Diese Aufgabe stellt an uns hohe Anforderungen besonders in bezug auf die Musliminnen und Muslime. Keine andere Religion begegnet uns jüngst so sehr ambivalent, denn einerseits sind fundamentalistische Gewaltszenarien unübersehbar, die Vereinbarkeit mit dem Grundgesetz noch nicht in jeder Hinsicht evident und das Prinzip der Reziprozität für Christen in muslimischen Ländern noch nicht erfüllt. Andererseits ist die Aussage des Zweiten Vatikanischen Konzils von größter Sympathie getragen. »Mit Hochachtung betrachtet die Kirche auch die Muslime« (Nostra aetate Nr. 4), welche ein weitgehend gleiches Gottesbild haben, die Jesus als Propheten, freilich nicht als Sohn Gottes, verstehen, darüber hinaus Maria verehren und selbst an ein ewiges Gericht und an die Auferstehung glauben, in der Praxis jene Werke der Buße tun, die auch für Christinnen und Christen bindend sind, nämlich Gebet, Almosen und Fasten.

Dieses Bild gläubiger, nicht extremistischer Muslime hat wohl auch die Deutschen Bischöfe ermutigt, für die Einführung islamischen RUs an unseren Schulen einzutreten, was eine öffentlich rechtliche Körperschaft, wie sie bereits die der jüdischen Glaubensgemeinschaft zugesprochen wurde, voraussetzt. Die zweite und dritte Generation Muslime hierzulande sollte nicht im religiösen Niemandsland aufwachsen und auch keinen radikalen Tendenzen gewisser Imame zum Opfer fallen.

Mit diesen neuen Perspektiven, die mit unserer Erfahrung einhergehen: Mit dem RU als Lebens- und Erfahrungsraum, mit dem Aufbau einer religiösen Kompetenz, mit einer korrelativen Didaktik, einem ökumenisch und interreligiös ausgerichteten Lernen können wir der jungen Erwachsenengeneration einen echten Dienst erweisen und zu einem befreiten Leben voller Zukunftshoffnung beitragen.

Anmerkungen

1 A. Bucher, Religionsunterricht: Besser als sein Ruf? Empirische Einblicke in ein umstrittenes Fach, Innsbruck/Wien 1996.

2 A. Bucher, Religionsunterricht: Empirische Einblicke in ein umstrittenes Fach, in: KatBl 122 (1997) 4–8.

3 Hrsg. von E. Feifel/R. Leuenberger/G. Stachel und K. Wegenast, Zürich/Köln 1973–1975.

4 H. Zehetmair, Der Religionsunterricht im Bildungsauftrag der Schule, Ansprache vom 6. Juli 1998 in der Katholischen Akademie in München (Ms), 16.

5 Vgl. Welche Schule brauchen wir? in: Zeitpunkte 1996/2, 83.

6 J. Kardinal Ratzinger, Die Krise der Katechese und ihre Überwindung. Rede in Frankreich, Einsiedeln 1983, 15.

7 Vgl. W. Offele, Geschichte und Grundanliegen der sogenannten Münchener katechetischen Methode, München 1961.

8 H. Kuhse/P. Singer, Muß dieses Kind am Leben bleiben? Erlangen 1993

9 Die Kirche Lateinamerikas. Dokumente der II. und III. Generalversammlung des lateinamerikanischen Episkopates in Medellin und Puebla (Stimmen der Weltkirche 8), hrsg. vom Sekretariat der Deutschen Bischofskonferenz, Bonn 1979.

10 Vgl. F. Schweizer, Die Suche nach eigenem Glauben. Einführung in die Religionspädagogik des Jugendalters, Gütersloh ²1998.

11 In: G. Hilger/G. Reilly (Hrsg.), Religionsunterricht im Abseits, München 1993.

12 Identität und Verständigung. Standort und Perspektiven des Religionsunterrichts in der Pluralität. Eine Denkschrift der Evangelischen Kirche in Deutschland, Gütersloh 1994. Vgl. neuerdings: R. Frieling/Chr. Th. Scheilke (Hrsg.), Religionsunterricht und Konfessionen (Bensheimer Hefte 88), Göttingen 1999 (Lit.).

13 Die bildende Kraft des Religionsunterrichts. Zur Konfessionalität des Katholischen Religionsunterrichts, hrsg. vom Sekretariat der Deutschen Bischofskonferenz, Bonn 1996.

Bildungstheorie, Bildungsreform und Religionsunterricht

Eine Momentaufnahme in kritischer Absicht

NORBERT WEIDINGER

1. VORBEMERKUNGEN

Ende der 60er Jahre begann eine bundesdeutsche Bildungsreform. Ihre Hauptakzente lagen auf der Behebung der »deutschen Bildungskatastrophe« (*G. Picht/R. Dahrendorf*), der Schaffung von Chancengleichheit und der curricularen Neuordnung der Bildungsgänge. Sie zog u.a. die Gründung des Religionspädagogischen Zentrums in Bayern nach sich. *Ehrenfried Schulz* engagiert sich dankenswerterweise seit 1997 im Verwaltungsrat dieser Einrichtung der Freisinger Bischofskonferenz. Heute, etwa 30 Jahre danach, lautet die Kritik: »Die Behebung der quantitativen Bildungskatastrophe der 60er Jahre bewirkte die qualitative Bildungskatastrophe der Gegenwart.«[1] Erneut geraten Bildungstheorie und Bildungspolitik in die öffentliche Diskussion – weniger durch Jubiläumsveranstaltungen als durch aktuelle Probleme.

Bereits 1993 sprach *Erich Feifel* anläßlich der Vorstellung der Erklärung »Bildung in Freiheit und Verantwortung« (Kommission für Erziehung und Schule der Deutschen Bischofskonferenz, Bonn 1993) weitsichtig von einer »Renaissance des Bildungsbegriffs« als »Ausdruck von Krisenbewußtsein und Verlustempfindung« und zugleich »der Hoffnung auf Überlebenschancen in der multikulturellen, pluralistischen und industriellen Gesellschaft«.[2] *Alexander Foitzik* erklärt 1999 im Anschluss an *Roman Herzog*[3] Bildung zum »Megathema« in der »immer komplexeren Wissensgesellschaft« im »Zeitalter der Globalisierung«.[4] Um das »Megathema« einzugrenzen, beschränke ich mich temporal auf die Diskussion im letzten Jahr. Im ersten Abschnitt verdichte ich meine Lernerfahrungen bei diversen Bildungskongressen zu vier Modellen. Dann suche ich den Weg von der Analyse zur konstruktiven Bewältigung mit Hilfe der Vorschläge von *Wolfgang Klafki* und *Karl Ernst Nipkow*, wobei ich zugleich die Aufmerksamkeit zunehmend auf die Positionierung des RU fokussiere. Ich schließe mit einem Plädoyer, in dem der Titel dieser Festschrift »Zuerst der Mensch« als theologisches Kriterium fungiert.

2. BILDUNGSTHEORETISCHE GRUNDLINIEN UND MODELLE – EIN SUBJEKTIVES FAZIT

Die Redner/-innen aller Kongresse und Symposien, an denen ich 1998 teilnehmen konnte, situierten ihre Bildungstheorie und ihre Reformvorschläge in einer aktuellen Gesellschaftsanalyse – fast immer charakterisiert mit den Signalwörtern Globalisierung, Pluralismus und Spät- oder Postmoderne. Aber dann gingen die Meinungen stark auseinander. Vielerlei Stimmen plädieren – aufgeschreckt durch umstrittene Forschungsergebnisse in der Gentechnologie, durch Meldungen über den Mißbrauch neuer Kommunikationssysteme (Internet) für Rassismus und Sexismus, über den rasanten Wissenszuwachs und gleichzeitig -verfall, und nicht zuletzt durch die Zweifel an der Leistungsfähigkeit des deutschen Schulsystems im internationalen Vergleich seit der TIMSS-Studie (Third International Mathematics and Science Study) – für Unterschiedliches: für Umstrukturierung des gesamten Bildungswesens, für andere Bildungs- und Schulkonzepte, für Innovation einerseits und Bewahrung des Bewährten andererseits. Die folgende Skizze, die notgedrungen unvollständig bleibt, versucht mit vier Modellen (Skizzierung des jeweiligen Bildungsverständnisses, der Intentionen und inhaltlichen Schwerpunkte einer wünschenswerten Reform, Verhältnis zum wertebildenden Lernbereich, grundsätzliche Kritik) einen Überblick zu geben.

2.1 Bildung als Ausbildung[5]

Koalierende Kräfte aus Wirtschaft und Politik machen sich stark für die Entwicklung des Wirtschafts- und Wissenschaftsstandortes Deutschland. Bildung verstehen sie vorrangig als Ausbildung. Diese Allianz argumentiert, die Zeitumstände verlangten ohnehin eine ständige Fort- und Weiterbildung (im Betrieb), oft auch mehrfachen Berufswechsel und somit ein Höchstmaß an geistiger und lebenspraktischer Flexibilität. Sie fordern eine verstärkte Zusammenarbeit von Wirtschaft und Schule, die Beseitigung von Ausbildungshemmnissen (z.B. Ausbildungskosten, Druck auf Übernahme nach der Ausbildung), eine Verkürzung von Schul-, Studien- und Ausbildungszeiten, eine Angleichung an europäische Richtgrößen, die Einführung von Studiengebühren, eine (Hoch-)Begabtenförderung und Elitenbildung, eine Erhöhung der Teilautonomie) der Schulen. Besonders das Positionspapier der Vereinigung Bayerischer Wirtschaft (VBW) erweckt streckenweise den Eindruck[6], daß der Neoliberalismus durch Übertragung von Erfolgsprinzipien aus der Wirtschaft nun auch im Bildungswesen Einzug halten und Bildung zugleich durch Kooperation mit Industrie und Wirtschaft gewinnbringend vermarktet werden solle – wie gegenwärtig schon das Gesundheitswesen. Im Aufgabenkatalog für die Schulen werden Werteerziehung oder gar das Fach Religion nicht erwähnt. Relativ spärlich wird von Verantwortung oder Verantwortungsbereitschaft gesprochen, und wenn, dann meist in Akzentuierung der Eigenverantwortung, obwohl das Stichwort »Globalisierung« die Betonung von »globaler Verantwortung« zwangsläufig zur Folge haben müßte. Unter humanem und noch mehr unter christlichem Aspekt wird sehr darauf zu achten sein, inwieweit dieses Konzept trotz des verlockenden Angebotes der Wirtschaft *de facto* die Breitenbildung und die Förderung schwächer begabter oder behinderter Schülerinnen und Schüler aufs Spiel setzt. Wird die Forderung nach »Allgemeinbildung«, nach einer »Bildung für alle« damit zur Strecke gebracht? *Erich Feifel* warnt: »Wo wissenschaftlich-technologische Entwicklungen und eine ökonomisch orientierte Berufsplanung dominieren, besteht die Gefahr, daß Bildung relativiert wird.«[7]

2.2 Bildung zu internationaler Wettbewerbsfähigkeit

Einige Erziehungswissenschaftler, Pädagogen und Bildungspolitiker verstehen Bildung unter dem Druck wachsender Globalisierungseffekte (ohne jedoch die Fakten zu Normen zu erklären!) verstärkt als Einheit von Erziehung, Allgemeinbildung und Ausbildung mit dem Gesamtziel internationaler Wettbewerbsfähigkeit. Sie fordern frühzeitige Differenzierungs- und Wahlmöglichkeiten im Bildungssystem, die Vermittlung einer breitgefächerten Allgemeinbildung wie eines fundierten Grundwissens, den Erwerb von neuen Kulturtechniken und Schlüsselqualifikationen (wie Umgang mit neuen Medien, Eigenständigkeit und Teamfähigkeit u.a.), eine ganzheitliche Persönlichkeitsbildung (einschließlich Werteerziehung), Anpassungsfähigkeit anstatt reiner Angepaßtheit, Bereitschaft zu sozialer Verantwortung, eine solide Breitenqualifikation an der Schule neben einer forcierten Begabtenförderung an den Hochschulen wie im beruflichen Weiterbildungsbereich. Hinzu kommt die Weiterentwicklung/Umsetzung der inneren Schulreform (Verbesserung der Unterrichtsqualität).[8] Oft münden diese Überlegungen in die Forderung nach der »Lernenden Organisation«, nach deutlicher Profilierung der einzelnen Schularten und der Corporate Identity eines Kollegiums oder noch konkreter: in den Ruf nach einer gymnasialen Oberstufenreform. Manche betonen explizit die Notwendigkeit religiöser Bildung als Gegengewicht zum (v.a. im Osten entstandenen) Sinn- und Weltanschauungs-Vakuum bzw. zum unüberschaubar gewordenen Markt neuer religiöser und pseudoreligiöser Bewegungen im Westen. So lautet z.B. das Plädoyer von *Hubert Markl*: »Es versteht sich von selbst, daß auch die Schulbildung der Zukunft ihren Erziehungsauftrag nicht ohne den Unterricht in Kunst, Musik und Sport erfüllen kann, weil sie keine kognitiven Wissensriesen mit emotionalen Zwerggemütern ins Leben entlassen darf. Und genauso wichtig ist es, durch den Unterricht in Religion und/oder Philosophie die im Zusammenleben erworbenen Werteempfindungen der jungen Menschen in argumentativer Begründung auch begrifflich-begreifbar kognitiv fest zu verankern.«[9] Unverkennbar weicht dieses Modell den Herausforderungen der Gegenwart keineswegs aus. Es versucht aus Fehlern zu lernen, zwischen Realität und Utopie zu unterscheiden, das idealerweise Wünschenswerte in Einklang zu bringen mit dem real Einlösbaren. Aporien bleiben sichtbar. Es wagt den Spagat zwischen Breitenbildung und Begabtenförderung, sucht mit der Ausrichtung auf Schlüsselqualifikationen und Grundwissen, den kürzer werdenden »Halbwertszeiten« des Erlernten entgegenzusteuern. Aber wird dieser Spagat angesichts vorhandener finanzieller Ressourcen und der Interessenskollisionen mit den Vertretern des ersten (und dritten) Modells durchsetzbar sein?

2.3 Bildung als Restauration humanistischer Verantwortungsethik

Ein drittes Modell betont die Verbindung von Bildung und humanistischer Verantwortungsethik. Die Kritik seiner Vertreter/-innen entzündet sich an der Weiterentwicklung von reformpädagogischen Ansätzen (z.B. durch *H.v. Hentig*). Sie macht sich in restaurativen Grundtönungen bemerkbar oder in schwarzweiß-malender Polemik gegen den »pädagogischen Zeitgeist«. Der manifestiere sich in Stichworten wie »Schule als Lebensraum« oder »Haus des Lernens«, daneben in Formulierungen wie »Erziehung zu Mündigkeit« oder in den Begriffen »Eigenverantwortung« und »Subjektorientierung« (z.B. in der Denkschrift der Bildungskommission Nordrhein-Westfalens »Zukunft der Bildung – Schule der Zukunft«, Neuwied 1995). Gefordert wird stattdessen die Besinnung auf die Elementaria klassischer Bildung und Tugendlehre, weil sich ihre Substanz gegenüber dem schnellen Wechsel und Sittenverfall in unserer Epoche als resistent erwiesen hätten. In Anlehnung an *H. Jonas* formuliert z.B. *K. Westphalen* als zentrale Zielvorgaben: »die Verantwortung gegenüber sich selbst (also Selbstbildung), gegenüber dem Nächsten (christliche Nächstenliebe), Verantwortung gegenüber der Gemeinschaft (z.B. politisches Engagement), gegenüber der Natur (Ökologie), gegenüber der Kultur (z.B. Traditionspflege), gegenüber der Sprache (Elaboration des Denkens) und schließlich die Verantwortung vor

Gott, die der Christ empfindet.«[10] Trotz der unverkennbaren Affinität dieses Modells zu christlichem Gedankengut bleibt die Frage, ob es der Mentalität heutiger Schüler und Schülerinnen, ihrer psychischen Verfaßtheit, ihren Nöten, Ängsten und Hoffnungen gerecht wird. Traut es vielleicht dem Bewährten zuviel zu und bleibt gegenüber neuen Anstößen eher zu skeptisch? Verbirgt sich hinter der retrospektiven Blickrichtung eine innere Sehnsucht nach den »Fleischtöpfen Ägyptens«? Die unverhohlene Polemik weckt jedenfalls Zweifel am Interesse zu Kooperation und zur konstruktiven Bündelung aller notwendigen Kräfte für einen Neuanfang.

2.4 Bildung als Neuinterpretation des Lern- und Leistungsbegriffs

Dieses vierte Modell betont innerhalb von Bildungsprozessen den Zusammenhang von Bildung und Qualifizierung. *F.E. Weinert* sieht momentan die Gefahr, »daß steigende Bildungsanforderungen für viele Heranwachsende zu einer permanenten geistigen Überforderung führen. Sie können nicht lernen, was sie nach Meinung technokratischer Instanzen, aber auch gutmeinender pädagogischer Idealisten lernen sollten; und sie dürfen oft nicht lernen, was sie lernen könnten.«[11] Er kritisiert auf der Basis der TIMSS-Studie den Unterricht an deutschen Schulen u.a. als »zu pseudohaft leistungsbezogen und zu wenig lernorientiert«, zu inhalts- und zuwenig verständnisintensiv, zu themenbezogen und zuwenig begabungsdifferenzierend, zu stark trennend zwischen Lern- und Verwendungssituation, zu informativ und zuwenig qualifizierend, insgesamt dem »Matthäusprinzip« verhaftet (»Wer hat, dem wird gegeben ...«) anstatt genauer die speziellen Begabungen und das spezifische Leistungsvermögen (auch der schwächeren Schüler!) wahrzunehmen und zu entwickeln. In der schulischen Bildung geht es nach seiner Auffassung gezielt um den gleichzeitigen Erwerb von inhaltlichem Wissen wie lebenspraktischem Anwendungswissen, von Schlüsselqualifikationen, metakognitiven Kompetenzen und Strategien des Lernens sowie schließlich um den Erwerb von kognitiv-motivationalen Handlungs- und Wertorientierungen mit Hilfe eines Instrumentariums erkenntnis- und erlebnisintensiver Methoden. Dieses Modell führt nicht aus, wie der Wertbegriff inhaltlich zu füllen ist und welche Rolle Religion dabei (z.B. im Bereich der Motivation) spielt. Dennoch besticht es einerseits durch seine konstruktive Kritik der gegenwärtigen (Schul-)Praxis und seine Zielstrebigkeit. Andererseits ist zu fragen, ob es nicht zu eng der kognitiven Lernpsychologie und der Technik des Unterrichtens verhaftet bleibt.

Die destillierten Modelle sind nicht trennungsscharf voneinander abzugrenzen, stellen aber die jeweiligen Hauptakzente und -kritikpunkte heraus. In der

Zusammenschau wird mir klar, daß meine persönlichen Präferenzen einer möglichen Kombination der Modelle zwei und vier gelten. Sie scheinen mir am ehesten geeignet, die schwierige, spannungsreiche, in nahezu allen Bildungsprozessen anzustrebende Balance zu erreichen: zwischen Vergangenheits- und Zukunftsorientierung, zwischen prinzipieller Wissenschafts- und aktueller Teilnehmer-/Schülerorientierung, zwischen Idealtypik und Kairologie. Die Auseinandersetzung mit den Expertisen von *W. Klafki* und *K.E. Nipkow* kann die Wahrnehmung für wichtige Innovationen schärfen und auch für Antworten auf die Frage nach der Legitimation und den Aufgabenstellungen des RU im Verbund der wertebildenen Fächer.

3. IM ZUSAMMENHANG VON BILDUNGS- UND SCHULREFORM: POSITIONSBESTIMMUNG DES RU

Wo grundlegend über Bildung vom Elementarbereich bis zum Seniorenstudium diskutiert wird, sind Religion, Kirchen und RU unmittelbar tangiert. Die EKD-Denkschrift »Identität und Verständigung« (Gütersloh 1994) bezog Position ebenso wie die Erklärung der Deutschen Bischöfe »Die bildende Kraft des Religionsunterrichts. Zur Konfessionalität des katholischen Religionsunterrichts« (Bonn 1996) – beide entstanden leider im Alleingang – wie auch das Symposion »Religionsunterricht in offener Gesellschaft« (Hrsg. v. *K. Lehmann*, Stuttgart 1998) im Bonner Wasserwerk am 07.10.1997. Das Katholische Schulkommissariat in Bayern lud ein zur Veranstaltung »Religionsunterricht: Baustein für Bildung« in der Katholischen Akademie Bayern am 06.07.1998 – in ökumenischer Besetzung.

Noch können sich die Kirchen der Unterstützung namhafter Politiker sicher sein. So bezog Bundespräsident *Roman Herzog* in einer vielbeachteten Rede Stellung für den RU in öffentlichen Schulen.[12] Und dennoch erscheint die Position des RU nicht unangefochten. RU muß sein gewandeltes Selbstverständnis, seinen Beitrag zur Allgemeinbildung, zum Bildungs- und Erziehungsauftrag der jeweiligen Schulart wie zur ganzheitlichen Persönlichkeitsentwicklung offensiv vertreten. Herauszufinden ist, welchen Platz er in der Bildungslandschaft nach der Wiedervereinigung behaupten kann. Als Vordenker sind im vergangenen Jahr *W. Klafki* und *K.E. Nipkow* aufgefallen.

3.1 Wolfgang Klafkis Expertise zur »Schule der Zukunft«[13]

Für das Land Sachsen-Anhalt erstellte *W. Klafki* eine Expertise zu vier vorgegebenen Leitfragen. Die erste davon verlangte eine Stellungnahme zu den aktuellen Aufgaben allgemeiner Bildung und zur Rolle der Fächer Ethik und Religion.

Von Anfang an stellt Klafki klar, Bildungsprobleme müßten heute angesichts des *Globalisierungs*prozesses im Welthorizont zwischen der Wahrnehmung des Eigenen und des Fremden diskutiert werden. Schon sehr früh sollten vorschulische Familienerziehung und Kindergarten beginnen, internationales/interkulturelles Problembewußtsein zu wecken, indem sie Kinder für lokale Probleme im jeweiligen Erfahrungsraum sensiblisierten, an denen die globalen Zusammenhänge und Auswirkungen sichtbar werden (z.B. Umweltskandale). Dies sei keineswegs eine Überforderung.

Geschichtlich aufbauend auf den Errungenschaften der Aufklärung habe *Bildungstheorie und -praxis* – so Klafki – jedoch nicht nur auf gesellschaftliche Prozesse zu reagieren, sondern zur Wahrnehmung personaler Grundrechte und zur Mitgestaltung einer konsequent freiheitlichen und sozialen Demokratie zu befähigen. »In diesem Sinne kann Bildung heute als in Erfahrungs- und Lernprozessen erarbeiteter und personal verantworteter Zusammenhang dreier Grundfähigkeiten verstanden werden: als Fähigkeit zu größtmöglicher Selbstbestimmung ..., als Mitbestimmungsfähigkeit ... und Mitverantwortlichkeit ..., als Solidaritätsfähigkeit« (149). Als allgemein ist dieses Bildungsverständnis zu bezeichnen, weil es 1. auf »Bildung für alle« (»das ist ihr radikal-demokratischer Anspruch«), 2. auf einem »verbindlichen Kern des Gemeinsamen« im Welthorizont insistiert und 3. »Bildung in allen Grunddimensionen menschlicher Fähigkeiten« gewährleisten will.

Den *verbindlichen Kern gemeinsamer Orientierungen, Inhalte und Fähigkeiten* präzisiert Klafki a) *material* mit seinen »epochaltyptischen Schlüsselproblemen«, erweitert um »Begegnung der Kulturen, Ethnien, Religionen und interkulturelle/interreligiöse Erziehung«, und b) *formal* mit den »Schlüsselqualifikationen« Kritikbereitschaft und -fähigkeit, Argumentationsbereitschaft und -fähigkeit, Empathie, Kooperationsbereitschaft und -fähigkeit, vernetzendes Denken bzw. Zusammenhangsdenken, Lernkompetenz (lebenslanges Lernen, 152f.).[14] Der Anspruch auf mehrdimensionale Entwicklung der jeweiligen Fähigkeiten »sowie der Möglichkeiten des jungen Menschen, das eigene Leben in individueller Entscheidung an ethischen und/oder religiösen Sinndeutungen zu orientieren«, sei als ein »Grundrecht zu betrachten, dem die Schule durch entsprechende Angebote gerecht werden muß« (154).

Daraus ergibt sich für den *Stellenwert von Ethik und Religion im Rahmen allgemeiner Bildung*: ethische und religiöse Fragestellungen haben in Bildungsprozessen ihre Relevanz, sobald es um individuelle und/oder gemeinschaftliche Wertentscheidungen, Verantwortlichkeiten, Identitätsfindung und Beziehungsprobleme geht. »Besonders deutlich wird die Unausweichlichkeit, ethische und ggf. religiöse Fragen aufzuwerfen und zu durchdenken, an den

›Schlüsselproblemen‹. ... Ethische bzw. Weltanschauungsfragen und ggf. religiöse Fragen stellen sich aber ... auch im Hinblick auf die individuelle Sinnfindung junger Menschen in ihrem oft spannungsreichen Entwicklungsprozeß innerhalb ihrer vielfältigen, von z.T. gegensätzlichen ›Sinn‹-Angeboten geprägten Erfahrungswelt. ... Kurzum: Fragen ethischer und religiöser bzw. weltanschaulicher Art müssen in Schulen, die den Anspruch erheben, Allgemeinbildung ermöglichen zu wollen, zum Thema werden. Die bisweilen geforderte Begrenzung des Unterrichts auf vermeintlich ›wertneutrale‹ bzw. wertungsneutrale Wissens- bzw. Erkenntnis- bzw. Fähigkeitsbildung ist weder möglich, noch wäre sie ... wünschenswert; sie ließe die Heranwachsenden nämlich ohne Hilfe bei der Entwicklung reflektierter eigener Urteilsbildung und Handlungsorientierung angesichts der Entscheidungssituationen«, in denen sie stehen (155). Ohne den rechtlichen Status des RU anzutasten, bestreitet Klafki jedoch mit der NRW-Denkschrift das Monopol des RU oder des Ersatzfaches Ethik auf Werterziehung. In der pluralen Gesellschaft sei dies eine fächerübergreifende Aufgabe (156). Wie die NRW-Denkschrift fragt er, »ob und wie dieser Lernbereich neu zu ordnen ist ..., ob Religionsunterricht auch in Zukunft konfessionsgebundenes Fach oder in neuen interreligiösen Kooperationsformen oder zusätzlich zu einem obligatorischen Unterricht im Lernbereich ›Ethik, Religionen, Weltanschauungen‹ angeboten werden soll«. Dabei ist er sich dessen bewußt, daß es sich um »ein schwieriges theoretisch und praktisch ungelöstes Problem (handelt), an dem sich tiefgreifende Kontroversen entzünden«, wie am Fach LER in Brandenburg (160). Für Sachsen-Anhalt empfiehlt Klafki deshalb die Einsetzung einer Kommission zur Prüfung, Verbesserung und Weiterentwicklung des Grundansatzes von LER, zur Präzisierung des Verhältnisses der wertebildenden Fächer und zur rechtzeitigen Öffentlichkeitsarbeit (157).

Die bisher in der Religionspädagogik kontrovers geführten Diskussionen aufgreifend, hält W. Klafki *sechs Organisationsformen* für diesen Lernbereich für diskutabel: 1. Verzicht auf RU und Integration von Fragen der Lebens- und Wertorientierung in die übrigen Fächer, 2. ein »RU für alle« nach dem Vorschlag von *G. Otto* in den 70er Jahren, 3. Einrichtung eines Wahlpflichtbereiches entsprechend der EKD-Denkschrift, ergänzt durch Formen zeitweiser Kooperation, 4. Einführung eines integrativen, allgemeinbildenden Pflichtfaches »Lebensgestaltung – Ethik – Religionskunde«, alternativ dazu die Wahl konfessionellen RUs innerhalb der Schule, 5. Beibehaltung des konfessionellen, »curricular zu reformierenden« RU und daneben Einführung eines Faches »Zukunft« (oder unter anderer Bezeichnung), »das für Kinder und Jugendliche unterschiedlicher Religionszugehörigkeit oder ohne religiöse Bindungen verpflichtend sein und insbesondere der interkulturellen und interreligiösen Erziehung/Bildung dienen sollte (*Helgard Jamal*, 1996)«, 6. (als eigener, ausdrücklich nicht favorisierter Vorschlag): Aufteilung der bisherigen zwei Religionsstunden in eine Stunde konfessionellem RU und eine Stunde »Zukunft«, kombiniert mit einem Epochalisierungsmodell, um die Nachteile eines einstündigen Faches zu mindern. Die Antwort auf diese erste Leitfrage abschließend rät Klafki der vorgeschlagenen Kommission, diese Möglichkeiten zu diskutieren und dabei die Aspekte »Autonomie» und »Regionalisierung« zu berücksichtigen.

Zusammenfassend zeigt sich im Vergleich mit den vier Modellen (s.o.), daß Klafki die Eigenständigkeit des Bildungsbereiches gegenüber Gesellschaft, Politik und Wirtschaft verteidigt, deutliche Sympathien für die Anstöße der Reformpädagogik äußert, sich somit gegen restaurative Strömungen innerhalb der Pädagogik abgrenzt, das Erzieherische stark hervorhebt und ausbaut (z.B. Schulsozialarbeit, Ganztagsschule) und sich damit dem Modell zwei bzw. mit seinem reformulierten Lern- und Leistungsbegriff stark dem Modell vier nähert (s. 2.2/2.4). Damit stellt er sich in Widerspruch zur Streitschrift des Präsidenten des Deutschen Lehrerverbandes *Josef Kraus*.[15] Er fordert die Schule auf, einfach nur zu leisten, was Schule am besten kann, nämlich Unterricht zu halten. Kraus warnt vor einer Überschätzung der Erziehungsmöglichkeiten, vor dem Wahn des »pädagogischen Imperialismus«, vor Infantilisierung des Unterrichts.[16] Klafkis Unterstützung gilt dem Versuch, Schule neu zu denken (*H. v. Hentig*) und die »Schule der Zukunft von der Belehrungsanstalt zur Lernwerkstatt« (so der Titel des Buches von *Peter Struck*, Darmstadt 1996), zum »Lebens- und Lernort« umzurüsten, also auch die leibliche Versorgung der Schüler/-innen teilweise mit zu übernehmen, ihre Sinnesschwäche, ihre emotionalen und Körperkontakt-Defizite, ihren Mangel an positiver häuslicher Wohnstubenatmosphäre, ihre Vater- und Geschwisterlosigkeit bis hin zu Rückständen in der Sprachentwicklung zu kompensieren – ganz im Sinne dieser Publikation: »Zuerst der Mensch«.

Bedenklich stimmt, daß W. Klafki einerseits den wertebildenden Bereich gegen Reduktions-Bestrebungen der Wirtschaft verteidigt, andererseits die Relevanz von Religion und RU – auch wenn beides anerkanntermaßen von ihm erstmals so explizit in die Bildungs- und Schulreform miteinbezogen wird – fast durchgängig mit der Klausel »ggf.« in den Bereich des Fakultativen, situativ Gebotenen zurückdrängt. Mit seinen sechs schulorganisatorischen Spielarten beschneidet er den Wirkungskreis des RU. Offensichtlich gehören seine Sympathien einem von »Kinderkrankheiten« befreiten LER mit neuem Namen (z.B. »Zukunft«). Bleibt für ihn Religion doch Privatsache?

3.2 Karl Ernst Nipkows Perspektiven einer »Bildung in pluraler Welt«

»Die Ursache der kirchlichen Krise in Europa ist nicht der Kapitalismus, auch nicht (wie oft behauptet) in erster Linie die Säkularisierung, sondern vielmehr der Pluralismus – das heißt, der Verlust auch jedes restlichen Monopols auf dem Gebiet der Werte und der geistigen Orientierung«, schreibt *P. L. Berger* in der Süddeutschen Zeitung vom 6.3.1999. Pluralismus wählt *K. E. Nipkow* als Schlüsselbegriff für sein Werk »Bildung in der pluralen Welt« (Gütersloh 1998). Als theoretisch-begriffliches Konstrukt unterscheidet er ihn von der Pluralität der real gegebenen Phänomene. Es wäre vermessen, beide Bände auf wenigen Seiten komprimieren zu wollen. Ich muß mich auf die Skizzierung der Grundargumentation und – in Gegenüberstellung zu Klafki – die Positionierung des RU (Bd. 2) beschränken.

Im Vorwort konstatiert Nipkow: »Die *Pluralismusthematik* bündelt sich im Religionsunterricht in ihrer institutionellen Brisanz, geht aber in ihr nicht auf.« Die Pluralismusfähigkeit des Staates, der Pädagogik wie der Kirchen stehe auf dem Prüfstand (21) – siehe Kruzifixurteil und Einführung von LER (37ff.). Beide Ereignisse zeigten, daß den Bildungspolitikern »eine die Sachverhalte möglichst kurz abhandelnde Religionskunde« genügen würde. Aber dürfen – fragt Nipkow – Schulpädagogen damit »zufrieden sein, sofern sie noch einen Sinn für einen Begriff von ›Bildung‹ haben, der über die Lehrplandimension der bloßen ›Kunde‹ deutlich hinausgeht?« (44).

Wichtige *Fundamente der Argumentation* Nipkows bilden das Elternrecht auf Erziehung, die Pflicht der Schule zu Erziehung und Bildung, die Pflicht des Staates zur negativen und positiven Religionsfreiheit (als plurales, kooperatives Modell!), die Beachtung der Multikulturalität als epochaltypischer Aufgabe der Gesellschaft (vgl. 157–181), die Ausdifferenzierung verschiedener Lernumwelten (von religionsfeindlich, religionsfreundlich-indifferent-plural, relativ homogen religiös <also konfessionell geprägt> bis interreligiös und interkonfessionell geöffnet, 131–156). Er konstatiert die »Wiederentdeckung von Religion in der Pädagogik«, fordert auf zu gegenseitiger Kooperation (97ff.) und plädiert schließlich für mehrseitige Dialog- und Kooperationsbereitschaft zwischen den Konfessionen und Religionen.

Nipkows *bildungstheoretische Grundposition* hebt ab auf die Förderung persönlicher Selbständigkeit/Mündigkeit und Identitätsbildung durch Kultivierung der Grenzen zwischen Selbst und Anderem. Unter Berufung auf *Th. Schulze* hebt er hervor: »Allgemeinbildung erfordert ›Grenzüberschreitungen‹« (112) – anstelle der bloßen Anhäufung eines Vorrats an Begriffen, Formeln, Sprachen und Wissen (202f.). Bildung ist neu zu beschreiben als Bewegung der Grenzüberscheitung in ein Allgemeineres, auch in den Dialog mit dem Fremden entsprechend seiner »Kommunikationsregeln für interreligiöse und interkonfessionelle Verständigung in wechselnder Achtung vor Differenz« (112–123).[17]

Wenn ich nun, an den Vorschlägen Klafkis zur *Positionierung von Ethik/RU* entlanggehend, die Ausführungen Nipkows zusammenfasse, dann ergibt sich:

1. Der *Verzicht auf den RU* und die Integration der Lebens- und Wertorientierungsfragen in die übrigen Fächer wird nach Nipkow der bildungstheoretischen Aufgabe zur umfassenden Persönlichkeitsbildung, Grundbildung oder Allgemeinbildung, sowie der gestiegenen Relevanz der interkulturellen Erziehung weder pädagogisch noch religionspädagogisch gerecht (125). Gleichwohl pflichtet er Klafki bei, daß es sich um eine fächerübergreifende Aufgabe handle. Aber die Eliminierung des Faches wäre ein »kollektiver Kulturverlust« (184). Philosophie/Ethik und Religion seien zum »Kernbereich menschlicher Bildung« zu zählen (186ff.).

2. Ein *RU für alle* wird in unterschiedlicher Weise in England und in Hamburg praktiziert. In *England* steige inzwischen die landes- und fachinterne Kritik. Scharfsichtige Analysen (*Hughes, Thatcher*) führten zu Selbstkorrekturen, sprächen von »fundamentaler Selbsttäuschung«, Vereinheitlichung statt Pluralität (450), »fataler Verdrängung faktischer Religiosität« (461), Nivellierung wahrheitsrelevanter Erfahrungen (450), der Gefahr zivilreligiöser Domestizierung (467), spiritueller Leere (452) und einer strukturellen Aporie, d.h. »ein(em) Selbstwiderspruch zwischen distanzierender Untersuchung und existentieller Aneignung« (137) aufgrund der »eigenen Strukturprinzipien« (453). Das Grundaxiom religiöser bzw. weltanschaulicher Neutralität könne nicht durchgehalten werden. Man gerate bei Meditationsangeboten unfreiwillig durch psychologisierende Pädagogik in Indokrinationsverdacht (455). Der eigentümliche Charakter von Religion werde in einer Religionskunde unkenntlich. Religion werde – so *J.M. Hull* – in »Religionismus« pervertiert, in ein rein gedankliches Konstrukt (469). In den jungen Menschen bilde sich ein »kontinuierlich gepflegtes weltanschaulich-religiöses Parallelitätsdenken«, das im Jugendalter einen »unqualifizierten Relativismus« begünstige (474). Dies alles wiege die positiven Seiten des Experiments, z.B. Elternarbeit, Entwicklung einverträglicher Konzepte durch Angehörige verschiedener Religionen, Erziehung zu (allerdings nur) passiver Toleranz, nicht auf (471f.).

Beim *Hamburger Modell* (ohne katholische Beteiligung) handelt es sich im Unterschied zum englischen im Prinzip um einen evangelischen, zugleich interreligiös geöffneten RU mit konfessorischen Elementen in der Spannung von Offenheit und Verbindlichkeit auf der Basis des Art. 7,3 GG (481). Es bestehe die Gefahr, in die englischen Verkürzungen zu geraten (482). Das Hamburger Modell findet – entgegen der Behauptung *H. Schmolls* in der FAZ vom 13.1.1999

– die Zustimmung Nipkows, weil es den theologischen Pluralismus achtet und die Entsprechung der Religionen im Ethischen (nicht im Theologischen!) anzielt (»menschliches Wohlergehen«). Trotz ähnlicher Begründung handle es sich nicht um Ethikunterricht, insofern inhaltlich der Gottesglaube nicht ausgeklammert wird.

3. Ich überspringe zunächst Klafkis dritten Vorschlag, um den vierten (*Einführung eines integrativen, allgemeinbildenden Faches »Lebensgestaltung – Ethik – Religionskunde*»«) anhand Nipkows Ausführungen zu diskutieren. Ob konfessioneller RU alternativ, aber nicht gleichwertig innerhalb der Schule noch zur Wahl steht (Klafkis Modell vier) oder in reformierter Form gleichberechtigt-alternativ neben dem Fach »Zukunft» (Modell fünf) oder sich mit diesem die Stundenanzahl teilen muß (Modell sechs), also halbiert wird, muß ich aus Platzgründen vernachlässigen. *Pädagogisch* schließt sich Nipkow der Kritik *D. Benners* an, daß man hinsichtlich der Bezugswissenschaften ebensowenig wie Theologie auf Moraltheologie, so Philosophie auf Praktische Philosophie reduzieren dürfe (137). Die bisher genannten Einwände gegen eine »Religionskunde« werden untermauert mit *E. Wenigers* Argument, mit einer informierenden Kunde werde die »Gesamtaufgabe persönlich-bildenden Lernens noch nicht erfüllt« (44). Inhaltlich stehe man (vgl. *Fr. Schweitzer*) vor der Frage, »welches Maß an Pluralität und Komplexität dem Entwicklungsstand von Kindern und Jugendlichen jeweils angemessen ist und welche Formen von Identitäts-, Differenz- und Zugehörigkeitserfahrungen angestrebt werden sollten«. Er halte es für problematisch, dem phänomenologischen Epoché-Prinzip *E. Husserls* folgend, »im Blick auf das pädagogische Kriterium der Förderung religiöser Identität und Selbständigkeit mit der Distanzierung und dem Abstandnehmen zu beginnen« und dies »schon von Kindern zu verlangen«. Er betrachte es als »eine mögliche emotionale Überforderung« (135f.). Auch aus *religionswissenschaftlicher Sicht* kritisiere *K.-E. Grözinger*, daß den Schülern das Erleben von Religion vorenthalten und stattdessen ein Konstrukt, eine Religion übergreifender Art, angeboten würde (137). Alle Religionen würden mit dem gleichen Betrachtungsraster und einem westlich geprägten Wissenschaftbegriff überzogen. Wo authentische Vertreter von Religionen eingeladen würden, entstehe für die Schüler die Schwierigkeit der Einordnung der Informationen aus erster und aus zweiter Hand (141f.). So könne sich eine religiöse Patchwork-Identität und ein aufgeklärtes Überlegenheitsgefühl etablieren. Nipkow erinnert an die jüdische Stellungnahme zum LER-Modellversuch, daß sich ein Individuum herausbilde, »das sich ›besser‹ zu sein dünkt als jemand, der in einer bestimmten Weise glaubt und Anhänger einer Religionsgemeinschaft ist« (144). *Bildungspolitisch* apostrophiert Nipkow die Einführung von LER als »staatliche Kapitulation vor individualistischer und pluralisierter Religion« (130). Außer-

dem betrachtet es Nipkow als Ironie der Geschichte, daß eine christliche Sonderregelung zur Rettung des RU in Bremen, nun zur Entfernung des RU aus der Schule herhalten solle (175). Unter *verfassungsrechtlichem Aspekt* werde an die Stelle eines pluralen Modells ein Einheitsmodell gerückt; anstatt die Religionsfreiheit durch die Schüler/-innen wahrnehmen zu lassen, »definiert im ›Einheitsmodell‹ der gesetzgebende Staat allein, was und wie in Sachen Religion unterrichtet werden soll«. Das pädagogische Argument »gemeinsamer Unterricht« rechtfertige nicht, »daß Grundrechte beschnitten werden und die Lösung unter diesem Gesichtspunkt weniger freiheitsfreundlich ist als ein Wahlpflichtbereich«. In der Befreiungsregelung lägen weitere rechtliche Bruchstellen. Grundrechte könnten nicht »durch Mehrheits-Minderheits-Argumente außer Kraft gesetzt oder mit Hilfe des Artikels 141 GG umgangen werden« (Bremer Klausel, 179). Nach unserem Demokratieverständnis komme »nur den Religionsgemeinschaften selbst das Recht zu, ihre eigenen Traditionen kritisch zu bewerten« (Recht auf Selbstinterpretation, 180). Das LER-Modell sei aus pädagogischen, religionstheologischen, religionspädagogischen und rechtlichen Gründen abzulehnen.

4. Seit der EKD-Denkschrift »Identität und Verständigung« (Gütersloh 1994, 80) engagiert sich K.E. Nipkow an der bildungs- und lehrplantheoretischen Begründung eines *Lernbereichs »Philosophie - Ethik - Religion« als Fächergruppe.* Für eine *Kooperation des RU mit Philosophie/Ethik* sprächen (in Rekurs auf *A. Lewinsky*): die fortschreitende Säkularisierung, immer längere Schulzeiten und die Besorgnis um die Schwächung erzieherischer Vorleistungen der Familie. »Alle drei Prozesse lassen es problematisch werden, das Religiöse oder ihm funktional äquivalente, ethisch bedeutsame Überzeugungen vornehmlich als ›Privatsache‹ zu betrachten« (124). Nipkow selbst befürwortet einen solchen Lernbereich mit drei Argumenten: a) die gebührende Gründlichkeit, mit der Religion unterrichtet werden müsse, als unverzichtbare Dimension schulischer Bildung, b) die enge wechselseitige Nachbarschaft beider Fächer zur Ethik: beide hätten im Blick auf den Entwurf und die Kritik von Welt- und Menschenbildern miteinander zu tun, c) die Bedeutsamkeit ethischer und religiöser Probleme für die individuelle und allgemeine Bildung im Zusammenhang mit den epochaltypischen Schlüsselproblemen Klafkis. Er pocht auf die »wechselseitige Unvertretbarkeit von Ethik und Religion, Ethik und Religionsunterricht« (126), sie bedeute jedoch keine Trennung. »›Bildungstheoretisch ist daher festzustellen, daß ein Ethikunterricht nur im Rahmen eines (Pflicht-) Wahlfaches Philosophie und ein Religionsunterricht nur in einem (Pflicht-)Wahlfach Religion angemessen zu institutionalisieren ist.‹ (*Benner/Tenorth*)« (127). Es handle sich um je eigenständige kulturelle Räume mit hoher Relevanz für individuelle und korporative Selbstbesinnung (185). Deshalb sei a) ein »unter-

scheidbarer Referenzbereich« (182) bei gleichzeitiger partnerschaftlicher Kooperationsbereitschaft (z.B. an Projekttagen) in wechselseitiger Anerkennung und Gleichberechtigung auszudifferenzieren und b) ggf. ein gemeinsames Kern- und ein divergierendes Differenz-Curriculum zu konzipieren (183), das es erlaube die Fülle der jüdisch-christlichen Traditionen, ihre Andersheit, z.B. im Blick auf die Gottesbilder, ins Spiel zu bringen (191). Die intendierten Bildungswirkungen forderten über fächerverbindende Zusammenarbeit hinaus »einen zusammenhängenden und systematischen Unterricht« (189). Die Zukunft beider Fächer verhielte sich »zueinander wie zwei kommunizierende Röhren« (212). Im Blick auf die *Kooperation beider Konfessionen in der Fächergruppe* konstatiert Nipkow in der gegenwärtigen Schulentwicklung »ein(en) nachhaltige(n) Druck« von außen, »die gemeinsamen Schnittmengen zu ermitteln« (207) – Indizien dafür seien die laufenden Schulversuche in Baden-Württemberg und die Erklärung beider Kirchen in Niedersachsen (209). Das Konzept eines Lernbereichs könne der Abschottungsgefahr der Fächer entgegenwirken, wobei Nipkow den (m.E. kaum nachweisbaren) Verdacht hegt, die kath. Kirche beharre auf einem Gesamterziehungskonzept entsprechend der Enzyklika »Divini illius magistri« Pius' XI. von 1929. Daraus ergäben sich unterschiedliche Bildungsbegriffe (315). Bildung werde katholischerseits als »Glaubensprägung« gewünscht (349), als »kirchliche Bildung« (350). Natürlich befürwortet auch Nipkow, soweit gegeben, die Rücksichtnahme auf die konfessionelle Prägung der Schüler/-innen: »Für sie ist eine unterstützende Fortsetzung ihres religiösen Weges angemessen« (145) bis hin zur Befähigung zum Glaubensdialog (146). Dennoch hinterfragt Nipkow kritisch das »Leitinteresse« der katholischen Bischöfe. Sie rückten die theologischen Lehrunterschiede, Trennendes mehr als das Gemeinsames in den Vordergrund (314, 329) – bei tatsächlich feststellbarer »Asymmetrie in den ekklesiologischen Grundlagen« (337). Aber mit der Chiffre der »Beheimatung« verträten sie in erster Linie ein soziologisch-pädagogisches Leitinteresse (332). Es sei bedauerlich, daß der im Untertitel ihrer Erklärung »Die bildende Kraft des Religionsunterrichts« geforderte »Perspektivenwechsel« nicht auch im Blick auf die Konfessionen reflektiert werde (347, 353). Nipkow warnt vor »bedenklicher Geschlossenheit« mit entwicklungshemmender bzw. -verzögernder Wirkung (147f.). »Eine religiöse Lernumwelt, die religiöse Pluralität künstlich institutionell beschränkt und ›Homogenität‹ eigens herstellt, während im Leben der Kinder selbst Pluralismuserfahrungen längst zur Wirklichkeit gehören, nimmt fiktive Züge an. Bei pluralen Ausgangslagen in der Gesellschaft ist statt dessen das planvolle religiöse Lernen in öffentlichen staatlichen Bildungseinrichtungen inmitten dieser Pluralität zu organisieren, freilich unter Beachtung der unverlierbaren Momente, die für Kontinutität und Kohärenz im eigenen religiösen bzw. konfessionellen Bereich sprechen: Erfahrungen religiöser Kontinuität, Differenz und

Verständigung sollten sich miteinander verbinden« (149). Es folgen: ein deutliches Votum für den diakonischen RU (342), für die Öffnung der Trias für konfessionsfremde Schüler/-innen (339f.), ein Plädoyer für »die volle Ökumene als versöhnte Verschiedenheit« (331), für ökumenisches Lernen (315) ohne Angst vor Identitätsverlust (331), für eine »für das Individuelle und Plurale sensible Hermeneutik und Didaktik« (231), eine »Didaktik der offenen Suche und kritischen Auseinandersetzung« in der »Haltung konstruktiver Toleranz« (234); kurzum: für die Einrichtung eines Lernbereichs mit selbständigen Fächern und Kooperationsverpflichtung, also komplementärer Verbindung. Programmatisch schreibt K.E. Nipkow: »Der Religionsunterricht hat Zukunft, wenn er seine Identität nicht preisgibt und der Pluralität standhält. Das Schlüsselwort für diese Spannung ist Kooperation, nicht diffuse Verschmelzung. Kooperation ist nicht billig zu haben; sie verlangt neue Kompetenzen und innere Freiheit« (182).

Somit bleibt *zusammenfassend* festzuhalten: Nipkow lehnt eine Bildungsreform ab, die Bildung auf Ausbildung oder auf eine bloße Verbesserung der Lerntechnik (innere Schulreform) reduziert, erst recht rückwärtsgewandte, restaurative Konzepte. Er greift die Vorschläge Klafkis einerseits positiv auf (fächerübergreifendes Lernen, Relevanz der epochaltypischen Schlüsselprobleme, Wichtigkeit des wertebildenden Lernbereichs, keine Wertneutralität, Forderung nach Einrichtung von Schulsozialarbeit (Klafki) bzw. Verstärkung der schulnahen Jugendarbeit (Nipkow), die katholischerseits in der Etablierung der Schulpastoral[18] ihre Ergänzung findet. Andererseits widerspricht er heftig, wo Klafki entgegen neueren Tendenzen in der Pädagogik Religion ins Private bzw. ins Fakultative zurückzudrängen bzw. schulreformerisch ganz zu eliminieren oder auf »Religionskunde« mit interreligiösem Konzept zu reduzieren sucht. Die Zukunft sieht Nipkow in einer kooperierenden Fächergruppe als Wahlpflichtbereich. Hier müßte sich die katholische Seite m.E. noch weiter öffnen, als es durch die gemeinsamen Leitlinien zur Kooperation von evangelischem und katholischem RU von 1997 geschehen ist. Zweifel regen sich bis auf weiteres bei Nipkows Bewertung des Hamburger Modells: Wie kann es ihm gelingen, den strukturellen Aporien einer »Kunde« zu entkommen? Das stille Abrücken vom eigenen »Abschöpfungsvorwurf« gegenüber dem Fach Ethik überrascht und bedürfte einer Erklärung. Die deutliche Annäherung erscheint hingegen notwendig und sinnvoll. Der Verdacht eines »katholischen Gesamterziehungskonzeptes« überzeugt mich nicht, v.a. nicht im Blick auf die Praxis des RU. Müßte das forcierte Pochen auf das »Selbstinterpretationsrecht« nicht auch Auswirkungen haben auf die Behandlung der Weltreligionen im evangelischen und katholischen RU? Ob in diesem Detail nicht doch LER dem RU konzeptionell einen Schritt voraus ist? Insgesamt gelingt K.E. Nipkow die pluralismus- wie bildungstheoretische Begründung der Einrichtung eines Lernbereichs »Philosophie – Ethik – Religion« als Fächergruppe bzw. als Wahl-Pflichtbereich überzeugend. Allerdings werden sich neue Belastungsproben und Konflikte anbahnen, wenn auch der grundsätzlich von beiden Kirchen befürwortete Islamunterricht sich konfessionell aufspaltet und auf Gleichbehandlung pocht.

4. ZUERST DER MENSCH – PLÄDOYER FÜR DAS LEITZIEL »MENSCHWERDUNG IN SOLIDARITÄT«

Christoph Th. Scheilke rückte bei der 3. Pädagogischen Konferenz der Arbeitsgemeinschaft evangelischer Erzieher in Deutschland (AEED), des Deutschen Katecheten-Vereins (DKV) und der Gewerkschaft Erziehung und Wissenschaft (GEW) 1998 in Würzburg – in innerer Affinität zum Titel dieser Festschrift – eine Empfehlung des 10. Kinder- und Jugendberichts der Bundesregierung von 1998 für die Einrichtung einer Fächergruppe »Philosophie/Ethik und Religion« in den Blickpunkt: »An einem solchen Bildungsbereich muß Schule auch dann um der Kinder willen festhalten, wenn sich der weltanschauliche und religiöse Pluralismus einschließlich des Wertepluralismus unserer Gesellschaft verstärkt ... Dabei ist darauf zu achten, daß die ethischen, religiösen, moralischen Fragen der Kinder nicht allein in den Religions- und Ethikunterricht verwiesen werden. Auch in anderen Fächern muß Zeit sein für die Sinnfragen der Kinder.«[19]

Dieses »um der Kinder willen« verweist auf: »Zuerst der Mensch«. Es kann pädagogisch wie theologisch als Kriterium herangezogen werden, um unter individuums-, gesellschafts- und christentumsgeschichtlicher, also kairologischer Perspektive die »Pünktlichkeit« (*F. Copei, R. Englert*) von Bildungskonzeptionen zu überprüfen. Dieses Kriterium übersteigt das ideologiekritische »Cui bono«, wenngleich es mit ihm zeitweise eine pragmatische Koalition eingehen kann. Jesuanischer Praxis und Tradition entspricht es, das Kind bzw. den Menschen in die Mitte zu stellen (vgl. Mt 18,2; Mk 2,27; Lk 9,47), um in der theologischen Sachdiskussion wie in Bildungsdebatten das Menschlich-Notwendige nicht aus dem Auge zu verlieren: daß es in allem um die Menschwerdung des Menschen geht. In meiner Dissertation habe ich diesen Gedanken untermauert mit Theoremen der pädagogischen Tradition von *G. Kerschensteiner* bis *H. v. Hentig* und ergänzt um den Begriff der Solidarität – einem wichtigen Begriff christlicher Soziallehre als Gegengewicht zu gegenwärtigen Individualisierungstendenzen (*U. Beck*). »Mensch-Werdung in Solidarität« werte ich als kairologisch begründetes Leitziel der Allgemeinbildung. *Erich Feifel* (vgl. u.a. 1993, 7f.) hat es inzwischen mehrfach aufgegriffen und zur »Leitperspektive eines zukunftsorientierten Religionsunterrichts« ausgearbeitet (vgl.

Handreichungen zum neuen Hauptschullehrplan, München 1997, 17–20). Der Verband der katholischen Religionslehrer an beruflichen Schulen (VKR) stellte sein 25-jähriges Jubiläum unter dieses Motto. Es spornt an zur Kritik an Bildungskonzeptionen,

- welche die Schüler/-innen funktionalisieren und der internationalen Wettbewerbsfähigkeit opfern,
- welche die Elitenbildung höher schätzen als eine Breitenbildung, die auch um die Förderung und Integration behinderter oder anderweitig benachteiligter Menschen kämpft,
- welche die ganzheitliche Bildung des Menschen in allen seinen Dimensionen und Fähigkeiten zurückschrauben wollen auf aktuell gefragte Qualifikationen, religiöse Bildung auf die Herausbildung von Verhaltensmustern (Sekundärtugenden),
- welche Religion gerne zur Privatsache erklären möchten,
- welche weltanschauliche und religiöse Pluralität in unserer Gesellschaft negieren und damit die Chance am Fremden zur eigenen Identität, auch zur eigenen religiösen Identität zu finden, vergeben.

Eine Aktualisierung meines Leitziels »Menschwerdung in Solidarität« entdecke ich im Handzettel »Sieben gute Gründe für den RU« des Deutschen Katecheten-Vereins (DKV) und des Verbandes Kath. Religionslehrer/-innen und Gemeindereferent/-innen (VKRG):[20]

»Der Religionsunterricht hilft den Schülerinnen und Schülern, ihre Identität zu finden, ihr Leben selbst in die Hand zu nehmen und ihr Lebenskonzept zu entwickeln.

Der Religionsunterricht hilft den Schülerinnen und Schülern, die Überlieferungen des Christentums und des Judentums als humanes Gedächtnis unserer Kultur zu erschließen.

Der Religionsunterricht hilft den Schülerinnen und Schülern, andere Religionen und Weltanschauungen besser zu verstehen und in Auseinandersetzung mit deren Wertsystemen ihren eigenen Standpunkt zu finden.

Der Religionsunterricht hilft den Schülerinnen und Schülern, ihr Leben aus christlicher Motivation und Spiritualität zu gestalten.

Der Religionsunterricht hilft, die Schülerinnen und Schüler widerstandsfähig zu machen gegen die Suggestivkraft der Medien, gegenüber schrankenlosem Konsum und einseitiger Leistungsorientierung.

Der Religionsunterricht hilft den Schülerinnen und Schülern, ihre Zukunft in politischer, sozialer und ökologischer Verantwortung zu gestalten.

Der Religionsunterricht hilft dem Staat, seine Neutralität in weltanschaulichen Fragen zu wahren. Er bewahrt ihn vor der Gefahr, das Denken der Menschen totalitär bestimmen zu wollen.«

Anmerkungen

1 W.D. Rehfus, Bildungsnot. Hat die Pädagogik versagt?, Stuttgart 1995,12.

2 E. Feifel, Bildung in Freiheit und Verantwortung. Kirchlicher Auftrag und Anspruch im gesellschaftlichen Wandel von Bildung und Erziehung. Redemanuskript vom 08.12.1993, Wiesbaden 1993, 3 bzw. 10.

3 Vgl. R. Herzog, Freiheit ist anstrengend: Fördern und fordern. Eine neue Kultur der Selbständigkeit und Verantwortung als Gebot – Bildung für das 21. Jahrhundert. Rede des Bundespräsidenten vor dem Berliner Bildungsforum, in: FAZ vom 06.11.1997; vgl. W. Schmid, Autorität ist kollektives Selbstbewußtsein. Schwierigkeiten mit einem Begriff des Bildungsverständnisses von Roman Herzog, in: Religion heute 33(1998) 40–44.

4 A. Foitzik, Lernort oder Lebensort? Die Diskussion über Aufgabe, Funktion und Rolle der Schule, in: Herderkorrespondenz 53 (1999) 84.

5 Ich zitiere im folgenden bewußt aus den Originalmanuskripten z.B. des Bildungskongresses an der LMU München »Wissen und Werte für die Welt von morgen«; vgl. auch Bayerisches Staatsministerium für Unterricht, Kultus, Wissenschaft und Kunst (Hrsg.), Wissen und Werte für die Welt von morgen. Dokumentation zum Bildungskongress, München 1998.

6 Vgl. Positionen zur Bildungspolitik. Bildungskongress der VBW, München 1998, 14.

7 E. Feifel, Bildung in Freiheit und Verantwortung, 5.

8 Vgl. H. Wittmann: Umsetzung der inneren Schulreform (Ms), München 1998.

9 Vgl. H. Markl, Bildung für die Welt von morgen. Bildungskongress des Bayerischen Staatsministeriums für Unterricht, Kultus, Wissenschaft und Kunst (Ms), München 1998, 23f.

10 K. Westphalen, Neue Schul- und Lernkultur? Kritische Würdigung des »pädagogischen Zeitgeistes« (Ms), München 1998, 20.

11 F.E. Weinert, Neue Unterrichtskonzepte zwischen gesellschaftlichen Notwendigkeiten, pädagogischen Visionen und psychologischen Möglichkeiten (Ms), München 1998, 6.

12 Vgl. Rede von Bundespräsident R. Herzog anläßlich der Festveranstaltung »150 Jahre Deutscher Katholikentag« in der Frankfurter Paulskirche am 11. Juni 1998 (Ms), Frankfurt/Main.

13 Vgl. W. Klafki, Schlüsselqualifikationen/Allgemeinbildung – Konsequenzen für Schulstrukturen, in: K.-H. Braun u.a. (Hrsg.), Schule mit Zukunft. Bildungspolitische Empfehlungen und Expertisen der Enquete-Kommission des Landes Sachsen-Anhalt, Opladen 1998, 150–208.

14 Vgl. ebd., 152f.: 1. Spannung zwischen Wahrung der natürlichen Grundlagen und wissenschaftlich-technologischem Fortschritt, 2. Weltbevölkerungswachstum und Ernährung, 3. Kriegsgefahren und Friedensarbeit, 4. Unrecht und Gleichheitsprinzip, 5. weltweite Vernetzung und Abhängigkeit, 6. Möglichkeiten und Gefahren neuer Medien, 7. Begegnung der Kulturen, Ethnien, Religionen und interkulturelle/interreligiöse Erziehung, 8. menschliche Geschlechtlichkeit und die »je individuelle Synthese zwischen dem Wunsch nach Glück, der zwischenmenschlichen Verantwortung und der Anerkennung des bzw. der jeweils anderen«.

15 Vgl. J. Kraus, Spaß-Pädagogik. Sackgassen deutscher Schulpolitik, München 1998.

16 Vgl. auch J. Kraus, Bildung 2000 – eine konservative Projektion. Teil 1, in: Christ und Bildung 44 (1998) 4–8; Teil 2, in: Christ und Bildung 45 (1999) 4–9.

17 C.T. Scheilke, Welche Zukunft hat der Religionsunterricht (Redemanuskript vom 18.11.1998), 11f.

18 Vgl. »Schulpastoral – der Dienst der Kirche an den Menschen im Handlungsfeld Schule«, hrsg. v. der Kommission Erziehung und Bildung, Bonn 1996.

19 C.T. Scheilke, Welche Zukunft hat der Religionsunterricht, 2.

20 Vgl. E. Blöckl, Religionsunterricht, in: HWB der Schulleitung. 30. Lfg. 1998, 10.

Einsichtiges Lernen

Didaktisch-methodische Überlegungen zum problemzentrierten Religionsunterricht an beruflichen Schulen

FERDINAND HERGET

Schüler fordern heute eine einsichtige Vermittlung religiöser Inhalte im Religionsunterricht an beruflichen Schulen (BRU). Sie wollen das Wesen des Christentums und dessen Bedeutung für ihr Leben verstehen, um sich sachgerecht entscheiden zu können.[1] Einer Fachdidaktik des BRU fällt daher die Aufgabe zu, Methoden für eine einsichtsorientierte Vermittlung zu entwickeln. Dazu liefert der problemzentrierte Religionsunterricht (PZR) Beiträge, weil er einsichtiges Lernen in systematischer Weise thematisiert und methodisch anstrebt.

Viele der gebräuchlichen Unterrichtsverfahren berücksichtigen das Ziel, Einsichten zu gewinnen, nicht wirklich. Das liegt auch an den derzeit zugrundegelegten psychologischen Theorien, die ein Maschinenmodell des Lernens entwickelt haben. Das daraus abgeleitete Unterrichtsverfahren des gelenkten Unterrichts erzwingt meist ein begreifwidriges Vorgehen. Dagegen bietet die Gestalttheorie eine psychologische Lehre vom einsichtigen Lernen. Auf ihren Prinzipien baut der PZR auf. Hier sollen Grundannahmen beider Ansätze und deren Bedeutung für die Unterrichtsmethoden dargestellt werden.

1. EINSICHTIGES LERNEN ALS GEISTIGES ORDNEN DER LEBENSWELT

Einsicht und Lernen hängen innerlich zusammen, denn beides bezweckt, eine geistige Ordnung der Lebenswelt zu schaffen, die Denken und Handeln sinnvoll und sachgerecht organisiert.

Einsehen ist das geistige Haben eines Erkenntnisgegenstandes in der Weise, daß er von seinem inneren Grund oder Strukturprinzip her erfaßt wird. In der Einsicht ordnet sich das Viele zu einem strukturierten Sinnganzen oder Ordnungsgefüge, dessen Teile sinnvoll und sachlich zusammenhängen.[2] Urbild einsichtigen Erkennens ist das Verstehen von Personen. Worte und Taten werden auf die Intentionen einer Person bezogen, so von ihrer Sinnmitte her verständlich und in ihrem inneren Zusammenhang begreifbar. Menschen haben ein vitales Interesse, ihre Welt in Sinnganzen zu organisieren. Dadurch können sie einzelnes in seiner Bedeutung für anderes beurteilen und sachgerecht in Geschehensabläufe eingreifen, um sie im Blick auf ihre Interessen und Ziele zu nutzen oder zu ändern. Das schafft Vertrautheit mit ihrer Welt, weil sie das Warum und Wozu des Gegebenen überblicken. Menschen können nicht blind durchs Leben irren, ständig verunsichert und bedroht von Ereignissen, die sie nicht durchschauen.

Grundsätzlich ist zwischen einsichtigem und uneinsichtigem Lernen zu unterscheiden. Einsichtiges Lernen erzeugt sinnvolle Ordnungsgefüge zur sachgerechten Orientierung und Handlungssteuerung. Lernen basiert auf der Fähigkeit, mit anderen Menschen in Gemeinschaft zu treten und sich ihre in Sinnganzen geordneten Erfahrungen anzueignen. Ein Lernender erweitert seine Lebensmöglichkeiten, wenn er das Vermittelte schöpferisch auf seine Situation anzuwenden vermag, indem er neue Sinnganze schafft. Das aber setzt Einsicht in die Lerninhalte voraus. Auch beim uneinsichtigen Lernen werden Sinnganze vermittelt, aber so, daß der Lernende die Inhalte meistens nur mechanisch wiederholen kann, weil er deren Sinn nicht begriffen hat und sie deshalb auch nicht zu beurteilen vermag. Er kann sich ihnen nur unterwerfen oder sie blind ablehnen.

2. DAS MASCHINENMODELL DES LERNENS IN DER PSYCHOLOGIE UND DEREN AUSWIRKUNGEN FÜR EINSICHTIGES LERNEN IM RELIGIONSUNTERRICHT AN BERUFLICHEN SCHULEN

Um das Christentum in zeitgemäßer Weise zu vermitteln, stellt sich aus fachdidaktischer Perspektive auch die Frage nach dem Wie einsichtigen Lernens. Zu deren Klärung können auch humanwissenschaftliche Erkenntnisse über die psychischen Grundlagen des Lernens dienen.

Die Übernahme psychologischer Hypothesen über das Lernen zur Optimierung der Methoden des RU hat in der Fachdidaktik Religion eine beachtliche Tradition. Erstmals Anfang unseres Jahrhunderts haben die Väter der Münchener Methode eine psychologisch begründete Methodenlehre für den Katechismusunterricht rezipiert: die auf *Johann Friedrich Herbart* zurückgehende Formalstufenmethode. Seit Mitte der 60er Jahre wurden Ideen und Gedanken der dem Behaviorismus entstammenden Lerntheorie herangezogen, und seit den 70er Jahren bis heute finden Ansätze des informationstheoretischen Modells Beachtung, etwa die Strukturtheorie *Jean Piagets*.

2.1 Elementarismus und Assoziationismus als psychologische Grundlagen des Maschinenmodells des Lernens

Formalstufenmethode, Lerntheorie und Informationstheorie wollen die psychischen Gesetze des Lernens erklären. Danach ist Lernen das Verknüpfen von Elementen oder Elementengruppen aufgrund von Gewöhnung.

Welche Grundlage hat diese Definition des Lernens? Die genannten Theorien gleichen sich in einer Hinsicht. Sie sind ihrem Wesen nach Maschinentheorien.[3] Das Psychische unterliegt, so die Annahme, physikalischen Gesetzen und ist prinzipiell wie physische Abläufe planmäßig zu erzeugen und zu steuern. Weil man daher Psychisches methodisch unter dem Aspekt seiner mathematischen Beschreibbarkeit erfaßt, werden zumeist dessen Inhalte als Elemente und dessen Prozesse als Assoziationen aufgrund von raumzeitlicher Nähe betrachtet (Kontiguität).

- *Elemente* gelten als die unwandelbaren Grundeinheiten des Seelischen, aus denen sich komplexere Gegebenheiten durch nachträgliche Zusammenfügung aufbauen. Sie sind das psychisch eigentlich Wirkliche. Elemente sind u.a. psychische Inhalte, für die eine physikalische Reizgrundlage nachweisbar ist, aber auch einfache Gefühle, elementare Bewegungen (Reflexe) oder einzelne Wörter. Sie bilden die feste Grundlage der Wahrnehmung, des geistigen Erkennens und des Handelns.
- Psychische Gebilde entstehen generell durch *Assoziation* von Elementen aufgrund von *Kontiguität*. Dabei werden solche Elemente verknüpft, die raumzeitlich häufiger zusammen bestehen als andere. Das gewöhnt ein Individuum daran, sie als zusammengehörend aufzufassen, weil einem Element a' normalerweise ein Element b' folgt. Da Elemente gegeneinander indifferent sind, sind sie nur willkürlich und nicht sachbezogen verknüpfbar.

2.2 Der gelenkte Unterricht als Folge des Maschinenmodells des Lernens

Nach dem Maschinenmodell bezieht sich alles Lernen zuerst auf Elemente und bezweckt, Elemente oder Elementenverbände gewohnheitsmäßig zu assoziieren. Dazu dienen die Methoden des gelenkten Unterrichts, der Schüler von außen anweist, was zu tun ist.

Für die Vermittlung ergeben sich aus dem Elementen- und Assoziationsmodell vor allem drei Aufgaben:

1. Die Zerlegung des Lerninhalts in die ihn aufbauenden Elemente (Elementarisierung),
2. die Einbringung der Elemente in das Bewußtseins eines Schülers und

3. die Verknüpfung der Elemente des Lerninhalts mittels häufigen Wiederholens (dazu dienen meist Übungsaufgaben gleichen Typs; sie müssen hier nicht eigens besprochen werden).

In der Vorbereitung zerlegt der Lehrer den Lernstoff in einzelne Lernschritte, die die Schüler abarbeiten sollen. Jeder Lernschritt enthält ein Element des Lernstoffs (*Elementarisierung*). Deren Anordnung in der sachlich gebotenen Reihenfolge ergibt das meist minutengenaue Gerüst des Unterrichts.

Die eigentliche Unterrichtsstunde, die die *Elemente in das Bewußtsein* des Schülers einbringt, soll an einem Beispiel demonstriert werden (s. Abb. 1).[4]

Stundenskizze: Was ist Liebe?

A. Themabegründung

Das Wort Liebe ist eines der am meisten gebrauchten und deshalb auch mißverständlichen Worte in jeder Sprache. Ein gerade bei Berufsschülern häufig anzutreffendes Mißverständnis ist die Gleichsetzung: Liebe = Sex; oder: Liebe hat in erster Linie mit Sex zu tun. Natürlich »wissen« die Schüler auch, daß Liebe mit Zuwendung und Zuneigung zu tun hat, aber es scheint mir immer wieder wichtig und lohnend zu sein, dem, was Liebe »eigentlich« meint, auch in einer oder zwei Unterrichtsstunden nachzuspüren. Ziel der Unterrichtsstunde(n) ist, den Schülerinnen und Schülern ein tieferes Verständnis von »Liebe« bewußt zu machen und zu vermitteln: Liebe als personale Beziehung und verantwortungsbewußtes Engagement!

B. Unterrichtselemente – Unterrichtsschritte – Methoden/Materialien

1. Lehrer-Impuls: »Was ist Liebe?«	TA: »Was ist Liebe?« »Formen« von Liebe: Wortverbindungen: - Elternliebe
2. Lehrer-Impuls: »Sucht weitere Wortverbindungen!«	Ergänzung der Liste im L-S-G: - Partnerliebe - Nächstenliebe - Tierliebe - Liebe zur Natur - Geschwisterliebe - ...
3. Lehrer-Impuls: »Was haben alle diese Formen von	(Mögliches) Ergebnis: »Stufen« der Liebe / Lieben heißt:

Liebe gemeinsam?« L-S-G	– etwas/jemanden sehen, wahrnehmen, beachten, ... – etwas/jemanden respektieren, zu verstehen suchen, sich in dessen Lage versetzen, – sich für etwas/jemanden einsetzen (Zeit, Energie, Kraft); für etwas/jemanden DA-SEIN!
4. Ergänzung – Vertiefung: Der alttestamentliche Name für Gott (kann übersetzt werden mit und) bedeutet:	TA: GOTT = »JAHWE« ICH WERDE FÜR EUCH/DICH DASEIN!

C. Weiterführung: Fragen – Anstöße – Themen:
»Man kann nicht auf Probe lieben!«
»Treue – von allen gewünscht, von wenigen gehalten: Woran liegt's?«

D. Kommentar

zu B 1: Hier kann der Gedanke aus der Themabegründung genannt werden.
Ein anderer Einstieg: Die Schüler versuchen lassen, »Liebe« zu umschreiben – als Motivation für ein tieferes Nachdenken. Dann den Vorschlag mit den Wortverbindungen einbringen.

zu B 2: Zumeist werden die Schüler die aufgeführten Begriffe nennen. Nicht »passende« Begriffe (z.B.: leidenschaftliche Liebe, Autoliebe) sollten mit entsprechender Begründung nicht aufgenommen werden.

zu B 3: Der schwierigste Schritt! Zunächst sollten alle genannten Gemeinsamkeiten aufnotiert werden. In der Regel werden alle aufgeführten Umschreibungen genannt. Dann können sie in der angegebenen Reihenfolge gegliedert werden. Normalerweise wird daraus sichtbar, daß Liebe ein ganzheitliches, personales Engagement bedeutet! Ganz gleich, ob es sich um Liebe zur Natur, zu Tieren oder Menschen handelt! Dieses Engagement fällt um so leichter, je mehr ein Mensch auch gefühlsmäßig beteiligt ist!

zu B 4: Der vierte Schritt empfiehlt sich in Klassen, die auch gegenüber der Bibel aufgeschlossen sind.

Abb. 1: Unterrichtsmodell, das auf den Prinzipien einer Maschinentheorie des Lernens fußt. (TA = Tafelanschrieb, L-S-G = Lehrer-Schüler-Gespräch)

Der Unterricht ist so strukturiert: Der Lehrer gibt Thema und Aufgabe vor. Er führt den ersten Lösungsschritt aus (B 1) und beauftragt die Schüler, ebenso zu verfahren (B 2). Dann weist er die Schüler an, den allen Wortverbindungen gemeinsamen Inhalt zu suchen und subsumiert das Ergebnis unter dem neuen Oberbegriff »DA-SEIN« (B 3). Der Lehrer überträgt den neuen Oberbegriff auf den religiösen Bereich, hier auf das Wort »Jahwe« im Alten Testament (B 4).

Das Modell in Abbildung 1 wirkt aufgrund seiner lebensweltlichen Verankerung und seiner logischen Richtigkeit überzeugend. Das Thema »Liebe« interessiert Schüler oft. Der Unterricht ist logisch klar gegliedert und geht induktiv und abstrahierend vor. Aus den Beispielen der Erfahrungswelt werden gemeinsame Merkmale abstrahiert und unter einem neuen Oberbegriff zusammengefaßt. Der Oberbegriff ist leicht auf einen neuen logischen Gegenstand übertragbar. Das verdeutlicht die Gemeinsamkeiten zwischen verschiedenen Lebenswelten.

Aber unterstützt diese Methode einsichtiges Lernen wirklich? Kaum, denn sie läßt das für das Verstehen unerläßliche aufgabenorientierte und selbständige Arbeiten der Schüler meist nicht zu. Der Lehrer lenkt die Schüler durch Impulse von außen. Deren Bezug zum Hauptthema der Stunde erfahren die Schüler nicht. Ohne das Warum und Wieso der Impulse im Hinblick auf das Thema erkennen zu können, müssen die Schüler die einzelnen Arbeitsaufträge wie Sammeln von Wortverbindungen (B 2) schrittweise abarbeiten. Den letzten Abschnitt der Unterrichtseinheit (B 4) führt der Lehrer sogar allein durch. Den Sinn und Zweck der Lehrerimpulse können Schüler nur erahnen, weil sie das Hauptthema der Lektion erst erfahren, wenn der Lehrer den Oberbegriff auf Gott anwendet. Das Hauptthema ist nämlich die Liebe Gottes zu den Menschen.

Zwangsläufig bleibt die Aufteilung des Unterrichts den Schülern weitgehend verborgen. Sie können die Bedeutung der Lernschritte für das Hauptthema und die sich daraus ergebenden Aufgaben bestenfalls erraten. Warum sollen sie Wortverbindungen suchen? Welche tragen etwas zur Klärung des Themas bei? Manche sind richtig (»Tierliebe«) und manche falsch (»Autoliebe«). Warum? Auch die Suche nach gemeinsamen Eigenschaften der Wortverbindungen (B 3) gerät zu einem Ratespiel. Sollen unter theologischen, anthropologischen, philosophischen oder anderen Aspekten Gemeinsamkeiten gesucht werden? Was tragen die gefundenen Eigenschaften zur Erhellung des Begriffs »Liebe« bei? Weil diese Fragen nicht thematisiert werden, können Schüler nur »im Nebel herumstochern«.

Der gelenkte Unterricht behindert mehr oder weniger stark, daß Schüler Übersicht über das Ziel und den Verlauf der Stunde gewinnen. Sie müssen praktisch ziellos arbeiten, weil sie ihr Denken nicht im Hinblick auf eine einsichtige Aufgabe organisieren können. Das macht sie von den Anweisungen des Lehrers abhängig, denn sie wissen nie genau, worauf der Lehrer hinauswill. Meist erlahmt ihre Aufmerksamkeit rasch, weil sie nicht wirklich mitarbeiten können. Auch legt die externe Steuerung die Schüler nur auf eine einzige Zugangsweise zum Thema fest, nämlich die, die der Lehrer sich ausdenkt. Ob das Thema wirklich in ihren Lebenszusammenhang paßt, ist nicht gewiß, weil nicht danach gefragt wird. Sicher können Schüler im Laufe dieser Unterrichtseinheit Einsichten über die Liebe gewinnen. Das geschieht dann aber nicht wegen, sondern trotz dieser Unterrichtsmethode.

3. EINSICHTIGES LERNEN AUS GESTALTTHEORETISCHER SICHT

Die Gestalttheorie bietet einen neuen Ansatz zum Verständnis einsichtigen Lernens. Sie wendet sich den psychischen Phänomen selbst zu und will deren Zielbestimmtheit und Ordnung auf der Grundlage des ganzheitlichen Denkens erklären.[5]

Aus gestalttheoretischer Sicht ist Lernen als Verstehen der Aufgabe, des Materials und als Umstrukturierung des Materials im Sinne der Aufgabe zu definieren. Zur Erklärung dieser Definition werden hier wesentliche Prinzipien der Gestalttheorie dargestellt und deren Bedeutung für das einsichtige Lernen erläutert.

3.1 Der ganzheitliche Ansatz der Gestalttheorie

Die Gestalttheorie basiert auf den Forschungsarbeiten der Psychologen *Max Wertheimer*, *Wolfgang Köhler* und *Kurt Koffka* am Anfang unseres Jahrhunderts. Der ganzheitliche Ansatz bricht radikal mit der elementaristisch-assoziationistischen Lehre. Die zentralen gestalttheoretischen Hypothesen lauten:

- Grundeinheiten des Seelischen sind *Ganzheiten* oder Ganze und nicht bloß Elemente. Eine Ganzheit ist ein Gebilde eigener Art, dessen Aufbau (der Zusammenhang und die Ordnung seiner Teile) ein inneres Strukturgesetz bestimmt: Ein Ganzes ist etwas *anderes* als die Summe seiner Teile. Die Teile eines Ganzen sind vom Ganzen her sinnvoll und sachlich bestimmt, ihr Zusammenhang ist nicht willkürlicher Art. Daher spricht man auch von Sinnganzen. Wird die innere Ordnung eines Ganzen beschrieben, spricht man von Gestalt.[6]
- Die gestalttheoretische Methode ist *ganzheitlich*: Die Analyse zielt auf die Untersuchung der Teile und Teilvorgänge mit Bezug auf ihre Stelle und Rolle im Ganzen ab. Die elementarisierende Behandlung einer Ganzheit zerstört daher das Ganze, seine Eigenschaften und seine Struktur.

- Das Entstehen von Ordnung unterliegt dem *Prägnanzprinzip*: Psychische Prozesse tendieren zu einer unter den gegebenen Bedingungen möglichst klaren, einfachen, ungestörten, sinnvollen und durchsichtigen, eben prägnanten Ordnung. Dem menschlichen Geist widerstreben nämlich ziellose, sinnlose, willkürliche, ungerichtete Zustände oder Prozesse.

3.2 Das Gewinnen von Einsichten als Prozess der Umstrukturierung

Kognitive Prozesse wie das Denken und Lernen beziehen sich normalerweise auf Gestalten. Ihr Ziel ist das Verstehen einer Gestalt, indem durch Umstrukturierung des Gegebenen deren wesentliche Teile und relevante Beziehungen erkannt werden.

Das Gewinnen von Einsichten ist ein psychischer Umstrukturierungsprozeß, bei dem ein vorgefundenes Sinnganzes in eine neue Struktur überführt wird. Meist verursacht ihn eine Aufgabe, wenn man nicht weiß, wie man sie lösen soll. Man steht vor einem Problem, weil man die Mittel nicht findet, die Aufgabe zu bewältigen. Dann muß die bestehende Struktur über Zwischenschritte in eine in bezug auf die Aufgabe einsichtige Struktur umgewandelt werden. Dieser Prozeß ist schöpferisch, weil der einzelne im Hinblick auf die Aufgabe neue Teile und neue strukturelle Zusammenhänge entdeckt, die er vorher noch nicht kannte. Ein Beispiel soll das verdeutlichen:

Ein 17-jähriger Jugendlicher entdeckt für sich in neuer Weise das weibliche Geschlecht. Das drängt ihm eine Aufgabe auf: Wie gehe ich mit Frauen um? Was bedeuten sie für mein Leben? Welche Rolle spielt dabei die Sexualität? Welchen Sinn hat sie? Weil er dafür keine wirklichen Antworten hat, steht er vor einem Problem, das er für sich lösen muß. Die alte Struktur, in der Mädchen in der Funktion »können nicht fußballspielen« oder »heulen ständig« (oder was Jungen sonst denken) vorkommen, bietet keine Antwort dafür, warum er sich nun zu ihnen hingezogen fühlt. Diese Struktur ist, bezogen auf die neue Anforderung, unprägnant. Er muß ein neues Sinnganzes kreieren, in der Frauen gleichgeachtet und gleichberechtigt sind. Erst wenn er neue Einsichten in das Wesen einer Beziehung gewonnen hat, schafft er die Grundlage für eine gelingende Partnerschaft.

Unprägnante Strukturen ziehen oft die Aufmerksamkeit eines Menschen auf sich und regen ihn an, die Unklarheiten zu beseitigen. Der menschliche Geist arbeitet dann von selbst und ruht meist nicht eher, bis er die Sachlage wirklich durchschaut hat.

3.3 Aufgabe, Material und Lösungsablauf als dynamische Faktoren der Umstrukturierung

Der menschliche Geist geht, wo immer möglich, aufgaben- und sachbezogen vor, um eine ihm undurchsichtige Sachlage in eine prägnante, also einsichtige Struktur umzustrukturieren. Dazu genügt das einfache Erfassen der Elemente nicht, wie es die Maschinentheorie des Lernens annimmt, weil so die wesentlichen strukturellen Zusammenhänge meist nicht in den Blick kommen.

Beim Umstrukturieren bewegt sich das Denken um drei Pole (s. Abb. 2):

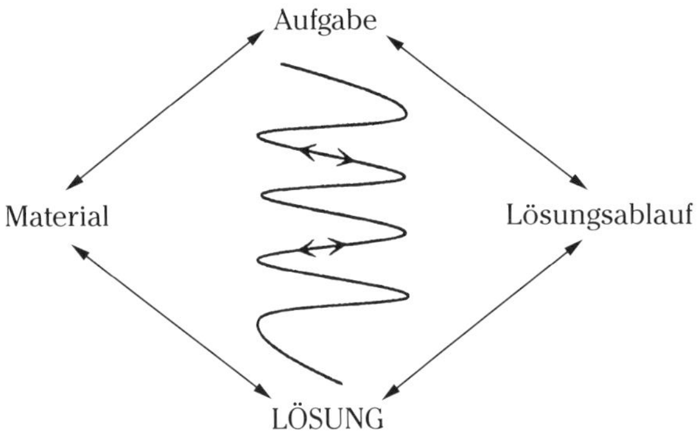

Abb 2: Einsichtsorientiertes Denken bewegt sich um die Pole Aufgabe, Material und Lösungsablauf

1. Die *Aufgabe* formuliert das, was von einer Situation gefordert wird. Das Verständnis der Aufgabe ist für den Strukturierungsprozeß entscheidend, weil es dem Denken ein Ziel gibt.
2. Das *Material* enthält alles, was zur Lösung der Aufgabe dienen soll. An das Material richten sich die Forderungen der Aufgabe.
3. Beim *Lösungsablauf* werden Inhalt und Abfolge der einzelnen Lösungsschritte geplant, realisiert und im Sinne der Zielsetzung durchgeführt.

Das Denken bewegt sich beim Problemlösen *nichtlinear* und *dynamisch* zwischen Aufgabe, Material und Lösungsablauf hin und her. Die Aufgabe steht oben und die Lösung unten. Das Denken schreitet von der Klärung der Aufgabe, des Materials und des Lösungsablaufs die einzelnen Lösungsstufen zur Lösung hinab. Bei jedem der Pole kann ein *Problem* entstehen: Das Verständnis der Aufgabe, des Materials oder des Lösungsablaufs können unzureichend sein. Dann bewegt sich das Denken nach oben zur Aufgabe zurück und versucht, unter erneuter Abklärung der Aufgabe und ihrer Forderungen, das Problem zu bewältigen. Das Denken kann beim Lösen von Problemen häufig die

Richtung wechseln, um die jeweiligen Forderungen der Aufgabe an das Material, die Eigenschaften des Materials und den Ablauf des Lösungsprozesses zu kontrollieren.

4. ZUR METHODISCHEN REALISIERUNG GESTALTTHEORETISCHER PRINZIPIEN IM PROBLEMZENTRIERTEN RELIGIONSUNTERRICHT

Die gestalttheoretischen Prinzipien des PZR gelten für das konkrete Geschehen im Klassenzimmer und bezwecken den Dialog der Schüler über die Sache selbst. Der Unterrichtsverlauf ist wesentlich komplexer als beim gelenkten Unterricht. Deshalb werden hier nur Hinweise zum Unterrichtsverlauf gegeben und keine Beispiele vorgelegt.

Die Mitte des Unterrichts stellt die Klärung von Aufgabe, Material und Lösungsablauf dar. Schüler haben oft unterschiedliche Zugänge zu diesen Polen, stoßen dabei auf unterschiedliche Schwierigkeiten und finden unterschiedliche Lösungswege, ihre Probleme zu überwinden. Der PZR heißt problemzentriert, weil er eigens diese Komplikationen thematisiert, um Einsichten zu ermöglichen.

Das *Aufgabenverständnis* ist das A und O jeder Lektion. Denn einsichtiges Lernen organisiert sich vom Aufgabenverständnis her. Erst wenn Schüler den Sinn einer Aufgabe begriffen haben, können sie selbständig und zielgerichtet arbeiten. Die Analyse der Aufgabe erfordert oft die längste Zeit im Unterricht. Was kann das Denken anregen, eine Aufgabe zu finden? Schüler entdecken oft Ansatzpunkte, wenn eine Aufgabe aus der Darstellung eines Sinnganzen erwächst. Das können konkrete Begebenheiten sein, in denen dynamische Beziehungen (Aufgaben, Probleme) zwischen einzelnen Teilen (Personen, Gegenständen usw.) wirken. Die Problematik der Sachlage weckt das Interesse des Geistes und stößt ihn zum Nachdenken an. Der Geist geht ja den Wechselwirkungen, Forderungen, Antworten, Abhängigkeiten, Kräften, Einflüssen und Entsprechungen innerhalb eines Feldes nach. Das geschieht oft, wenn ein Sinnganzes Inhalte umschließt, die anscheinend unvereinbar sind oder die von eigenen Zielen, Erfahrungen, Konzepten oder Wünschen deutlich abweichen. Eine solche Struktur wirkt unprägnant, weil sie Unklares, Unstimmiges, Lückenhaftes, Unvollständiges, Überflüssiges, Unzusammenhängendes oder Sachfremdes enthält. Schüler können sich wundern, sie können staunen, stutzen oder widersprechen. Dann geht ihr Denken mit und wird aktiv.

Lautet das Thema »Freundschaft«, kann man von einer Beziehung berichten, in der ein Partner beim Lügen ertappt wird und der andere nun urteilen muß, wie er die Lüge bewerten soll. Schüler stehen vor einer strukturierten Situation mit dynamisch wirksamen Bestandteilen, die Fragen anregt und Urteile fordert. Sie können aus der Sachlage konkrete Aufgaben ableiten und entfalten. Meist entwickeln sie ein ganzes Spektrum unterschiedlicher Aufgaben. Einige wenden sich der konkreten Situation zu und wollen den Sachverhalt gleich ins Reine bringen: »Der wäre nicht mehr mein Freund«, andere widersprechen: »Du lügst doch auch manchmal« und fragen nach den Gründen des Lügens oder überlegen, wie die Freundschaft zu erhalten sei. Hier kann die Aufgabe lauten, verschiedene Handlungsmodelle zu erstellen und zu vergleichen. Manche unterscheiden zwischen Lüge und Notlüge und wollen wissen, wann man lügen darf und wann nicht. Andere fragen, ob man immer verzeihen soll. Wieder andere suchen den Unterschied zwischen Freundschaft und Kollegialität. Die Klarstellung der Aufgabe und die Konkretisierung in einer Aufgabenstellung erfordern langes und gründliches Nachdenken, bei dem Schüler aufdekken, was sie wissen wollen, was sie noch nicht wissen und welche Probleme bestehen. Der zeitliche Freiraum dafür ist großzügig zu bemessen, damit sich Schüler gedanklich auf ihr Ziel einpendeln können. Sie formulieren dann ihre Aufgabe selbständig. So wird ihr Thema Inhalt des Unterrichts und ihr geistiger Zugang zum Aufgabenfeld sichtbar.

Der PZR unterscheidet sich darin vom gelenkten Unterricht. Die Frage »Was ist Liebe?« beantworten Schüler in letzterem oft so: »Liebe kann man nicht definieren«. Warum? Schüler finden hier nur schwer einen Ansatzpunkt, weil der Begriff »Liebe« strukturell vielfältige Aspekte aufweist und somit für eine Bearbeitung schwer zu gliedern ist.

Haben Schüler eine Aufgabe formuliert, müssen sie überlegen, welches *Material* zur Lösung der Aufgabe tauglich ist. Bei der Aufgabe »Was tut ein Freund, wenn er belogen wurde?« böte sich als Material eine Kurzgeschichte oder persönliche Erlebnisse der Schüler an. Daran ließen sich die Folgen der jeweiligen Entscheidungen aufzeigen und die Motive für das Lügen oder für das Verzeihen aufhellen. Schüler könnten folgern, wie die konkrete Situation zu verändern sei (Was müßte der Lügende tun, was der Belogene? Wie läßt sich zukünftig eine solche Situation vermeiden?). Das erlaubt ihnen, Rückschlüsse für ihr Verhalten zu ziehen, ohne sich bevormundet zu fühlen.

Vor allem die auf Selbständigkeit bedachten Schüler messen dem Herbeibringen des Materials allergrößten Wert zu. Sie fühlen sich nicht manipuliert, weil sie entscheiden, welche Inhalte sie heranziehen wollen. Zugleich lernen sie, die Bedeutung des Materials im Hinblick auf die Aufgabe zu beurteilen.

Der sachliche Gehalt des Materials muß den Erfahrungs- und Denkmöglichkeiten der Schüler entsprechen. Eine Aufgabe entfaltet ihre dynamischen Wirkungen zumeist an wirklichkeitsnahem Material. Für Schüler lohnt meist nur eine realitätsbezogene Situation das Nachdenken, weil sich hier ihr Bemühen auf einen für sie bedeutungsvollen Sachverhalt bezieht. Material, das dem Alltag entstammt, vereinfacht die Strukturierungstätigkeit. Seine Anschaulichkeit erleichtert das sichere Erfassen des Sinnes und der Struktur des im Zusammenhang mit der Aufgabe Wesentlichen. Schüler können für realistische Situationen auch eher einschätzen, welche Veränderungen sich durch die Erfüllung der Forderungen der Aufgabe ergeben könnten.

Die Organisation des *Lösungsablaufs* ist für Schüler eine anspruchsvolle Aufgabe. Hier planen sie die Realisierung der angestrebten Lösung, setzen den Plan in die Tat um und gleichen das Ergebnis mit der Aufgabenstellung ab. Nun zeigt sich, ob Schüler die Forderungen der Aufgabe und die Eigenart des Materials wirklich eingesehen haben. Können sie hier mitreden, bleibt vom Unterricht nichts übrig, was in seiner Notwendigkeit nicht erkannt wäre. Dann erst ist der Lernprozeß für die Schüler transparent, also einsichtig: Sie wissen, warum die einzelnen Schritte gegangen werden müssen. Im konkreten Fall können die Schüler den Verlauf so organisieren, daß sie verschiedene Handlungsabläufe vergleichen und abschließend für sich beurteilen können.

Der gelenkte Unterricht hat die Organisation des Lösungsablaufs durch Schüler so gut wie nie beachtet, sondern durchweg aufgezwungen. Schüler verstehen den Sinn der Unterrichtsschritte deshalb oft nicht und können nur vermuten, warum der Lehrer etwas Bestimmtes tut oder sagt. Der Ablauf der Stunde erscheint ihnen dann wie ein »Mausefallenbeweis«, bei dem am Schluß nur das als Ergebnis herauskommt, was dem Lehrer paßt.

Den Abschluß einer Unterrichtseinheit bildet häufig die eigenständige schriftliche Analyse eines konkreten Falls. Das könnte hier die Schilderung eines Konfliktes zwischen Freunden wegen eines Diebstahls sein. An dieser Analyse läßt sich der Lernfortschritt eines Schülers ablesen. Wie strukturiert er die Sachlage? Erfaßt er das Prinzip der Sache? Kann er Wichtiges von Unwichtigem unterscheiden? Welche Zusammenhänge erkennt er, welche nicht? Welche Probleme erfaßt er, welche Lösungen schlägt er dafür vor? Kann er Gelerntes auf eine neue Situation übertragen? Das erlaubt, die Leistung eines Schülers differenzierter und individueller zu beurteilen, als es durch Schulaufgaben möglich ist, die allein die Gedächtnisleistung testen.

Die Verfahren des PZR müssen Schüler erst einüben. Anders als der gelenkte Unterricht setzt der PZR nämlich die Eigenständigkeit, Kreativität, Verantwortlichkeit und Dialogfähigkeit von Schülern voraus. Das Zutrauen in die eigenen Fähigkeiten, die Freude am selbständigen Denken und Handeln und die Bereitschaft zu gemeinschaftlichem Tun müssen bei ihnen durch die zunehmende Übertragung von Verantwortung für das Unterrichtsgeschehen gefördert und gestärkt werden. Die Wirkungen einsichtigen Lernens gehen daher weit über die bloße Wissensvermittlung hinaus, weil sie zur umfassenden Bildung der Person beitragen.

5. CHANCEN DES PROBLEMZENTRIERTEN RELIGIONSUNTERRICHTS

Der auf den Prinzipien der Gestalttheorie aufbauende PZR geht von den Begreifprozessen der Schüler aus, um religiöse Inhalte zu vermitteln. Schüler sollen den Unterricht möglichst von Anfang bis Ende in ihrer Hand haben und, geleitet von der eigenen Einsicht in Aufgabe, Material und Lösungsprozeß, vorgehen.

- Der PZR fördert und unterstützt die eigenständige Auseinandersetzung der Schüler mit den Inhalten des Christentums. Darin unterscheidet er sich vom gelenkten Unterricht, der ein Verfahren zur willkürlichen und beliebigen Erzeugung von Inhalten in den Köpfen der Schüler ist.
- Der PZR fördert und unterstützt den Dialog der Schüler miteinander, die je nach eigenen Kräften und in gleichberechtigter Weise zum Gelingen des Unterrichts beitragen. Schüler sind nicht mehr, wie im gelenkten Unterricht, passive Objekte der Lehrertätigkeit.
- Zugleich kann der PZR, im Unterschied zum gelenkten Unterricht, ein vielfältigeres und lebendigeres Geschehen sein, weil er Schüler anregt, ihre Fragen über das Wesen und die Bedeutung des Christentums für ihr Leben zu artikulieren.

Der PZR kann Schülern neue Zugänge zum Christentum eröffnen, weil er *ihre* Fragen thematisiert. Das schafft die Voraussetzung für ein bewußtes und aktives Durchdenken der christlichen Lehre, ermöglicht eine einsichtige Aneignung ihrer Inhalte und bereitet so den Boden für eine verantwortete Entscheidung im Glauben.

ANMERKUNGEN

1 Vgl. zum Ganzen: F. HERGET, Einsichtiges Lernen im Religionsunterricht an beruflichen Schulen (Diss. Uni München, im Druck). Schüler, Lehrer usw. schließt hier immer Schülerin(nen) und Lehrerin(nen) ein.

2 Dieser Begriff wird aus der Gestalttheorie übernommen, vgl. dazu 3.1

3 Vgl. M. MITCHELL, Gestaltpsychologie, in: Amelang, Bericht über den 35. Kongreß der Deutschen Gesellschaft für Psychologie, Bd. 2 (1986), 33–45, 34. Diese Theoriegruppen unterscheiden sich in ihren Annahmen darüber, ob alle Elementenverbände erlernt werden müssen (Empirismus: Herbart, Lerntheorie) oder ob ein Grundbestand inhaltlich bestimmter Gruppierungen angeboren ist (Nativismus: Informationstheorie).

4 Vgl. http://whisky.biologie.uni-freiburg.de/schule/Faecher/kR/BW/grechn/liebe01.htm. (Stand 15.06.1999)

5 Vgl. M. Wertheimer, Produktives Denken, Frankfurt a.M. ²1964, 219–249; s.a. K. Duncker, Zur Psychologie des produktiven Denkens, Hamburg ²1966; W. Metzger, Schöpferische Freiheit, Frankfurt a.M. ²1962; W. Metzger, Psychologie in der Erziehung, Bochum ³1976; K. Bräuer, Gestalttheorie in Erziehung und Unterricht, Essen 1994.

6 Ganzheit und Gestalt haben hier eine völlig andere Bedeutung als bei anderen Ansätzen ganzheitlichen Denkens wie der Gestaltkatechese, der Gestaltpädagogik, der Gestalttherapie oder dem Ganzheitsunterricht. Dort bezeichnen diese Begriffe die Integration aller kognitiven, volitionalen und emotionalen Kräfte beim Lernen und dienen oft als Modelle für therapeutische Verfahren. Meist haben diese Theorien ihr Verhältnis zum elementaristisch-assoziationistischen Ansatz nur unzureichend geklärt.

»Unser Leben sei ein Fest ...«

Von der Bedeutung religiöser Feste für den Dialog der Religionen im Kontext Schule

PETER BEER

1. DER ERZIEHUNGS- UND BILDUNGSAUFTRAG

Schon die Synode der Bistümer der Bundesrepublik Deutschland hielt 1974 fest: »Der von der Glaubensunterweisung in den Gemeinden abgehobene Religionsunterricht in der Schule muß zeigen, wie er teilhat an der Aufgabenstellung der öffentlichen Schule, wie er deren Ziele mitbegründet und fördert, konkretisiert, ergänzt und gegebenenfalls kritisiert.«[1] Dieses Kriterium für die Begründung des Religionsunterrichts behielt auch in der Folgezeit seine Gültigkeit und wurde mit dem Schreiben der deutschen Bischöfe »Die bildende Kraft des Religionsunterrichts« von 1996 erneut bekräftigt.[2] Folgt man der Logik dieser Argumentation, so heißt dies nichts anderes als das: Ein Fallenlassen dieses Kriteriums wäre gleichzusetzen mit der wesentlichen Aufgabe einer positiven Begründung schulischen Religionsunterrichts.

Will man dies nicht, so gilt es zu fragen, worin besteht gegenwärtig *die* oder zumindest eine grundlegende Aufgabenstellung der öffentlichen Schule. *Wolfgang Klafki*, einer der wohl zur Zeit einflußreichsten Bildungstheoretiker und Didaktiker beschreibt diese Aufgabenstellung mit dem Stichwort »interkulturelle Erziehung«[3]. Damit ist seiner Meinung nach ein epochaltypisches Schlüsselproblem bezeichnet, mit dessen Beschäftigung mehr oder weniger über Sinn und Unsinn schulischen Lernens entschieden wird.[4] Wenn es also mit den Worten *Hartmut von Hentigs* gilt, Schule neu zu denken, so gehört es wesentlich zu ihren Aufgaben, Kindern und Jugendlichen zu erschließen, mit Unterschieden in Gemeinschaft leben zu können.[5]

Wenn es nun wie oben angedeutet gilt, daß die Aufgaben des Religionsunterrichts mit denen der öffentlichen Schulen korrespondieren, dann hat dieser Unterricht ebenso zu einer interkulturellen Erziehung beizutragen, indem er das gemeinschaftliche Leben ohne Leugnung der Unterschiede fördert.[6] Seine spezifische Prägung erhält er allerdings durch die Konzentration auf das Phänomen Religion als wichtigem Baustein von Kultur. Interkulturelle Erziehung wird im Religionsunterricht schwerpunktmäßig zur Eröffnung eines Dialogs der Religionen.[7]

Wie aber kann dies geschehen? Eine erste Orientierungshilfe bietet die Schulpädagogik, näherhin die in deren Rahmen beheimatete allgemeine Didaktik. Ein Schulfach wie das der Religion, das für sich in Anspruch nimmt, Anteil am Gesamtgeschehen Schule zu haben, kann sich nicht von deren anerkannten Formen des Unterrichts und Lehrens verabsentieren. Im Anschluß an die Frage nach der Aufgabenstellung – also dem Was – der Schule gilt es daher danach zu fragen, wie Schule ihre Aufgabe erfüllt. In diesem Zusammenhang sei auf den schulpädagogischen Integrationsbegriff »Schulkultur« verwiesen.[8] Er weist hin auf wesentliche Elemente eines erneuerten Konzeptes von Schule und versteht sich als Gesamt von Konsens, Kooperation und Aktivitäten an der Schule. Dazu gehört neben dem pädagogischen Konsens (Erziehungsphilosophie) eine Unterrichtsgestaltung, die selbständiges Lehren und Lernen ermöglicht und über einen einseitig bestimmten 45-minütigen Frontalunterricht weit hinausgeht. Ein solches Lehren und Lernen im Zusammenhang sozialen Lernens, dem eine tragende Rolle bei interkultureller Erziehung zufällt, geschieht zu einem nicht unwesentlichen Teil im Vorbereiten und Feiern von schulbezogenen Festen.[9] Es wird die Orientierungskompetenz des einzelnen in Gruppen aufgebaut, indem gruppendynamische Prozesse unmittelbar erfahrbar und beeinflußbar sind. Ein Beitrag zur Identitätsfindung wird dadurch geleistet, daß die Auseinandersetzung mit der Eigenart des jeweils anderen Konturen der eigenen Persönlichkeit verdeutlicht. Letztendlich stellt dies auf Dauer auch Positionssicherheit her, die ihrerseits wiederum zur Entwicklung von Kooperations- und Konfliktfähigkeit Anstöße gibt. Normen, Werte und Verhaltensweisen stehen dabei immer wieder nicht nur zur Diskussion, sondern werden auch bewußter, einsichtiger und nachvollziehbarer.

Was aber heißt dies nun für den Religionsunterricht? Werden Feste gemäß der weiter oben eingeschlagenen Argumentationsrichtung, daß das Wie schulischer (interkultureller) Erziehung Anhaltspunkte für die Eröffnung des Dialogs der Religionen im Religionsunterricht gibt, grundlegender Bestandteil schulischen Religionsunterrichts?[10]

2. RELIGIÖSE FESTE IM WIDERSPRUCH ZUM ERZIEHUNGS- UND BILDUNGSAUFTRAG?

Schlägt man in den entsprechenden Lehrbüchern zur Unterrichtspraxis für den schulischen Religionsunterricht nach, so fällt auf, daß der Begriff »Fest« –

wenn überhaupt – nur als Randphänomen in Erscheinung tritt.[11] Die These von der Zugehörigkeit von Festen zur Wirklichkeit des Religionsunterrichts scheint damit der weitverbreiteten Fachmeinung zwar nicht zu widersprechen, aber dennoch auch durch sie nicht wesentlich gestützt zu sein. Bezöge sich die Entscheidung darüber, ob diese These nun Gültigkeit besitzt oder nicht, alleine auf die Tatsache der mangelnden Plausibilisierung durch das Votum einer Mehrheit, so fiele sie wahrscheinlich nicht automatisch ablehnend aus. Mehrheiten entscheiden nicht über richtig oder falsch. Anders verhielte es sich, ließe sich eine prinzipielle Unvereinbarkeit von Religionsunterricht und Fest ausmachen. Genau dies scheint aber der Fall zu sein, betrachtet man 1. die Eigenart von Festen, zumal solchen, wie sie sich im Kontext des Phänomens Religion darstellen und setzt man 2. diese Eigenart in Beziehung zur weiter oben skizzierten Aufgabe des Religionsunterrichts an öffentlichen Schulen, einen Dialog der Religionen zu eröffnen.[12]

Religiöse Feste verkörpern – wie überhaupt alle Feste – eine besonders gekennzeichnete und herausgehobene Zeit. In solchen Festzeiten stellt sich das je eigene (einer Religion) in besonderer Weise dar und findet seine Konkretion im Leben der Menschen. Diesbezüglich sind *in abstracto* drei Möglichkeiten denkbar. Religiös motivierte Feste sind Erinnerung und Vergegenwärtigung des Eingreifens einer Gottheit in die Welt, wodurch sich jene im weitesten Sinne offenbart. Religiös motivierte Feste sind Vergewisserung und Legitimation durch die Berufung auf bestimmte Lebensereignisse bzw. Handlungen der Propheten, Heiligen oder Stifter einer Religion, wobei sich die Ideale dieser Religion herauskristallisieren. Religiös motivierte Feste sind Anruf und Aufruf, insofern es um die Positionierung der eigenen Person im Verhältnis zu einer Gottheit geht, sei es nun im Sinne einer Bekehrung oder Wiederhinwendung, sei es im Sinne von Verehrung, Bitte und Dank, wodurch die Alltagsrelevanz einer Religion deutlich wird.

Wenn aber nun religiöse Feste derart das je Eigene einer Religion zum Ausdruck bringen, bedeutet das nicht zwangsläufig das Heraufbeschwören von Konflikten, da Unterschiede deutlicher hervortreten? Und ist dies wiederum nicht ein eklatanter Widerspruch zu dem schulischen Bildungs- und Erziehungsziel einer interkulturellen Erziehung bzw. eines Dialogs der Religionen? Dies mag auf den ersten Blick zutreffen und, sollte es so sein, so bliebe nichts anderes, als religiösen Festen ihre Brisanz dadurch zu nehmen, daß sie als abwechslungsreicher Unterhaltungsfaktor oder folkloristische Einlage im Gesamt schulpädagogischer Arbeit degradiert werden. Dieser erste Blick erweist sich aber als kurzsichtig, bemüht man sich um eine differenzierte Betrachtungsweise. Jene macht nämlich deutlich, daß ja nicht die Feste an sich zu Konflikten führen, sondern erst der Umgang mit den durch sie zu Tage tretenden Unterschieden. Will man also Feste dahingehend bewerten, ob sie im Verhältnis zu interkultureller Erziehung positiv verstärkend, negativ begrenzend oder einfach neutral sind, gilt es die Bewertung von Unterschieden genauer zu betrachten.

Diese Bewertung hängt aufs engste zusammen mit drei Modellen der Verhältnisbestimmung der unterschiedlichen Religionen zueinander.[13] Der *Exklusivismus* geht davon aus, daß alleine die eigene Religion die einzig richtige ist. Andere Religionen stellen Irrtümer dar, deren Existenz man zwar zur Kenntnis nehmen muß, aber nicht deren Anspruch, einen Heilsweg auf Gott hin zu eröffnen. Unterschiede zwischen den Religionen werden zum Scheidepunkt zwischen wahr und nicht-wahr. Konsequenterweise sind Feste dann auch nichts anderes als eindrückliche Demonstrationen der Unterlegenheit der jeweils anderen Religion.

Die *inklusivistische* Position ist bereit, andere Religionen insofern anzuerkennen, als sie Parallelen bzw. Ähnlichkeiten zur eigenen Religion aufweisen. Je größer die Ähnlichkeit desto mehr Wahrheitsanspruch ist – so diese Position – mit der Fremdreligion verbunden. Feste dienen auf einem solchen theoretischen Hintergrund als Plattform zwischenmenschlicher Kommunikation, indem sie zu einer entspannten Atmosphäre beitragen und im Vollzug der Ähnlichkeiten ein gewisses Wir-Gefühl entstehen lassen.

Der *Pluralismus* räumt jeder Religion dieselbe Existenzberechtigung ein. Die eigene und die fremde Religion sind gleichberechtigte wenn auch unterschiedliche Wege hin zu Gott bzw. den alles umfassenden Existenzgrund. Unterschiede geben Anstoß, sich über eigene Defizite klar zu werden sowie Lernprozesse einzuleiten. Feste sind hier in der Veranschaulichung und Demonstration des Unterschiedlichen zugleich Anlaß zum Mitvollzug des anderen und Erweiterung des eigenen religiösen Lebens.

Also doch: Feste als Bestandteil interkultureller Erziehung näherhin des Dialogs der Religionen? Diese Frage kann mit einem Ja beantwortet werden, wenn die Einschätzung des Stellenwertes von Festen seinen Ausgangspunkt bei der inklusivistischen oder pluralistischen Position nimmt. Aber dennoch bleibt ein gewisses Unbehagen. Es ist ein Unbehagen, das sich nicht zuletzt aus pädagogisch motivierten Überlegungen ergibt. Wenn es so entscheidend ist, welche grundsätzliche Position man gegenüber anderen Religionen einnimmt (vgl. Exklusivismus, Inklusivismus, Pluralismus), um Feste für die interkulturelle Erziehung bzw. den Dialog der Religionen fruchtbar machen zu können, so läge es doch nahe, nicht Feste, sondern eben die Beschäftigung mit diesen Modellen zum Mittelpunkt erzieherischer Prozesse zu machen. Das Feiern von Festen könnte, müßte aber nicht Bestandteil des Religionsunterrichtes sein.

Kann es aber Sinn machen, die skizzierten Modelle für den Umgang mit Religionen derart in den Vordergrund zu stellen? Man muß sich verdeutlichen, was dies heißt oder zumindest bedeuten könnte:

1. Beurteilen vor Verstehen. Exklusivismus, Inklusivismus oder Pluralismus – alle drei Positionen sind Ausdruck der Werthaftigkeit anderer Religionen. Diese drei Modelle selbst haben nur insofern hermeneutischen Wert, als sie verstehen helfen, warum eine andere Religion und vielleicht sogar deren Ausdrucksweisen abgelehnt werden, nicht jedoch, weil sie zu deren Verständnis selbst beitragen. Der Weg vom Beurteilen zum Verurteilen ist nicht weit, denn die Basis für ein zutreffendes Urteil, nämlich Einsicht in das, was beurteilt werden soll, wird in diesen Modellen nicht ausdrücklich thematisiert.

2. Abstraktion vor Konkretion. Religionen werden wesentlich nicht von deren einzelnen Positionen her beurteilt, sondern allgemein von einer religionsphilosophischen Argumentation her. So wird z.B. als Argument angeführt, daß es nur eine Wahrheit geben kann (Exklusivismus), Wahrheit graduell zum Ausdruck kommt (Inklusivismus) oder daß Wahrheit nur perspektivisch zugänglich ist und deshalb Religionen abgelehnt, zugelassen oder aufgesucht werden müssen, sowie in Folge davon Elemente dieser Religionen negiert, assimiliert oder ohne Abstriche mitvollzogen werden sollten. Der umgekehrte Weg, nämlich Religionen nach ihren konkreten Ähnlichkeiten und Unterschieden zu untersuchen, um dann ein Urteil darüber zu fällen, inwiefern Annäherung oder Abstandnehmen grundsätzlich notwendig ist, kommt nicht in den Blick. Das Problem des hermeneutischen Zirkels findet hier wahrscheinlich eine vorschnelle Lösung.

3. Anonymität vor Personalität. Wenn nicht die konkrete Religion, sondern eine mehr oder weniger abstrakte Argumentation im Vordergrund steht, so ist die Beschäftigung mit anderen Religionen losgelöst von der jeweils eigenen Person. Es mag wohl zutreffen, daß die Beurteilung einer Sache nach wahr und nicht-wahr unabhängig von Subjektivität zu erfolgen hat, um nicht in einen grenzenlosen Subjektivismus zu verfallen. Es ist aber genauso zutreffend, daß es neben der Alternative wahr – nicht-wahr auch noch jene von richtig und falsch gibt, welche eher auf den konkreten Vollzug (in diesem Fall religiösen Lebens bzw. Religion) und die Bedeutung für das eigene Leben abzielt. Diese Perspektive kann und darf nicht übersehen werden, ist doch Religion zu einem nicht geringen Teil aus und für das Leben formuliert.

Will man diese Konsequenzen, die eine Hervorhebung der drei Modelle Exklusivismus, Inklusivismus, Pluralismus gegenüber dem Vorschlag »Feste als Bestandteil interkultureller Erziehung« mit sich bringt, nicht tragen[14], so scheint erneut der Weg abgeschnitten zu sein, Feste zum wesentlichen Bestandteil interkultureller Erziehung zu machen. Waren es zuerst die Bedenken hinsichtlich eines unkritischen, also von der Beurteilung anderer Religionen unabhängigen Einsatzes von Festen in der interkulturellen Erziehung, so sind es nun die Anfragen an diese Modelle selbst, die interkulturelle Erziehung vom Fest aus fragwürdig erscheinen lassen.

Bedeutet dies nun das endgültige »Aus« für die Idee einer interkulturellen Erziehung basierend auf religiösen Festen?

3. RELIGIÖSE FESTE ALS BAUSTEIN INTERKULTURELLER HERMENEUTIK

Die gerade gestellte Frage kann mit einem »Nein« beantwortet werden, wenn es gelänge, sowohl die Konsequenzen zu vermeiden, die sich aus der Anwendung von Modellen zur Bewertung anderer Religionen ergeben, als auch das Problem der Werthaftigkeit anderer Religionen nicht zu übergehen. Konkret hieße dies, Feste als Garant für das Verstehen, die Konkretion und die Personalität im Kontext interkultureller Erziehung zu sehen, wobei eine Beurteilung im Sinne einer Positionierung eigener Religion und Religiosität gegenüber diesbezüglichen fremden religiösen Phänomenen nicht zwangsläufig ausbleiben muß.

Eine solche Möglichkeit scheint mir gegeben zu sein, wenn Feste als Bausteine interkultureller Hermeneutik verstanden werden. Um dies näher zu erläutern, möchte ich auf die Überlegungen des auf dem Gedankengebäude *Ludwig Wittgensteins* aufbauenden Philosophen *Peter Winch* zurückgreifen. Der dabei interessierende Kerngedanke ist folgender: »Wenn wir verstehen wollen, in welcher Weise ein Ideensystem mit der Wirklichkeit zusammenhängt, gehen wir am besten so vor, daß wir die wirkliche Anwendung dieser Ideen im Leben untersuchen, anstatt unsere Aufmerksamkeit sozusagen auf das zu heften, was das eigentümliche Wesen der ›Entitäten, auf die sie sich beziehen‹, ausmacht.«[15] Denn: »Wirklichkeit ist nicht etwas, das der Sprache Sinn gibt. Was wirklich und was unwirklich ist, zeigt sich in dem Sinn, den die Sprache hat.«[16]

Winch geht bei der Konzeption dieses Gedankens davon aus, daß religiöse Ideen erst auf der Basis einer religiösen Praxis wie z.B. Kult sowie Ritual formuliert werden[17], wobei diese Formulierungen nicht erklären, warum die ihr zugrundeliegenden Handlungen vollzogen werden, sondern nur einen begrifflichen Zusammenhang zwischen Handlung und religiöser Idee anzeigen[18] und zwar dahingehend, daß der religiösen Idee ohne Handlung kein eindeutiger Sinn beigemessen werden kann. Winch illustriert dies anhand des Begriffs »Gottheit«. Dieser Begriff erhält seinen Sinn erst in der Verbindung mit einem Ritual, wie z.B. der Hinwendung zu hohen Bergen zum Zwecke der Verehrung, was diese Gottheit als herausragende und den Alltag beherrschende Größe bestimmt. Die Hinwendung zu den Bergen selbst wird mit dem Begriff Gottheit alleine nicht erklärt, denn erst in der Hinwendung wird ja erst das deutlich, was diese Gottheit ausmacht und zur Verehrung Anlass gibt.

Was heißt dies nun bezogen auf die These von Festen als grundlegendsten Bausteinen interkultureller Hermeneutik? Kurz gesagt das, daß religiöse Feste

Elemente religiöser Praxis sind, in deren Kontext fremde religiöse Ideen auf ihren Sinngehalt hin erschlossen werden können. So zeigt sich z.B. in der Art und Weise, wie in Festen dem Religionsstifter oder den Propheten gedacht wird, welche Beziehung zwischen Gottheit und Menschheit besteht. Besteht ein solches Fest eher in der Bezeugung kollektiver Trauer und Erinnerung oder der freudvollen Bekundung der andauernden Gegenwart im Feiern, so wird damit entweder die Begrenztheit des Lebens und die Beschränktheit der Gottheit gegenüber dem Tod oder die Allmacht der Gottheit über den Tod hinaus und deren Beständigkeit deutlich. In der Art und Weise, wie ein Fest als Anruf und Aufruf für die Positionierung des eigenen Selbst gegenüber der Gottheit begangen wird, verdeutlicht sich z.B. der Sinngehalt des Terminus »Gotteskindschaft«. Je nachdem ob ein solches Fest eher Anlaß zu sozialen Aktivitäten oder eher Startschuß für Selbstverleugnung ist, zeigt sich die Gottheit als Stifter von Gemeinschaft unter den Menschen als Gotteskindern oder als absolut Fordernder, wobei Gotteskindschaft in der Abwendung von der Welt geschieht.

Wenn vorhin die Forderung aufgestellt wurde, Feste müßten ein Verstehen ermöglichen, das Konkretion und Personalität im Kontext interkultureller Erziehung mit der Perspektive der Möglichkeit zu eigener Wertung zuläßt, so ist sie hier erfüllt. Feste leiten als hermeneutische Bausteine Verstehen ein. Sie tun dies aber auf dem Grund der personalen Erfahrung der jeweils anderen Religion in ihrer konkreten Erscheinungsweise. Jenes Verstehen kann die Grundlage für eigene Wertungen sein, die nicht mehr aufgrund von mehr oder weniger zufälligen Assoziationen zwischen eigener und fremder Begrifflichkeit fallen, wie dies die Gefahr bei im wahrsten Sinne unverständlichen Wertungsversuchen ohne Verständnisbemühungen ist.

4. KONKRETIONEN: HOFFNUNGEN UND BEFÜRCHTUNGEN

Interkulturelle Erziehung und der Dialog der Religionen sind mit einer Vielzahl von Befürchtungen und Hoffnungen verbunden, nicht zuletzt deshalb, weil es immer um die eigene Identität und deren Umsetzung im Lebensvollzug geht. Feste als Bestandteil interkulturellen Lernens und eines Dialogs der Religionen können sich dem folgerichtig nicht entziehen. Aber auch wenn sie selbst immer wieder Anlaß zum Hoffen und Fürchten geben, bieten sie genügend Spielraum zur Auseinandersetzung, was soviel heißen mag, daß letztlich der pädagogische Umgang mit und der Einsatz von Festen über deren Wert für den Dialog der Religionen und interkulturelle Erziehung entscheidet.[19]

Feste können zum Identitätsverlust führen, wenn das Gefühl erlebter Gemeinschaft eigene Positionen vergessen läßt. Feste müssen aber nicht dazu führen, wenn man im Auge behält, wie sehr Feste Eigenes zum Ausdruck bringen, erfahrbar und verständlich machen. Auf dem Hintergrund erlebter Gemeinschaft läßt sich Eigenes eher vertreten als auf der Folie trennender Erfahrungen, weil Mißverständnisse leichter verkraftet und Unterschiede nicht als Angriff sondern als Bereicherung erfahren werden können. Feste können zur »Deaktivierung« des einzelnen führen, wenn das gemeinsame Feiern das Urteilsvermögen des einzelnen verdrängt. Feste müssen aber nicht deaktivieren, bleibt bewußt, daß durch das mit ihnen eingeleitete Verstehen ein eigenes Beziehen von Positionen erst ermöglicht wird und dazu auch herausgefordert wird. Der Verbleib in Unverbindlichkeiten wird so eher unwahrscheinlich als dann, wenn mangels Verständnisses überhaupt keine Bezugspunkte – seien sie nun positiver oder negativer Art – deutlich sind. Die erlebte Gemeinschaft kann den Sinn erfahrbar machen und dazu motivieren, sich überhaupt erst mit Unterschieden und Gemeinsamkeiten auseinanderzusetzen, um das Erlebte auf der Basis von Rationalität beständig zu machen und nicht durch bloße unsichere Gefühlsduselei zu gefährden.[20]

Nehmen wir als Beispiel eine Nikolausfeier mit christlichen sowie muslimischen Schülern. Es kann dabei nicht Sinn und Ziel sein, diese Nikolausfeier muslimisch zu färben, indem z.B. Elemente des muslimischen Zuckerfestes (= Fest zur Beendigung des Fastenmonats Ramadan), das ungefähr im selben Zeitraum anfällt, eingewoben werden. Beide Feste können in der Schule gefeiert werden, aber nicht undifferenziert ineinander, sondern gleichberechtigt nebeneinander. Ein solches Nebeneinander bedeutet kein gleichgültiges Nebenher. Der gegenseitige Besuch des jeweils anderen Festes macht Unterschiede deutlich, läßt eigene Positionen deutlicher erfahren und wirft zahlreiche Fragen auf. Warum feiert man eigentlich Nikolaus? Was hat der Glaube an den einen Gott mit Nikolaus zu tun? Warum beendet man das Fasten im Islam mit dem Verteilen von Süßigkeiten? Ist es dasselbe, wenn man zum Nikolaustag und zum Tag des Zuckerfestes Süßigkeiten bekommt? Sind Nikolaustag und Zuckerfest Pflicht? Solche Fragen entstehen nicht aus rein theoretischem Interesse, das einen selbst persönlich unberührt lassen kann. Sie entwickeln sich aus der Erfahrung gelebter Gemeinschaft im Alltag, die nicht Uniformität ist, sondern Unterschiede mit einschließt. Diese fordern heraus zu verstehen, nicht nur weil sie in ihrer grundsätzlichen Möglichkeit bestehende Gemeinschaft zu gefährden richtig eingeordnet werden wollen, sondern auch deshalb, weil sie die entdeckende Neugier ansprechen.

Trotz allem sind Feste nicht der Garant für das Gelingen interkultureller Erziehung und des Dialogs der Religionen, aber sie haben die unverzichtbare Potentialität, tragfähige Basis dafür zu sein. Zum Schluß dieser Überlegungen stehe daher als Resümee die Aufforderung, daß unser Leben ein Fest sei, nicht nur weil wir dadurch ein Stück Unbeschwertheit gewinnen, das uns unser

Glaube mit der Botschaft vom Anbruch des Reiches Gottes verheißt, sondern auch deshalb, weil wir Menschen uns damit in unserer Verschiedenheit besser verstehen, besser annehmen und besser tolerieren lernen, was an sich schon Beitrag zum Heil-Sein ist.

Anmerkungen

1 Gemeinsame Synode der Bistümer der Bundesrepublik Deutschland, Der Religionsunterricht in der Schule, in: Sekretariat der Deutschen Bischofskonferenz (Hrsg.), Nachkonziliare Texte zu Katechese und Religionsunterricht (Arbeitshilfen 66), Bonn 1989, 269–303, hier 279.

2 Vgl. Sekretariat der Deutschen Bischofskonferenz: Die bildende Kraft des Religionsunterrichts. Zur Konfessionalität des katholischen Religionsunterrichts (= Die deutschen Bischöfe 56), Bonn 1996.

3 Vgl. W. Klafki, Neue Studien zur Bildungstheorie und Didaktik. Zeitgemäße Allgemeinbildung und kritisch-konstruktive Didaktik, Weinheim-Basel, ^{5}1995 , 59.

4 Vgl. andeutungsweise Klafki, a.a.O., 78.

5 Vgl. H.v. Hentig, Schule neu denken. Eine Übung in praktischer Vernunft, München-Wien, 1993, 219–226.

6 Zum Problem einer eindeutigen Aufgabenzuschreibung hinsichtlich Religionsunterricht und interreligiösem Lernen im Bereich der katholischen Kirche vgl. H. Zirker, Interreligiöses Lernen aus der Sicht katholischer Kirche und Theologie, in: F. Rickers/ E. Gottwald (Hrsg.), Vom Religiösen zum Interreligiösen Lernen. Wie Angehörige verschiedener Konfessionen lernen – Möglichkeiten und Grenzen interreligiöser Verständigung, Neukirchen-Vluyn 1998, 51–69.
Für den evangelischen Bereich vgl. die Darstellung von J. Lähnemann, Evangelische Religionspädagogik in interreligiöser Perspektive, Göttingen 1998, 41–142.

7 Das eng damit zusammenhängende Problem des Umgangs mit Pluralität durch die Religionspädagogik stellt umfassend Wunderlich dar. Vgl. R. Wunderlich, Pluralität als religionspädagogische Herausforderung, Göttingen, 1997, bsd. 328–345.

8 Vgl. W. Wiater, Schulkultur – ein Integrationsbegriff für die Schulpädagogik? In: N. Seibert (Hrsg.), Anspruch Schulkultur. Interdisziplinäre Darstellung eines neuzeitlichen schulpädagogischen Begriffs, Bad Heilbrunn 1997, 21–43.

9 Eine präzise Zusammenfassung mit weiterführender Literatur zum Thema Schulfest bietet P. Struck, Schulfest/-feier, in: Enzyklopädie Erziehungswissenschaft Bd. 4: Methoden und Medien der Erziehung und des Unterrichts, Stuttgart u. Dresden: 1995, 594–598, bes. 595–596.

10 In Parallele dazu ließe sich ebenso auf die Bemühungen im Bereich der Katechese verweisen, wie sie beispielsweise bei G. Bitter / A. Gerhards (Hrsg.), Glauben lernen – Glauben feiern. Katechetisch-liturgische Versuche und Klärungen, Stuttgart - Berlin - Köln, 1998.

11 Vgl. H-J. Frisch, Leitfaden Fachdidaktik Religion, Düsseldorf ^{2}1995, 176 unter dem Aspekt »Besonderes«; im übertragenen Sinne hinsichtlich Unterricht und Liturgie: Ch. Grethlein, Liturgische Elemente? In: G. Adam / R. Lachmann, Methodisches Kompendium für den Religionsunterricht, Göttingen ^{3}1998, 377–393, bes. 384; mit der Zielsetzung der Zusammenfassung eines Lernweges vgl.: B. Jendorff, Religion unterrichten – aber wie? Vorschläge für die Praxis, München 1992, 200–202; im Hinblick auf Exkursion und Auswertung vgl.: H. Kurz, Methoden des Religionsunterrichts. Arbeitsformen und Beispiele, München ^{4}1998, 136–137. Es erstaunt, daß die Thematik Fest in einem Band wie dem von L. Rendle/L. Kuld/U. Heinemann u.a. , Ganzheitliche

Methoden im Religionsunterricht. Ein Praxisbuch, München 1996, der sich um Ganzheitlichkeit bemüht, nicht vorkommt.

12 Von hier aus gesehen ergibt sich im übrigen auch für den Fortgang der Argumentation die Konzentration auf religiöse Feste.

13 Für den religionspädagogischen Bereich z.B. dargestellt bei St. Leimgruber, Interreligiöses Lernen, München 1995, 30–34; und H. Zirker, Interreligiöses Lernen aus der Sicht katholischer Kirche und Theologie, in: F. Rickers/ E. Gottwald (Hrsg.), Vom Religiösen zum Interreligiösen Lernen. Wie Angehörige verschiedener Konfessionen lernen – Möglichkeiten und Grenzen interreligiöser Verständigung, Neukirchen-Vluyn 1998, 63–64.
Daß das Problem der generellen Verhältnisbestimmung grundsätzlich im Bereich interkultureller Erziehung auch unabhängig von Religion eine Bedeutung hat, scheint bei den unterschiedlichen Graden des Aufeinanderzugehens bei verschiedenen Modellen interkultureller Erziehung durch, wie sie Auernheimer darstellt in: G. Auernheimer, Einführung in die interkulturelle Erziehung, Darmstadt 1990, 170–223.

14 In der Zurückweisung der sich aus der Anwendung der Modelle Exklusivismus, Inklusivismus, Pluralismus ergebenden Konsequenzen weiß ich mich weitgehend eins mit den Kommunikationsregeln für interreligiöse und interkonfessionelle Verständigung von Nipkow. Vgl.: K.E. Nipkow, Bildung in einer pluralen Welt., Bd. 2 Religionspädagogik im Pluralismus, Gütersloh 1998, 112–123. Hier v.a. Regel 1 »Leite die Kinder an, über die Inhalte einer anderen Konfession oder Religion möglichst so zu kommunizieren, als kommunizierten sie mit einem anderen Menschen ...« vs. Anonymität vor Personalität; Regel 3 »Kommuniziere mit den Kindern und Jugendlichen über unterschiedliche religiöse Wahrheitserfahrungen so, daß beides ernst genommen wird, die Ernsthaftigkeit der von anderen Gläubigen bezeugten Glaubenserfahrung und das ernsthafte Interesse der Kinder und Jugendlichen an der Beurteilung dieser Erfahrung« vs. Beurteilen vor Verstehen; Regel 4 »Kommuniziere über Religionen und Konfessionen mit Kindern so, daß nicht verfrüht kognitive Konzepte (Lehrunterschiede) in den Vordergrund gerückt werden ... sondern so, daß das konkrete religiöse Verhalten und das menschliche Verhältnis zueinander ... im Vordergrund stehen« vs. Abstraktion vor Konkretion.

15 P. Winch,Versuchen zu verstehen, Frankfurt/Main 1992, 180.

16 P. Winch, Was heißt ›eine primitive Gesellschaft verstehen‹?, in: H.G. Kippenberg/B. Luchesi (Hrsg.), Magie. Die sozialwissenschaftliche Kontroverse über das Verstehen fremden Denkens, Frankfurt/Main 1987, 73–119, hier 78.

17 Vgl. P. Winch, Versuchen zu verstehen, 152.

18 Vgl. ebenda: 156.

19 Hilfreiche Anregungen für diesen pädagogischen Umgang bieten in jüngster Zeit z.B.: O. Bischofberger, Feiern des Lebens. Die Feste in den Religionen, Neustadt 1994; R. Kirste/H. Schultze/U. Tworuschka, Die Feste der Religionen. Ein interreligiöser Kalender mit einer synoptischen Übersicht, Gütersloh ^{4}1997,und G. Wagemann, Feste der Religionen-Begegnung der Kulturen, München 1996.

20 Die Möglichkeit der Aktivierung des einzelnen durch Feste wie hier dargestellt entspräche im übrigen auch einer immer mehr zur Sprache kommenden Veränderung von Lernkulturen in institutionalisierten pädagogischen Feldern. Vgl. dazu z.B. R. Arnold/I. Schüssler, Wandel der Lernkultur. Ideen und Bausteine für ein lebendiges Lernen, Darmstadt 1998, 7–10, 72–80.

Europa für die Menschen

ALFRED GLEISSNER

Diese Zeilen werden geschrieben, während aus dem Gebiet Jugoslawien/Kosovo und aus den angrenzenden Ländern Mazedonien und Albanien täglich Kriegsnachrichten über Zeitungen und Fernsehen ankommen. Betroffen von dem, was sich ereignet, suche ich Gedanken zu assoziieren und – eingedenk der eigenen Hilflosigkeit – dafür zu werben, daß die Menschen ihr Handeln am Wohl der Menschen ausrichten.

1. KRIEG IN EUROPA

Ich lese und höre von Bombardierungen und Beschießungen; ich sehe Bilder von Zerstörungen, von geschundenen und verzweifelten Menschen, die auf der Flucht sind, um das nackte Leben zu retten. Verletzte und Tote säumen die Straßen der Not.

Wenn ich frage, warum solches in Europa im ausgehenden 20. Jahrhundert geschieht, dann verweist man mich auf einen Machthaber, der autokratisch über Wohl und Wehe seines Landes bestimmt. Man verweist mich auf die unüberwindlichen Verschiedenheiten, die sich aus der Zugehörigkeit der Menschen in dieser Region zu verschiedenen kulturellen Traditionen und zu verschiedenen Religionen ergeben. Die dort vertretenen verschiedenen Religionen predigen die Liebe Gottes, aber sie diffamieren die je andere Religion wie einen Feind. Man erinnert mich daran, daß in Europa – ebenso wie anderwärts – historisch und politisch bedingte Grenzziehungen Erblasten hinterlassen haben, die Menschen dazu verurteilten, in Ländern zu leben und sich Majoritäten unterwerfen zu müssen, die ihnen die je eigene Identität wegnehmen möchten. Brutalität und Ungerechtigkeit eskalieren. Ethnische Säuberungen schaffen ein Szenarium der Unmenschlichkeit.

Die Vorkommnisse in Jugoslawien demonstrieren eine solche Eskalation von Gewalt, daß sie fast vergessen lassen, daß sich auch innerhalb der europäischen Grenzen seit vielen Jahren ein gewaltsamer Konflikt in Nordirland ereignet, dessen Wiederaufflammen nach Phasen relativer Ruhe jederzeit zu befürchten ist.

Es ist müßig, aufzuzählen, an wieviel anderen Orten dieser Erde zur gleichen Zeit gewaltsame kriegerische Konflikte ausgetragen werden. Der Krieg in Europa beschäftigt uns mehr als jene zahlreichen kriegerischen Auseinandersetzungen, die zeitgleich an Orten ausgefochten werden, die in anderen Kontinenten liegen. Wenn »hinten weit in der Türkei die Völker aufeinanderschlagen«, so erweckt das auch Interesse, aber nicht eigentlich Betroffenheit. Entfernung schafft Distanz und dispensiert von der Verpflichtung, sich intensiv zu engagieren.

Den Geschäftsberichten großer Betriebe kann man entnehmen, daß Deutschland zu den größten Exporteuren von Waffen und Kriegsmaterialien gehört. In den Bilanzen trägt dieses Geschäft erheblich zum Erfolg der Unternehmen bei. Aus den Bilanzen aber ist nicht ersichtlich, was diese Exportgüter dort anrichten, wohin sie geliefert werden.

Der Club of Rome und nach ihm viele andere haben aufmerksam gemacht, daß niemand mehr auf dieser Welt für sich alleine leben kann. Riesige Geldsummen werden über Nacht über Kontinente verschoben; der Mangel an Primärenergie und an Ressourcen nimmt zu; die Technik gefährdet bei einem GAU jeden Punkt der Erde. Global zu denken und zu handeln ist das Gebot der Stunde. Die Tatsache, daß ein Drittel der Menschheit zwei Drittel der irdischen Erträgnisse konsumiert und zwei Drittel der Menschheit sich mit einem Drittel begnügen müssen, ist alarmierend. Aber sie alarmiert kaum jemanden.

Man muß kein Pessimist sein, um die Welt in ihrer jetzigen Situation so zu beschreiben.

2. DAS FEST DER AUFERSTEHUNG – KONTRAST ZUR WIRKLICHKEIT

In die Zeit, in der die angedeuteten Ereignisse fallen, fällt in diesem Jahr das christliche Osterfest mit den beiden Terminen nach westlicher und nach östlicher Tradition: Christ ist erstanden – Christos anestos.

Eine der schönsten Auferstehungsgeschichten ist diejenige der Emmausjünger (Lk 24,13–35). In ihr zeigt sich die Wirklichkeit des Auferstandenen, der den Tod physisch besiegt hat: er ist da, körperlich, sichtbar; er geht einen Weg, er ißt und trinkt, er redet, er segnet Brot und Wein. Sein Umgang mit den beiden Jüngern ist ebenso souverän wie freundlich und einfühlsam.

Die aber sind mit Blindheit geschlagen. Sie erkennen ihren Weggenossen nicht, als er sich zu ihnen gesellt. Erstaunt treffen sie auf einen Zeitgenossen, der von den Vorfällen der letzten Tage, in deren Bann sie noch ganz stehen, augenscheinlich ganz unberührt ist; aber als er ihre Sorgen und ihre vage Hoffnung aufgreift und sie perspektivisch in einen größeren Zusammenhang stellt, werden sie aufmerksam; sie fühlen sich verstanden und doch bleiben sie befangen in der kleinen Welt ihrer Vorstellungen. Erst als sie beim Abendessen Zeugen jener Jesus ganz eigentümlichen Art, die Speisen zu segnen, werden, kommt ihnen die Erkenntnis, daß dieser Mann sie nicht einfach über ihre Stimmung zwischen realer Enttäuschung und absurder Hoffnung hinwegtrösten wollte; er wollte viel mehr; er wollte ihnen zeigen, daß ihre Hoffnung sich viel mehr erfüllt hat, als sie je zu hoffen wagten. Sie werden später den Gruß des Auferstandenen weitersagen, wie er sich ihnen eingeprägt hat: Der Friede sei mit euch.

Die Szene von Krieg und Gewalt, an die am Anfang dieses Beitrages erinnert wurde, trägt sich in unserer Nachbarschaft zu; sie irritiert uns besonders, weil sie direkt an der Grenze jener Region passiert, die sich gerade zu einer politischen Einheit zusammengeschlossen hat (Europäische Union), deren Wurzeln in dem Wunsch liegen, kriegerische Auseinandersetzungen unter den dort ansässigen Völkern zukünftig zu vermeiden.

3. DER MENSCH – EIN GEWALTBEREITES WESEN

Sehen wir auf den Protagonisten dieser Konflikte, den Menschen, und suchen wir zu verstehen, woher seine Gewaltbereitschaft kommt.

Anscheinend nimmt niemand Anstoß, wenn Phasen der Geschichte oft an Kriegen festgemacht werden. Im Verhältnis zu Frankreich sprechen wir z.B. von der Zeit nach dem Krieg von 1870/71, von der Zeit vor oder nach dem ersten oder dem zweiten Weltkrieg. Hinsichtlich anderer Länder ließe sich das ähnlich belegen. Es scheint, daß Kriege bei dieser Art der historischen Einteilung als explosionsartige Phänomene betrachtet werden, die Zeiten qualitativ verschiedener gegenseitiger Kommunikation abgrenzen; vor dem Eintreten der Katastrophe stauen sich Emotionen zu Aggressionen auf, die sich schließlich eruptiv entladen; nach dem Krieg hat sich das Gleichgewicht der Kräfte verändert zugunsten eines siegreichen und zu Lasten eines besiegten Landes. Der Sieger versucht alsdann, die Bedingungen des Friedens so zu gestalten, daß seine Rechte verläßlich gewahrt werden können; in der Demütigung des Besiegten aber liegt der Keim künftiger Rache. Die Chance zum Frieden wurde verspielt. Homo homini lupus.

Was da in Auseinandersetzungen zwischen Völkern geschieht, vollzieht sich tagtäglich in der Mikrodimension des Zusammenlebens von Individuen. Auch hier stauen sich Konfliktpotentialien auf, die sich aus Kleinigkeiten zusammensetzen: sich herausgefordert fühlen, sich gestört fühlen, sich übervorteilt fühlen. Jeder weitere Tropfen kann das Faß zum Überlaufen bringen mit der Folge verbaler, handgreiflicher oder forensischer Attacken. Täter wie Opfer sind

Nachbarn, Geschäftspartner, Verkehrsteilnehmer, Familienmitglieder, Ausländer, Frauen, Kinder, Alte – jedermann ist potentiell Täter wie Opfer.

Die Folgen solcher Konflikte reichen von zerrütteten Beziehungen über wirtschaftlichen Ruin bis zu Mord und Totschlag. Über die Spitzen dieses Eisbergs berichten jeden Tag die Zeitungen.

Hinter solchen zwischenmenschlichen Kollisionen stecken die Abwehr von Übergriffen, aber auch verletzte Eitelkeit, übersteigertes Selbstwertgefühl, kompensierte Komplexe, Neid und Eifersucht, oder schlichtweg Aggressionslust als Kompensation für mangelnde Erfolgserlebnisse. Schlagworte aus der Praxis eines Psychologen. Fehlhaltungen aus Gewohnheit und Anlage, oft herrührend aus prägenden biographischen Erlebnissen und als solche zurückreichend in die früheste Kindheit. Konditionierung und Schuld werden zu einem nicht zu entwirrenden Knoten.

Schüler, Lehrer und Eltern klagen über Gewalt an Schulen. Schüler sind psychischem wie physischem Terror ausgesetzt, Vandalismen allgegenwärtig. Ladendiebstähle Jugendlicher als Mutproben; Banden Jugendlicher lehren ganze Stadtviertel das Fürchten. Beratungslehrer und Schulpsychologen (von denen es zu wenige gibt) stoßen auf haarsträubende Biographien. Pädagogen bemühen sich, diejenigen Schüler, bei denen (augenscheinlich) keine therapiebedürftigen Schädigungen vorliegen, vor dem Sog dieser Szene zu bewahren. Ist wirklich homo homini lupus?

4. EBENBILD GOTTES

Im Buch Genesis wird Gottes Plan beschrieben, den Menschen zu schaffen als die Krone der Schöpfung (1,26). Die Stelle hat die theologische Reflexion immer wieder angeregt. Nach dem Literalsinn bedeutet der Text, der Mensch, hervorgehend aus Gottes schaffendem Wort, sei Bild Gottes. Galt dies nur am Anfang, bis die Auflehnung gegen Gott den Menschen ins Gegenteil pervertierte? Wie aber konnte der Mensch als Gottes Ebenbild so leicht und so umfassend der Versuchung erliegen?

Gottes Ebenbild kann doch nur bedeuten, zwar Gott nicht gleich zu sein, aber doch etwas von dem zu haben, was Gott zu Gott macht: etwas von seinem Verstand, etwas von seinem Willen, etwas von seiner Fähigkeit zu lieben. Gleichsam die Fähigkeit zur Unendlichkeit, in ihrem Maß angepaßt menschlichem Fassungsvermögen. Ungeheures in zerbrechlichen Gefäßen.

Aber müßte nicht auch die geringste Teilhabe an göttlichen Eigenschaften den Menschen zu einem Wesen machen, dem alles, was Unordnung ist oder Ordnung stört, im innersten zuwider ist? Dessen existentielles Anliegen jene Ästhetik und jene Harmonie ist, von der Gott wollte, daß jedes geschaffene Wesen sich seines Lebens und jedes geschaffene Ding sich seines Daseins erfreut? Wie kann man erklären, daß ein solcher Mensch in der Schöpfung eine Spur der Verwüstung hinterlassen hat und – trotz gewachsener gegenteiliger Einsicht – noch heute hinterläßt?

War vielleicht die Versuchung zu groß, sich nicht mit der Rolle des Ebenbildes zu begnügen, sondern dem Urbild das letzte ihm allein zu Eigene zu entreißen und – so der Plan glückt – zu »sein wie Gott«? War auch die geringste Chance auf Erfolg das Risiko wert, alles zu verspielen? Es ist schwer verständlich, wie in Menschen, die Gott nahestehen, solche Gedanken aufkommen und sie ihnen schließlich gar folgen können.

Löst sich das Dilemma, wenn man – wie der Erzähler – die Verführung durch einen geheimnisvollen Dritten annimmt, dem der Mensch nicht widersteht? Dieser Dritte muß ein genialer Verführer gewesen sein, den Menschen an Genialität überlegen, seinerseits gleichsam ein mit pervertierten Fähigkeiten ausgestattetes Ebenbild Gottes.

Damit folgen wir der Suggestion, die der Erzähler mit dem Ablauf seiner tragischen Geschichte verbindet. Seit Augustinus und später vor allem im Zeitalter der Reformation wurde diskutiert, was im Menschen von seiner Gottebenbildlichkeit übrig geblieben ist. Die Antwort ist einfach: nichts. Zumindest nichts, was der Mensch aus eigenen Kräften wieder regenerieren könnte. Gott selbst muß sich ihm zuwenden und das Wort sprechen, das ihn vom Bann seines Irrtums erlöst und ihn aus der Dunkelheit, in die er sich verloren hat, zurückführt in sein Licht.

Er gibt ihm wie einst dem blinden Bartimäus (Mk 10,46–52 und Par.) das Augenlicht wieder. Wie ein von schwerer Krankheit Genesender muß er jetzt neu lernen, die Welt im Licht der göttlichen Zuwendung zu sehen und deren Wirklichkeit im Kleinen und Bescheidenen zu erkennen (Lk 1,46–55, *Magnificat*). Vieles sieht er jetzt mit anderen Augen (Mk 1,15).

Gestützt auf die Ermutigung durch Gott und gestärkt durch seine Kraft gibt es Menschen, die sich bemühen, der Gewalt Einhalt zu bieten. Die Motive, die ihre Triebfeder sind, sind sehr verschieden; sie pendeln zwischen Philanthropie und Heiligkeit. Aber sie haben eines gemeinsam: Sie respektieren die Würde von Mensch und Schöpfung und artikulieren daraus die Maxime ihres Lebens. Sie lindern Not; sie trösten und ermutigen; sie mahnen zum Frieden und demonstrieren gegen Gewalt; sie geben denen eine Stimme, die keine haben. Sie ändern nicht viel und bewegen doch Vieles. Das Fünkchen Güte, das sie ausstrahlen, wird zu einem großen Feuer. Durch sie hindurch (*Person*) schimmert die Hoffnung, daß Mitmenschlichkeit möglich ist. Wenn es sie nicht gäbe, hätte die Zukunft keine Chance. Homo homini homo.

Der Streit darüber, ob der Mensch Ebenbild Gottes ist oder ob er es erst wird, ist heute nicht mehr aktuell. Wenn aber die Forderung nach der Beachtung der Menschenrechte und nach einer Politik um des Menschen willen auf stabilem Fundament stehen soll, dann kann die Vision von der Gottebenbildlichkeit Menschen der christlichen Hemisphäre Halt geben und Ansporn sein. Der Mensch kann im monotonen Trott des Alltäglichen, eingesponnen in die nicht endende Jagd nach seinem eigenen Glück, zur Lächerlichkeit regredieren (*Philister*). Er betet den Engel an, wo er Gott anbeten sollte (Offb 22,8f). Er kann auch das Gefängnis der narzistischen Selbstbespiegelung aufbrechen und sich – selbst im Ausweglosen – auf Wege begeben, die ihm scine Fähigkeit zeigen, sein Begrenztheit hinter sich zu lassen. Wo nichts mehr zu finden ist, findet er zu sich selbst, indem er in sich eine Kraft findet, die nicht von ihm ist. Auch heute definiert sich die Person letztlich als Ebenbild Gottes (*Viktor Frankl*).

5. HILFLOS UND (FAST) ALLMÄCHTIG

Die moderne Anthropologie beschreibt den Menschen als ein Wesen von spezieller Eigenart. Auf der einen Seite hilflos und hinfällig, ist er auf der anderen Seite zu ungeheuren Leistungen fähig.

Er ist hilflos und hinfällig, weil er nicht hat, womit andere Lebewesen meist in großzügiger Weise ausgestattet sind. So fehlen ihm zum Beispiel natürliche Hilfen für die Auseinandersetzung mit einer lebensfeindlichen oder lebensbedrohenden Umwelt. Es fehlt ihm an körperlicher Kraft und an physischer Ausdauer. Die Pflege des Nachwuchses ist umständlich und dauert viele Jahre lang. Seine Sinnesorgane sind schwächlich und angeborene Reaktionsmechanismen (Instinkte) kaum vorhanden. Er ist den Bedingungen seines Lebensraumes nur ungenügend angepaßt.

In diesen Bereichen sind dem Menschen darum fast alle anderen Lebewesen weit überlegen (*Arnold Gehlen*).

Aber das bringt ihnen in ihrer Konkurrenz zum Menschen – etwa in der Behauptung von Lebensraum – keinen Vorteil. Denn der Mensch verfügt als einziges Lebewesen über ein erstaunlich leistungsfähiges System von Fähigkeiten, das ihn in die Lage versetzt, aus punktuellen Erkenntnissen durch Analyse und Synthese Konsequenzen zu ziehen und sie in allgemein gültigen Sätzen zu formulieren. Menschen sind überdies in der Lage, über vorhandene Erkenntnisse zu reflektieren und sie kontinuierlich weiterzuentwickeln, ja gänzlich neue Erkenntnisse daraus herzuleiten. Die Bereiche menschlicher Forschungen beschränken sich nicht auf die Sicherung von Lebensunterhalt und Nachwuchs oder auf das Leben in einer umgrenzten Region, sondern umgreifen alle Bereiche der physischen wie der psychischen Welt, weit jenseits zeitlicher oder lokaler Beschränkung (*Helmut Plessner*). Es gehört zu den Grundeigenschaften menschlicher Verfaßtheit, zu fragen und immer weiter zu fragen. Jede neue Antwort fordert neue Fragen heraus, die ihrerseits zu neuen Überlegungen und Versuchen motivieren (*Max Scheler*). So wachsen die gesicherten Erkenntnisse und mit ihnen die Hypothesen weiteren Fortschritts rasch, seit dem Erreichen eines optimalen Bestandes an vernetzten Kenntnissen mit unvorstellbarer Geschwindigkeit.

Niemand übersieht mehr das Ganze. Den Universalgelehrten kann es in dieser Zeit nicht mehr geben; ihn hat der Spezialist abgelöst, der ein (immer kleiner werdendes) Fachgebiet möglichst genau übersieht.

Groteskerweise ist gerade die defiziente Ausstattung mit körpereigenen Hilfsmitteln für den Menschen die Chance, sich auf der ganzen Erde auszubreiten und seine natürlichen Mängel durch substituierende Erfindungen auszugleichen. Inzwischen greift er über die Erde hinaus nach dem Kosmos.

Mit den zunehmenden Erkenntnissen wachsen die Möglichkeiten zu immer wirksameren Eingriffen. Dabei können irreversible Fakten geschaffen werden, die die Lebensqualitäten späterer Generationen verändern. Wo (fast) alles möglich ist, stellt sich die Frage, ob alles erlaubt ist. Die Moralität menschlicher Handlungen konkurriert mit der Chance raschen Profits. Das Können stößt an das Veto der Verantwortung.

6. DER MENSCH – GUT UND BÖSE

Es ist längst erwiesen, daß die Verpflichtung der Moral, das Gute zu wählen und das Schlechte zu meiden, den zahlreichen Versuchungen nicht gewachsen ist, durch Vernachlässigung von Folgelasten anderen zu schaden, um selbst erfolgreich zu sein. Es bedarf deshalb zahlreicher Institutionen (Behörden), um wenigstens die wichtigsten Aktivitäten zu kontrollieren. Sie funktionieren meist zuverlässig, aber sie können nicht jeden Mißbrauch verhindern. Sie sind oft unbeweglich, ihre Verfahren können unterlaufen werden, manchmal sind sie selbst korrumpierbar.

Wir wissen heute viel über die Entwicklung der menschlichen Erkenntnisfähigkeit (*J. Piaget*) und die Entwicklung der moralischen Urteilsfähigkeit; wir wissen auch, daß die meisten Menschen die Stufe des selbständigen autonomen moralischen Urteils nie erreichen (*Lawrence Kohlberg*). Sie bleiben zeitlebens angewiesen auf kompetente Wegweisungen, die ihrerseits überzeugende moralische Integrität besitzen muß. Es gibt also ein Gefälle zwischen dem Willen und dem Können auf der Ebene von Erkenntnis und Realisierungsmöglichkeit; dies regt zu immer neuen Versuchen an und führt zu neuen Entdeckungen und Erfindungen. Die durch das Gefälle angezeigten Barrieren bedingen die Grenzen des jeweils Machbaren.

Es gibt ebenso ein Gefälle zwischen dem Wollen und dem Dürfen auf der Ebene des moralisch Verantwortbaren. Hier markieren nicht intellektuelle, kognitive oder technische Überforderungen Grenzen; es bestimmt vielmehr ein kompliziertes Gefüge von Werten, was geschehen darf und was nicht. Das Wertgefüge stellt in sich eine Vernetzung von Werten dar, die durch die Leitlinie einer Wertehierarchie geordnet sind. Sie verpflichtet jeden, sowohl die Ursache, als auch die Verfahren, das angestrebte Ziel und vorhersehbare Konsequenzen einer angemessen strengen Prüfung unter dem Blickwinkel der moralischen Unbedenklichkeit zu unterziehen. Das ethische Axiom *Quidquid agis, prudenter agas et respice finem* galt schon immer. Alle Schilderungen menschlichen Fehlverhaltens zeigen seine Gültigkeit. Auch Adam und Eva haben die moralische Legitimität dessen, was sie erreichen wollten, nicht gewürdigt und mußten selbst die Konsequenzen tragen. Aber sie haben auch die Lebensqualität aller künftigen Generationen ruiniert. Seitdem ist der Mensch ein in sich gebrochenes Wesen, weil er oft irrt, wenn er entscheiden soll zwischen dem, was er will und dem, was er darf, und die je bessere Einsicht ihn nicht davon abhalten kann, das je Schlechtere zu wählen.

Auch Anthropologen, für die die biblische Offenbarung nicht die Grundlage ihrer wissenschaftlichen Überlegungen darstellt, registrieren eine eigentümliche Gebrochenheit im Menschen zwischen dem, was er ist und dem, was er sein möchte. Damit ist weit mehr gemeint als bloße Unzufriedenheit mit sich selbst, die ja ihrerseits Anlaß sein könnte, sich zu ändern. Sie meint vielmehr, daß auch ernstgemeinte Änderungsversuche zum je Besseren letztendlich scheitern. Gerade Menschen, die sich selbst kritisch gegenüberstehen, leiden darunter, wenn es ihnen so unendlich schwerfällt, sowohl in der Formung ihrer eigenen Identität als auch in der Stärkung ihrer Kommunikationsfähigkeit Fortschritte zu machen. Was bleibt, ist die Ernüchterung angesichts der strukturellen Inkompatibilität zwischen raum- und zeitüberschreitenden Visionen und der Kontingenz der Realität. Der Ausgriff auf das Absolute verfängt sich in den ermüdenden und abstumpfenden Auseinandersetzungen mit den alltäglichen Banalitäten. Wo Teilhabe an der Transzendenz erhofft wurde, erdrückt die Last der Immanenz. Das Bewußtsein, einmalig und unverwechselbar zu sein, stößt sich an der Unvermeidbarkeit des Todes, der alle gleich macht.

7. DIE ERZIEHUNG DES MENSCHEN

Es gehört wieder zu den Wesenseigenschaften der Menschen, erziehungsbedürftig und erziehungsfähig zu sein. Erziehung ist eine besondere Form der mitmenschlichen Zuwendung. Eltern und Geschwister, Erzieher, Lehrer und

Ausbilder können durch nichts ersetzt werden; wo sie ihre Aufgabe delegieren, – z.B. an technische Medien – leidet die Erziehung Schaden.

Erziehung geschieht vor allem im Dialog. Mit Worten aufmunternd, tröstend, motivierend, mahnend, warnend, tadelnd erhält in den Augen des Zöglings der Weg, den er geht, Konturen. Sein Blick weitet sich und das Bild, das er sich von der Welt macht, gewinnt an Tiefe. Im Gegenzug weisen die Reaktionen des Zöglings den Erzieher auf Bereiche hin, in denen er seinen Einfluß verstärken oder zurücknehmen oder ändern muß.

Nachdrücklicher als Worte wirkt das, was der Erzieher tut. Auf dem Weg der Nachahmung üben sich Kinder in Verhaltensweisen ein, die sie täglich sehen und die ihnen zur Gewohnheit werden (*Albert Bandura*). Niemand kann anderen vermitteln, was er selbst nicht tut. Wenn Erzieher sich dieses non-verbalen Dialoges bewußt sind, beeinflußt dies auch ihr eigenes Leben, weil es unweigerlich zu Selbstkorrekturen führt. Daran wird besonders deutlich sichtbar, daß Erziehung nicht nur Einfluß des Erziehers auf den Zögling ist, sondern auch umgekehrt Einfluß des Zöglings auf den Erzieher. Erziehung ist also Dialog, durch den beide Partner reifen.

Wenn Erziehung weitgehend delegiert wird, z.B. an den Kindergarten oder an die Schule, so verstößt das nicht direkt gegen das dialogale Wesen von Erziehung. Aber es verstößt gegen das Gesetz, daß der Dialog, der am meisten prägt, zwischen Menschen geführt wird, die die Lebensumstände miteinander teilen und tagaus-tagein aus den wechselseitigen Beziehungen ihr Daheim gestalten. Diese Lebenswelt ist nicht ersetzbar.

Darüber hinaus müssen Lehrer erziehen, auch wenn sie nicht die ersten Erzieher sind und nicht die einzigen Erzieher sein dürfen. Jeder Erzieher steht in der Kette der Erziehenden und muß seinen spezifischen Beitrag erbringen. Dieser ist unverwechselbar und kann nur von ihm authentisch geleistet werden. In einer Altersphase, in der Kinder lernen, in eine größere Gemeinschaft hineinzuwachsen und die Beziehungen zum Elternhaus sich langsam ändern, haben in der arbeitsteiligen Gesellschaft Lehrer ihren wichtigen Platz. Wenn sie sich über die bloße unterrichtliche Vermittlung von Kenntnissen hinaus in Absprache mit den Eltern in die Biographien ihrer Schüler mischen, schaffen sie einen zusätzlichen Ort des Dialoges und bieten neue Identifizierungsmöglichkeiten an. So erweitern sie ihrerseits Horizont und Welterfahrung. Das Anliegen, den Erziehungsauftrag der Schule angesichts des herrschenden offenkundigen Erziehungsnotstandes neu zu sehen und ernst zu nehmen, ist sehr berechtigt. Neuerdings heben auch amtliche Lehrpläne darauf ab, wenn sie fächerübergreifende Erziehungsziele beschreiben. So werden als Bildungs- und Erziehungsziele genannt: Entfaltung individueller Fähigkeiten – Hinführung zur Übernahme sozialer Verantwortung – Befähigung zur Teilhabe an der kulturellen Tradition – Befähigung zum ethischen Urteilen und Handeln (*Lehrplan für die Bayerische Realschule 1993*). Die Grundlage solcher Bildungs- und Erziehungsziele ist der Verfassungsauftrag: »Die Schulen sollen nicht nur Wissen und Können vermitteln, sondern auch Herz und Charakter bilden. Oberste Bildungsziele sind Ehrfurcht vor Gott, Achtung vor religiöser Überzeugung und vor der Würde des Menschen, Selbstbeherrschung, Verantwortungsgefühl und Verantwortungsfreudigkeit, Hilfsbereitschaft, Aufgeschlossenheit für alles Wahre, Gute und Schöne und Verantwortungsbewußtsein für Natur und Umwelt« (*Bayerische Verfassung, aus Art. 131*); ähnliche Erziehungsziele formulieren die Lehrpläne anderer Schularten und anderer Bundesländer. Wenn Lehrer verpflichtet werden, eine so anspruchsvolle Liste von Erziehungszielen zu beachten, müßten sie allerdings während ihrer Ausbildungszeit auch mit den notwendigen Hilfen ausgerüstet werden. Tatsache aber ist, daß neuerdings gerade jene Inhalte aus der Prüfungsordnung gestrichen werden, die Ethik und Werteerziehung betreffen. Wie sollen Lehrer erzieherische Aufgaben erfüllen, wenn ihnen in ihrer Ausbildung die Anregungen dazu vorenthalten werden? Auch Lehrer sind Kinder ihrer Zeit; sie haben zu Hause keine andere Erziehung empfangen als ihre Altersgenossen. Darum muß ihnen jede Unterstützung zuteil werden während ihrer Ausbildung und weit darüber hinaus, wenn sie das Werk, von dem wir sprechen, ein Leben lang bewältigen sollen.

Denn die Erziehung ist wahrlich ein schweres Werk. Es wurde verglichen mit dem Aushauen einer Figur aus einem Marmorblock (*Johann Gottfried Herder*). Das setzt Sachkenntnis und Einfühlungsvermögen voraus. Es verlangt Kraft und Behutsamkeit. Eingriffe an der falschen Stelle können viel zerstören und irreparabel sein. Auch zu große Ängstlichkeit kann schädlich sein. Erziehung bedarf der Konsequenz und des Durchsetzungsvermögens, aber auch der Sensibilität und – des Glücks. Nicht alles läßt sich planen; viele Miterzieher sind am Werk, wessen Einfluß schließlich siegt, ist von vielen Umständen abhängig. Es ist wichtig, daß Erziehungsziele wie Toleranz, Friedfertigkeit, Solidarität heute Beachtung und Akzeptanz finden.

8. RELIGIÖSE ERZIEHUNG

Schon bei der Vorbereitung auf die kirchliche Eheschließung werden die Brautleute angesprochen, ihre künftigen Kinder religiös zu erziehen. Bei der Zulassung zum Sakrament der Taufe erklären sie sich wieder bereit zur religiösen Erziehung und bei der Kinder-Tauffeier selbst wird darum gebetet, daß den Eltern ihr Erziehungsrecht immer bewußt sei und ihre Erziehungspflicht nie zur Last werde.

Der Auftrag zur religiösen Erziehung und das Gebet um die Einlösung dieses Auftrages gehören bei der religiösen Erziehung zusammen, Menschliches und

Göttliches verbinden sich zur Symbiose. Wenn es darum geht, einem Kind den Weg ins Leben zu eröffnen und dabei zu zeigen, daß dieser Weg weit über menschliche Horizonte hinaus in die geglaubte Wirklichkeit des Lebens bei Gott führt, dann übersteigt diese Aufgabe die Kräfte der Eltern ebenso, wie Religion, Transzendenz und Gott ihnen nicht verfügbar sind. Sie übersteigt menschliche Planungs- und Organisationskompetenz noch viel mehr, als es die Garantie des erziehlichen Erfolgs ohnehin schon tut, nicht nur quantitativ, sondern qualitativ. Religiöse Erziehung fügt der humanen Erziehung – die sie auch ist – nicht einfach etwas hinzu; sie öffnet vielmehr humane Erziehung einer dritten Dimension und verweist damit den Zögling auf das Mysterium, das in allen Lebensbereichen über sich hinausweist und von Gott her und in Gott seine Erfüllung findet. Daß dies möglich ist, ist ein Geschenk Gottes, der den Menschen einlädt und ihm die Fähigkeit gibt, seinen Anruf zu hören und zu beantworten.

Wo der Ruf Gottes im Menschen sich Gehör verschafft, kommt Gottes Geist zur Wirkung und macht alles neu (vgl. Offb 21,5). Der Ruf Gottes erinnert den Menschen an seine Gottebenbildlichkeit und legt jene Fähigkeiten frei, die verschüttet sind. Dann werden auch jene friedfertigen Formen des Zusammenlebens möglich, die der visionäre Verfasser der Apostelgeschichte beschreibt: Sie waren »ein Herz und eine Seele« (Apg 4,32).

Der visionäre Verfasser der Apokalypse fügt dem hinzu: »Sie werden sein Angesicht schauen und sein Name ist auf ihre Stirn geschrieben. Es wird keine Nacht mehr geben, und sie brauchen weder das Licht einer Lampe noch das Licht der Sonne. Denn der Herr, ihr Gott, wird über ihnen leuchten, und sie werden herrschen in alle Ewigkeit« (Offb 22,4f).

9. EUROPA FÜR DEN MENSCHEN – EIN AUSBLICK

Europa als eine Region des Friedens – das war der Wunsch jener, die an der Wiege der EU stehen: *Konrad Adenauer, Alcide de Gasperi, Robert Schumann* sind nicht die einzigen. Fast 50 Jahre nach dem Abschluß des Vertrages von Paris (1951) und der Römischen Verträge (1957) ist Europa in die letzte Phase eingetreten, eine Einheit zu werden; über die Erwartungen der Gründerväter hinaus ist – durch die Entwicklung seit 1990 – Europa dabei, viel größer zu werden. Eine faszinierende Entwicklung, die einen Neuanfang in der Geschichte dieser Region markiert. Also Anlaß zu Freude und zu Hoffnung auf eine gute Zukunft.

Bedenklich stimmt allerdings, daß die Kommentare, die den Weg Europas in der jüngeren Vergangenheit begleiten, mehr und mehr die wirtschaftliche Entwicklung des neu entstehenden Ballungsraumes ins Zentrum rücken. Wirtschaftliche Prosperität und Stabilität ist sicherlich wichtig, wenn sie so viele Verwerfungen vermeiden und jedermann die Möglichkeit geben, seine Bedürfnisse in menschenwürdiger Weise zu befriedigen. Wohlstandsgesellschaften sind aber nicht *eo ipso* Gesellschaften, die Beheimatung und Geborgenheit vermitteln. Der Mensch bedarf der Mittel, um zu existieren, aber er bedarf noch mehr der Atmosphäre, um zu leben.

Das Ideal des gemeinsamen Hauses (*Gorbatschow*) darf nicht ein Palast aus Marmor sein. Notwendig ist der Geist der Geschwisterlichkeit unter den Menschen, der durch Friedfertigkeit und Toleranz und gegenseitige Hochachtung allen zeigt, daß sie wichtig sind, dazugehören und ihr Fehlen ein Verlust wäre. Europa darf nicht nur in den Bilanzen seiner Betriebe Spitze sein, sondern noch viel mehr im Bemühen, aus der Fülle seiner Möglichkeiten jedem seinen Raum zu geben, wo er Wurzeln schlagen kann.

Auch das Europa von morgen wird keine Insel der Seligen sein; die Lebensqualität in Europa wird so gut oder so schlecht sein, wie es die Menschen sind, die dort leben. Die Verantwortung tragen müssen wissen, daß es die falsche Fährte wäre, Menschen allein auf den Weg materieller »Spitze« zu verweisen. Die Aufmerksamkeit für andere Felder, die die Lebensqualität bestimmen, würde dann nachlassen.

Mitmenschlichkeit, Nachbarschaftshilfe, Beistand für Schwache, Alte, Kranke, Sozialisierung und Resozialisierung, Schutz des Lebens, Ächtung der Gewalt in jeder Form, Bewahrung der Schöpfung, Pflege des Brauchtums, Mäßigung des Anspruchdenkens lassen sich nicht einfach durch Gesetze regeln; sie bezeichnen Einstellungen und Haltung, die der Akzeptanz durch eine breite Mehrheit bedürfen, um sich durchzusetzen und gesellschaftliche Anerkennung zu finden; sie brauchen viele Fürsprecher, die immer wieder Argumente finden, warum die Achtung der Menschenwürde nicht gelingen kann, solange die Achtung vor dem Menschen zu wünschen übrig läßt.

Theologie(n) und Kirche(n) können ihren Teil dazu beitragen, daß das Europa der Zukunft eine Seele erhält. Sie verfügen über die notwendigen Erfahrungen, um die Menschen auf Perspektiven aufmerksam zu machen, die hinausreichen über das jeweils Nächstliegende.

Wer Perspektiven sieht, Zusammenhänge erkennt, lernt Wesentliches von weniger Wichtigem zu unterscheiden. Er ist geübt, mit Augenmaß zu urteilen, er kennt seine Fähigkeiten und weiß um seine Angewiesenheit. Kommunikation und Solidarität füllen sich mit Inhalten. Es wächst eine Atmosphäre, in der Menschen Menschen sein können. Homo homini homo.

Der Lebens-Paß

Ehrenfried Schulz zum sechzigsten Geburtstag

ERICH FEIFEL

Wir nehmen Anteil an einem sechzigsten Geburtstag. Richtig begangen signalisiert jeder Geburtstag Zustimmung zur Welt, Bejahung des Lebens. Er ist so etwas wie ein Gedächtnis, das uns an die Ursprünge erinnert, von denen wir herkommen. Als Zustimmung zum Leben wiederum ist das Fest immer eine Bewußtseins- und Lebenserweiterung. Auch der sechzigste Geburtstag markiert nicht nur eine Grenze, sondern zugleich einen neuen Anfang. Anfangen aber ist nie nur Fortsetzen, es ist immer zugleich Aufbruch, der mehr wagt, als bisher war. Wenn wir im Fest sowohl die positiv beglückenden wie die bedrückenden Erfahrungen unseres Lebens zustimmend bejahen, dann ist das Anlaß genug, ein wenig innezuhalten, um Zeiten und Orte, längst Vergangenes, gewissermaßen vom Winde Verwehtes, neu Gegenwart werden zu lassen. Einmal weil wir davon geprägt worden sind, aber auch, um Situationen neu aufleben zu lassen, Begegnungen mit der ihnen eigenen Atmosphäre wieder ins Heute zu holen. Dazu gehören neben den beglückenden nicht weniger die bedrückend schmerzlichen Erfahrungen, denn sie haben unser Leben vielleicht sogar stärker geprägt. Und das Gewicht eines Geburtstages mit höher gerückter Altersvorgabe liegt dabei wohl darin, daß es möglich geworden ist, gelassener, unaufgeregter zu agieren, aus der Distanz heraus auch mit ein wenig Altersweisheit. Der Schritt vom Alter der Jugend in die Jugend des Alters lädt mehr als andere derartige Tage ein zu Rückschau und Besinnung, aber auch zu ernsthafter Überlegung dazu, was voraussichtlich noch geleistet werden kann.

Wenn ich nun, lieber Ehrenfried, ein paar Deuteworte zu Deinem Leben niederschreiben soll, dann kann mir das Bild vom Lebens-Paß und dem, was darin steht, dabei hilfreich sein. Im Paß steht ja nicht nur unser Name, da ist auch der Geburtsort vermerkt, dann der Wohnort, zuweilen die Form des Gesichtes, die Farbe der Augen und endlich finden sich dort besondere Kennzeichen.

Zunächst steht im Paß unser Name. Er beschreibt unsere Geschichte, die unverwechselbar originelle Geschichte, die sich mit meinem Leben verbindet. Mit meinem Namen werde ich gerufen; mein Name ist vielfach registriert, um meine Identität zu sichern; unter meinem Namen werde ich zur Verantwortung, zur Rechenschaft gezogen. Lieber Ehrenfried, unter Deinem Namen hast auch Du einst begonnen, Pläne zu schmieden, Dir Lebensentwürfe vorzustellen und mußtest dann erleben, wie viele Umstände und Widerstände etwas anderes aus Dir gemacht haben. Dein Name – Deine Geschichte. Das Bild vom Lebens-Paß soll helfen, dies etwas mehr zu entschlüsseln.

Im Paß steht ein Geburtsort. Wenn ich da bei Dir lese: Apolda, dann wird mir sofort bewußt, wie wenig ich eigentlich von Deinem Leben weiß, obwohl wir uns nun schon nahezu 25 Jahre und ich glaube sagen zu dürfen, nicht nur oberflächlich kennen. Bei Apolda konnte ich mich vom Atlas belehren lassen, daß es in Thüringen liegt, gleich weit weg von Weimar und Jena. Weit weniger als von Deinem Geburtsort weiß ich freilich von Deiner Kindheit, kaum mehr auch von Deiner Studienzeit, Deinen damaligen Lehrern. Auch aus den Jahren der Dein Leben maßgeblich prägenden Seelsorgetätigkeit sind mir eigentlich nur episodenhaft Erfahrungen bewußt. Sie sind Dir gewissermaßen entschlüpft, wenn wir von sehr persönlich vergleichbaren Situationen unseres Lebens gesprochen haben. Muß ich also nach zahllosen Begegnungen, die uns zusammengeführt haben, gestehen, wie wenig ich von deiner Lebensgeschichte weiß, dann kann das nicht an fehlendem Interesse meinerseits liegen. Es ist kaum möglich, alles in einem deuten zu wollen, was mit Ehrenfried Schulz zu tun hat. So kann ich nicht mehr und nicht weniger versuchen, als eine perspektivische Sinnstruktur dessen zu zeichnen, was ich vom Menschen, vom Priester, vom Theologen, vom Christenmenschen Ehrenfried Schulz weiß.

DIE ERFAHRUNG VOM GLAUBEN ALS HEIMAT

Das erste, was mir dabei als für Dich tragend erscheint, ist die Erfahrung vom Glauben als Heimat. Glaube – so wage ich Dein Leben zu deuten – ist für Dich Beheimatung, in jener Spannung, die immer auch Heimatlosigkeit bedeutet. »Der Herr ist mein Licht und mein Heil, vor wem sollte ich mich fürchten«. Diese Aussage des 27. Psalms scheint mir für Dich durch ein Netz von Erfahrungen und Erlebnissen, sowohl individuellen wie gemeinschaftlichen, zur letztlich tragenden Lebensperspektive, zur Grunderfahrung geworden zu sein. Gepaart ist sie freilich mit einer Heimatlosigkeit, die alle privaten und gesellschaftlichen Sicherungen, alle Identitäten in Frage stellt und immerfort den Menschen wie den Theologen zwingt, alle religiösen Bilder und Vorstellungen, theologische Denkansätze und Begriffe kritisch zu prüfen. Die Erfahrung vom Glauben als Heimat hat es Dir auch ermöglicht, bei nüchterner Einschätzung der realen religionspädagogischen Situation, angefangen von kirchlich distanziert heranwachsenden Kindern bis hin zu gläubigen Eltern, die ihre Kinder nicht mehr taufen lassen, ein religions-didaktisches Konzept zu entwerfen und zu vermitteln, das religiöse Erziehung als Erziehung überhaupt begreift, als Erziehung, die zu ihrem Wesen gekommen ist, weil sie volle Menschlichkeit ohne Ausklammerungen anzielt.

Du hast sehr wach die Entwicklungen nicht nur mitverfolgt, sondern auch miterlitten, die unsere Epoche gesellschaftlich und kirchlich geprägt haben. Dazu gehört die Erfahrung, daß Heimatlosigkeit Gegenbewegungen provoziert. Im kirchlichen Bereich äußert sich dies so, daß ständiger Aufbruch leicht überfordert. Es gilt, das etwas näher anzudeuten: In der Zeit, da wir uns kennenlernten, war beispielsweise die »Theologie der Hoffnung« faszinierendes Programm. Die Rede von der »ecclesia semper reformanda«, das Zauberwort »Reform« hatte hohe Plausibilität. Manche dieser Reformen, etwa auch die Liturgiereform, führte allerdings bei nicht wenigen Gläubigen zu neuer Heimatlosigkeit, weil sie ihnen die bisherige Geborgenheit raubte, ohne neue Vertrautheit vermitteln zu können. Nicht weniger wach hast Du jene Phase der siebziger Jahre miterlebt, in der das notwendig zum Glauben gehörende neue Aufbrechen recht einseitig als Bereitschaft zu kritischer Dauerreflexion und zu ständigem Hinterfragen mißbraucht wurde. Heute wieder erleben wir, wie unter den Stichworten New Age oder Esoterik, eine als Weisheit verstandene neue Religiosität jene Torheit des Kreuzes zu korrumpieren droht, die man erst einmal erlitten haben muß, bevor man im christlichen Sinne weise werden kann.

Wenn etwas von alledem für Dich zur Lebensweisheit geworden ist, dann dies: Es gibt kein Zurück in alte, verbrauchte Sicherheiten. Neue Beheimatung ist nur zu gewinnen in der Annahme der Spannung zwischen Fremdheit und Heimat und damit im Aufbruch nach vorne, so daß sich mit dem Bekenntnis zur Kirche die Bereitschaft verbindet, sie immer wieder kritisch an ihrem Auftrag zu messen.

STANDORT IM PARADIGMENWECHSEL DER GENERATIONEN

Das zweite Element, das mir die Sinnstruktur Deines Leben zu prägen scheint, ist Dein Standort im Paradigmenwechsel der Generationen. Ich gehöre der langsam vom Schauplatz des aktiven Berufslebens abgetretenen Generation an, die vom »Überleben« geprägt ist. Es ist eine Generation, die, ob sie wollte oder nicht, zwiespältige Erfahrungen mit dem Nationalsozialismus machen mußte, danach etwas von der Todesangst, sei es im Bombenhagel in der Heimat oder in den Schützengräben des Krieges in Ost und West, erlitten hat und endlich zuweilen durch Hunger auch das Stehlen lernte. Diese meine Generation war gefordert, sich nicht nur aus Fesseln der eigenen religiösen Erziehung zu befreien, in der Erkenntnis, nicht mehr einfach so von Gott reden zu können, wie es Vater und Mutter mit innerer Überzeugung taten. Sie mußte sich auch von einem Stil kirchlichen Denkens lösen, wie ihn in ihrer Kindheit Pius XII. verkörperte.

Für diese meine Generation wird es immer schwerer, mit der Tatsache fertig zu werden, daß wir das, was uns zutiefst geprägt hat, immer weniger mit denen teilen können, denen wir Lehrer des Glaubens sein sollen. Die heutige Studentengeneration ist in einer Weise jung, wie wir es vielleicht nie sein konnten, nie sein durften. Sie stellt einen Menschentyp dar, der immer mehr von den Medien und Computertechnik geformt ist. Das äußert sich schon in ihrer Sprache, die ganz anders ist als unsere etwa an *Rilke, Wiechert, Getrud von Le Fort* oder *Reinhold Schneider* orientierte Sprachwelt. Es ist eine Generation zugleich, die viel unbeschwerter als wir mit dem vehementen Paradigmenwechsel in der Theologie zu Rande kommt und zwar deshalb, weil sie darauf pocht, daß von uns Älteren nicht eine ausgeplünderte, friedlose, zerrissene Welt hinterlassen wird. Eine Generation allerdings auch, die unter dem Vorzeichen von Freiheit und Subjektivtät ganz unmittelbar darauf besteht, tun zu dürfen, was ihr Spaß macht.

Was aber macht den skizzierten Zusammenhang zu einem Element der Sinnstruktur Deines Lebens? Deiner Theologengeneration wurde nicht nur die fragwürdige Gnade der späten Geburt zuteil. Ihr habt sowohl noch einen näheren Zugang zu dem, was uns geprägt hat und könnt Euch aber zugleich leichter mit der Neuorientierung identifizieren, zu der die junge Generation uns zwingt, nämlich davon abzulassen, Antworten auf Fragen zu geben, die kein junger Mensch mehr stellt. Euere Zwischengeneration tut sich auch leichter dabei, Toleranz zu üben mit den Widersprüchen der Jüngeren, etwa zwischen einer geforderten Menschwerdung in Solidarität und der konkreten Ellenbogenmentalität im Alltag von Gesellschaft und Kirche, wie auch mit den Fluchterscheinungen in abgedichtete Räume einer fragwürdigen Mystik. Euch, lieber Ehrenfried - meine ich - fällt es leichter, den aufrechten Gang zu bewahren und nicht zu resignieren.

COINCIDENTIA OPPOSITORUM – DAS INEINKLANGKOMMEN VON GEGENSÄTZEN

Zu einem dritten Sinnelement Deines Lebens zunächst eine kleine Anekdote. Eine Großmutter wollte ihre kleine Enkelin dazu bringen, den lieben Gott zu malen, so wie sie ihn sähe. Doch trotz der bereitgelegten Malstifte ging das Mädchen nicht darauf ein. »Ich kann den lieben Gott nicht aufmalen«, meinte es, »aber ich kann Dir sagen, wie er aussieht.« »So, wie sieht er denn aus?« – »Er ist sehr groß und sehr klein. Am Morgen reckt er sich sehr hoch auf, damit er alles sehen kann: seine Welt und alle Menschen und überhaupt alles. Aber für die, die sich eh schon vor ihm fürchten, macht er sich ganz klein – so wie ein Kind wie ich, so klein. Nur für die frechen Leute, da ist er immer sehr groß.« Wir Theologen charakterisieren die bemerkenswerte theologische Intuition dieses kleinen Mädchens für das »ganz Groß« und »ganz Klein« Gottes, als »*coincidentia oppositorum*«, als das Ineinklangkommen von Gegensätzen. Ich wage nun die Aussage, daß sich die Sinnmitte Deines Lebens, lieber Ehrenfried, für mich darin äußert, daß Du diese »*coincidentia oppositorum*« zu der Dir aufgetragenen Form der Nachfolge machst. Das geschieht im Verzicht, Dir ein Bild davon aufzumalen oder auch nur viel davon zu reden, vielmehr einfach zu versuchen, es zu leben. Unerschöpflich werden dann die Wege von Glaube, Hoffnung und Liebe: das Bemühen um einen Verzweifelten, dem der Sinn des Lebens abhanden gekommen ist; das Wort der Verzeihung, das einem Menschen einen ganz neuen Anfang des Lebens eröffnet; Treue und Weggeleit in der letzten Stunde des Todes, dort, wo alle anderen am liebsten davonlaufen möchten; Ermutigung zur Versöhnung im zerstörerischen Streit; verstehende Anteilnahme im unbegreiflichen Leid. Wo solcher Dienst in der Nachfolge Christi geschieht, da ist keine Stunde zu spät, da ist kein Weg zu weit, keine Anstrengung zuviel, da wird keine Bitte umsonst gestellt, da bleibt keine Frage ohne wenigstens den Versuch einer Antwort.

Dies alles gelingt, weil Du Menschen und Orte gefunden hast, die Dir Geborgenheit und Halt geben. Mit der Herzlichkeit und dem Engagement des Priesters und Professors, des Menschen Ehrenfried Schulz korrespondieren die Sympathie und Wertschätzung vieler Menschen, die ihm begegnen und mit ihm leben dürfen: Vertraute und Freunde, Kollegen, Studenten und Gemeindemitglieder in der Stadt und auf dem Land.

Lieber Ehrenfried, ich kann nur hoffen und wünschen, daß es auch in Zukunft Symbol Deines Lebens bleiben möge: Menschen das Herz Gottes zu schenken und das eigene Herz dazu.

Autorinnen und Autoren

Dr. Peter Beer, geboren 1966 in Kelheim, Theologe und Pädagoge, ist Referent für Kinderpastoral am Jugendpastoralinstitut Don Bosco in Benediktbeuern.

Dr. Karl Bopp, geboren 1953 in Eichen (Baden-Württemberg), Theologe und Sozialpädagoge, ist Professor für Pastoraltheologie und Jugendpastoral an der Phil.-Theol. Hochschule der SDB in Benediktbeuern.

Dr. Daniel Detambel, geboren 1967 in Wiesbaden, arbeitet als Redakteur im Bereich kirchlicher Hörfunk- und Fernseharbeit.

Gerhard L. Endres, geboren 1954 in Passau, Theologe und freier Jornalist.

Dr. Martina Eschenweck, geboren 1962 in München, arbeitet als Pastoralreferentin in Erwachsenenbildung und Gemeindekatechese in der Erzdiözese München und Freising.

Dr. Erich Feifel, geboren 1925 in Lauchheim, emeritierter Professor für Religionspädagogik und Kerygmatik an der Ludwig-Maximilians-Universität in München.

Dr. Alfred Gleißner, geboren 1929 in Weiden/Opf., emeritierter Professor für Religionspädagogik und Didaktik des Religionsunterrichts an der Ludwig-Maximilians-Universität in München.

Dr. Marianne Habersetzer, geboren 1953 in Pirmasens, Pastoralreferentin in der Seniorenarbeit der Erzdiözese München und Freising.

Ferdinand Herget, geboren 1956 in Huenfeld, Diplomtheologe und Magister der Philosophie, Religionslehrer an der Berufsschule für Kfz-Technik in München.

Dr. Stephan Leimgruber, geboren 1948 in Windisch (Kanton Aargau/CH), Professor für Relgionspädagogik und Didaktik des Religionsunterrichts an der Ludwig-Maximilians-Universität in München.

Dr. Thomas Luksch, geboren 1956 in Bad Reichenhall, war wissenschaftlicher Assistent bei Prof. Schulz; jetzt Leiter der Berufseinführung für Priester und Pastoralassistenten/-innen in der Erzdiözese München und Freising.

Dr. Ludwig Mödl, geboren 1938 in Ingolstadt, Professor für Pastoraltheologie an der Ludwig-Maximilians-Universität in München.

Dr. Degenhard Offergeld, geboren 1942 in Köln, Akademischer Direktor am Lehrstuhl für Religionspädagogik und Kerygmatik der Ludwig-Maximilians-Universität in München.

Dr. Andrea Pichlmeier, geboren 1962 in Simbach/Inn, Referentin im Haus der Begegnung »Heilig-Geist« in Burghausen (Diözese Passau).

Dr. Hans Schilling, geboren 1927 in Stuttgart, emeritierter Professor für Pastoraltheologie an der Ludwig-Maximilians-Universität in München.

Dr. Heribert Wahl, geboren 1945 in Ravensburg, Theologe und Diplompsychologe, Professor für Pastoraltheologie an der Theologischen Fakultät Trier.

Dr. Norbert Weidinger, geboren 1948 in Würzburg, Wissenschaftl. Referent am Religionspädagogischen Zentrum in Bayern und Lehrbeauftragter am Lehrstuhl für Religionspädagogik und Kerygmatik an der Ludwig-Maximilians-Universität in München.

Karin Wendlinger, geboren 1969 in Cosel, Theologin und Philosophin (ba), Hörfunkjournalistin beim Bayerischen Rundfunk.

Hermann Würdinger, geboren 1963 in Pfarrkirchen, wissenschaftlicher Assistent am Lehrstuhl für Religionspädagogik und Kerygmatik an der Ludwig-Maximilians-Universität in München.

Dr. Stephan Zöller, geboren 1966 in Dormagen, Theologe und Journalist, ist Seminarleiter beim Institut zur Förderung publizistischen Nachwuchses e. V. in München.